JN265580

公会堂と民衆の近代

History on Stage:
Public Hall and People in Modern Japan

歴史が演出された舞台空間

新藤浩伸
Shindo Hironobu

東京大学出版会

History on Stage:
Public Hall and People in Modern Japan
Hironobu Shindo
University of Tokyo Press, 2014
ISBN 978-4-13-020153-7

まえがき

文化会館とは不思議な場所である。ある時は芸術鑑賞の空間になり、ある時は地域住民の集会場になる。アマチュアの文化活動発表やプロ歌手のコンサートツアーの舞台にもなれば、様々な講演、さらにはテレビ番組の公開収録も行われる。皆が一堂に会し、舞台という同じ方を向き、受け取り方は様々でありながらも、同じものを観て緩やかに感情を共有する。文化会館は地域の公園や広場、学校の体育館などにも似て、人が集まり、多様な出来事や催事を通して様々な振る舞いや感情を共有する多目的空間である。

日本において文化会館は、特に一九八〇年代以降全国各地で建設され、日本はホール大国とすら呼べるほどに、施設は量的側面では充実ぶりをみせている。一方で、「ハコモノ行政」への批判にみられるように、建設された施設をどう活用していくかについては、特に一九九〇年代以降様々な実践や研究がなされているものの、いまだ課題が多い。また、「多目的は無目的」などとも揶揄される通り、多種多様な催事に対応するために、結局何を実施するにも施設機能が不十分、という問題もしばしば指摘される。

図書館や博物館、公民館といった社会教育施設と異なり、制度的な基盤も脆弱である文化会館には、多くの問いが秘められている。「文化会館」「公共ホール」「文化ホール」「文化センター」「文化施設」「市民会館」「劇場」など、呼称も様々である（本書では混乱を避けるため「文化会館」と呼ぶ）。これらのことも含め、探究すべき課題は多い。

ただし、ハコモノ行政への批判がなされてからすでに久しく、各地で意欲的な実践も数多くなされている。また、二〇一二（平成二四）年五月、「劇場、音楽堂等の活性化に関する法律」が制定された。これまで文化会館の法的根拠の欠如、およびそれに伴う公共施設としての理念や専門職員の不在などが長らく指摘されてきた。その中で成立をみた同法により、今後の文化会館の機能の充実が期待される。

一方で、課題も多い。例えば同法は、上位法である文化芸術振興基本法（二〇〇一（平成一三）年制定）と同じ「劇場、音楽堂等」という用語を用いているが、法律名も示す通り舞台芸術施設としての文化会館の機能強化が目指されている。しかし、集会施設としての機能については「人々の共感と参加を得ることにより「新しい広場」として、地域コミュニティの創造と再生を通じて、地域の発展を支える機能も期待されている」と前文でふれられるに留まっている。このように、文化会館の施設理念はいまだ曖昧な部分がみられるといわざるをえない。ここでは法律の評価が目的ではないが、法律一つからも、文化会館という施設空間の多目的性をとらえる困難をみてとることができよう。

そして、この問題とも関わって、このような多目的空間としての文化会館の性格がどのように形づくられてきたのか、という歴史的な研究は、建築学研究を除いてはこれまでほとんどなされてこなかった。近代日本において人が集まる場としての文化会館の歴史は、どのようなものであったのか。

さらにいえば、筆者の問題関心は、人がある場所に集まり、何か同じことをする（させられる）という現象にもある。人はなぜ集まるのか。地域においては子ども会などで、学校では集会などで。そこで、ゲームをしたり、校歌を歌ったりなどする。なぜそれは必要なのか。集団の結束を高めるための儀礼的行為だろうか。例えば音楽などの文化活動は、現代社会においては好きなものを聴き、歌う自由もあるはずなのに、なぜ私たちは一堂に会して、同じ歌を歌うのか。いやむしろ、儀礼的な共有のほうこそ、生物としての人間のあえていえば本質に根ざしたもので、個人の自由な文化活動という理念のほうが、かえって新しいものなのではないか。その検討にはこれ以上立ち入らないが、関心の出発点の一つはそこにある。人はなぜ、集まるのか。広場で、宗教的な空間で、盛り場で、公共施設で、私たちはなぜ集まるのか。それらのうちのある場所に公的な意義が見出され、公金が投じられるのはなぜか。日本には文化会館がなぜこんなにもたくさんあるのか。そしてそれはなぜ、多目的空間となったのか。現代に向けられた政策科学的な問いは、歴史的な問いへと変化する。

文化会館は、音響上の工夫も手伝って、大人数の人々が一堂に会することができる空間である。作品を上演・上映する劇場や映画館とも違うし、集会や講演を行う教室・講堂、政治的討議を行う議事堂とも違う。儀礼を行う宗教施設とも異なる。しかし、それらの行為を少しずつ行うことができ、それぞれの意味を帯びたまさに多目的空間である。

この多目的性こそが、分析を困難にする要因の一つではある。様々な目的が複雑に折り重なる文化会館の内容は、現在でもそうだが、「多様である」の一言に尽きてしまう。丁寧にひもといていくためには、焦点をしぼる必要がある。

直線的な発展の系譜を辿ってはいないが、文化会館は以前、多くは「公会堂」と呼ばれた。公会堂はいつ、なぜ、どのようにつくられたか。そこでどのような人が集まり、何をしてきたのか。公会堂には、どのような活動が蓄積されてきたのか。人が集まるとはどういうことか。それを、公会堂という場所の歴史から、解き明かすことを試みたい。

本書は、以上の課題意識にたち、明治期の動向もふまえつつ、主に大正期以降日本の各都市で整備された大規模集会・娯楽施設としての公会堂、特に東京市日比谷公園内に一九二九（昭和四）年に開館した日比谷公会堂を中心的な対象に据え、その設立経緯、事業内容および果たした役割に関する考察を目的とする。ここでいう公会堂とは、現在の文化会館に連なる、大人数を収容可能な客席と舞台を有する多目的空間である。現在も公会堂と呼ばれる文化会館は少ないが、以前は一般的な呼称であった。公会堂に注目することで、文化会館が有する性格を歴史的観点から検証し、その新たな活用の可能性を探究していく契機にもしたい。

研究を進めるにあたり、催事の資料などをもとに、過去の公会堂で何が行われたかを検証し、そしてそれがどのような意味をもっていたかを分析することが必要となるが、資料が体系的に残っていない施設がほとんどであり、断片的な資料を組み合わせ織り上げていく作業は多くの困難を伴った。しかし、日比谷公会堂に、開館以来八〇年以上にわたる膨大な過去の催事の資料が残されていた。この資料を中心的な手がかりに、近代日本において人が集まる空間である公会堂にはどのような意味が付与され、実態としてどのように利用され、戦後にどのように制度上位置づけられていったのか、ということに迫った。

公会堂は多目的空間であるがゆえに、みえてくるものは光の当て方によってプリズムのように異なってくる。また、一つの催事をどう受け止めたかは、客席に座った、あるいは催事の報道にふれた一人一人によっても異なる。やや比喩的にいうならば、本書は筆者がホールの客席から、あるいは舞台袖から、舞台上に去来する催事や客席に集った人々を観ることで、公会堂の歴史を、さらには公会堂の舞台を通して近代日本の歴史の一断面を読み解こうとした一つの試みである。公会堂という場所の論理を読み解くことに課題を絞った結果、いくつかの領域の研究を横断的に検討する形になり、そのため踏み込みが十分でない点もあろう。本書の試みがどこまで成功しえたかは、読者の皆様にも同様に客席に座ったつもりでお読みいただき、批評をいただければ幸いである。

目　次

凡例

・引用文中の仮名遣いは原文のままであるが、漢字の旧字体は新字体に改めた。明らかな誤字脱字は適宜修正した。引用文中には差別的な表現も含まれるが、歴史的な資料であること、および研究上の必要性に鑑み、原文のまま掲載している。
・各章の写真および図表は出典を示したが、特に明記のないものについては、筆者が入手した絵葉書である。
・第3章以降、引用に関して特に記載のない場合は、日比谷公会堂所蔵のスクラップ帳に貼り付けられ整理された催事のプログラム等の資料を参照している。日付の明記のない催事については、日付が明記されている前後の催事から推定した。スクラップ帳には開館時から現在に至るまで時系列に沿って催事資料が保存されており、資料の信頼性は高いと考える。

序章　歴史の中の公会堂——人が集まる場所の論理を紡ぐために

はじめに

歴史に視点を向ける準備として、まずは日本における文化会館の現状をみてみよう。

文化会館を厳密に定義する制度は、二〇一二（平成二四）年に劇場、音楽堂等の活性化に関する法律が制定されるまでは、地方自治法第二四四条の「公の施設」に関する規定以外に存在せず、各種統計によってもその範囲は異なる。例えば社団法人全国公立文化施設協会『平成二一年度全国公立文化施設名簿』には二二〇一館が掲載されているが(1)、文部科学省『社会教育調査』（二〇一一（平成二三）年度）によれば、「地方公共団体、独立行政法人及び民法法人・営利法人等が設置する文化会館（劇場、市民会館、文化センター等）で座席数三〇〇以上のホールを有するもの」を「文化会館」と定義し、二〇一一（平成二三）年一〇月現在で一八六六館存在しているとされている(2)。このように、統計によって総数や呼称は一定しないものの、総じて近年、特に一九九〇年代後半以降、表0-1にもみられるように施設建設は一段落しているといえる。こうした中で、文化会館に関する政策の重点は施設建設から運営論に移行している。

表0-1　文化会館の建設数の推移

開館年	新規設置件数
1945 年以前	14
1946−50 年	0
1951−55 年	7
1956−60 年	18
1961−65 年	78
1966−70 年	150
1971−75 年	190
1976−80 年	215
1981−85 年	338
1986−90 年	284
1991−95 年	435
1996−2000 年	325
2001−05 年	110
2006−09 年	30

出典：文化審議会文化政策部会報告書『舞台芸術人材の育成及び活用について―文化芸術立国の礎の強化と未来への提言』2009 年、57 頁

「文化ホールは受身の「貸し館」ではなく、地域を文化的なまちにするために能動的に活動をする「主体」である[3]」という森啓の提起にみられるように、文化会館の整備だけでなく運営の充実を唱える議論は、一九八〇年代後半以降強調されてきた。

行政においても、一九九〇年代後半以降、文化会館の内容重視を求める議論は活性化し、施策もより重点化されてきている。二〇〇一（平成一三）年制定の文化芸術振興基本法に基づく二〇〇二（平成一四）年の閣議決定「文化芸術の振興に関する基本的な方針」では、文化会館の内容の整備充実が強調された。さらに二〇〇三（平成一五）年一月に出された文化庁文化審議会文化政策部会報告書『地域文化で日本を元気にしよう！』では、第二章「地域文化の振興に当たっての課題と方策」において、「文化に愛着を持った人や団体に公立文化施設の運営に当たってもらう」「文化施設（文化会館、美術館・博物館等）のネットワーク化を図る」「学校や社会教育施設などの既存の遊休施設を有効活用する」など、施設の有効活用の方策を探るべく、文化会館運営のありかたを示している。内閣府『文化に関する世論調査』によれば、地域の文化芸術活動をより活性化させる方策としての「文化施設を整備・充実する」の回答は一九八七（昭和六二）年の五二・〇％に比べ二〇〇九（平成二一）年に二五・八％[4]と半減し、また、整備・充実が必要とされる地域の文化施設は、公立文化施設（音楽や劇の公演などができる市民会館、県民会館）が二八・八％（一九九六（平成八）年）から二〇・一％（二〇〇三（平成一五）年）に減少、美術館も一三・九％（一九九六（平成八）年）から一一・七％（二〇〇三（平成一五）年）に減少している。近年の政策動向は、こうした状況を受けてのことであるといえよう。

そして、二〇〇三（平成一五）年の地方自治法改正に伴う公共施設への指定管理者制度導入により、民間企業などが文化会館の運営主体になることが可能となった。その後も、文化庁『舞台芸術人材の育成及び活用について――文化芸術立国の礎の強化と未来への投資』（文化審議会文化政策部会報告書、二〇〇九（平成二一）年）、文化芸術の振興に関する基本的な方針（第三次。二〇一一（平成二三）年二月八日閣議決定）などにみられるように、各地の文化会館を支える人材の育成が政策課題に据えられている。[5] さらに二〇一二（平成二四）年五月には、すでに述べた通り劇場、音楽堂等の活性化に関する法律も制定され、機能的にも制度的にも文化会館をめぐる環境は大きく進展をみせたといえる。

さらに、政策から各地の文化会館での実践現場に視点を移せば、一九九〇年代以降、アウトリーチやワークショップといった教育普及活動が美術館や博物館とならび積極的に展開され、伝統的な鑑賞機能に加え、学習や創造の拠点としての機能が重視されている。

このように文化会館は、市民が集い芸術文化の鑑賞や創造過程に参加することで個人の美的感覚を育むと同時に、他者と関わりながら公共的な空間を創造していく場である。北田耕也が地域における文化活動を「美的共同」と意義づけたように[6]、文化会館は芸術の鑑賞・創造拠点であることはもちろんだが、そこに人が集い多様な活動を共有することで、より広い意味での文化的な公共空間が形成されていく場所でもある。

しかし、文化会館は文化の地方普及および鑑賞活動が目的とされる一方で、一般的には首長サイドの意向で建設され、文化の「送り手」と「受け手」が乖離し、地域に根ざしたものとはなっていない、という佐藤一子の指摘は無視できない[7]。一九八九（平成元）年になされたこの提起は、その後各施設で様々な努力が積み重ねられているが、常に問われるべき原理的な課題であるといえよう。

この課題は、一般的にはいわゆる「ハコモノ行政」批判として認識されている。批判の論点を森啓は、①活用の視点が薄い行政の考え方に対する批判、②ホールを建てるよりも地域に文化活動の芽を育てることから始めるべきだという批判、③すでに建設され運営されている文化会館に対する批判、の三点に整理した[8]。そして、文化会館の運営部分への意識が弱い、という日本固有の文化行政の問題を背景に、一九九〇年代以降[9]「アーツ・マネジメント」の視点が重視されるようになり、現状分析および個別の会館の実践分析を主体にした研究[10]、文化会館の制度に関する研究[11]などがなされてきた。

このように、文化会館をめぐる政策、実践および研究の進展がみられた一方、歴史的な視点から文化会館の抱える構造的な問題に取り組んだ研究は、次節にも述べるように、ほとんどなされてこなかった。

文化会館は、第二次世界大戦後において「市民会館」「文化会館」などと名称が変化し多様化していく以前は、まえがきにも述べた通り、多くは「公会堂」と呼ばれていた。本書はこの「公会堂」に注目し、明治期の動向もふまえつつ、主に公会堂建設が急増した大正期から、戦後教育制度において公会堂の位置づけが確定する占領期までを対象に、公会堂の設立経緯、事業内容およびそれが果たした機能を考察する。具体的には、次の三点を研究課題に据える。

1 本書の課題

(1) 公会堂の設立経緯——多目的ホールの形成過程

第一に、公会堂の設立経緯に注目し、現在の多目的ホールとしての文化会館の性格がどのように形成されたのかについて考察する（第1、2章）。

建築学における文化会館研究を概観すると、主にホールの設計に関する研究のほか[12]、音楽史や文化史の観点も交えた研究[13]などがみられる。なかでも、文化会館を対象とした研究を一貫して行っている清水裕之は、日本の文化会館の歴史を論じる際、ティピカルな存在として歌舞伎座（一八八九（明治二二）年）、東京音楽学校奏楽堂（一八九〇（明治二三）年）、帝国劇場（一九一一（明治四四）年）、築地小劇場（一九二四（大正一三）年）、東京宝塚劇場（一九三四（昭和九）年）などとならび、公会堂を含む多目的ホールについてもふれている。公的なリーダーシップで非舞台芸術施設として建設された公会堂は、その後の文化会館の性格を大きく規定している、と清水は述べる[14]。これらの研究は、戦後の文化会館の「前史」として公会堂を位置づけている一方、それ以上の実態に立ち入った考察は十分とはいいがたい。本杉省三らは「民衆との接点」としての公会堂の機能とその歴史的変遷を分析しているが[15]、やはり主として建物の構造の観点からのものである。

公営かつ多目的型のホールは、建築学的には「いわば日本独特の劇場形態[16]」とされ、その成り立ちは当然ながら国や地域によって多様だが、同じ劇場の要素をもつことから、海外のコンサートホールやオペラハウスと比較してその機構や運営方式の貧困が指摘されることがしばしばある。しかし、そのような単純な比較論、西洋礼賛風の議論以前に、そもそも日本においてこうした多目的型のホールがどのように成立してきたかを明らかにする必要がある。

また、一度に大人数を収容する大規模集会施設としての公会堂は、農村地域における小規模な公会堂などに比べ、これまで注目されてこなかった。社会教育研究において小川利夫は、第二次世界大戦後に設備された社会教育施設である公民館の「歴史的イメージ」の一つとして「農村公会堂」を挙げた[17]。その後も公民館の成立過程に関する研究がなされてきているが[18]、これらの研究は戦後の公民館につらなる比較的小規模な集会施設が主な対象であり、戦後の文化会館につらなる大規模集会施設としての公会堂は十分に検討されていない。

また、劇場研究、芸能史研究を参照すると、日本における劇場や農村舞台の歴史[19]、芝居や寄席といった明治以前からの娯楽がそれ以降遂げた変貌[20]、東京の劇場史[21]、さらには、公会堂との関連にも言及しつつ、日本各地で民間資本により建設された芝居小屋に注目した研究[22]などがみられる。しかし、これらの研究には明治期以降の公会堂は主要な対象とはされておらず、ここでも、公会堂という公共建築は直接的な研究対象からはこぼれおちる。制度や研究領域のはざまにあって、公会堂はこれまで直接的な検討の対象とされてこなかったのである。

こうした先行研究の状況をふまえ、本書では、大正期から昭和初期にかけて、大規模なホールを有する公会堂が各地方都市で建設が進んでいたことを第1章で述べる。さらに第2章では、個別事例として特に日比谷公会堂に注目し、その設立経緯を明らかにする。

(2) 公会堂における事業内容——関わった人々と媒介された知

第二に、公会堂で行われる催事の実態に注目する(第3、4章)。文化会館は、建築学的観点から建造物としての構造に関する研究がなされてきた一方、どのように使われてきたか、という事業内容については、ほとんど研究がない。いいかえれば、様々な事業を通して「文化」会館の中でいかなる「文化」が育まれてきたか、という、文化会館において媒介された知の実態は、これまで明らかにされてこなかったのである。

この課題に取り組むためには、過去の催事に関する記録や資料が継続的に残されていることが必要である。しかし、そうした資料を保存している文化会館は少なく、事業内容がみえてこないケースが多い。なかでも催事の手がかりとなるチラシやパンフレットなどの資料については、記録ではなく広報媒体としてのみ位置づけ、催事終了後には廃棄してしまう施設もみられる。主催事業ではなくほかの主催者に貸した場合は特に資料保存が行われにくいことも、調査過程で明らかになってきた。また、自治体財政の逼迫や建物の老朽化などにより、文化会館の運営は厳しさを増し、資料保存業務の優先順位はさらに低くなっていると考えられる。

しかし、文化会館は、単に催事を行うイベント会場ではなく、様々な人々が集い、地域の文化が創造され、蓄積されていく歴史的な空間である。そうした文化会館の歴史性について考察する際、「どのようにして建設されたか」という第一の問いに加え、「どのように使われたか」という第二の問いは、避けて通ることができない。

すでにみたように、公会堂は教育学研究の対象とされてこなかったが、一方で、教育の機能は明確に意図されていた。例えば帝国教育会では、一八九〇（明治二三）年の段階で「教育公会堂」の設置を評議員会で計画していた(23)。また夏目漱石は、朝日新聞社勤務時代の一九一一（明治四四）年八月一三日、兵庫県明石郡公会堂の柿落としとして、大阪朝日新聞社主催の講演を行った際、「なるほどあれほどの建物を造ればその中で講演をする人をどこからか呼ばなければいわゆる宝の持腐れになるばかりでありましょう」とした上で、知的方面での公会堂の役割を以下のように説いた。

すでに個々介立の弊が相互の知識の欠乏と同情の稀薄から起ったとすれば、我々は自分の家業商売に逐われて日もまた足らぬ時間しかもたない身分であるにもかかわらず、その乏しい余裕を割いて一般の人間を広く了解しまたこれに同情し得る程度に互の温味を醸す法を講じなければならない。それにはこういう公会堂のようなものを作って時々講演者などを聘して知識上の啓発をはかるのも便法でありますし、またそう知的の方面ばかりでは窮屈すぎるから、いわゆる社交機関を利用して、互の歓情を罄すのも良法でありましょう(24)。

同じ一九一一（明治四四）年、島崎藤村は、『千曲川のスケッチ』で小諸について記す中で、公会堂についてもふれている。

学問の普及ということはこの国の誇りとするものの一つだ。多くの児童を収容する大校舎の建築物をこうした山間に望む景色は、ちょっと他の地方に見られない。左様《さう》いう建物は何かの折に公会堂の役に立てられる(25)。

さらに一九三七（昭和一二）年、文部官僚で娯楽に関する著作も多い中田俊造は、公会堂の建設および利用が増加することを指摘しながら、社会教育の見地からの教育的考慮の必要性を主張している。

今日此等の会堂に於て催さるゝものは、多く社会大衆に対する講演会及び音楽・舞踊・映画などの趣味の会で、此等は社会教育の進歩と共に今後一層教育的の《ママ》考慮を要する。(26)

現代に視点を移すと、文化会館運営の基盤となっている自治体文化行政の理論枠組みは、一九七〇年代に展開された梅棹忠夫の「教育はチャージ、文化はディスチャージ」という主張や、(27)成人の学習活動を「自由な市民文化活動」「教育なき学習」などととらえた松下圭一の主張などに主に立脚する。(28)これらの議論を基盤にし、それまで教育委員会の中で行われていた文化行政は、教育の論理を批判しつつ各自治体で固有の行政領域として独立していった経緯がある。(29)このような経緯の中で、文化会館の教育・学習施設としての側面はこれまで積極的にはとらえられてこなかったし、むしろ啓蒙主義的な発想として批判的にとらえられてきたといえる。

一方で、文化会館を交流や学びの場として積極的にとらえる実践および研究が進められている。第一に、市民や多様な主体の参加による公共性の創出、という観点である。清水裕之は、近代以前からの長い歴史の中で劇場が舞台制作や教育普及など多様な機能を有する欧米の「クローズドシステム」と対比し、日本の文化会館を様々な主体の参加を可能とする「オープンシステム」として位置づけ、市民参加により公共性を創出する場として再定義している。(30)第二に、前述した教育普及活動の重点化である。特に一九九〇年代以降、公立文化施設を教育や創造の場として活用していこうとする動きが進んでいる。アウトリーチやワークショップ、鑑賞者開発といった芸術を媒介にした教育・学習の方法論や[31]、教育プログラムや職員の専門性などについて[32]、探究が進められている。博物館なども同様であるが、いまや文化会館において教育普及活動は至上命題といってもよいほどに、各館では力を入れた活動となっている。

交流や学びの場としての文化会館の活用という現代的課題に応えるためにも、すでに戦前から教育機能を期待された日本の公会堂の歴史的性格を、例えばその教化動員的性格を取り上げて単に批判するのみではなく、事実に即して慎重に検討することが必要ではないだろうか。安藤聡彦は、「公立／公共」劇場は教育制度の外側にある施設であり、そのようなものとして教育の世界からはみられてきた、と述べる[33]。そうした中で、文化会館の教育普及活動を評価し、教育機能を探る試みは、「教育」のとらえ方に課題をはらみつつも[34]、現代の実践を通してのみならず、歴史的にも探究されるべきである。

ただし、公会堂および文化会館は、教育のみを目的としてはいない、まさに多目的施設である。集会や娯楽、様々な式典などに用いられることで多様な機能を担っており、狭い意味での教育機能だけに注目することは、その多様性を捨象してしまうことになりかねない。

本書においては、単純に「教育」の視点を批判し捨象するのではなく、いったん「メディア」という概念に注目して、教育の視点をとらえかえしてみたい。例えば近年の教育史研究においては、教育を「知の伝達」という観点からとらえる知見がみられる[35]。また、今井康雄は教具史観やメディア史観とは別のアプローチから、教育学に関する考察の中核部分に「メディア」を位置づけることを試みている。今井によれば、教育の領域でメディアは、メディア利用とメディア批判という二つの文脈で主に議論されてきた。特に、教育の外側からやってきて教育を攪乱する「異物」として、その悪影響が論じられてきた伝統が強く、その背景に「人と人との直接的な接触においてこそ真正な教育が生起する」とみる教育学の支配的な観念の存在を指摘する。今井は、言語も不透明なメディアとして「メディア」の視野に入れ、「中間にあって作用するもの」としてのメディアの存在を考察の中心に据えながら、メディア（特に言語）の透明性、「触れ合い」などの「直接的接触」に原像を求める自明化された教育観に疑義を提示している。[36]

関連して、吉見俊哉は「メディア」の概念を考察するにあたり、ヴァルター・ベンヤミンやマーシャル・マクルーハンが展開した、モノとしてのメディアが言語、あるいはメッセージそのものであるという議論をふまえ、以下のように述べる。すなわち、メディアをコミュニケーションの単なる前提、送り手から受け手への意味の伝達ではなく、「相互主観的な関係のなかで意味が成立する場そのもの」、関わる様々な主体の間で「何重にも折り重なるメディエーション、意味が調停されていく過程」としてとらえる。ここにおいてコミュニケーションには「成功」も「失敗」もなく、「送り手」と「受け手」という概念そのものも相対的なものであり、一連の変換プロセスの媒介項にすぎず、それらを含む多様な実践が交錯し、抗争し、繋ぎ合わされていく社会的な場のありかたを検討する必要があると述べている。[37]

これらの視点をふまえ、公会堂を「メディア」としてとらえつつ問いを整理すれば、公会堂は、送り手から受け手にある知を伝達する透明な媒介項としてとらえることはできない。いったいどのような場の論理をもって当時の人々にとらえられ、またそこにおいて生起する意味を流通させていったか。都市において、ある閉じられた空間に不特定多数の人々が集まり、同じ方向を向き、同じ振る舞いをゆるやかに共有することが求められる公会堂という場所には、どのような意味があったのか。催事の送り手と受け手の間でどのような思いが交錯し、またどのような意味で多様な解釈がそこに生み出されたか。本書の第二の目的として、公会堂でいかなる主体が折り重なり、彼らによっていかなる知が媒介され、解釈されていったかという観点から、その事業内容を検討する。

（3）　公会堂の果たした役割――「公」会堂の意味と戦後社会の中の位置づけ

第三に、公会堂の果たした役割と第二次世界大戦後における制度化に関する考察である（第5章）。公会堂で様々な催事が行われたことで、それがどのような役割を果たし、戦後それがどのように評価され、制度化されていったか、という問題は、第二の問いである事業内容とあわせ、明らかにされていない部分が多い。

現在、文化会館は、文部科学省『社会教育調査』の対象とされているように、広義にとらえれば社会教育施設ということができる（ただし、同調査で文化会館が対象となったのは一九八三（昭和五八）年からである）。しかし、社会教育法の上では文化会館は社会教育施設として扱われておらず、この意味で同法で社会教育施設として明記されてきた公民館、図書館、博物館とは異なる。文化会館は、地方自治法第二四四条「住民の福祉を増進する目的をもってその利用に供するための施設」すなわち「公の施設」にあたる。この点においては社会教育施設と同様だが、社会教育法には文化会館を規定する文言がみられない。

結論を先取りすれば、一九四九（昭和二四）年の社会教育法制定当時各地に存在していた公会堂は、制度上社会教育施設としては位置づけられず、戦後教育改革からは取り残されていった。戦後社会教育制度の整備に寄与した文部官僚の寺中作雄は、事業主体としての公民館の機能と対比させつつ、公会堂は明確に「単なる営造物」であるとして区別している。

学校はもちろんのこと、公民館、図書館、博物館といった社会教育施設をみると、戦後教育制度の中で施設理念が形づくられており、それにより教育学において研究の対象にもされてきた。しかし、公会堂については戦後改革の中で教育行政の体系下に位置づけられることなく、そのこととあいまって研究の対象にもされてこなかった。公会堂は、大正から昭和初期にかけて地方都市に多く建設され、実態として広がっていたにもかかわらず、学校や公民館・図書館・博物館などの公的教育施設や、さらには映画館や劇場といった民間施設などに比べても、これまで注目されてこなかったのである。

一九五五（昭和三〇）年に出版された『教育学事典』で二宮徳馬は、戦前においては「もともと社会教育施設にとぼしいわが国としては、こんにちの公民館の機能の一部を、公会堂がはたしていた」としている。そして、戦後の状況については、公民館設置の流れの中で「公会堂はその時代的・文化的使命をはたして、いっぽんには公民館にところをゆずりつつあるのが最大の趨勢である」とまで述べている。(38) また、戦後公民館の設置にあたり、各地にあった公会堂を「公民館」として看板を付け替えた例も少なくない。

このように、公会堂が果たしていた役割は、戦後社会教育の制度整備の中でいちはやく忘れ去られてしまったようにもみえる。戦前、戦中期において公会堂が公共施設としていかなる機能を有していたのか、そしてそれが戦後どのように引き継がれ、あるいは引き継がれなかったのか。この問題に対し、戦後教育改革期における教育基本法制定過程、および寺中作雄の公会堂観などに注目して考察する。

このように公会堂の果たした役割を問う時、公会堂はいかなる意味で「公」会堂であったか、人が集まる場としてどのような意味をもったか、という問題が浮き彫りにされてくる。幼稚園舎の研究を行った永井理恵子によれば、これまでの教育界では一般に、建築は単に人間(教師や子ども)や教育活動を収納するモノとして認識され、実践を実現化する教育施設そのものの存在意義とその機能、またそれが何を表象するものであるかが問われることはほとんどなかった。一方建築界においては、教育施設を成立させた諸条件や、その担っていた役割、価値など、施設をとりまく環境も含めて追究した研究は希少であり、「日本の教育施設建築は、教育界と建築界の狭間にあって、いずれからもその役割と価値の追究がなされずに今日に至っている」とし、社会的文脈の中で幼稚園舎をとらえようとしている。(39) 永井のこの課題意識は、研究領域のはざまにあって本格的な対象とされてこなかった公会堂にもほぼそのままあてはまる。近代日本の社会的文脈の中で公会堂をとらえ、その公共施設としての理念、人が集まる場としての意味を歴史的に検証することが、本書の第三の目的である。

2　研究対象と方法

本書の対象は、都市部における大規模集会施設としての公会堂、主として一九二九（昭和四）年に東京市に開館した日比谷公会堂である。公会堂に注目する理由はすでに述べたが、特に日比谷公会堂を対象とする理由は、第一に、その典型性にある。日比谷公会堂は、安田財閥の祖である安田善次郎の寄付により建設され、東京市が運営を行うといういわば「民設公営」型の施設であったが、第1章で述べるように、類似する設立経緯をもつ公会堂は全国にみられた。この意味で、日比谷公会堂はほかの施設と共通する典型性を有する。

第二の理由は、典型性に加えてその代表性にある。開館以降、類似施設が極めて少ない中で、東京市を代表すると同時に日本を代表する集会・娯楽施設としてあらゆる催事が集中的に行われていたため、歴史的に密度の濃い検討が可能である。第二次世界大戦後、東京都内に文京公会堂（一九五九（昭和三四）年）、東京文化会館（一九六一（昭和三六）年）など多くの文化会館が建設され、催事が分散していくまでは、日比谷公会堂は都下随一の集会・娯楽施設として機能していた。

ただし、東京の事例をもって日本の「代表」とすることについては、少なくとも当時の文脈ではそうであったかもしれないが、現代においては慎重になる必要がある。近現代史の多極的・多元的理解が自明の前提になりつつある中で、視点としては素朴にすぎる部分もあろう。都市によって公会堂の歴史は当然ながら異なる。また、この文脈で、アジア諸国との関係において一五年戦争期をとらえ、(40) 日本の帝国的世界編成システムを支えた認識空間のありようを探る研究や、(41) 公会堂も含めた植民地における建築の研究は、(42) 新たな視点を提示する可能性を有している。しかし、公会堂の歴史に関する先行研究がほとんどない中、本書ではあえて日比谷公会堂に注目することで、今後各地の公会堂の研究が進み、公会堂の多面的な様相が明らかになっていく端緒になればと考える。

第三の理由は、催事の資料の残存状態にある。公会堂や文化会館の多くは、催事の資料を継続的に保存しておらず、また現在でも資料が簡単に廃棄されてしまい、事業内容がみえてこないホールが非常に多い。そうした中で日比谷公会堂は、開館以来の催事の資料を数多く保存している。同館の協力を得て資料を閲覧できたことで、本研究は可能となった。

研究方法に関して述べると、本書の内容は主として教育学の立場から、制度上は社会教育施設ではないが、社会教育の機能をもつとされた公会堂の実態に着眼する。ここでいう「社会教育」とは、先にも述べた通り狭義の「教育」機能だけに注目することを意味しない。公会堂において開催された催事から、どのような人々が関わり、どのような解釈がそこに織りなされたかを考察することで、教育も含めた多様な機能を明らかにすることが目的である。その意味で、建築史、諸領域の文化史、メディア史研究といった領域にも関連する点が多い。

公会堂の特徴を、利用のされ方に注目して述べるならば、①貸し施設、②主催者の多様性（施設内で提供される実践の主体は、行政、企業や各種団体など多様である）、③多目的性（催事の形式も、講演や娯楽など非常に多様である）などが挙げられる。なお、貸し施設という意味では、公会堂は戦後における公民館と同様である。公民館もまた、主催事業を行う一方で多様な団体に貸し出すことで利用されており、教育学の中の公民館研究も、そうした団体の利用の歴史に注目することで構築されてきている。ただし、公会堂と異なり公民館には法制度があり、その理念（特に公民館創設時の寺中作雄の理念）との距離をはかるような形で、いかに公共性を有するのか（有してきたか）という観点から記述されてきたのが、公民館研究の特徴であるといえよう。

公民館との比較で考えると、公会堂には、制度的規定がなかったこと、多目的施設であったことから明確な施設理念が存在しない点で、研究としての難しさを有する。このほか、行政主体で設置運営してきた戦後の公立の文化会館とは大きく異なり、戦前は行政により運営された公会堂も多くは民間の寄付によって建設されており、いわば民設公営的な性格をもつ。この意味でも、公教育制度内での実践の部分に伝統的に注目してきた教育学研究の視点をそのまま用いることはできず、公会堂の「公」とは何だったのかという問いは、関連領域も視野に入れた新たな視点から検証されることが必要である。

本書では、こうした公会堂の特徴をふまえ、公会堂で行われた催事と、さらにそこに集う人々の姿に注目する。近年、博物館研究[43]や映画研究[44]において、来場者に注目した研究が進展しているが、本書も、公会堂の催事そのものと同時に、人々が催事をどう受容したか、あるいはそこでいかなる感情が共有され、媒介されたか、ということに注目したい。

依拠した主たる資料は、第一に、全国各地の公会堂から提供を受けた設立経緯や運営内容に関する資料である。ここには、周年事業等で作成された記録集のほか、自治体史、地方紙、郷土資料などが含まれる。

第二に、日比谷公会堂については、同館所蔵の催事のチラシ、プログラムを用いた。チラシやプログラムは書籍や公文書などではないため史料としては未整理、未開拓な部分も大きいが、例えば舞台芸術関係の記録の作成には重要な記録となるし[45]、近年は太平洋戦争期のビラについての研究も進められている[46]。日比谷公会堂に所蔵されたチラシやプログラムについても、ほとんどの場合は主催者が作成するため、催事を通して何をどう伝えたかったかという、あえていえば「意図」を読み解くことのできる（その「意図」がどう解釈され流通したかは別にして）、歴史的な一次資料としてとらえることができる。

第三に、当時の新聞および雑誌の報道、さらには公会堂をモチーフにした絵葉書などのメディアから、公会堂を求める世論、公会堂への来場者の姿、公会堂に付与された意味や媒介された知、そして催事がどう広報され、受容されたかといった点を考察する。また、これらの資料を用いた叙述により、公会堂に集った、あるいは公会堂をめぐる人々の声を可能な限り拾い出すことを試みる。為政者や寄付者についても同様に、彼らによって構想された公会堂のイメージを検討する。このような方法により、公会堂の施設理念とそこに集った人々の姿を浮き彫りにすることが可能になると考える。

時代設定は、第1章については明治時代にふれつつも、特に大正期から昭和初期を中心に、公会堂の全国整備過程を分析する。第2章では前章と同様の方法で、東京市の事例を分析する。第3章以降では日比谷公会堂の催事を検討するが、一九二九（昭和四）年の開館から、終戦後、占領軍の接収が解除され、また社会教育法が制定される一九四九（昭和二四）年までの二一年間を対象とする。それ以降の各種催事に使われた歴史の検討も、戦後教育史、文化史、音楽史、政治史など多様な観点から重要な主題となりうるが、本書では戦後の文化会館のいわば「前史」としてとらえられるにとどまってきた公会堂の姿を明らかにすることを主眼とするため、このように設定した。

方法は、以下の三つの点に留意し設定した。第一に、単なる通史を記述するのではなく、公会堂という場を通してみえてくる歴史、そしてその中で公会堂はいかなる機能を有したか、という問題史的な記述を行う。主催者の多様性、貸し施設、多目的施設という前述の公会堂特有の性格をふまえ、設立経緯や個別の催事を検討しながら、公会堂においていかなる活動が行われたか、ということに注目する。

第二に、国家と国民、政策と実践といった二項対立的な関係というよりも、多様な催事の主催者となった企業や団体を加えた三者以上の複合的な関係をとらえる。関連して、支配―被支配、動員―被動員といった対立関係ではなく、関係者間の相互作用に注目する。近年社会教育研究において、松田武雄は、これまでの研究のように政策と実践を峻別するのではなく、「理論史、思想史と事実史とを交流させ」、「思想や概念と政策・行政および社会教育の実態的な基盤である地域の社会教育活動との相互規定関係に留意して、その全体像を明らかにしていく」[47]という方法意識に基づいた歴史研究を行っている。また、メディア史研究においては、一九二〇年代以降の大衆化状況を反映した一五年戦争期のメディア・イベントを考察する際、しばしば問題になる「上からの組織化と下からの能動的参加」という軸に、「両者の相乗的増幅」というもう一つの機軸を設定する必要が提起されている(48)。本書もそれをふまえ、催事の提供主体（催事の主催者）と享受主体（来場者）が共に作り上げていった営みに注目する。公会堂は、建造物として存在することで、その背景にある政策が具現化する場であると同時に、個別の催事が行われることで、政策、催事の主催者、そして来場者の意図が交わる場でもある。それらの意図がどう交わりあっていたかということを検討したい。

第三に、公会堂を、新聞やラジオ、映画などと並んで近代国家、近代都市における「メディア」としてとらえる。施設の中で開かれた様々な催事、およびそこで意図されたもくろみを一連の政治的・文化的実践とみなし、その機能の内実を、当日配布されたプログラムや、催事を報道した当時の新聞・雑誌などから探っていく。「メディア」の意味は先に述べた通りであるが、知を「伝達」する無色透明なハコモノ空間として公会堂をとらえるのではなく、公会堂そのものがメディアとしての意味をもち、そこに関わった人々の解釈の折り重なりにも注目する。

特に第3章以降で検討する日比谷公会堂での催事は、本書が扱う開館から接収解除までの二一年間で、七五〇〇以上に及ぶ。これらの事例について、公会堂に残された資料の一つ一つを検討した上で、前述の課題意識に基づき帰納的に論点を分節化することを試みる。このように、多数の実践を分類および主題化して記述する方法は、佐藤学が、アメリカの学校における単元学習の開発と実践の歴史を記述した方法意識をふまえている。佐藤は、具体的な実践の記録資料（約三〇〇〇事例）を収集し、それぞれの様式を識別しながら、研究資料となる事例を選択している。その上で、選択された事例の記述と批評から多様な原理を抽出して、典型となる実践事例と問題群を設定し、それらをモノグラフで構成して、単元学習の多様な様式の開発と展開を叙述している。佐藤が目指すのは、通史的な叙述というより、単元学習の実践の展開を、教材と学習経験の方法的組織という主題で構成した問題史研究である(49)。

また、前述した永井理恵子による幼稚園舎の研究では、①園舎を単に教育実践の場としてとらえず、実践と園舎形態の関係だけを考察しない、②園舎を支えた地域社会に注目する、③幼稚園舎や教育実践に関して示された国家レベルの規定にも注目する、という方法論を採用している。それにより、従来の実践史研究が教育内容や方法など「文字」と「時間」の中で描出されてきたのに対し、永井は「空間」の中での実践の描出を試みている。[50]

こうした研究をふまえ、本書は、公会堂という「空間」のもつ意味は何であったか、という課題意識に基づく、問題史的な観点からの研究となる。すなわち、一つ一つの事例に深く立ち入る近現代史研究というよりも、公会堂を通してみえる近現代史の個別の事実を、公会堂という空間、さらにいえば、舞台袖や客席から公会堂の舞台を定点観測するようにして考察を進めていく。

3　本書の視点

(1)　大衆社会における「民衆」の姿

本書では公会堂に関わる人々のことをさすのに「民衆」という用語を用いるが、それにあたってここでは、主に社会学研究の成果に依りつつ、「大衆」および「大衆社会」も含め検討をしておきたい。

まず、「大衆」は、社会においてプラス価値（社会的・政治的実践を担いうる自立した社会階層）をもつ存在とみるマルクス主義的見方と、マイナス価値（受動性・従属性を特色とする）をもつ存在とみる大衆社会論的見方の二つに分かれる。[51]そして「大衆社会」とは、辻村明によれば（通俗的には、との留保つきではあるが）「大衆が政治、経済、社会、文化のあらゆる領域で、無視できない社会的勢力になっている社会のことをいう」。そして大衆（Mass）とは大量の人間の塊のことをいい、不特定多数者を意味する。ギュスターブ・ル・ボンによって「何か異常な事件をきっかけにして、街頭に集合する大量な人間」としての「群衆」が問題にされたが、ジャーナリズムの発達により大量の人間の塊は必ずしも一カ所に集まる必要はなくなった。空間的には広い地域に散在しながら、ジャーナリズムやマスコミが提供する情報に接触することによって、共通の利害や関心をもつことができるようになった(52)。

大衆社会論は、カール・マンハイムやエーリッヒ・フロムらによって、ヴァイマル共和国における民主主義がナチスにとってかわられた際のドイツの大衆、特に中間層の意識や心理に焦点をあてた研究として論じられた。その後、戦後アメリカにおける大衆文化の病理に対する研究が、ライト・ミルズやデイヴィッド・リースマンらによって行われた。そして、一九五〇年代に盛んであった大衆社会論の時代から、現在は、大衆がより多くの自由と選択力をもち、欲求は多様化し、大量生産大量消費の時代とは変わりつつある。

また、藤竹暁によれば、大衆社会は個人的な特性よりも人々の類似性を重視し、人間を大衆という集合体として扱う。また、個人としてのアイデンティティと自律性を失い、マスメディアに描かれている社会の動向に従って、そのように望むことがよいことであり、そう行動することがふさわしいと考えるようにしむけられる。こうして大衆社会に生きる人間は、標準化された同質的な価値を無批判に受け入れやすくなり、その時々の社会の動きに同調し続ける心理を育てることになる(53)。

一方、「民主主義の担い手」として「大衆」から区別される「公衆」は、藤竹によれば、マスメディアを通じてコミュニケーション（討論）に参加するものの、通常は互いに物理的に近接し、直接的な人間関係をもっていないし、もつ必要もない（時には、一堂に会することがあるにしても）。公衆の成員は互いに匿名であることが多く、地理的に散在し、非人格的な接触によって特徴づけられる(54)。藤竹のこの指摘は重要である。集まる必要のない匿名の人々が集まることに、どのような意味があるのか。不特定多数の人々が集まる公会堂という場所の論理を明らかにすることは、大衆社会論の文脈においても重要である。

大正時代の日本は、選挙権が拡大したまさに大衆デモクラシーの時代であった。秋元律郎によれば、大衆デモクラシーとは、二〇世紀における新たな社会構造の変化に対応した代議制民主主義の政治的制度の変容によって生み出されたデモクラシーをいう。その最も重要な政治的契機は、選挙権の拡大であり、大衆の巨大な政治的エネルギーの噴出を背景とした政治参加の基盤の変化と、これによる権力再配分をもたらしたところに特色がある。したがってその点では大衆デモクラシーは、一九世紀の少数名望家によるデモクラシーから、参加の原理をより拡大した規模に制度化したものであるといえるが、このように大衆が政治過程に登場することによって、かつての自律的・能動的な公衆が、多様で砂粒化された受動的な大衆に代わられたために、逆にエリートによる大衆操作を容易にし、政治の不安定要素を増すことになった。そして他方、こうした状況下で代表機能にも変化が生じ、議会の利害調整機能の低下、行政部の優位、官僚機構の膨張、議会外での大衆運動の発生など様々な問題を生みだすことになった(55)。この理解によって先取りしていえば、公会堂とは、大衆デモクラシーが普及した社会における政治的な場であり、大衆文化が普及した社会における文化的な場という二つの意味合いをもったといえよう。

こうして大衆社会としての側面を論じられる近代社会であるが、そこにおいて人々に何かしらの名前をつけて集合的に性格づけや価値づけを行うことは、分析を可能にする部分と困難にする部分の両面が、当然ながら存在する。本書が主に対象とする一九二〇—三〇年代について、文化史的観点から吉見俊哉は、明治期の「文明」から「文化」へ、生産的文明から消費社会へ、国家から個人への重心の移行といったこれまでの研究の視点を批判的に検討する。大正時代は決して都市の消費文化や文化産業の興隆、中産階級を基盤としたデモクラシーのみによって彩られる時代だったのではなく、むしろ民衆レベルの激烈な労働争議と政治闘争、社会運動の草の根的な発展とその思想的な模索、多層的な抗争と矛盾の露呈、それを乗り越えようとする様々なネットワークの形成に支えられた時代だったとする。その上で、「二〇年代＝モダニズム」対「三〇年代＝ファシズム」という二項対立の図式から自由になり、両大戦間のモダニティを消費文化というリアリティのみに収斂させない視点を提起する[56]。吉見はほかにも、民衆を階級やマスとしてとらえず、個々の生活に目を向け、それらについての一見トリヴィアルで雑多な描写から全体を紡ぎ上げていかなければならない、とも述べている[57]。

これらの研究をふまえつつ、本書では「民衆」という用語を用いる。それにより、政治的主体になろうとする「公衆」の側面もあれば、大衆政治にのみこまれ、文化を消費する受動的・従属的な「大衆」の側面ももちうる、多面的な存在として人々をとらえている。ユルゲン・ハーバーマスが『公共性の構造転換』の一九九〇年新版の序言で「文化を論議する公衆」と「文化を消費する公衆」の明確な区分の困難を指摘したように[58]、また北田耕也が「民衆文化」と「大衆文化」の区分の困難を指摘したように[59]、大衆社会を生きる人々のなかに「民衆」の可能性を見出そうとする視点は、本書においても共有している。両者の区分は、例えば一人の人間の中においても極めてあいまいで、時にしたたかに、両者を使い分けている側面があるのではなかろうか。

社会学研究や大衆社会論を深めることが本書の目的ではないので検討はここまでとしておくが、このように「公衆」でもあれば「大衆」でもありうる多面性をもつ人々の姿を本書では「民衆」と呼ぶ。

（2）近代において人が集まる場所としての公会堂

本書で「近代」という概念設定をしたことには、いくつかの意味がある。第一に、日本において公会堂は、端的にいって明治以降につくられた場所であり、人が集まる物理的、象徴的な場所を求めた近代国家の論理を体現するような空間であった。公会堂は都市の象徴であり、近代化の象徴としての意味が付与された。

第二に、その名が示すように、公会堂は人々が「会」する場所であるが、そこには設置者や催事運営者の様々な意図が働いており、特に戦時中においては国民統合の論理が強く働いたことはいうまでもない。この意味で公会堂は、明治期においては一部の人々を対象にしていたが、大正期以降にあってはひろく民衆にひらかれ、「近代」を提示する場であった。

しかし一方で、公会堂に集った民衆すべてがそう思っていたのだろうか。当然ながら、民衆はその提示された「近代」をそのままうけとめたわけではない。近年のアジア太平洋戦争研究においては、「協力」と「抵抗」に単純に識別することなく、戦争の全体構造の中に生きた個人や集団の様相が再検討されているように(60)、それぞれの文脈において自由に引き取り、読み替え、暮らしていたといえるだろう。公会堂は、「近代」が示される場でもあり、ずらされる場でもあった。

そのように「ずらし」ながら生きていた民衆の姿からは、近代の枠を超えて、人が集まるという現象の意味について考察を深めることも可能となる。人が集まるという意味は「近代」を超える。『旧約聖書』や『ヴェーダ』にも「公会堂」についての記述が現れるように、人が集まるという行為や集まる場所には、近代も前近代もない。つまり、すべてを近代の文脈で語ることはできず、近代やナショナリズム批判といった枠組みのみでは、公会堂のほんの一面しかとらえられないのではないか。もちろん、戦時期においてナショナリズム昂揚を意図した集会が多数開催されたことは間違いないが、本書の検討の主眼は近代国民国家の再検討ではなく、近代において人が集まった場所としての公会堂そのものにある。

公会堂は、大衆デモクラシーが普及した社会における政治的な場であり、大衆文化が普及した社会における文化的な場という二つの意味合いをもっていた。さらに、都市を象徴する建築であり、劇場だけに収束しない多目的性をもち、娯楽と教育の論理の綱引きの場でもあった。公会堂は、例えばヴァルター・ベンヤミンがパサージュ論で博覧会などについて論じたような、まさに新しいタイプの都市空間であった。公会堂は、物理的空間であると同時に、来館者、主催者、舞台上の演者・話者、それを報じるマスメディア関係者、報じられた媒体など、人やものが多層に折り重なる出来事の束である。

この公会堂という空間の論理を読み解いていくのに、どのような道具立てが必要か。これまでの検討をふまえて述べるならば、本書の主眼は、文化の社会学でも、公共性の研究でも、近代の批判的検討でもなく、人が集まるという場の論理を明らかにすることにある。ラジオや新聞などのマスメディアの普及により、情報の伝達や共有のために人が直接的に集まらなくともよくなりつつあった時代において、人が集まるとはどういうことであったか。なぜ人は集まったのか。

この問いに対して、人々の「集い」に注目する形で都市や地域社会の歴史を記述する試みが参照されうる。綾部恒雄らによる『結社の世界史』[61]の試みなどのほか、人が集まる場所・空間、集まった人々の歴史を文化史的に記述する試みは様々な領域で行われている。

社会学的な観点から、アーヴィング・ゴッフマンは『集まりの構造』において、「街頭、公園、レストラン、劇場、商店、ダンスホール、集会場、その他およそ人の集まる場所での行為にみられるルールは、社会組織のもっとも一般的な形態について、多くのことをわれわれに教えてくれる」と述べ、例示したこれらの場所での行為、すなわち「公共的な場および半ば公共的な場における行為」に注目する。[62]同書の原題は *Behavior in Public Places: Notes on the Social Organization of Gatherings* であり、『公共の場での振る舞い』などとも訳せる。ここでゴッフマンは「公共的」あるいは「公共の場」という概念について、「私的」あるいは「私的な場」の概念と対置させながら、コミュニティの成員が自由に出入りできる場を想定し、お互いによく知らない人々の間の対面的相互作用、さらには適切だとみなされる行為の要素を考察する。[63]

さらに、このような社会学的な観点のほかに、文化人類学の観点からも、集まるという行為や[64]、集まることの儀礼的意味などに注目することで公会堂についての記述を深めることも可能であろう。文化人類学研究においては、儀礼とは文化の中の形式化された行動の広い範囲に及び、伝統の再創造に果たす役割や国家の本質と結びついた効果なども関心に含めて研究が展開されている。[65]

しかし、本書の主題はそこにはなく、人が集まる場所の論理を、大衆社会に登場した公会堂という施設空間に即して考察するのが目的である。劇場においてはドレスコード、ステージマナーといった行動規範が存在するが、それにとどまらず、公的な場としての公会堂において人々は実際にどのような振る舞いをしたか。この意味において、公会堂の「公」とは何だったのか、という問いも導きだされる。

また、本書が対象とするほぼすべての公会堂は、舞台と客席が対面する、いわゆるプロセニアム型である。劇場空間が人に与える心理的効果を考える際、イーフー・トゥアンの論考は興味深い。トゥアンは、西洋史における劇場の建築様式や（プロセニアム様式による舞台と客席の分離）、上演される作品内容の変化（舞台が宇宙や社会から家の中へと狭くなっていく）、舞台を照らし客席を暗くする照明の発明などから、食卓や家屋とならび劇場もまた、近代において誕生した「個人空間」の一つであるとみる。特にガス灯により舞台全体が照らされ客席が暗くなることが一般化した一八八〇年代以降の変化を、こう記述する。

観客は、暗闇の中でひとりになることで、覗き屋になった。かつて動き回る群衆の中に立ち、交互に聞いたりしゃべったりしていた観客は、いまや自分の席に静かに座り、窓を通して見るかのように明るい舞台を見つめているのだ。その観客は何を見ることができるのだろうか？　それは、宇宙《コスモス》や広い世界ではなく、私的な部屋や、カントリーハウスの「夏の部屋」と呼ばれた個人的な庭園なのである。[66]

トゥアンのこの指摘は重要である。都市において不特定多数の民衆が集まり、同じ方を向き、皆でいるのにもかかわらず、暗い客席で一人になって舞台と対面することを求められる。そのような客席に身をおくことで、生活空間、都市空間、時代などの文脈から隔絶される。公会堂には、そのような空間的特質があるとはいえないだろうか。

唐突かもしれないが、トゥアンの指摘が想起させるのは、福永武彦が一九五四（昭和二九）年に発表した小説『草の花』において、第二次世界大戦中、出征前の主人公汐見茂思が、友人の妹に想いを馳せながら日比谷公会堂の「薄暗い」客席で思索に耽る場面である。

この甘いショパン、ただそれを聴きながら、幸福そうな顔をしてピアニストを見守っている多くの聴衆たちと同じように、僕も幸福そうな顔をしようとつとめた。この多勢の人たちの中には、愛し合う恋人たちもいるだろう。この旋律よりももっと甘い愛の想いに、胸をわななかせている人たちもいるだろう。彼等が幸福であればそれでいいのだ。自分というものに満足し、愛していることに満足している人たちが、沢山いればいいのだ。(67)

また、エドワード・レルフは『場所の現象学』において、官僚的な公共の場所や集団として経験される公共の場所も含め、「すべての場所と景観は個人的に経験される。なぜなら、私たちはそれらをただ一人で、自分自身の心情と経験と意図の色めがねを通して見るからであり、また私たち自身の独自の境遇から見るからである」と述べる。(68)レルフが論じているのは「場所」一般のことであるが、トゥアンが指摘した劇場の空間的特質から考えれば、公会堂という空間は、ほかの公共の場にもまして、公共の場でありながら個人空間でもある、という両義性の強い場所であるといえるだろう。

もちろんこうした劇場空間は、のちに、舞台と観客の区分を取り払い相対化させる様々な前衛的な取り組みや劇場建築の多様化により、組み替えが試みられていく。しかし、本書が対象とする公会堂はそれ以前のプロセニアム様式の空間であり、そこにおける場所の論理を読み解いていくことが課題となる。

吉見俊哉は『都市のドラマトゥルギー』において、都市および盛り場の分析にあたり、都市を上演の場とみなす演劇のメタファーから「上演論的パースペクティブ」という視点を提起している。ここでいう上演とは、プロセニアム・アーチで舞台と客席が明確に分離された近代劇場の上演ではなく、舞台と客席の境界が曖昧で、その幾重にも折り重なった上演の場、〈劇場〉の重なりあう編制の中で、人々は、時には〈観客 audience〉として、時には〈演者 performer〉として、自らを演じている、と述べる(69)。

本書では、吉見のように都市全体を分析するような動態的な視点をもたず、視点はあくまで公会堂を中心に据える。また、公会堂は、その構造上、比喩ではなく文字通り「プロセニアム・アーチで舞台と客席が明確に分離された近代劇場」そのものである。そうした空間構造をもつ舞台と客席を定点観測しながら、公会堂というまさに「舞台」からみえてくる人の姿、また舞台にかけられた出来事の諸側面を明らかにしていくこと。それを通して、公会堂という新たな都市空間のもつ意味を解き明かしていくこと。以上が本書の課題である。

4　本書の構成と用語の定義

第1章では、明治以降、特に大正期から昭和初期にかけて各都市で建設が進んだ大規模集会施設としての公会堂について、その設立経緯および事業内容の分析を行う。各地の公会堂の歴史資料から、公会堂がいかに構想され、いかに使われたかという歴史を叙述する。

第2章では、前章で述べた公会堂整備の全国的な状況をふまえ、日比谷公会堂開設に至る東京市における都市計画、公園行政における文化事業のありようについて述べる。また、日比谷公会堂設立の推進者となった東京市長後藤新平の思想、東京市の都市計画における公会堂の位置づけ、設立過程をめぐる論争から、その性格、都市における位置づけおよび施設理念を明らかにする。

第3章では、日比谷公会堂開館（一九二九（昭和四）年）から戦後の占領軍による接収解除（一九四九（昭和二四）年）までの、運営の形態と使用状況について、時局に関連した催事を中心に述べる。

第4章では、日比谷公会堂が果たした機能について、通史的にではなく、催事の機能に着眼点を移して考察する。

第5章では、前章を受けての公会堂の機能に関するさらなる分析、そして戦後教育制度整備過程において公会堂がどのように位置づけられていったかについて考察する。

終章では、本書全体を通して得られた知見と今後の課題を呈示する。

本書における「公会堂」の定義は、民間の芝居小屋や商業劇場、企業の講堂、商工会館など一部の団体利用に供するのみの施設、および先行研究が「農村公会堂」と呼んできた農村地域における小規模な公会堂は除外し、行政によって管理運営され、都市部において広く一般市民の利用に供する大規模集会・娯楽施設を対象とする。より具体的には、一九三七（昭和一二）年になされた以下の中田俊造の定義に依拠するものとする。同時代の定義を用いることで、公会堂という空間の歴史的意味を、可能な限り当時の実態に即してさぐる手がかりとしたい。

主として公衆的目的に使用される公設集会場。欧米では多く市庁舎に付設されて、公用の会議其他の集会等に用ひられるが、我国では少々趣を異にして、市等の管理下にはあるが庁舎とは独立して建てられ、専ら市民一般の会合に充てられてゐる。式典・演説・講演・演劇・音楽・映画其他の会合に供する大集会場を主とし、他に講習会等のための中講堂・談話会等のための小集会室・展覧場・宴会場・一般食堂等を付属せしめるものもある。(70)

注

（1）社団法人全国公立文化施設協会『平成二一年度全国公立文化施設名簿』二〇〇九年

（2）文部科学省『社会教育調査　平成二三年度』http://www.mext.go.jp/b_menu/toukei/chousa02/shakai/kekka/k_detail/1334547.htm（二〇一四年九月三〇日閲覧）

（3）森啓「文化ホールが文化的なまちをつくる」森啓編『文化ホールがまちをつくる』学陽書房、一九九一年、二二頁

（4）平成二一年調査の数値は「文化振興のために国が力を入れて欲しい事項」という設問に対し、「国立博物館・美術館など国を代表する文化施設」と回答した割合を示す。

（5）『舞台芸術人材の育成及び活用について』（二〇〇九年）では、文化会館には司書や学芸員のような専門職が存在しないことなどから、各地の会館運営の専門的な人材育成が政策課題とされている。

（6）北田耕也『自己という課題――成人の発達と学習・文化活動』学文社、一九九九年、一九三―二〇七頁

（7）佐藤一子『文化協同の時代――文化的享受の復権』青木書店、一九八九年

（8）森、前掲論文

（9）河島伸子「日本におけるアーツ・マネジメントの始まり」川崎賢一／佐々木雅幸／河島伸子『アーツ・マネジメント』放送大学教育振興会、二〇〇二年、三三―三四頁

（10）美野里町文化センター物語制作委員会編『文化がみの～れ物語――住民主役・行政支援の文化センターづくり』茨城新聞社、二〇〇二年、小林真理／小出郷の記録編集委員会編『小出郷文化会館物語――地方だからこそ文化のまちづくり』水曜社、二〇〇二年、松本茂章『芸術創造拠点と自治体文化政策――京都芸術センターの試み』水曜社、二〇〇六年など

（11）根木昭／枝川明敬／垣内恵美子／笹井宏益『文化会館通論』晃洋書房、一九九七年、小林真理『文化権の確立に向けて――文化振興法の国際比較と日本の現実』勁草書房、二〇〇四年

（12）新建築学大系編集委員会編、田邊健雄ほか著『新建築学大系　三三　劇場の設計』彰国社、一九八一年、レオ・L・ベラネク／日高孝之／永田穂『コンサートホールとオペラハウス――音楽と空間の響きと建築』シュプリンガー・フェアラーク東京、二〇〇五年など

（13）シモン・ティドワース『劇場――建築・文化史』白川宣力／石川敏男訳、早稲田大学出版部、一九九七年、マイケル・フ

ォーサイス『音楽のための建築――一七世紀から現代にいたる建築家と音楽家と聴衆』長友宗重／別宮貞徳訳、鹿島出版会、一九九〇年

(14) 清水裕之『二一世紀の地域劇場――パブリックシアターの理念、空間、組織、運営への提案』鹿島出版会、一九九九年、八三頁

(15) 本杉省三／小根山仁志／小谷喬之助／逆瀬川和孝「大型公会堂への過程と役割――近代東京における演劇改良から公会堂誕生への変遷（その三）」『学術講演梗概集　E-1』日本建築学会、一九九五年、四〇一―四〇二頁、猪野昭洋／田邊健雄「公会堂の発生と明治期におけるその倶楽部的性格――近代日本オーディトリアム建築計画論　その一」同書、四〇三―四〇四頁

(16) 田邊健雄「娯楽・集会施設の概要」社団法人空気調和・衛生工学会編『建築設備集成　八　娯楽・集会施設――計画・設計』オーム社、一九八八年、一四頁

(17) 小川利夫「歴史的イメージとしての公民館――いわゆる寺中構想について」日本社会教育学会編『日本社会教育学会年報　日本の社会教育　第九集　現代公民館論』東洋館出版、一九六五年、六―三九頁

(18) 末本誠／上野景三「戦前における公民館構想の系譜」横山宏／小林文人編『公民館史資料集成』エイデル研究所、一九八六年、七一九―七六九頁、上野景三「公民館・コミュニティ施設の歴史　一　戦前的系譜」日本公民館学会編『公民館・コミュニティ施設ハンドブック』エイデル研究所、二〇〇六年、七一―七三頁、田所祐史「戦前における農村公会堂の構想と展開」『日本社会教育学会紀要』第四九号（分冊二）、二〇一三年、一―一一頁

(19) 須田敦夫『日本劇場史の研究』相模書房、一九五七年、角田一郎編『農村舞台の総合的研究――歌舞伎・人形芝居を中心に』桜楓社、一九七一年、小笠原恭子『都市と劇場――中近世の鎮魂・遊楽・権力』平凡社、一九九二年

(20) 倉田喜弘『芝居小屋と寄席の近代――「遊芸」から「文化」へ』岩波書店、二〇〇六年

(21) 円城寺清臣著、国立劇場調査委員会編『東京の劇場〈歌舞伎資料選書・三〉』国立劇場、一九七八年

(22) 徳永高志『芝居小屋の二〇世紀』雄山閣出版、一九九九年、同『公共文化施設の歴史と展望』晃洋書房、二〇一〇年

(23)「教育会評議員会」『読売新聞』一九〇七年六月二六日付朝刊二面

(24) 夏目漱石「道楽と職業」『漱石全集』第一一巻、岩波書店、一九六六年、三二一頁

(25) 島崎藤村『千曲川のスケッチ』岩波文庫、二〇〇二年、一八〇頁
(26) 中田俊造「公会堂」阿部重孝／城戸幡太郎／佐々木秀一／篠原助市編『教育学辞典』岩波書店、一九三七年、六八八頁
(27) 梅棹忠夫「文化国家論」(一九七五年)、「地域社会と文化」(一九七七年)、「文化開発論」(一九七八年)、「文化行政のめざすもの」(一九七九年)など。梅棹忠夫著、石森秀三編『梅棹忠夫著作集　第二一巻　都市と文化開発』中央公論社、一九九三年に所収
(28) 松下圭一『社会教育の終焉』筑摩書房、一九八六年(公人の友社より二〇〇三年復刊)
(29) 中川幾郎『分権時代の自治体文化政策――ハコモノづくりから総合政策評価に向けて』勁草書房、二〇〇一年
(30) 清水、前掲書、二〇九―二一〇頁
(31) 財団法人地域創造編・発行『アウトリーチ活動のすすめ――地域文化施設における芸術普及活動に関する調査研究』二〇〇一年、TANアウトリーチハンドブック制作委員会編『NPOトリトンアーツネットワーク アウトリーチハンドブック』パンセ・ア・ラ・ミュージック、二〇〇七年、苅宿俊文／佐伯胖／高木光太郎編『ワークショップと学び』全三巻、東京大学出版会、二〇一二年など
(32) 中矢一義監修『公共ホールの政策評価――「指定管理者制度」時代に向けて』慶應義塾大学出版会、二〇〇五年
(33) 安藤聡彦「普及教育事業の展開過程」『公立芸術文化施設に対する評価視点の再検討　さいたま芸術劇場の開館一〇年をふりかえって』埼玉大学・総合研究機構研究プロジェクト「公立文化施設の評価調査――さいたま芸術劇場の事例研究」平成一七年度成果報告書二〇〇六年
(34) 岡幸江「普及教育事業と職員――〈媒介者〉としての役割に着目して」同右
(35) 辻本雅史編『知の伝達メディアの歴史研究――教育史像の再構築』思文閣、二〇一〇年
(36) 今井康雄『メディアの教育学――「教育」の再定義のために』東京大学出版会、二〇〇四年
(37) 吉見俊哉『メディア文化論――メディアを学ぶ人のための一五話　改訂版』有斐閣、二〇一二年、八―一一頁
(38) 二宮徳馬「公会堂」『教育学事典』平凡社、一九五五年、三五三―三五四頁
(39) 永井理恵子『近代日本幼稚園建築史研究――教育実践を支えた園舎と地域』学文社、二〇〇五年、一八―一九頁
(40) 倉沢愛子／杉原達／成田龍一／テッサ・モーリス＝スズキ／油井大三郎／吉田裕編『岩波講座　アジア・太平洋戦争』全

八巻、岩波書店、二〇〇五—〇六年
(41) 山本武利責任編集『岩波講座「帝国」日本の学知』全八巻、岩波書店、二〇〇六年
(42) 西澤泰彦『日本植民地建築論』名古屋大学出版会、二〇〇八年、井原麗奈「京城府府民館と「公共性」植民地朝鮮に建設された公会堂」藤野一夫編『公共文化施設の公共性——運営・連携・哲学』水曜社、二〇一一年、二二三—二三九頁
(43) 五十殿利治『観衆の成立——美術展・美術雑誌・美術史』東京大学出版会、二〇〇八年
(44) 古川隆久『戦時下の日本映画——人々は国策映画を観たか』吉川弘文館、二〇〇三年、加藤幹郎『映画館と観客の文化史』中公新書、二〇〇六年、吉田ちづゑ『「講堂映画会」の子どもたち』桂書房、二〇〇七年、黒沢清／吉見俊哉／四方田犬彦／李鳳宇編『日本映画は生きている　第三巻　観る人、作る人、掛ける人』岩波書店、二〇一〇年、藤木秀朗編『観客へのアプローチ』(日本映画史叢書一四)森話社、二〇一一年、上田学『日本映画草創期の興行と観客——東京と京都を中心に』早稲田大学出版部、二〇一二年など
(45) 毎年発行『日本のオペラ年鑑』(二〇〇九年より学校法人東成学園(昭和音楽大学)発行)など
(46) 一ノ瀬俊也『宣伝謀略ビラで読む、日中・太平洋戦争——空を舞う紙の爆弾「伝単」図録』柏書房、二〇〇八年、土屋礼子『対日宣伝ビラが語る太平洋戦争』吉川弘文館、二〇一一年など
(47) 松田武雄『近代日本社会教育の成立』九州大学出版会、二〇〇四年、五頁
(48) 有山輝雄「序——戦時期とメディア・イベント」津金澤聰廣／有山輝雄編『戦時期日本のメディア・イベント』世界思想社、一九九八年、ix頁
(49) 佐藤学『米国カリキュラム改造史研究——単元学習の創造』東京大学出版会、一九九〇年、六頁
(50) 永井、前掲書、二〇—二一頁
(51) 石川実「大衆」石川弘美ほか編『大衆文化事典』弘文堂、一九九四年、四五一—四五二頁
(52) 辻村明「大衆社会」森岡清美／塩原勉／本間康平編集代表『社会学辞典』有斐閣、一九九八年、九四二頁
(53) 藤竹暁「大衆心理」同右、九四四—九四五頁
(54) 藤竹暁「公衆／大衆」同右、四二三—四二四頁
(55) 秋元律郎「大衆デモクラシー」同右、九四五頁

(56) 吉見俊哉「〔総説〕帝都東京とモダニティの文化政治」小森陽一／酒井直樹／島薗進／成田龍一／千野香織／吉見俊哉編『岩波講座　近代日本の文化史　六　拡大するモダニティ一九二〇―一九三〇年代　二』岩波書店、二〇〇二年、三―六一頁
(57) 吉見俊哉『都市のドラマトゥルギー――東京・盛り場の社会史』河出文庫、二〇〇八年、六三頁
(58) ユルゲン・ハーバーマス『公共性の構造転換――市民社会の一カテゴリーについての探究』細谷貞雄／山田正行訳、未來社、一九九四年（第二版、初版一九七三年）、xxi頁
(59) 北田耕也『大衆文化を超えて――民衆文化の創造と社会教育』国土社、一九八六年、八―二二頁
(60) テッサ・モーリス＝スズキ「まえがき」倉沢愛子／杉原達／成田龍一／テッサ・モーリス＝スズキ／油井大三郎／吉田裕編『岩波講座　アジア・太平洋戦争　三　動員・抵抗・翼賛』岩波書店、二〇〇六年、vii―xiii頁
(61) 綾部恒雄監修『結社の世界史』全五巻、山川出版社、二〇〇五―二〇〇六年
(62) アーヴィング・ゴッフマン『集まりの構造――新しい日常行動論を求めて』丸木恵祐／本名信行訳、誠信書房、一九八〇年、四頁
(63) 同右、一〇―一一頁
(64) 清水展編「集まる」日本文化人類学会編『文化人類学事典』丸善、二〇〇九年、一二四―一六七頁
(65) 梶原景昭「儀礼」石川栄吉／梅棹忠夫／大林太良／蒲生正男／佐々木高明／祖父江孝男編『文化人類学事典』弘文堂、一九九四年、二二三―二二四頁
(66) イーフー・トゥアン『個人空間の誕生――食卓・家屋・劇場・世界』阿部一訳、せりか書房、一九九三年、一六〇頁
(67) 福永武彦『草の花』新潮文庫、一九五六年、二四四―二四五頁
(68) エドワード・レルフ『場所の現象学――没場所性を越えて』高野岳彦／阿部隆／石山美也子訳、ちくま学芸文庫、一九九九年、九七頁
(69) 吉見、前掲書、二一一―二二二頁
(70) 中田、前掲書

第1章　公会堂の誕生――明治・大正・昭和

明治期において、御大典記念や天皇巡幸などを背景に建設され、議事堂・演説会場、倶楽部、物産陳列場という三つの性格を主に有していた公会堂は、大正期から昭和初期にかけて民衆の集会・娯楽施設へと変容していきながら、全国的に増加していった。本章では、①近代都市を象徴する市民の集会場への要望、②政治家・経済人の地域貢献、民衆教化のための施設、③皇室関連の記念事業の三つの観点から、主に大正期以降の公会堂の設立経緯を記述する。本章で述べる明治期および大正―昭和期の公会堂の設立経緯の分類は所与の区分ではなく、各地の公会堂の設立経緯を調査する過程で帰納的に設定したものである。

ここでは、公会堂の全国的な整備状況を網羅するというよりも、いくつかの事例に注目しつつ、公会堂の設立経緯を検討することが目的である。網羅的調査については、日本建築学会による『新版日本近代建築総覧』（一九八三年）、およびそれをもとに二〇〇六（平成一八）年九月―二〇〇七（平成一九）年三月にオフィスビル総合研究所が行った現存調査がある。(1)一九八三（昭和五八）年の調査には、公会堂・公民館・議事堂二七八件、学校講堂五八二件、劇場四九件、合計九〇九件が掲載されている。

また、二〇〇六（平成一八）年―二〇〇七（平成一九）年の現存調査では、新たに確認された二五件を含め、以下に示した合計三〇九件が記載されている（表1-1参照）。一九八三（昭和五八）年の調査における九〇九件と比べると、

表1-1　2006-07年の「クラシックホール」現存状況

	公会堂・公民館・議事堂	学校講堂	劇場	合計
現存建物	123	126	9	258
未確認建物	11	15	—	26
1983年調査未収録建物	13	10	2	25
合計掲載数	147	151	11	309

出典：オフィスビル総合研究所「歴史の証人たち」鈴木博之／増田彰久／小澤英明／吉田茂／オフィスビル総合研究所『都市の記憶Ⅲ　日本のクラシックホール』白揚社、2007年、305頁より筆者作成。
＊「1983年調査」とは、日本建築学会大正昭和戦前建築調査小委員会『新版日本近代建築総覧』日本建築学会、1983年を指す。

現存率は二八・四％と少なく、また未確認建物も合計二六件みられる。なお、この二〇〇六（平成一八）―二〇〇七（平成一九）年の調査では、公会堂だけでなく、公民館、議事堂、学校講堂、劇場も含めて「クラシックホール」と呼んでいる。

これらの調査にもみられるように、現在において公会堂の全容を網羅的に把握することは極めて困難である。本書の調査過程でも、各地の公会堂に筆者が問い合わせる中で、公会堂の現存そのものだけでなく、公会堂に関する資料の残存も十分でないことが明らかになってきた。そのため本書でも、網羅的調査を目的とはしないことを最初に述べておく。

1　明治期の公会堂

表1-2は、明治期に建設された主な公会堂である。この時代の公会堂は、表にもみられるように多くは御大典記念などを背景に建設され、その機能は議事堂・演説会場、倶楽部、物産陳列場という以下に述べる三つの性格を主に有していた。

（1）議事堂・演説会場

「公会堂」の語の使用例は明治初期からみられる。慶応年間にイギリスに密航した村田文夫の纂述による『西洋聞見録』（一八六九（明治二）年）においては、「英国」の項で「公会堂」が登場する。これは一八四〇（天保一一）年に造営が始まった国会議事堂のことを指しているが、「是レ国制ノ条ニ説ク如ク貴族豪族ノ相会スル所ノ大政議堂ナ

表１−２　明治期に建設された公会堂

道府県	完成当時の名称	完成年	設立経緯・特徴的な事業・建築株式・主な使途等
北海道	札幌区公会堂（豊平館）	明治 13 年	高級西洋ホテルとして開拓使が建造。最初の利用者は明治天皇、以後要人の宿泊、祝賀会、各種大会に用いられ、のちに公会堂に使用。
北海道	小樽区公会堂	明治 44 年	地元実業家藤山要吉が皇太子宿泊所として建設、区に寄付。
北海道	函館区公会堂	明治 43 年	明治 40 年８月の大火で、区民集会所である「町会所」、会所内の函館商業会議所も類焼した。翌月区民有志が公会堂建設協議会を結成し計画、初代相馬哲平の寄付により、明治 44 年の皇太子巡幸をめざし建設。
北海道	釧路公会堂	明治 44 年	皇太子行啓にあたり行在所として新築落成。大正 12 年摂政宮行啓の際も宿舎となる。
青森県	青森市公会堂	明治 33 年	東宮殿下御慶事紀念。300−400 人収容、各種会合に利用。
秋田県	秋田県公会堂	明治 37 年	皇太子御成婚記念。ルネッサンス風木造大建築。
石川県	鹿島郡公会堂	明治 42 年	1895 年の大火で焼失した旧公会堂を、明治 42 年の皇太子行啓の休憩所として再建。
千葉県	千葉県公会堂	明治 43 年	洋風木造３階建、階下に倶楽部、階上は集会場、３階に娯楽室、玉突場を有した。
東京府	三田演説館	明治８年	福沢諭吉発案、集会演説のための講堂。
東京府	明治会堂	明治 14 年	慶應義塾により演説・集会施設として建設、のち農商務省に払下げ。
東京府	弥生館	明治 23 年	弥生社と芝区の有志が警視庁から買い受け、芝区の公会堂としたもの。
東京府	日本橋区公会堂	明治 24 年	経済人の倶楽部として建設。
神奈川県	山手公会堂（ゲーテ座）	明治 18 年	横浜在住外国人たちの発案のもとに、建築家サルダの設計によって建設。
愛知県	額田郡公会堂	大正２年	額田郡会議事堂、各種会合、徴兵検査場、配給物資配布所、金属回収置場などに利用。洋風木造平屋。
兵庫県	明石郡公会堂	明治 44 年	木造平屋。郡長主導で公会堂期成協賛会を作り寄付金を募り建設。柿落としの大阪朝日新聞社主催講演会では夏目漱石が講演。
和歌山県	和歌山県議会議事堂	明治 29 年	昭和 13 年まで和歌山県議会議事堂として使用。大規模な木造２階建で、県民のための公会堂としても機能。
山梨県	山梨県公会堂	明治 39 年	甲府城址に武田千代三郎知事の推進で建設。開場年に県主催関東１府９県連合共進会第１会場として使用。
大阪府	中之島公会堂	明治 36 年	第５回内国勧業博覧会に伴い建設。大正７年から天王寺公会堂と改称。
福岡県	福岡県公会堂	明治 43 年	第 13 回九州沖縄８県連合共進会の開催に際し、会期中の来賓接待所を兼ねて建設、共進会終了後は県の公会堂として利用。
香川県	香川県公会堂	明治 35 年	皇太子御成婚記念。高松交響楽団など演奏。

出典：各種資料をもとに筆者作成

リ」と説明されている。[2] また、「公会」の項目においては、「漢人又国会ト訳ス」としながらも、「公会トハ大政評議会ニシテ上院下院ノ二族悉ク倫敦ノ公会堂ニ会合シ大議ヲ興シ王ト共ニ政事ノ得失是非ヲ評議シ法ヲ立テ律ヲ定メテ以テ国ヲ治ムルヲ云フ[3]」、と公会堂が登場する。ここで村田は、「公会」すなわち国会のための機関である議事堂のことを「公会堂」と呼んでいるのである。

明治初期において「公会」は、「会社」「社中」「社交」「世態」などとならんでsocietyの訳語の一つにもなっていた。当時は、結社型の発想で西欧育ちの市民社会概念を翻訳しようという工夫があった。[4] また、尾崎行雄訳述により一八七七(明治一〇)年に『公会演説法』という書物が出版されている。これは演説に関する最初の本格的な書物であり、音声や身振り、態姿などを含めてパフォーマンスとしての演説をトータルに説いたものであった。そしてここでいう「公会演説」とは、法廷での弁論や寺院での説教とは違う、国会や集会などで不特定多数の前で自らの主張を述べる演説のことであった。[5]

さらに、矢野龍渓『経国美談』前編(一八八三(明治一六)年)においても「公会堂」が以下の通り登場するが、ここでもいわゆる国会議事堂が公会堂と呼ばれている。

> 抑々公会堂ハ、国都ノ中央トモ、思シキ所ニ建築セシ、宏壮ナル建物ニテ、堂内ノ正面ニハ、一段高ク築キ設ケタル処アリテ、是ヲ会長及ビ書記ノ席トシ、其側ニハ、又議場ノ秩序ヲ保ツガ為メニ、衆多ノ衛士列立スルノ席アリ。[6]

これらの記述にみられるように、明治期に建設された公会堂は、政治的集会施設の必要性から「おおやけの会合や議会のための議場」[7]という目的を有していた。例えば、一八七五(明治八)年に慶應義塾内に開館した三田演説館は、当時盛んであった演説の練習会場として建設された。慶應義塾塾長を務めた小幡篤次郎が五月一日の開館に寄せた祝辞によれば、「我邦建設以来稠人群集ノ前ニ演説スルノ方法ナク」という課題意識から、塾内では欧州の「テベイチングソサイエテイ」にならい、一八七四(明治七)年六月二六日から弁論講習が始められていた。開館にあたり、社員は同心協力して、これまで日本に不足していた「明弁能講ノ士ヲ出シ本邦ノ歴史上ニ一紀年ヲ作ラザルベカラズ」として、弁論術を磨くことが呼びかけられた(8)。新たなコミュニケーションの形態である「演説」にふさわしい、新たな場所が必要とされたのである。ただ、当時手本となるオーディトリアム建築は歌舞伎劇場しかなかったことから、三田演説館には歌舞伎劇場との構造的な類似点が多くみられる(9)。

政治的な討議を行う場としての明治期の公会堂の姿を検討する手がかりとして、自由民権運動において集会が行われた場所、すなわち運動そのものというより、運動が一体「どこで」行われたか、ということに注目してみたい。明治初期の演説会の模様は、宮武外骨『明治演説史』に詳しい。同書によれば、当時、東京市に関しては三田演説館のような演説に用途を特化した施設はごく例外的で(宮武は、三田演説館を「小規模なれども西洋式に擬した我国最初の新ホール」としている)、会場の多くは学校、寺社、芝居小屋、劇場、また場所を選ばない路傍演説などであった。例えば『明治事物起源』が「演説会の始」として位置づける、三田演説館開館と同日の一八七五(明治八)年五月一日に開かれた北辰社の馬場辰猪らによる演説会は、下谷摩利支天堂で行われた(10)。のちに一八八〇(明治一三)年制定の集会条例で屋外での集会は禁止され、翌一八八一(明治一四)年一二月には、学校で政談演説を行うことが文部省通達で禁止されるなど(11)、集会の場は限定的なものになっていった。

図1-1は、一八七九(明治一二)年における兵庫県のある寺での演説会の風刺画である。入口には「不許演説入管内」の文と共に僧が演説者の立ち入りを拒んでいる。兵庫県令森岡昌純の民権演説への妨害(警察の介入、借りた会場を持ち主に解約させる、弁士を宿泊させないよう旅館に命ずるなど)で、場所を借りられなかった例として紹介されている。

図 1-1　寺社での演説不許可に関する風刺画

出典：『團團珍聞』明治 12 年 10 月 18 日（宮武外骨『明治演説史』有限社、1926 年、55 頁）

図 1-2　明治 16 年 6 月 10 日、東京新富座における自由党演説会

出典：『繪入自由新聞』明治 17 年 1 月 4 日（宮武、上掲書、173 頁）

図 1-3　野外演説の例。「野外演説 民権論士無事出獄祝賀会」

出典：『繪入自由新聞』明治 20 年 10 月 6 日（宮武、上掲書、229 頁）

「我輩が蟬や雉子の話しを致すと本堂のお税銭箱へ奉納するものの無なるを恐れてだらうがとうとう人の口へ戸を建をッた」「当境内に於てべちやくちや饒舌てハならんならん」などと書かれている。このほか、図1-2、1-3はそれぞれ劇場、そして野外における演説会の例である。

こうした寺社や劇場といった既存の施設ではなく、もっぱら集会や演説会のために構想された施設を、田邊健雄と杉田謙は「公会堂」建築として、演劇や音楽の上演を目的とするオーディトリアム建築とは別の系譜に位置づける。その「公会堂」建築の原型として、三田演説館と明治会堂を挙げている[12]。明治会堂については次章で述べる。

（2）倶楽部

演説会が既存の寺社や劇場、あるいは野外を場所として用い、三田演説館や明治会堂などの少数の例を除いて専門的施設をもたなかったのに対し、明治期に多く建設されたのは、一部の政治的・経済的特権階級が用いる「倶楽部」建築であった。

明治時代の「倶楽部」に注目した橋爪紳也によれば、当時の倶楽部とは公私が混交する独特の中間領域である。明治一〇年代後半、外務卿井上馨の発起により、鹿鳴館（一八八三（明治一六）年）、東京倶楽部（一八八四（明治一七）年）など、本格的な社交倶楽部が誕生する。しかし橋爪によれば、西欧社会における"club"が社交の意味が強いのに対し、日本における「倶楽部」は、「娯楽」の意味で浸透していった。

また、明治一〇年代には、自由民権運動の高まりと共に、民権結社の結成が各地で進む。当時の倶楽部は、民権運動の興隆が背景にあったとしても、政治家、地域の名望家、資産家の集まりなど、社会の指導層という限定されたメンバーで構成された極めて閉鎖的な社交組織であり、特権階級の遊戯所といった実態であった[13]。

なお、本書の検討対象からはやや離れるが、倶楽部以前にも、日本には人が集まる建築空間としては中世以来の

図1-4　千葉県公会堂(THE CHIBA PREFECTURAL ASSEMBLY HALL)

「会所」の伝統があった。[14] 社や連、寄合といった自発的小集団が形成された江戸期、特に文化・文政期以降には、こうした集団の集会所あるいは遊芸のための集会施設として、会所は存在していた。それが明治以降、倶楽部あるいは近代的なニュアンスでの「会堂」「会館」へと移行していった。また、例えば奈良盆地における農村部では、近世初頭においてそれまでの仏堂や神社境内の集会所を兼用していた「惣堂」から、町有財産としての「会所」への転換がなされていった。[15]

さて、明治以降のこの種の公会堂は、皇族や貴賓を対象とした社交倶楽部的性格をもつ宿泊施設・社交施設としての性格が強く、西洋風あるいは擬西洋風の豪華な建築も特徴である。また、いずれも木造の比較的小規模な建物で、見ず知らずの一般民衆が集まるホールとしてではなく、特定の商工業者、政治家、政党の結社員などの用に供するものであった。[16]

一九一〇(明治四三)年に完成した千葉県公会堂は、洋風木造三階建、階下に倶楽部(食堂、喫煙室、応接室、酒保、事務室など)、階上は集会場(七五坪余の大広間と控室)、三階に娯楽室(碁器、将棋盤など整備)、玉突場を有した(図1-4)。「常に公衆の集会又は娯楽の使用に供するもの」として、一日の使用料は集会場五円、倶楽部全

図1-5　函館御旅館（公会堂）、小樽御旅館（公会堂）、札幌御旅館（豊平館）の絵葉書（明治44年）

体は二円であったが、倶楽部は一人一回一〇銭を支払い、随時入場することができた[17]。

同じく一九一〇（明治四三）年に完成した洋風木造二階建の函館区公会堂では、ビリヤードが可能な球戯室がおかれて政財界人の集会場となったほか、大広間は文化団体の発表の場に、役員室・事務室・応接室・予備室は商業会議所の事務所に用いられた。さらに、実際に営業はされなかったもののホテルとしての機能も果たすべく、寝室や食堂まで用意されていた[18]。

図1-5は、函館御旅館（公会堂）のほか、小樽御旅館（公会堂、一九一一（明治四四）年）、札幌御旅館（豊平館、一八八〇（明治一三）年）の三館を掲載した絵葉書である。裏面には「皇太子殿下北海道行啓記念」明治四四年九月一二日の印が押されている。同年八月にこれらの各館を皇太子が宿舎として用いており、貴賓接遇のための公会堂の姿がここに如実にあらわれている。

大正期になると、「倶楽部」という都市装置は、次節にみるように民衆に開放された、娯楽を通じた人々の共通の体験の場へと変容していく。また、江戸時代までにみられた集会所である「会所」が共同体の象徴であるのに対し、大正期以降増加していく「会館」「会堂」は、市民社会をシンボライズする殿堂であり、そ

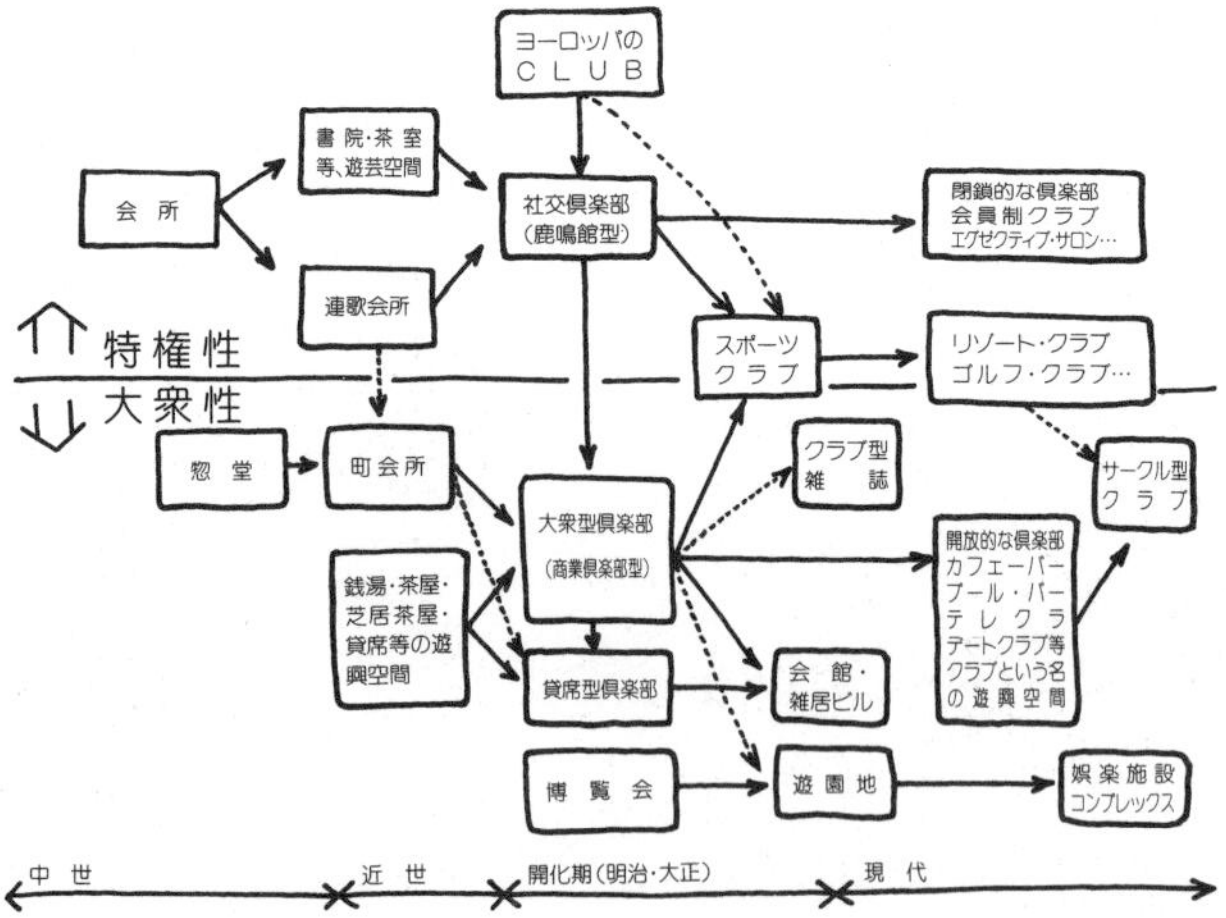

図 1-6　倶楽部の系譜
出典：橋爪紳也『倶楽部と日本人』学芸出版社、1989 年、231 頁

の中間に位置する「倶楽部」は、共同体社会が大衆社会に成熟していくプロセスにおける一時的な産物であった、と橋爪は述べ、図1-6のように整理している。(19)

橋爪の記述は倶楽部が中心であり、大阪の中之島公会堂への言及などはあるものの公会堂については十分ふれられていないが、特権的な倶楽部的性格をもつ集会施設を大衆化し、民衆のための施設を建設すべしという声は、明治末—大正初期に各地で現れていく。

開港記念横浜会館（一九一七（大正六）年）

江戸期の「会所」から明治を経て大正期の「公会堂」へ、という文脈で注目すべきは、一九一七（大正六）年に開館した開港記念横浜会館（現・横浜市開港記念会館）である。横浜市開港記念会館史刊行委員会編・発行『霧笛と共に　横浜市開港記念会館史』（一九八九年）に詳しい歴史が述べられており、主に同書に基づき以下記していく。

この会館には、同じ場所に建っていた「横浜町会所」という前史が存在する。一八五九（安政六）年の開港と同時に設置、神奈川奉行所の管轄下で数人の町年寄と町名主によって運営され、明

図1−7　石川屋
出典：玉蘭斎貞秀『横浜開港見聞誌』名著刊行会、1979（文久2（1862）年の複製）、22頁

図1−8　横浜町会所
出典：神奈川県立博物館編『横浜銅版画——文明開化期の建築』有隣堂、1983年

治維新以降も行政機構の改編をうけながらも町政を司っていた[20]。木造だった町会所は一八七四（明治七）年に取り壊され、場所も現・神奈川県庁そばから、それまで越前藩の生糸売込店石川屋があった現在の場所に移され（図1-7）、洋風の町会所として建て替えられた（図1-8）。なお石川屋は岡倉天心の父勘右衛門が支配人をしており、天心はこの地で生まれている。

一八七一（明治四）年末、町会所保管の歩合金が二〇万円に達し、県令陸奥宗光は横浜商人に対して集会用ホールの必要性を説き、費用に歩合金をあてることを示唆し、一八七四（明治七）年建設に至った。同年一一月三日には天長節が市民多数の参加により祝われ、一八七九（明治一二）年には初の県議会が開かれた。殖産興業政策に基づく製茶共進会（一八七九（明治一二）年）には内務卿伊藤博文、大蔵卿大隈重信、勧農局長松方正義らが来場した。一一月一日から一カ月間は糸繭共進会が開かれた。以後行われた行事は商業会議所関係が多いが、一八七七（明治一〇）年四月二二日には書画会も開催されている。

一八八〇（明治一三）年五月二五日に会所内に横浜商法会

図1-9　開港記念横浜会館
出典：『横浜市開港記念会館利用案内』

議所（現在の横浜商工会議所の前身）が設けられると、一八九〇（明治二三）年には七月に「横浜貿易商組合会館」と改称される。この町会所は、市役所と商人の集会所兼事業所という二つの機能を担っていたが、一八九五（明治二八）年には県と貿易商との会所の所有権をめぐる争いから「横浜会館」とされ、市の財産とされた。建物の老朽化がいわれはじめた頃日露戦争が勃発、そして一九〇六（明治三九）年一二月四日に近所の火災で類焼してしまった。三年後、一九〇九（明治四二）年の横浜開港五〇年にあたり、会館再建が決定した。五〇周年祝賀会と同時に市民や各銀行から募金を集めることが計画され、開港記念募金調査員として政治家、銀行家、商業関係者ら一八名が指名された。準備の過程で「開港記念横浜会館」の名称が決定した。しかし、五〇万円を目標にした寄付金はなかなか集まらずに予定は遅れ、一九一七（大正六）年六月にようやく完成した（図1-9）。

館内には、一〇〇〇席を擁するホールのほかに図書室、貴賓室、社交室（第一―三）、会議室、広間、撞球室、囲碁室、食堂（大中小）、酒場などの社交倶楽部的な性格が付与されたが、「開港記念横浜会館使用料条例」（一九一七（大正六）年一一月二八日）により、有料ですべての部屋およびピアノ、活動写真機などの備品が貸し出された。公共事業や公益奨励を目的とすると認められる場合には利用料金の減免措置が取られたほか、「収入アルモノ」と「収入ナキモノ」で約一・五倍の差額がつけられた[21]。

当時の横浜には、一八五九（安政六）年に開業した下田座や、明治維新以降では一八七〇（明治三）年にいちはやく開業した横浜本町通りゲーテ座[22]、ほかにも多くの劇場があった[23]。一方で集会施設は乏しく、私設の貸席は尾上町の浜港館などがあるのみだった。大正初期、旧市内には約六〇カ所の集会施設があり、①公共性の高い施設、芝居小屋、倶楽部の事務所といった比較的大人数や団体の講演会、音楽会などに利用するもの、②貸席や料亭などのサービス業的な施設で、個人や小グループで、同好会、けいこ会などが利用するもの、という二種に分かれていた[24]。

開館後の事業内容をみると、第一次世界大戦終結に伴うヨーロッパについての講演会、会議、内外演奏家による音楽会などのほか、各種祝賀会、娯楽会、映画会、同窓会などの会合も行われた。一九二三（大正一二）年の関東大震災では全壊はしなかったものの大きく被害を受け、一九二七（昭和二）年五月にようやく再建された。シューベルト一〇〇年祭（一九二八（昭和三）年一二月）、緊縮財政の所信を述べた大蔵大臣井上準之助の演説会（一九二九（昭和四）年八月）、地元音楽団体である横浜交響管弦楽団の第一回演奏会（一九三三（昭和八）年七月）などが行われた。

昭和一〇年代に入ると、横浜復興博覧会（一九三五（昭和一〇）年四月）などが行われた一方で催事は徐々に戦時色を強め、音楽や舞踊の会は減少していく。一九四一（昭和一六）年には洋楽・邦楽の演奏会が一回ずつみられるのみであった。時局関連の催事としては、非常時講演会（一九三三（昭和八）年五月）が早い例であるが、日中戦争以降は国民精神総動員運動に関わる会議が続く。一九四〇（昭和一五）年は紀元二六〇〇年の各種奉祝行事が行われた。国防婦人会、傷痍軍人会、衛生組合、町内会、青年団、銃後報国会といった団体が多く利用し、一九四三（昭和一八）年四月には陸軍が会館の一部を収容し、ついには全館が軍用施設となった。そして終戦後は米軍により接収され、全面的に接収が解除されたのは一九五八（昭和三三）年であった。

これらの中で他地域とやや異なる特徴的な事実は、横浜に居住した在留外国人による演奏会が多く催されたことと、大正時代に来日音楽家の演奏会が多く催されたこと、[25]そして、一九二一（大正一〇）年に設立された「横浜市音楽協会」の活動が行われたことである。市民の物質的充足だけではなく文化生活への欲求を満たすため、社会教化の一助として一般市民に対し、「慰安としての音楽」「娯楽としての音楽」「修養としての音楽」「生活の糧としての音楽」を提供することを目的として、横浜市により横浜市音楽協会が設立された。事業内容は、演奏会、研究会、講演会の開催、会報発行などであり、最初の事業として記念会館に「我国音楽の最大権威たる東京音楽学校」から楽団を招聘し、「市民をして先づ最高の大音楽に面接せしむる」ことが目指された。[26]会長は久保田政周横浜市長、以下市の重役や県知事が幹部となり、幹事には県と市の社会課・教育課長がおかれた。「横浜市音楽協会規則」には、「第一条　本会は音楽に趣味を有する特恵者を以て組織す」「第二条　本会は純爽なる音楽普及に依り横浜市の社会教化を計るを以て目的とす」と記された。[27]二月六日の第一回の協会主催の演奏会では、横浜貿易新報が後援となり、詳細な曲目解説が新聞に掲載された。演奏会は昼夜二回開かれ、指揮グスタフ・クローン、コンサートミストレス安藤幸、東京音楽学校フルオーケストラと一一〇名の合唱という大掛かりなものであった。市長は開催にあたり「このたび横浜市音楽協会の設立を見たことは我が横浜市に取つて恂に喜ばしい事であり其の活用は社会教育の為にも大変有用であることを信じて疑はない」[28]という談を寄せた。

こうした意気込みからは、邦楽も含め柔軟に様々なレパートリーを演奏した大阪音楽協会（一九一二〔明治四五〕年設立）などとは様相が異なり、「高尚な西洋音楽による教育」という図式で鑑賞機会を提供していることがうかがえる。[29]当時の地元紙『横浜貿易新報』では、楽器店の広告が頻繁に登場するほか、子女の教養としての音楽教育の効用が論じられ、音楽教室が盛況であったこともうかがわれる。[30]また記事からはよい趣味、美しい芸術による人格の形成、といった「教養としての音楽」の思想のあらわれを読み取ることができる。横浜市音楽協会は、関東大震災後の

図1-10　高知県公会堂（Kōkaido of Kōchi）。門に向かって右に「公会堂」、左に「高知県物産陳列場」の看板が掲げられている。

活動は不明であるが、一九二三（大正一二）年六月までに六回演奏会を開き、さらに音楽の「民衆化」を図るべく組織改革が検討されていた。

このように、横浜という土地柄から、公会堂が西洋文化にいちはやくふれる拠点となり、それに関連し、また地元新聞メディアも手伝って市民が西洋音楽に親しむ拠点になっていたことがうかがえる。

（3）物産陳列場

明治期の公会堂のもう一つの特徴として、福岡県公会堂（第一三回九州沖縄八県連合共進会にあわせ一九一〇（明治四三）年に建設）や中之島公会堂（第五回内国勧業博覧会にあわせ一九〇三（明治三六）年に建設。大阪市中央公会堂とは別の建物）、高知県公会堂（一九一二（明治四五）年、図1-10）などのように、物産陳列場を併設する形で、各地の殖産興業を目的として建設された公会堂がある。

なお、これは明治期のみの特徴にとどまらず、額田郡公会堂（一九一三（大正二）年）、開港記念横浜会館（一九一七（大正六）年）、若松市物産陳列館と公会堂（一九二〇（大正九）年、図1-11）など、大正期以降も引き続きみられる傾向である。

図1-11　若松市物産陳列館ト公会堂

物産陳列場とは、「物産陳列所」「勧業博物館」「物産館」「商品陳列場」などとも呼ばれ、明治初期から各地で建設されたが、明治後半、特に日露戦争以後急速に増加した。地域社会の産物を主に展示し、その栽培方法や製法などの解説もなされたほか、機械などの理工学資料、動植物標本や歴史資料の展示も行われた観覧施設である。展示品と同種の資料の販売も行われて勧工場的な意味ももったが、明治末期に農商務省商品陳列館の系列に組み込まれることで、この傾向はより強まった[31]。

広島県では、日清・日露戦争で軍都として発展期にあった一九〇三（明治三六）年、県議会で「物産陳列所県費ヲ以テ設備ノ意見」が議決され、一九一五（大正四）年八月五日に広島県物産陳列館が開館した。一九二一（大正一〇）年には広島県商品陳列所、一九三三（昭和八）年には広島県産業奨励館と改称され、美術展なども数多く開催され、地域の産業だけでなく文化的拠点としても機能していた。開館三〇周年を迎えた一九四五（昭和二〇）年八月五日の翌日に原子爆弾の投下を受け、戦後は「原爆ドーム」として別の意味を付与され現在に至っている[32]。

こうした公会堂の例として、愛知県の額田郡公会堂に少し詳しく注目してみよう。

図 1-12　額田郡公会堂
出典：額田郡『愛知県額田郡治一班』1913 年

額田郡公会堂（一九一三（大正二）年）

額田郡公会堂（図1-12）は、大正初期の完成であるが、額田郡物産陳列所とともに建設されており、明治期に多くみられた物産陳列場併設の例である。一九一二（明治四五）年、額田郡会で公会堂建築費二万円が決議される。翌一九一三（大正二）年建設が始まり、一二月一九日、併設された物産陳列所と共に竣工式が行われた。公会堂の大広間は一八二畳敷、一二〇〇人が収容可能で、「音響設備も完全にて、光線燈火及び換気、装飾等間然する所なく、殊に貴賓室の設計は麗美を極め」[33]などと当時紹介された。

額田郡物産陳列所では、地域の産業振興の拠点として、この地方産出の商品や他地方の工芸品を陳列する各種展覧会・陳列会が開催された。開館の翌日、一二月二〇日―二二日には額田郡農会第四回農産物品評会、その後は第四回額田郡青年大会（一九一四（大正三）年三月二二日）、額田郡精農特行者並びに模範小作者表彰式（三一日）などが催された[34]。

額田郡公会堂は額田郡会議事堂としての利用のほか、第一次世界大戦期は地方改良運動に、一九二〇（大正九）年前後の反動恐慌期は民力涵養運動に、一九二〇（大正九）年以後には兵事関係の催事や会合に、主に用いられた[35]。そのほかにも、ラジオ知識普及活動写真会、繭糸組合会、岡崎石工組合総会、思想善導講演会、夏期用品即売会余興など公会堂は各種会合に利用された。夏期には夜間開場も行われた。一九一六（大正五）年七月には額田郡公会堂が額田郡より岡崎市に譲渡され「岡崎市（中央）公会堂」、額田郡物産陳列所は「岡崎物産陳列所」と改称される。一九一七（大正六）年八月には、岡崎市制施行記念第二回講習会（無料、ただし講演記録実費五〇銭）として、「憲法論」（筧克彦）、「講話法」（久留島武彦）などの教育活動が行われた(36)。一九二八（昭和三）年二月三日には、普選精神普及および講演並びに活動写真会が開催され、二〇日には初めての普通選挙による衆議院議員選挙の投票所となる。一九三七（昭和一二）年頃まで、東側に隣接していた投尋《なぐり》常小学校の講堂として、学芸会や卒業式にも使用された。

一九四二（昭和一七）年二月頃から金属回収が始まったが、公会堂前庭が回収場となり、公会堂の屋根飾りや室内装飾品も供出された。戦時中は、岡崎市・額田郡の壮丁検査場（徴兵検査場）として使用されたほか、配給物資配布所にもなった。一九四五（昭和二〇）年夏には、名古屋市を空襲し墜落したB29爆撃機の残骸・搭乗員の遺品を展示、一般公開した。同年七月二〇日深夜の岡崎空襲では公会堂は逃げ場となった。以下のような回想も残され、人々が集う場として公会堂が認識されていたことがうかがえる。

姉ちゃんが「お父ちゃんたちに合えるかもしれないから公会堂の方へ行こう。」と言ったので、胸をふくらませ弟の手を引き、焼け野原で何もない、ただ熱い道をひたすら公会堂へ向かった。公会堂には怪我をした人がいっぱい。亡くなった人もいっぱい収容されムシロがかぶせてあった(37)。

2　急増する公会堂

(1)　各種調査にみる公会堂

前節までにみた、政治的集会施設、倶楽部施設、あるいは殖産興業の拠点として、一部の特権的市民や皇族など限られた人々を対象に建設された公会堂は、大正期から昭和初期にかけ、一般民衆を対象とした集会施設として変容を遂げていく。

戦前期の公会堂として日比谷公会堂と並び代表視される大阪市中央公会堂（一九一八（大正七）年）は、内部に設けられた西洋食堂が市民には珍しく、開店当時「平民的社交の中心」と報道された[38]。山梨県でも、旧甲府城内に公会堂として「機山館」が一九〇六（明治三九）年に建設され、東宮の旅館や共進会などに利用されていたが、一九一二（明治四五）年の東京朝日新聞に連載された「甲州見聞記」によれば、当時利用者は「一部の紳士紳商のみ」であった。「これぞと云う娯楽機関の一つも無いは、真に甲府市民の不幸」であり、活況を呈する市内の劇場や寄席、活動写真館も「清新にして穏健なる娯楽機関とは云えず」、「現代芸術の精華などは、夢にも現にも見ること能わず[39]」として、従来型の皇族あるいは特権的市民のための公会堂でもなく、また民間の劇場でもない、広く一般民衆の利用に供する娯楽機関が求められている。

限定された人々ではなく一般民衆の利用に供するという、明治期にはみられなかった性格の公会堂は、大正期から昭和初期において競うように全国の地方都市で建設が進んだ。東京都公文書館所蔵の内田祥三文庫には、当時の全国の公会堂を調査した『公会堂調査書』が、『図書館調査書』と一綴りになって所蔵されている。出版情報は不明だが、

表 1-3　内田祥三文庫『公会堂調査書』にみる公会堂

自治体	竣工年	建築坪数	大集会室収容人員	構造大要	大集会室使用度数
大阪市	大正 7 年	659.3	大 3000 人以上、中 100 人内外、小 58 人内外	耐震鉄骨煉瓦石造	1728
大阪市	大正 2 年	345（敷地坪数）	1500 人	木造鉄板葺側漆喰塗 2 階建	167
和歌山市	大正 9 年	435.33	（記載なし）	洋館 1 日本館 2 其他 3	8
前橋市	本館明治 18 年 別館明治 43 年	本館 123 別館 188	1000 人	木造瓦葺 2 階建	40
鳥取市	大正 2 年	132.24	200 人	木造 2 階建瓦葺	50
香川県	明治 35 年	342	1500 人	（記載なし）	100
青森市	明治 34 年	168	大集会室 102 坪、人数の記載はなし	木造西洋型 2 階建	（記載なし）
茨城県	大正 4 年	277	1000 人	総煉瓦木骨新式セセッション式 2 階建	（記載なし）
奈良県	明治 36 年	274.79	1000 人	木造和洋折衷造	136
甲府市	明治 39 年	219.5	800 人	木造西洋風瓦葺 2 階建	81
徳島県	明治 40 年	410.5	1000 人	木造平屋瓦葺	（記載なし）
若松市	大正 9 年	155	座席 462 人、起立 800 人	木骨外部焼瓦張付人造石塗ルネッサンス式	（記載なし）
姫路市	明治 41 年	150.742（敷地坪数）	300 人	木造和風瓦葺 2 階建	（記載なし）
広島市	明治 43 年 元会社より買受	185.5	宴会室 92 坪	（記載なし）	150
下関市	明治 35 年	113.74	300 人	日本式 2 階建	（記載なし）
福島市	大正 6 年	314.5（敷地坪数）	1500 人	木造日本建	6
金沢市	大正 3 年	299.9	1000 人	洋式風	（記載なし）
福岡市	大正 5 年	854.3（敷地坪数）	1500 人	洋館建	昼 136 夜 103
松山市	明治 23 年	273	535 人	木造瓦葺	（記載なし）
大分県	大正 9 年	414	1500 人	木造洋館	（記載なし）
仙台市	本館明治 41 年 洋館大正 5 年	本館 245 洋館 252	本館階上広間 300 人 洋館 2000 人	本館日本風木造 洋館木造洋風	48

出典：内田祥三文庫『公会堂調査書』（大正 10 年頃、東京都公文書館所蔵）より、資料中での掲載順に筆者作成。大集会室使用度数は年間回数を示すが、大阪市の 1728 回は中集会室以下も含まれると考えられる。

一九二一（大正一〇）年に開館した神戸市立図書館が「本年一一月ヨリ開館」とされているため、この頃の出版と考えられる。

表1-3に示したが、この資料では、二一カ所の公会堂の建築の概略と利用状況が調査されている。調査書をみると、「大集会室」「大食堂」「応接室」が質問項目としてすべての公会堂に記されており、当時の公会堂の基本的な設備であると推定されるが、そのほかにも陳列室、図書閲覧室、娯楽室などを備えていたことがわかる。また、大集会室の使用回数も記されている。

さらに、この時点では和風の建築が多いが、そうした公会堂では「和洋折衷ヲ必要トス」（前橋市）、「和二階建ナルヲ以テ立食的集会講演講話会等ニ使用シ難キヲ以テ和洋二種ノ建築ヲ必要ト認ム」（鳥取市）など、立食や講演講話といった西洋的な催事の形式にあわせて洋風の公会堂を求める声が調査書には記されている。

ほかには、逓信省積立金運用課が調査を行っている。同課は大正時代から昭和初期にかけて社会事業関係の多くの調査報告を出版しているが、その中で公会堂に関する調査が一九二六（大正一五）年と一九二九（昭和四）年の二回なされている。一回目は『市役所町村役場及公会堂ニ関スル調査』として市町村庁舎と並び扱われているが、二回目は『公会堂ニ関スル調査』として独立して調査されている。この三年間での扱われ方の違いは、公会堂の著しい増加にもあらわれている。一回目の一九二六（大正一五）年の調査をみると、「現在公会堂又ハ之ニ類似ノ建物ヲ有スル市」として三八市、「現在公会堂ノ建設ヲ為シツツアル市及建設計画ヲ有スル市」として九市が挙げられている。ただし、この調査では対象とされていない公会堂もあり、特に各地の小規模な集会施設は除外されている。これが一九二九（昭和四）年の調査になると、一九二八（昭和三）年度で全国一〇三市のうち「公会堂を有する市」は四七市（前年度より一四市増）、「公会堂を有せざる市」四六市（一五市減）、設立中または計画中一〇市（二市減）となっており、一九二八（昭和三）年から一九二九（昭和四）年の一年間だけでも、公会堂の急増が明らかである。[40] なおこの調査では、市の

表 1-4　主要な公会堂の利用実績

1. 東京市本所公会堂（大正 15 年） ①昭和 3 年 4 月-12 月　114 件 ②集会場　40-75 円 予備室　6-15 円 2. 大阪市中央公会堂（大正 7 年） ①昭和 3 年 1 月-12 月　50,232 円 ②大集会室　60-200 円 小室（20 人）4-14 円 3. 大阪市天王寺公会堂 （明治 36 年竣工、大正 2 年移転） ①昭和 3 年 1 月-12 月　4,562 円 ②公会堂　15-50 円 4. 大阪府実業会館（大正 12 年） ①昭和 3 年 1 月-12 月　815 件　12,031 円 50 銭 ②大会堂兼大食堂　25-90 円 小室　3-14 円 5. 堺市公会堂 （明治 45 年設立、大正 15 年市が買収） ①昭和 3 年 1 月-12 月　172 件、うち有料使用 86 回、1,297 円 ②本館 1,688 人　7-25 円 6. 岸和田市公会堂（大正 13 年） ①昭和 3 年 1 月-12 月　299 回、昭和 3 年度 2,500 円 ②全館　10-40 円 会議室　2-7 円	7. 岐阜市公会堂（昭和 3 年） ①昭和 3 年 8 月 21 日-12 月　177 回、2,247 円 28 銭 ②大講堂　25-60 円 会議室（1 階、2 階）2-6 円 8. 京都市公会堂（大正 6 年） ① 365 件、10,739 円 ②本館（3000 人）19-72 円 9. 明石市公会堂（明治 45 年） ①昭和 3 年中　578 件、911 円 35 銭 ②公会堂　7-17 円 郡内公共団体は無料 10. 鳥取市公会堂（大正 2 年） ①昭和 2 年度　110 件　313 円 67 銭 ② 1 号室-3 号室　1.5-8 円 11. 山口市公会堂（大正 8 年） ①昭和 2 年度　499 円 58 銭 ②大広間　2-14 円 1 号室-4 号室　40 銭-2.5 円 12. 横浜市公会堂（開港記念横浜会館、大正 6 年） ①昭和 3 年度、20,258 円 ②本館　50-150 円

出典：逓信省積立金運用課『公会堂ニ関スル調査』1929 年より筆者作成。
①：利用回数、使用料収入。利用回数は記載あるもののみ。ホールのほか会議室等の利用も含まれる。
②：主要な施設の利用料金

予算書に公会堂の収支が掲載されているかどうかが、公会堂の有無の判断基準とされている。

（2）　収支と利用状況

先の一九二九（昭和四）年『公会堂ニ関スル調査』からは、いくつかの公会堂が事例として紹介され、使用料や利用者数など当時の利用状況を知ることもできる。

まず、この報告書で紹介されている主要な公会堂の利用実績、および利用料金は表1-4の通りであった。例示された公会堂に無料の施設はなく、すべて有料の貸し館である。

続いて、財政面をみると（表1-5）、一九二八（昭和三）年度の収支が示された四七カ所のうち、黒字の鶴岡、福島、長岡、横浜、福山、和歌山、宇和島の七市、収支不明の三市を除く三七施設、実に七八・七

%が赤字または収支ゼロとなっている。赤字額も、平均一一三〇円と大幅な赤字が目立つ。入場料収入などはあっても、独立的な経営は困難であったことがわかる。

このうち、東京市本所公会堂は、安田善次郎が東京市政調査会に寄付した土地に建設された。建設費の三五万円は、安田が東京市政調査会に寄付した三五〇万円の中から支出された。東京市政調査会が一九二五（大正一四）年五月建設に着手、翌年工事を終え八月に東京市に引き継いだ。食堂、九二四席の集会室、予備室を五室有する。一九二八（昭和三）年度の収支は一万四〇一八円で、前年度収支の二万四三六七円を下回る。内訳は表1-6の通りであった。

本所公会堂は開設当初、利用回数は多いであろうと予測されたが、「位置ノ関係上利用者意外ニ尠ク」、一九二七

表1-5　昭和３年度の全国における公会堂の収支

道府県	市	収入	支出	差額
北海道	札幌	¥4,800	¥6,310	¥－1,510
	小樽	¥617	¥1,627	¥－1,010
	函館	¥336	¥2,847	¥－2,511
	釧路	¥1,438	¥2,241	¥－803
青森	青森	¥1,200	¥3,852	¥－2,652
	弘前	¥532	¥6,474	¥－5,942
宮城	仙台	¥2,674	¥8,285	¥－5,611
山形	鶴岡	¥900	¥644	¥256
福島	福島	¥1,500	¥1,440	¥60
	若松	¥1,580	不明	不明
	郡山	¥840	¥2,429	¥－1,589
群馬	高崎	¥520	¥2,339	¥－1,819
東京	東京	¥14,018	¥14,018	¥0
神奈川	横浜	¥20,258	¥19,683	¥575
	川崎	¥800	¥860	¥－60
新潟	長岡	¥5,085	¥4,585	¥500
石川	金沢	¥1,941	¥3,480	¥－1,539
長野	松本	¥482	¥994	¥－512
	上田	¥1,400	¥2,616	¥－1,216
岐阜	岐阜	¥3,560	¥6,434	¥－2,874
静岡	浜松	¥6,380	¥7,194	¥－814
愛知	岡崎	¥138	¥1,014	¥－876
	一宮	¥400	¥1,388	¥－988
京都	京都	¥13,518	¥14,290	¥－772
大阪	大阪	¥54,862	¥55,173	¥－311
	堺	¥1,128	¥2,487	¥－1,359
	岸和田	¥3,638	¥3,638	¥0
兵庫	明石	¥966	¥1,590	¥－624
和歌山	和歌山	¥6,600	¥6,212	¥388
鳥取	鳥取	¥311	¥1,138	¥－827
岡山	岡山	¥3,600	¥5,400	¥－1,800
広島	広島	¥6,555	¥8,354	¥－1,799
	福山	¥1,959	¥1,490	¥469
香川	丸亀	¥27	¥964	¥－937
愛媛	宇和島	¥260	¥259	¥1
	今治	¥870	¥2,614	¥－1,744
高知	高知	¥150	¥738	¥－588
福岡	福岡	¥1,250	不明	不明
	小倉	¥360	¥2,061	¥－1,701
	若松	¥1,200	¥2,594	¥－1,394
	大牟田	¥1,438	¥1,678	¥－240
佐賀	佐賀	¥1,200	¥1,200	¥0
熊本	熊本	¥7,822	¥8,180	¥－358
大分	別府	¥3,400	¥5,847	¥－2,447
宮崎	都城	¥1,020	¥2,477	¥－1,457
鹿児島	鹿児島	¥3,650	¥4,916	¥－1,266
沖縄	那覇	¥300	不明	不明
	平均	¥4,190	¥5,319	¥－1,130

出典：逓信省積立金運用課『公会堂ニ関スル調査』1929年より筆者作成。平均値は、支出額の不明な福島県若松市、福岡県福岡市、沖縄県那覇市を除いて算出。

表 1-6　本所公会堂　昭和 3 年度収支

収入	¥14,018	支出	¥14,018
公会堂使用料	¥4,982	（1）給料	¥1,824
食堂賃貸料	¥5,520	事務員給	¥1,164
入場料	¥3,000	雇員給	¥660
売店賃貸料	¥516	（2）雑給	¥3,608
		手当	¥677
		給仕小使給	¥767
		傭員給	¥2,134
		舟車馬賃	¥30
		（3）需用費	¥4,235
		備品費	¥150
		消耗品費	¥1,800
		図書費	¥25
		通信費	¥185
		賄費	¥329
		被服費	¥46
		電気水道料	¥1,700
		（4）諸費	¥3,451
		演奏費	¥3000
		雑費	¥451
		（5）修繕費	¥900
		造修費	¥900

出典：逓信省積立金運用課『公会堂ニ関スル調査』1929 年より筆者作成。

（昭和二）年度に計上した収入予算二万四三六七円（公会堂使用料一万一三六七円、食堂賃貸料三〇〇〇円、入場料一万円）に対し、実収入は四分の一にも満たない五九四〇円（公会堂使用料四一二八円、食堂賃貸料九二〇円、売店賃貸料四三〇円、入場料四六二円）という状況であった(41)。利用者の内訳をみると、一九二八（昭和三）年四月から一二月までに集会室の利用（平日減額四〇円—特別日七五円、会費徴収の場合平日一二〇円）が七六件（うち六件が会費徴収）、予備室利用（六円—一五円）が三六件、ピアノ利用（二〇円）が二件となっている。なお、当時の物価は、映画館入場料が四〇銭、帝国劇場の観覧最低料金が四五銭（一九三〇（昭和五）年）、小学校教員の初任給が四五—五五円（一九三一（昭和六）年）であり(42)、利用料が当時の物価やほかの文化活動に比べ高額で、一般市民の利用は困難であったこともうかがえる。しかし、各館の利用条例を参照すると、御殿場公会堂や名古屋市公会堂、大阪市中央公会堂のように一三時—二四時まで貸し出すなど、現在にはみられないほど積極的に稼動している施設もみられる。

また、大阪市中央公会堂は、集会室（定員二五〇〇・八〇・四〇人）、小室（二〇人）、全館、大中食堂（五〇〇人・八〇人）、接待室の八種類の貸し出し形態があった。支出予算は天王寺公会堂（極めて少額）とあわせ五万五一七三円（給料二万九三一八円、賞与二六九二円、需用費一万九六三三円、建物費三五〇〇円、雑出三〇円）。演説会、講演会、各種発会式、音楽会、活動写真会、慈善興業、各種組合総会などに利用され、春と秋が特に多かった。

（3）地域における公会堂への要望

ここまで大正から昭和初期の公会堂の整備状況をみてきたが、同時期に出された文部省の社会教育関係の文書をみると、教育政策における公会堂の位置づけ、地域における公会堂への要望をうかがい知ることができる。

文部省普通学務局『全国社会教育の趨勢』（一九二一（大正一〇）年）には、道府県別に、民衆娯楽の改善指導、展覧施設の建設要求などの現状が記されている。そこでは、図書館、博物館、活動写真、通俗音楽会などはあるが、直接公会堂にふれられることはほとんどない。数少ない例として、大阪市（「社会教育振興に関する方針並計画」として音楽堂の建設、音楽趣味普及の運動）、富山県（「公衆娯楽の改善指導上実施すべき事項」として公立娯楽場の建設）、岡山県（「社会教育振興に関する方針並計画」として「岡山市後楽園内に音楽堂兼公会堂様のものを建設し、公衆の趣味涵養其他の教化施設に利用する」）、愛媛県（県公会堂で家庭主婦講習会を開催）などがある。また福岡県では、「社会教育調査会」による「通俗講演会の組織並に開催方法」として、講師や聴講者などに関する細かいマニュアル様のものが記されているが、その中の「会場及設備」をみると、「学校寺院劇場等会場として何れも適当なりと雖現時社会教育自治民育の趨勢に鑑み郡市町村にては適当なる公会堂の建設を奨励するの要を認む[43]」とあり、その他会場設営上の注意、閑静な場所を求めることなどとならび、筆頭に挙げられている。

この報告書の翌年には、同じ文部省普通学務局から『学校を中心とする社会教育の概況』が出されている。その趣旨は、以下の通り記された。

教育の目的に関する見解は著しく時代化し所謂教育の社会化、社会の教育化を叫ばるゝやうになつた。一面学校教育の立場から考えても生徒は社会の人であつて学校内の生徒ではないと云ふ新しい時代の声も起こつてゐる。それ故環境の醇化と云ふ点よりも学校が中心となつて社会教化に貢献せなければならぬ立場も明かであろう。近時本邦に於ける小学校が以上述べたる趨勢に順応して、地方文化の源泉として校下の民衆に対し、其の知徳の啓発に、風紀の改善に、将又思想の善導に所謂社会教化の中心として重きをなすに至つたことは云ふ迄もない所である。

殊に郡村の小学校に在つては之を都市の夫れに比べて余程其の趣を異にし、各般の文化的施設は殆んど此所に於て行はれつつあるものと認められる。(44)

ここでは「教育の社会化」「社会の教育化」などがうたわれているが、その実現のための手段としては、報告書名も示す通り主として学校の活用が目指されており、独自の建造物を求める趣旨とはなっていない。

この頃文部省は、一九一九(大正八)年に始めた社会教育講演会・講習会を発展させ、一九二三(大正一二)年以降成人教育講座を実施するが、公会堂も成人教育講座の会場として用いられた。おおむね男子二〇歳、女子一八歳以上の一般成人を対象とし、三日以上または三回まで一〇時間以上にわたり行われた講習に関して、道府県を対象に一九二八(昭和三)年に行った調査では、全二九七三回のうち一七二三回(五八・〇%)は「各種の学校」が会場であり、それに次いで「県庁、市役所、町村役場、公会堂、図書館、倶楽部、工場、農会事務所、男女青年団会場」が九七二回(三二・七%)、「神社寺院教会」が二七八回(九・四%)と、公会堂を含めた多様な施設で開催されていたことがわかる。(45)

また、一九二一(大正一〇)年一月頃文部省によって「全国民衆娯楽調査」が行われていたが、震災のため刊行に至らなかった。(46)その後一九三〇(昭和五)年四月から道府県別に行われた調査が、『民衆娯楽調査資料第一輯　全国農村娯楽状況』として一九三一（昭和六）年に刊行された。ここから、農山漁村における集会場および娯楽施設を求める声を知ることができる。ここでは、「全国的に言へば、農村最大の娯楽は尚祝祭行事・踊・唄・芝居・海山の遊び・遊覧・講等、設備熟練を要せず、物日・農閑期等に比較的簡単に行はるるもののみ[47]」、「農山漁村に於ては、民衆娯楽の施設として、劇場・活動写真常設館を有するもの極めて尠く、市街地に隣接する村に於ては、僅かに農閑期に観劇を試みる位にて、正月・三月節句・五月節句・七夕祭盆会・秋季の神社祭礼等の諸行事は之等の地方に於ける娯楽と密接不離の関係にあり（福岡県の現状[48]）」といった状況が把握されている。一方で、「運動競技」「興行物」「カフェー」「撞球」などの都市娯楽や、農村においても「巡回活動写真」などの「近代娯楽」は、「その効果は教化の上から見ても亦著しいものがあ」り、このほか公設運動場設置、民衆会館の建設、娯楽日の制定などの努力は、「農村の亡びゆく娯楽に対し、新しい娯楽の創造を意味するものにして、農村振興上重要な意義と役割をもつてゐる」とされている[49]。

第二回調査となる『全国農山漁村娯楽状況』（上下巻、一九三三（昭和八）―三四（昭和九）年）は、前回調査から「二ヶ年を出づるに過ぎないが、最近に於ける農村問題の趨向は農村に於ける娯楽の重要性を愈々拡大した。而してこれに対する施設の緊要度は益々加はりつつあるのである[50]」という現状認識のもと、「娯楽」の定義は「盆踊、草角力、村芝居等の類、映画、演劇、演芸等の興行物娯楽、囲碁、将棋、遊芸、スポーツ、遊山、神仏詣、諸種の会合等総ての慰安娯楽を含む極めて広義のものなり」とされ、道府県別に一九三二（昭和七）年一〇月八日に全国地方長官より報告を求めた。それに対し、一五の道府県が民衆娯楽施設としての公会堂およびそれに類する施設を要望している。「努めて各部落には公会堂を建設し、修養娯楽の殿堂たらしめんとす」（宮城県）、「村民一般向の会館（公会堂）様のものを建て諸会合場、映画其の他興行的のものは公演し得る一室外図書室及前記娯楽設備を完備し尚会館に運動場を設け各種体育的娯楽施設を完備すること」（群馬県）などの希望がみられる。

さらに、一九四一（昭和一六）年に朝日新聞中央調査会によって発行された『地方娯楽調査資料』からも、当時の各地方の集会・娯楽施設の状況を知ることができる。当時は「娯楽の健全化」が叫ばれた時代であるが、この調査が行われた一九四〇（昭和一五）年の段階では、映画が最も重要な娯楽として位置づけられている。娯楽機関として用いられているのは、学校の講堂、映画館といった施設である。満州事変以来娯楽については自粛傾向がみられるほか、娯楽以前に労働の厳しさからあまり要求がない、という地域も多い。また、「農山村民の娯楽施設としてはラジオ以外にないと言つても過言ではない」[51]と記されるなど、地方における娯楽の不足が叫ばれていた。

また、この調査では地域別に個人の意見も掲載されているが、「国営劇場を各府県に設置して演劇の大衆化を図ること（群馬）」[52]「音楽堂などを設け、定期的に軍楽隊などを招聘して欲しい（大分、別府、都市、一般）」[53]など、行政による環境整備への強い要求がある。

このほか、「大衆娯楽に関する意見」として集約された巻末部には、以下のような個別の意見も出されている。[54]

「部落に集会所を設け、中堅青年が「遊び方」の指導に当れ」：新体制に即応して大衆の娯楽を体位向上と修養方面に転換する必要がある。その方法としては、部落内に、平易な図書、教育的な遊び道具を備へた明るい集会所を設け、部落の中堅青年が指導者となつて、遊び方を指導し、誰でも集まつて、楽しく遊べるやうに努める一方、道場ででもなり、武道を普及して体位向上を計り、茶呑み会、飲酒会等の伝統的悪習の打破に努めること。（山形、新庄、郡農会副会長篤農家大場一郎氏）

「農村の文化的機関として、クラブ建設が必要」：大衆の集団組織について、学校、共同作業場、組合、役場、寺院等の利用もよいが、倶楽部やうなものを建設してはどうか。補助を与へて建てても無駄ではあるまい。安カフエーや居酒屋等の大衆に与へる害毒を思ふ時、いかばかり健全な消費かわからない。ここでは、ラジオの集団的聴取、新聞の閲覧、部落常会の開催、小型映画の上映、安価な喫茶も可能な、文化的、農山漁村の機関でありたい。（岩手、宮古、下閉伊郡山田町素封家佐藤善一氏）

このように、この調査からは、戦時下において娯楽機関が求められていた状況をうかがうことができる。「無娯楽時代」（山形県）、慰安・娯楽の「縛られてゐる」状況、政府推奨の面白くない娯楽（岡山県津山地方）、「銃後農村は統制経済の強制や、大政翼賛会の緊張し切つた空気があまり徹底し過ぎて、むしろ荒涼たる感じがあり、生活のうえに娯楽や慰安といつた形のものがほとんどなく、全く笑ひを忘れてゐるやうである」（佐賀県鳥栖地方）など、かなり率直に思いが綴られており、そうした中で娯楽機関の一つとして、公会堂が求められていたことがわかる。

（4）社会教育行政内の公会堂観

これまで各種調査から公会堂の実態と要求について検討してきたが、ここでは当時の行政のなかでも公会堂に関する議論が行われた社会教育行政関係者の発言から、行政内でどのように公会堂が構想されていたかを検討する。

大正期から昭和初期にかけての社会教育政策は、先述の「社会の教育化」「教育の社会化」のほか、「娯楽の民衆化」という主題のもとに、娯楽の政策対象化が進んだ時期に進展をみせた。ただし、当時の社会教育論をみると、娯楽のための手段として挙げられるのは多くが映画、寄席、演劇であり、公会堂に関する言及はあまり多くなく、政策の中心的な関心であったとはいいがたい。

朝鮮総督府殖産局長も務めた松村松盛は、一九二二（大正一一）年に出版された彼の著作『民衆之教化』において、その施設観を述べている。社会教育の目的に供せられる設備は、人と物から成立するもので、その費用の負担が国家または法人か私人かは問わない[55]。また、社会教育専用の営造物にこだわる主張もしていない。施設そのものよりも、運用する人がいてこそ機能をもつ、という発想にたっている。

さらに松村は、講演会の会場については、喧騒と陰闇は避けるべきであり、「成るべくは公会堂又は学校の講堂の如き設備を利用するのが最も望ましい」と述べる[56]。そして、英仏独などの劇場で営利を離れ民衆教化に努めている事例や、今日高額となっている観劇料にふれながら、「日東文化国の首都に攻めては一つ位公設劇場があつてもよいではないか。建物の経済上から言へば近時都市に続設する公会堂を劇場の様式にして両様の作用を為さしめたならば一挙両得と思ふ。若し公設が当分不可能ならば公費の補助を与へて劇の改良を為さしめ、低廉の料金を以て一般民衆に観覧せしめ度いものです」と述べる[57]。また、「大都市に於ても音楽堂らしいものは甚だ少い現状ですから、差当り公会堂は勿論、学校講堂を音楽堂に代用する積りで、オーケストラ位が出来るやうに予め設計するが一番手取り早いと思ひます[58]」と、学校を音楽会場とすることも提案している。

昭和期においては、東京市職員から文部省に転じ、図書館や特殊教育の充実に尽力した川本宇之介が、一九三一（昭和六）年出版の『社会教育の体系と施設経営』において「美技聖三育の機関施設」のうち、美育の機関施設としては「美術館、美術展並に音楽堂、音楽会を中心とし、各人の趣味としての謡曲、義太夫、長唄等を研修する会及び其の会合がある。是等素人の音曲の集合も又、一種の美育施設と見てよい」と述べる。ただ、「本邦に於ける美育に関する常設的の機関は興行的のものを除いては、甚だ少なく、東京府美術館、東京市音楽堂（筆者注：日比谷公園の音楽堂あるいは日比谷公会堂か）の如きその重なるものである」とし、美育に関する常設機関の不足を憂いている[59]。

また、川本は、成人教育を行う場所として①大学講堂、②高等専門学校教室、③中等学校校舎、④小学校補習学校校舎、⑤博物館、美術館、天文台、気象台、図書館、公会堂、研究室、植物園、⑥実習工場乃至普通工場、農蚕業実習場、⑦運動競技場、体育館、⑧寺院、教会、神社等宗教会堂、⑨倶楽部の建物その他各種公私の会館の九種を挙げる。そしてこの中で、「最も大切であり且つ経済上便利に得やすいものはいふまでもなく、小学校その他学校校舎や講堂である」とする。また、「要するに、独自の建物は之を有することは困難であるから、出来るだけ各種の設営を利用することが、現実の問題とし、又その容易且つ有効に施設する上よりいつても、極めて大切である」と述べる。(60)

このように、社会教育行政内では、集会のための専門的施設を建設するという発想よりも、学校を中心とした既存の施設の活用という現実的な方策を志向していたといえよう。

なお川本は、「会館を中心とする社会教化施設」として、千葉県銚子の財団法人公正会による、公正会館（一九二六〈大正一五〉年開館）における社会教化活動を紹介している。公正学院の開設、通俗図書館の経営、講演会、講習会、教育的民衆娯楽の提供、社会教育のための貸室、生活合理化運動がその活動とされている。(61)

このように公会堂に関する論考が数少ない中で、文部官僚の中田俊造は、序章に定義を紹介した『教育学辞典』における「公会堂」の項目の執筆者でもあり、娯楽に関する発言も数多くなしている。彼の著作『娯楽の研究』（社会教育協会、一九二四年）において、「現在あるものには浅草の花やしきや鶴見の花月園、大阪の新世界、楽天地等であるが、いづれも民間の経営になり規模設備方法甚だ幼稚である」(62)として、「民衆娯楽館」の構想を提案している。五万坪の面積に、演劇系統（二〇〇〇人規模の劇場、同規模の活動写真館、八〇〇人規模の演芸場）、社交系統（二〇〇〇人規模の食堂、喫茶店、浴室、理髪所、写真室、相撲、屋外劇なども上演できるギリシャ式一万人規模の音楽場）、知育系統（六〇〇人定員の図書館のほか、講演会場、展覧会場、動物園）、体育系統（相撲場、大小野球グランド、庭球コート、水泳場、体育器具、児童遊戯場）、ほかに花壇や休憩所、下足預り所、小物行商などを備え、建設費五〇〇万円、維持費一〇〇〇万円（年五分の利子五〇万円で年間維持）という巨大複合娯楽施設の構想であった。(63)

すでにみたように当時は民衆娯楽調査も行われ、文部省が娯楽を政策対象として認識し、社会教育政策も映画をはじめとする娯楽の教育的活用が主要関心事の一つであった。中田の『娯楽の研究』に寄せた、当時社会教育課長

（『娯楽の研究』出版の一九二四（大正一三）年、普通学務局第四課長から社会教育課長となる）であった乗杉嘉壽による冒頭の言は、当時の状況をよく表している。

近時教育上に関する思想の進歩とともに人間の内面生活に根帯する趣味の生活或は芸術的教育といふことが高調せられると同時に、娯楽の問題がまた民衆教化の上に最も意義ある問題として考察される様になつたのは、これ当に一新面目を招来したものと云はなければならない。

文部省に於ても夙にここに着眼し予て娯楽改善の急務なるを認め、之が基本調査と実際運動に着手し夫々甚深なる注意を払つて居る次第であるが、従来本省に於て娯楽改善の実際に殃掌し之に深き造詣を有する中田君によつて本問題に関する研究の発表を見るに至つたのは洵に喜ばしいことである。(64)

このように、民衆娯楽が教育政策の中で重視されるに至り、中田のように娯楽機関について踏み込んだ考察をした社会教育官僚も存在した。しかし、当時の社会教育施設として言及されるのは、図書館、観覧施設（常設：博物館、美術館、動植物園／非常設：博覧会、共進会、各種展覧会）(65)などであり、公会堂は、社会教育論の主たる対象ではなかった。建設には莫大な費用がかかることもあり、社会教育の枠内にとどまらずむしろ全市的な事業として構想され、社会教育は多様な機能の一つとして位置づけられる、という実情であったといえよう。

3　公会堂の目的

ここまで、大正期以降に急増する公会堂の運営実態、娯楽施設を求める人々の声、そして社会教育行政内における

表１-７　近代都市を象徴する集会場としての公会堂

道府県	完成当時の名称	完成年	設立経緯・特徴的な事業・建築様式・主な使途等
青森県	青森市公会堂	大正 14 年	明治期に建設された旧公会堂跡に建設。鉄筋コンクリート３階建
福島県	郡山公会堂	大正 13 年	市制施行記念。設計は、大蔵大臣官房臨時営繕課長と臨時国会議事堂建設局長を兼任していた矢橋賢吉が監修。鉄筋コンクリート造２階建、塔屋付
東京府	本所公会堂	大正 15 年	東京市長後藤新平の起案する東京市政調査会創設に賛同した安田善次郎の遺族が、安田庭園に隣接した地に講堂を建造し安田財閥より東京市へ寄付。森山松之助設計、鉄筋コンクリート造４階建
東京府	日比谷公会堂	昭和４年	後藤新平と安田善次郎の尽力によるが、明治期からの公会堂構想の結実でもある。各種集会のほか音楽演奏会の中心となる。佐藤功一設計、音響を考慮したホールの嚆矢
茨城県	茨城会館	昭和 10 年	茨城県公会堂焼失後、再建。鉄筋コンクリート３階建で、２・３階が 1200 席のホール、１階に食堂・会議室・事務所・売店。映画・演劇・公演・芝居・交響楽・歌謡・講演等に利用
群馬県	高崎市公会堂	大正７年	市に集会施設がない不便さから市事業として予算を組み市民に働きかけ建設。木造２階建、洋室大広間、貴賓室、小室を有し、講演会・展覧会・音楽会に利用
神奈川県	開港記念横浜会館	大正６年	開港 50 周年記念事業として、明治７年建設の横浜町会所跡に建て直す。諸集会のほか文化事業が盛んで、市民教化を目的とした市推進の横浜市音楽協会も活用、煉瓦造２階建
愛知県	豊橋市公会堂	昭和６年	市内の集会施設には劇場が使用されていた。1928 年３月の市議会で大典奉祝記念として公会堂建設が決定。オリンピック選手激励会等の催しが開かれる。中村與資平設計、鉄筋コンクリート３階建
大分県	別府公会堂	昭和３年	市制施行記念。県下初の鉄筋コンクリート建造物。設計は吉田鉄郎（逓信省営繕課、東京大阪中央郵便局設計）
鹿児島県	鹿児島市公会堂	昭和２年	摂政宮（昭和天皇）御成婚記念として市が 1924 年に計画。大阪市中央公会堂を範とし、完成後は南九州地域の公会堂のモデルとなる。鉄筋コンクリート造３階建

出典：各公会堂に関する資料および問い合わせにより筆者作成。

図 1-13　高崎市公会堂

公会堂の位置づけを検討してきた。では、各地の公会堂は、どのような背景のもとに建設されたか。先にみた、橋爪紳也が主に検討している明治時代とは、どのような違いがあったか。

個別に設立経緯を検討していくと、①近代都市を象徴する市民の集会場への要望、②政治家・経済人の地域貢献、民衆教化のための施設、③皇室関連の記念事業、という三つの要素が互いに重なり合いながら建設されていったことが明らかになってくる。

（1）　近代都市を象徴する市民の集会場への要望

第一に、近代都市に不可欠な施設であると同時に、市民自治の涵養の拠点と娯楽提供という、対をなす主張が最も多くみられる。この領域については、日比谷公会堂を中心に次章以降で詳述するとして、以下では他地域の例をいくつか検討する。

高崎市公会堂（一九一八（大正七）年）

高崎市では、それまで人々が集まることができる公共施設としては、一九一〇（明治四三）年に完成した高崎図書館があったが、何百人も収容することはできなかった。この図書館は、市民の集会所として機能していた「春靄館」を用いており、市公会堂はこの建物を西方に移動させる形で建設された。春靄館は一八八四（明治一七）年に、明治天皇の行在所として「養気館」の名で市が建設した。同年の群馬事件（自由党急進派と農民による蜂起事件）により行在所としては用いられなかったが、役所の会議、婦人教育会などに使われ、さらに高崎米穀取引所、群馬県高等女学校仮校舎などとされたのち、一九一〇（明治四三）年には市教育会と地元青年実業家の「同気茶話会」などが書籍を寄付し、市最初の図書館として用いられた。当初は有志者の寄付で運営されていた私立図書館であったが、一九一九（大正八）年に市に蔵書・施設を寄付し、市立となった(66)。

一九一七（大正六）年になると、公会堂建設の具体的な動きが出てきた。市民や市内の団体が図書館の会議室に集まり、一月の一カ月間に一五回もの会合を開いた。「公会堂建設趣意書」によると「社会風教道徳ノ改善ニ、又商工業等ニ関スル講演会或ハ講習会等多衆ヲ集合スヘキ場所ノ必要」と、公会堂建設の必要性が強調されている。同年三月、市に高崎公会堂建設委員会が発足、特別委員三十数人で協議し、工費を一万円ほどとした。市有の公会堂としては規模が小さいとして三万円という意見もあったが、最終的には二万五〇〇〇円とされた。一方、市では上水道の整備や小学校の増設、市営住宅建設などの事業が山積し、資金が不足していたため、市内の法人、個人の寄付金を積極的に受け入れることとし、設立予算として市が五〇〇〇円を組み、一九九人から二万七〇〇〇円余の寄付金が集まった。五月に、高崎市会で寄付金受け入れに伴う一九一七（大正六）年度追加予算を決め、その際に元春靄館付属建物を売却、本町の一部敷地を用地にあて、また成田町の民有地約六〇坪も買収した。建築工事費は二万四〇〇〇円であった。

公会堂は間口一六間、奥行き七間半の二階建洋風建築で、建坪は約二二〇坪であった。一階には商業会議所事務室、応接室、貴賓室、控え室、二階には大会議室、控え室、休憩室などを備え、総工費は約三万二〇〇〇円、一九一八（大正七）年一月二〇日に落成式を行った。落成後の最初の大きな集会は、同年三月一七日から三日間開催された関東

図1-14 鹿児島市公会堂（現在は市中央公民館として用いられている）

商業会議所連合大会であった。この後、講演会、表彰式、品評会などが開催された。一九一九（大正八）年には商店陳列装飾競技会、さらに一九二〇（大正九）年には、商品陳列即売会もこの公会堂で行われた。文化面では美術展、音楽会もたびたび開かれ、萩原朔太郎が出演するマンドリン演奏会も開かれていた(67)。

鹿児島市公会堂（一九二七（昭和二）年）(68)

従来鹿児島市では、多人数での集会を開くには劇場が利用されていたが、収容人数も少なく不便であった。第五代山本徳次郎市長時代（一九一四（大正三）年七月—一九二二（大正一一）年八月）から公会堂計画は進められ、第六代伊集院俊市長時代（一九二三（大正一二）年四月—一九二五（大正一四）年二月）で準備が進み、第七代上野篤市長時代（一九二五（大正一四）年五月—一九二六（大正一五）年九月）に起工、一九二七（昭和二）年一〇月、第八代白男川譲介市長の時に昭和天皇成婚記念事業として建設、完成をみた。関西建築家協会理事長を務めた片岡安の設計によるもので、大阪市中央公会堂を範とし、市費一五万円、不足分は、地元ほか東京や京阪神在住の県出身者からの寄付一五万円で補い、郷土の建築資材（加治木石）を用いて建設された。

一九二四（大正一三）年一月の皇太子（のちの昭和天皇）成婚を機に計画の動きが生まれ、翌年六月八日の市政懇談会で相談が始められた。財源として、市の一般会計、県の補助、地元および県外の鹿児島出身者からの寄付が集められた。一九二七（昭和二）年の完成後、一〇月一五日に公会堂使用始めを行い、翌日落成式が行われた。一〇月一七日の鹿児島新聞には、「我が公会堂は他に見るが如き一富豪の醵金になるものにあらずして真に市民の利便の為め当市向上の為め且は大都市の体面維持の為め純真なる公共心に充ち愛市の念に燃ゆる八〇〇〇民衆の赤誠の表現であります」という市長の祝辞が掲載された。この市長挨拶には、次に検討する他市に多くみられた富豪の寄付ではなく、多くの市民の寄付により完成したことが誇りとされ、また公会堂が都市において必要な機関であることが述べられている。ここで市長のいう「市民の利便」「当市向上」「大都市の体面維持」が公会堂に期待された機能であり、ほかの公会堂でも同様であるといえる。このほか県会代表もほぼ同様に、公会堂が文化の発展や福祉の向上に必要であることを祝辞で述べている。

なお、この日の落成式では、満員の聴衆に、能「高砂」などが披露された。また、仕舞や舞い囃子を披露したところ、投書で「鹿児島では昔からあんなときは琵琶でやるのを知らないか。女子など舞わして不届けなものだ」との批判が届いたという。

その後、一〇月二〇日夜七時から公会堂の使用始めとして館長の講演や映画上映を行い、大盛会であったという。当時は九州一と呼ばれ、その後戸畑、熊本、別府、都城など九州各地から視察が来て、各地の公会堂計画の参考にされた。市内でもモダンな建物の一つで、小学生の写生の対象になっていた。

この公会堂における戦前の事業をみると、南州翁五〇年祭記念「徳富蘇峰」講演会（一九二七（昭和二）年一〇月二四日）、日露戦役二五周年陸軍記念式（一九三〇（昭和五）年三月一〇日）、寺田屋殉難烈士七〇年祭（一九三一（昭和六）年四月二三日）、国際正義（日独伊防共強化）全九州大会（一九三七（昭和一二）年一〇月一八日）などがある。第二次世界大戦中は空襲対策のため公会堂を黒く塗りカモフラージュしていたが、一九四五（昭和二〇）年六月一七日の鹿児島空襲で外壁を残して焼失した。一九四九（昭和二四）年六月に復旧工事を行い、鹿児島市中央公民館として再建され、現在に至っている。

（2）政治家・経済人の地域貢献、民衆教化のための施設

第二に、地域の政治家および経済人の地域貢献や教化的な意図により建設された例である。彼らの寄付により施設を建設し、自治体に管理を任せる例が、表1-8の通り多くみられた。直木三十五の随筆「大阪を歩く」において、「日本の富豪の金の使ひ道といへば、公会堂か、学校への寄付にきまつてゐる」[69]という評価もあるほど、公会堂の寄付建設は経済人にとっては一般的な社会貢献の方法であったといえよう。

ただし、先にみた鹿児島市公会堂のように、自治体、経済人、地域住民の合同出資により建設された公会堂も多いため、厳密な分類はできない。一九三〇（昭和五）年に開館した名古屋市公会堂も、資金の一割は松坂屋創業家の伊藤次郎左衛門が寄付したのを含め、八割が市民の寄付で建設された[70]。一九二三（大正一二）年に開館した弘前市公会堂は、地元出身の実業家で日本商工会議所初代会頭、貴族院議員も務めた藤田謙一の寄付による。家政学者の塚本はま子は、「有産階級の夫人方へ」と題した文章で、結婚にまつわる費用のかかる旧習を批判しながら、「後に残る有力な」財産の使い方として、結婚記念として図書館や橋の建設などを提案する。また、弘前市公会堂にもふれ、こう述べた。

品物を配り、酒をのみ、それは景気がよいだらう、しかしそれはほんの一時の事である。この前弘前にいつた時大変立派な公会堂をみた。これは同市出身の藤田謙一氏の母堂が記念として建てられたものと聞いて感激した。

表 1-8　政治家・経済人の寄付等により建設された公会堂

道府県	完成当時の名称	完成年	設立経緯・特徴的な事業・建築様式・主な使途等
青森県	弘前市公会堂	大正 12 年	地元出身の実業家で日本商工会議所初代会頭、貴族院議員も務めた藤田謙一の寄付による
新潟県	新潟市公会堂	昭和 13 年	日本海大博覧会構想の一部として計画。のち博覧会構想は時局悪化により頓挫するも公会堂は地元実業家新津恒吉の寄付により実現
新潟県	長岡市公会堂	大正 15 年	旅館業を営む大野甚松が創業 50 周年記念に市に寄付。鉄筋コンクリート２階（一部３階）建で、大集会場（1,500 人）、集会室、食堂、娯楽室を備えた
新潟県	柏崎公会堂	昭和 13 年	地元実業家高橋忠平の遺言により遺族が土地と資金を町に寄付。鉄筋コンクリート造２階（一部３階）建
富山県	福岡町役場庁舎	大正 13 年	地元実業家寿原英太郎の寄付によって公会堂兼町役場として建設。西洋式木造２階建、１階が役場事務所、２階の小部屋とホールが公会堂
埼玉県	豊岡公会堂	大正 12 年	入間町長繁田武平の公民教育道場構想が、渋沢栄一の援助により実現した県内最初期の公会堂。豊岡大学開催。木造平屋建
東京府	日本青年館	大正 14 年	小林政一・木村栄二郎設計。日比谷公会堂開館以前、新交響楽団が定期演奏会場とするなど音楽演奏施設として多用。鉄筋コンクリート４階建
千葉県	興風会館	昭和４年	野田醤油（現・キッコーマン）が設立した財団法人興風会の社会教化事業、奉仕活動の場として建設。講演会、講習会、展覧会、映画会、相談会に活用
千葉県	公正会館	大正 15 年	浜口儀兵衛商店（現・ヤマサ）が設立した財団法人公正会の本館。夜間中学公正学院、公正図書館として使用されたが市民にも広く開放
大阪府	大阪市中央公会堂	大正７年	岩本栄之助の寄付。全国に先駆けた「市民の社交場」としての巨大な都市型公会堂。鉄骨煉瓦造３階建
大阪府	堺市公会堂	明治 45 年	堺電気軌道会社が自社線への乗客誘致策として建設。宝塚に対抗して少女歌劇なども上演されたが、大正 15 年に市が買収。辰野金吾事務所設計、木造２階建
兵庫県	御影公会堂	昭和８年	地元実業家嘉納治兵衛の寄付による。鉄筋コンクリート３階建
鳥取県	鳥取市公会堂	大正２年	篤志家吉村徳平の寄付による
山口県	渡辺翁記念会館	昭和 12 年	地元実業家渡辺祐策の顕彰事業として建設。村野藤吾・森建築事務所。鉄筋コンクリートのモダニズム様式

出典：各公会堂に関する資料および各公会堂への問い合わせにより筆者作成。

かうして永久に社会民衆を便することがのぞましい[71]。

この記事では藤田ではなく藤田の母が公会堂に寄付したという認識がされているが、ここではそれよりも寄付という行為のとらえ方に注目しておきたい。

神戸市の御影公会堂は、五五〇人収容のホール、一〇〇人収容の和室、二〇—四〇人収容の集会室群、地下食堂からなる。地元企業の白鶴酒造七代目社長嘉納治兵衛の寄付により、一九三三（昭和八）年に建設された。『御影町誌』（一九三六年）によると、建設費は約二四万円、うち嘉納の寄付と寄付金利子が約二二万九〇〇〇円と大半を占めた[72]。一階ロビー部分には寄付者の嘉納の像とともに、当時の町長安達儀一郎の名で以下の文章が銘板に刻まれている。

初メ本町ニ文化ノ進運ニ伴ヒ社会教化事業ノ発展ニ資スヘキ大集会場ノ設備ナキヲ遺憾トスルコト久シ　偶マ嘉納治兵衛君此ニ見ルアリ鉅貨ヲ納レラレタルニ因リ町会ノ決議ヲ経テ之ヲ公会堂造営ノ費ニ充ツ

こうして建設された公会堂では、のちに「御影公会堂趣味の会」が、「会員相互の親睦を図り趣味の向上と文化の進展に貢献し併せて御影公会堂との連絡を密にする」（会則第一条）ことで、公会堂の利用を盛んにするという趣旨のもとに発足した。公会堂内に事務局をおき、月五〇銭の会費を納めた会員には、月一回の「映画アーベント」（第一回は一九三六（昭和一一）年一月一九日、ルドウィッヒ・ベルガー監督のドイツ映画『ワルツ合戦』）が無料となるほか、音楽舞踊演劇その他の催しの割引、会員向けの大演芸会などの特典が付与された[73]。

また、商工団体、宗教団体、企業などが建設し、その後も自治体に管理を委ねず、自団体の所属者のみではなく一般市民や地域住民を対象にした集会・娯楽・教化事業および貸し館事業を提供する例もある。千葉県の興風会館は、

図１−15　大阪中之島中央公会堂。「ホーラミテミナハレ是レガ東洋第一の公会堂ダツセー、大ケナ立派ナ建物ダスヤロー、岩本ハント云フ人ガ百万円市エ寄附シヤハツテ五年間モカカツテ出来タノダス、三千人位ハイレマツセ」という謳い文句が書かれている。

野田醤油（現・キッコーマン）により、地域貢献と社会教化を目的に一九二九（昭和四）年に建設され、現在も市民に利用されている(74)。

このほか、組合化（広島県御調郡稲生村の公会堂稲生座）、あるいは株式会社化（屋代公会堂兼劇場）して出資者を募る公会堂もみられ、地域の公会堂は多様な出資者によって建設されていたと考えられる。

このように、寄付により建設された公会堂について、以下でいくつか個別の事例をみてみよう。

大阪市中央公会堂（一九一八（大正七）年）

一九〇三（明治三六）年、第五回内国勧業博覧会に伴い建設された中之島公会堂が、大阪市内初の公会堂であった。音楽会、演説会に使用されるも、一九一三（大正二）年天王寺公園内に移築され、天王寺公会堂となる。

実業家であった岩本栄之助が寄付に至った経緯は、渋沢栄一を団長とする「渡米実業団」の一員として一九〇九（明治四二）年、三三歳でアメリカに渡った際、公共事業出捐の実情にふれたことにある。それ以前にも、大阪全市の一等地道路に桜の木を植えるといった構想や（ただし実現には至らず）、取引所で働く少年たちのために私財を投じて「北浜実践学会」という夜学の塾を作るなどしていたが[75]、渡米経験ののち岩本は「米国に於て富豪が公共事業に財産を投じて公衆の便益を謀り又は慈善事業に能く遺産を分譲せる実況を目撃して大に感動し、這般寄付の決心をして一層強固ならしめたり[76]」と思うに至った。その後、私淑する渋沢に相談し、さらに一九一一（明治四四）年の紀元節で施療救民の詔勅をうけ設立された恩賜財団救世会の号外にふれ、寄付の思いを深くした。二月二三日、渋沢邸で「1．公会堂を建設せん乎（商品陳列所を合せたるもの） 2．東洋的専門の商業学校を設けん乎 3．之を帝国大学に移し奨学資金に充てん乎 4．公園を設置せん乎[77]」を実業家らに問い、公会堂がよいという結論に至った。公会堂には時期尚早、市庁舎の建設にあててはという案も出されたが、「大都市には市民の集会場がなければならない[78]」という、外遊を経ての岩本の思いと、渋沢の支援があったとされる。なお岩本は、後述の日比谷公会堂に深く関わる後藤新平が台湾総督府民生長官時代、後藤に会いに台湾を訪ねている[79]。

一九〇九（明治四二）年の大火事や日露戦争後の不況により市財政は困窮するが、岩本の寄付、渋沢の助言と援助により実現に向かう。一九一一（明治四四）年三月八日に岩本家より寄付が公表され、四月二〇日に市長宛に寄付申込書が提出された。

五月一日には財団法人公会堂建設事務所許可申請書が提出され、一九一二（明治四五）年市会で寄付収受議案が可決された。市長を理事長とする同法人により、日本建築学会および建築顧問を委嘱していた辰野金吾の意向をうけ、同年一〇月末を期限に一七名による懸賞競技設計が実施され、そのなかから早稲田大学教授岡田信一郎の案が選ばれた。この案をもとに、ネオ・ルネサンス様式を基本とした辰野式の壮麗な建築ができあがっていった[80]。

その後一九一三（大正二）年に地鎮祭、一九一五（大正四）年に渋沢を招いて定礎式が行われた。大戦の影響で完成はやや遅れ、一九一八（大正七）年一一月一七日に「落成奉告祭」が開催された[81]。市長の式辞の大半は、一九一六

(大正五)年に相場で損失を被り、開館を待たずに自殺した岩本への賛辞で占められた。翌一八日の関係者開館披露式ののち、一九日から三日間市民に開放された。当時市内には天王寺公会堂(一九一三(大正二)年移築─一九三六(昭和一一)年三月廃止)のほか、大阪朝日新聞社講堂(一九一六(大正五)年)、桜宮公会堂、土佐堀基督教青年会議堂などがあるのみで、大阪市中央公会堂は市内で数少ない本格的な講演会、音楽演奏会場となった。

開館直後の公会堂の利用で多かったのは各種協議会で、以下順に宴会、講演会、演芸会、各種総会、展覧会、競技会、各種式場、商品陳列会であった(82)。開館時間が戦前は夜一二時までであったことも特徴的である。労働問題講演会、婦人会関西連合大会、消費者大会、水平社大会など、様々な社会運動の集会も開かれた(83)。利用回数は一九一九(大正八)年の一〇六四回から二〇年、二一年と増加し、その後やや減少し一九二四(大正一三)年には六八〇回と激減したが、その後は増加し、一九二五(大正一四)年から一九三〇(昭和五)年までは年間一三〇〇─一五〇〇回程度利用された。その後満州事変のあった一九三一(昭和六)年から一九三五(昭和一〇)年まではやや減少して一〇〇〇─一二〇〇回、一九三六(昭和一一)年以降はやや増加して終戦に至った(84)。

一九二六(大正一五)年、大阪市立市民館長であった志賀支那人は、中央公会堂の果たした役割を以下のように述べている。

大大阪の精神的建設の偉勲者には図書館もあれば寺院教会劇場も数へられやう。しかし如何なる他の施設も彼の如く大なる包容力をもつものはない。彼は実に無主の主である。堺枯川の社会主義講演も大木遠吉の国粋講演も同じやうに呑吐した。各人の舞台ともなれば、馬の脚や素人や落ちぶれた旅芸人の舞台ともなつた。貴人の歓迎会場ともなれば菜つ葉服の集合場ともなつた。いろんな人いろんな仕事のミウゼウムである。彼はかくして市民が冷静に自由に批判し取捨することを待つてゐる。かくして大阪市のスピリツトを上下前後左右から養つて

ゐる。(85)

図1−16　豊岡公会堂
出典：豊岡公会堂史編集委員会編『豊岡公会堂史』埼玉県入間市教育委員会、1978年

豊岡公会堂（一九二三（大正一二）年）

埼玉県の豊岡公会堂は、一九二三（大正一二）年一二月九日落成、和風木造平屋建で一二〇〇人余りを収容した。

一八八八（明治二一）年に全国に市制および町村制が公布され、以後内務省では訓令・通牒を通して自治体の保護育成と行政監督を強化した。その際財政力をつけるべく基本財産蓄積が奨励され、常時の産業奨励や勤倹貯蓄の励行など町民各層を動員する村ぐるみの展開が求められた。

さらに内務省は日露戦争を契機に一九〇四（明治三七）年に冊子『地方自治の指針』を刊行、「国家の進展に翼賛せしむる」ことを目的に「当局者の奮励、公共心の発揮、自治事務の整善、生産事業の奨励、教化事業の作興、基本財産の蓄積、市町村是の実践、勤倹力行の勧奨、良風善行の奨励」の事項を挙げ、全国各町村に対し、社会教化運動を含めた村ぐるみでの町村自治振興に奮起することを促した。地方改良運動とよばれる動きである。

こうした流れの中で豊岡町では、黒須弘道会設立（日本弘道会黒須支部、一八九三（明治二六）年）、黒須矯風会設立（一八九九（明治三三）年）、町是六大綱制定（一九〇三（明治三六）年）、基本財産蓄積条例制定（同年）、公民会設置（一九〇九（明治四二）年）、納税組合設置（一九一一（明治四四）年）などがなされた。青年会（一九〇八（明治四一）年）、処女会（一九一〇（明治四三）年）などの地域団体も組織されていった。

そして公会堂は、一九〇九（明治四二）年に「公民会」を設置した豊岡町長繁田武平により、「公民教育道場」として構想された。繁田は「公民」を法律的に公民権を付与された公民のみとしてとらえず、「この町に在住するものは一人残らず公の民なり」という発想にたつ。公民会は、「一人一人の家庭を訪問して、談話講演することは出来ぬことだ。どうしても町民全体が一定の場合に会合する機会と道場とを持たなくては、自治の振興も発達も期待することが出来ない」として、全住民を対象にし公民意識を植え付けることを目的として設立された[86]。会は年二回程度開催され、部落ごとに全員を寺院や集会所に集め、町長以下役場吏員、議員、学校職員が出張し、町の経済、町の将来採るべき方針、納税の状態、改正法令の要点説明、学校および児童の状態などが報告された。第一次世界大戦後、一九一七（大正六）年の臨時教育会議で道徳教育の強化の必要性が指摘され、一九一九（大正八）年三月内務省は戦後の「民力涵養」に関する訓令として五大要綱を打ち出し、民力涵養運動とよばれる社会教化運動が展開されたが、豊岡町ではすでに設置されていた公民会がこの実行の任にあたった。

公会堂計画は、繁田により一九一二（大正元）年に発表された。学校を利用すれば間に合う、という町会や有識者からの批判に対しては「学校には国民教育や公民教育等大切な任務がある。その任務を妨げるのは目に見えざる損失と不便がある。今後会合の機会が増加すればする程、学校濫用の弊害を重ねゝばならぬ[87]」とし、毎年一月一日の町政方針演説において公会堂必要の希望を述べていた。さらに、第一次世界大戦の好況に際し、町の企業、銀行、事業家から所得税付加税の町税約一万六〇〇〇円、繁田が一九一六（大正五）年度から積み立てていた町長報酬二〇〇〇円、町内外からの寄付を加えた約三万五〇〇〇円をもとに、一九二一（大正一〇）年に公会堂建設計画を県に提出した。

町民や郡下町村長からは不賛成の声が多かったが、繁田は渋沢栄一を訪ね寄付を得るなど協力者を集め、計画を推進していった。一九二一（大正一〇）年一二月に第一回の公会堂新築委員会を開いてから調査研究を進め、その過程で一九二三（大正一二）年秋に皇太子成婚が発表され、「慶事記念事業として公会堂建設をすることに町全体の意志が一致することとなった(88)」という。

一九二三（大正一二）年一二月九日、開堂式を迎えた日曜日の朝には煙火によって祭礼的気分が醸し出され、公会堂には町民が集まった。一同起立による町長の「民心作興に関する詔書」朗読、着席後の町長式辞、工事経過報告、県知事・郡長の式辞、代読による渋沢栄一の式辞、衆議院議長粕谷義三の祝辞伝達が続いた。町長は「公会堂ハ憲政運用ノ重要機関ニシテ、形式上ニハ自治ノ体面ヲ完整シ、精神上ニハ自治ノ観念ヲ向上セシメ之ニ依ツテ、幾多有益ナル事業ヲ起シ以テ社会ノ増幅ヲ信ジタレバナリ」と述べた。渋沢は代読ではあったが以下のような祝辞を寄せ（抜粋）、「国力ノ隆昌」に資すること、大きすぎるといわれた公会堂も町民の精励によって小さく思われることなどを期待した。来会者には紅白の祝餅と印刷物の土産が配られ、夜には花火が上げられた。

思フニ町村ハ国家ノ根抵ナリ、国力ノ充実ハ町村ノ発展ニ待タザルベカラズ、而シテ町村ノ発展ハ個人ノ富力ニ頼ラザルベカラザルヤ論ナシ。今此公会堂ハ豊岡町ノ人心一致ノ結果ニ成レルモノナレバ、将来有益ニ之ヲ利用スルト共ニ、同心協力シテ更ニ新事業ヲ興起シ以テ国力ノ隆昌ニ資セラレンコトヲ期シテ待ツベキナリ。人或ハ言ハン此公会堂ハ地方ノ現状ニ比シテ規模大ニ過グト夫レ或ハ然ラン。然リトイヘドモ本町ノ人士将来益々精励シテ他日其富力一層増進セバ見テ以テ之ヲ小トスルニ至ラン(89)

使用にあたっては「豊岡公会堂使用料徴収条例」（一九二四（大正一三）年五月一日許可）が定められた。「教育慈善其ノ他町長ニ於テ特別事情アリト認ムルモノハ前条使用ヲ減額若シクハ免除スルコトヲ得」（第三条）という減免規定のほか、興行活動は禁止された。使用状況をみると、後述の豊岡大学のほか、青年団、処女会、軍人分会、農業指導、商工会大会、陸軍士官学校分校開校歓迎会、生活改善運動としての結婚式（四、五回しか利用されず）、戦没者遺族会等の戦争関連行事、などである。職員は三名ほどおかれていた。

このほか豊岡公会堂に特徴的なのは、豊岡大学の開催である。(90) 繁田は中央教化団体の会合で知ったデンマークの国民高等学校に学び、「居ながらにして豊岡地方の青壮年段階に、大学初歩程度の知識を植ゑつけ、有為な人物の育成輩出に努める」(91) という着想を得る。中学校卒業以上または同等の学力を有し、かつ「堅実ナル志操ヲ持スルモノ」を聴講生として、事務所および会場を公会堂に定め、「国家ノ中堅タル国民ノ智徳ヲ進メ社会教化ニ貢献スル」（豊岡大学要綱第二条）ことを目的として一九二五（大正一四）年から一九三九（昭和一四）年まで二五回開講された。春秋二回開催し、講師は繁田が直接交渉にあたった。講演の要旨は大学の幹事が速記し、印刷発行し配布した。政治思想から農政学、社会問題、儒教、景気問題、普選、時局問題、国際関係など様々な話題が、政治家、学者、実業家ら多くの著名人を集めて論じられた。聴講生は一五〇〇—四〇〇〇人程度で、第八回からは女子も入った。

このように、豊岡公会堂は町長の強いリーダーシップのもとに建設され運営された、社会教化的色彩の強い公会堂であった。繁田は渋沢栄一のほかに後藤新平の「自治」の理念にも強く共感しており、先にみた祝辞にも「自治」が強調されているほか、一九二九（昭和四）年の第八回豊岡大学に後藤を招き「自治と政党」の題目で講義が行われている。

新潟市公会堂（一九三八（昭和一三）年）

一九三六（昭和一一）年当時、新潟県内では長岡市はじめ新津町でも地元篤志家により公会堂建設が進んでいたが、

図 1-17　完成当時の新潟市公会堂

人口一五万の新潟市には存在していなかった。そうした中で新潟市公会堂は、新潟港開港七〇周年記念日本海大博覧会とあわせ構想された。

日本海大博覧会は、一九三八（昭和一三）年四月二〇日から六月一五日までを会期として、一九三六（昭和一一）年八月に開催が決定された。一九三七（昭和一二）年三月一五日の市議会で小柳牧衛新潟市長は「日本海博は新潟市の存在を内外に知らせ、日満文化の融合、県市産業文化の振興を目的とし、全国および満州国産業の全容を一堂に集めるものである」と説明していた(92)。しかし、日中戦争開始に伴い、時局を考慮して一九三八（昭和一三）年四月に中止された。博覧会構想中止後も公会堂は引き続き計画されたが、財政難により、地元有志新津恒吉に寄付を依頼した。

石油精製業を起こし、出雲崎で発見された石油採掘事業に成功した新津は、新潟市内に理科系の学校がなかったことから寄付を考えていた。しかし県立の工業学校ができることとなり、目的がなくなってしまった。そこへ小柳牧衛市長から公会堂への寄付の相談があり、それに応じて総額四五万円の寄付を行った(93)。一〇〇〇円で家が建ち、三万円あれば利息で生涯楽に暮らせる時代であった。

盧溝橋事件による資材不足、工事従事者の徴用などで総工費は膨

図1-18「日本海大博覧会全景」(1936-37年頃発行)。20近くのパビリオンの中に、新潟市公会堂も含まれていた。
出典：新潟県立図書館報編集委員会編『にいがた　新潟県立図書館報』第28号、新潟県立図書館、2003年、1頁

れ上がり工期も延び、一九三七（昭和一二）年五月に起工、翌年六月一八日に市に引き渡し、一一月二一日にようやく竣工式が挙行された。県内では県庁舎に次ぐ二つ目の鉄筋コンクリートの建造物で、時計は当時全国で二番目に大きなものであった。

　初めて行われた催しは、一九三八（昭和一三）年六月二一日の第九回全国方面委員会であった。その後音楽会、講演会、市制五〇周年式典（一九三九（昭和一四）年四月一七日）、新津恒吉の告別式なども行われた。しかし日中戦争がすでに始まっており、催しも時局講演会など戦時色が目立っていく。軍医となって太平洋戦争に参加した蒲原宏は「公会堂で初めて音楽をきいたのは、一九三九（昭和一四）年四月一〇日の夜、新潟海軍人事部開設を祝っての海軍軍楽隊の演奏であった。勇壮な行進曲は私を海軍へと駆りたてた」(94)と回想している。

　太平洋戦争中は空襲警報でステージが中断、警報解除で再開することもあった。戦後は公会堂自体も軍に接収されて（後述の日比谷公会堂も同様である）星条旗が掲げられ、ホールは集会や米兵の娯楽の場となった。映画班が一六ミリで当時珍しかったカラー映画を上映したほか、ジャズバンドの演奏

も行われた。その間は学校体育館や市内の宝塚劇場などを催しの場としていたが、一九四九（昭和二四）年一二月一日に返還された。その後一九六四（昭和三九）年の新潟地震で大きな被害に遭い、新潟市民会館（一九六七（昭和四二）年）、新潟市音楽文化会館（一九七七（昭和五二）年）など新しいホールができるなかで、一九九五（平成七）年には解体され、跡地には一九九八（平成一〇）年に新潟市民芸術文化会館（りゅーとぴあ）が開館した。

関東大震災以降の東京市各区における公会堂建設

次章では日比谷公会堂建設に至る東京市における公会堂の整備過程を述べるが、ここではそれ以外の、東京市内で寄付により建設された公会堂の例を検討する。

関東大震災後、のちに日比谷公会堂として完成する市公会堂の計画がなかなか進まない一方、震災後の区画整理の中で東京市内の各区レベルでも公会堂建設計画が進められていた。一九二五（大正一四）年に財団法人東京市政調査会が学生から募集した作文でも、「各区に多くの公会堂を設置し、そのためには、成るべく集合に便利な広やかな場所を選定します。此処は平時にあつては研磨修養の場所たらしめ、有事の際は応急の策源地たらしめるのであります」（中学校三年生）という意見がみられ、市政調査会でも「単に大公会堂を建てるに留まらず、各区に小公会堂を分散させよ、と云ふ主張が少なくない」とまとめている(95)。

ここで進められた公会堂計画は、従来各団体で設置してきた、主として団体の構成員を対象とした倶楽部的性格の強い公会堂とは異なり、「最も開放的なもので使用上に関する手続き等も何等の書類を要せないで、単に口頭を以て申し込めば使用し得ることとし、殊に其の申請時は階級如何を問はず区内居住者であれば何人でも差支のない」という理念であった。建設予算は全一五カ所、一カ所三万円で合計四五万円、その他備品などは篤志家から募ることとされた。この計画は一九二八（昭和三）年度一杯が目指されたが、区会議員の間では未確定ながら民衆図書館建設の希望も出されていた[96]。

例えば下谷区では、「御大礼記念下谷区公会堂建設並区庁舎復興協賛会」を組織し、市民に寄付を募った。会長となった宮川宗徳は元内務官僚で、のちに文部省、東京市保険局長、小石川区、牛込区、下谷各区長を務め、有栖川宮記念公園造営にも携わった人物である。

しかし、震災後の市民にとって寄付は容易ではなかった。浅草では、完成した浅草公会堂の落成式そのほかの費用五万円を各戸別に割り当て徴収したので、「自分の復興にさへ並大抵の苦心ではないのに」と苦情が続出し、落成式が延期になるといった事態も発生していた[97]。

豊島公会堂（二〇一四（平成二六）年現存する豊島公会堂とは別のもの）は、一九三八（昭和一三）年に区会議員原定良の寄付によって開館した。予算五万円、「竣工の上は映画会、音楽会その他種々の催しなどの区民の娯楽場となり、或は演説会に、諸団体の会合に寄与するところが大きい」「旧町時代に小規模な公会堂建設を計画したのですが新市編入と共に暫くそのままになつて居りました、その後再度建設してはとの話がありましたので一度計画したことですし快くお受けしたのです」と原は述べた[98]。

（3）　皇室関連の記念事業

第三に、皇族の行幸啓、皇太子成婚、天皇即位などを記念する形で[99]、皇族や貴賓の休憩所としても用いられる貴賓室としての使用を目的として建設された公会堂がある。岩手県公会堂は建設の翌年天皇を迎えての陸軍大演習の休憩場所とされ、名古屋市公会堂では落成式に東久邇宮稔彦王が列席、新築の記念品が贈られている。

皇室に関連して建設された公会堂は、すでにみたように明治期に多い。例えば、一九一一（明治四四）年の嘉仁親王の北海道行啓に伴い、函館、小樽、釧路、帯広で公会堂が新築された。こうした一連の皇族の巡幸・行啓の意味に

表 1-9　皇室関連の記念事業として建設された公会堂

道府県	完成当時の名称	完成年	設立経緯・特徴的な事業・建築様式・主な使途等
岩手県	岩手県公会堂	昭和２年	皇太子（昭和天皇）御成婚記念。県会議事堂、ホール、宴会場を含む多目的施設。佐藤功一設計、日比谷公会堂と同様のスクラッチタイル貼鉄筋コンクリート造
山形県	大宝館	大正４年	天皇即位記念。物産陳列場、図書館、会議室、食堂を含む擬似洋風木造建築
福島県	福島市公会堂	大正７年	天皇即位記念。木造ゴシック式
群馬県	群馬会館	昭和５年	天皇即位記念。佐藤功一設計、鉄筋コンクリート造４階建
埼玉県	埼玉会館	大正 15 年	大正 12 年、皇太子（昭和天皇）の成婚記念として計画。岡田信一郎設計、大阪市中央公会堂を範とする
福井県	武生町公会堂	昭和４年	昭和天皇御大典記念だが、明治期からの公会堂閉鎖に伴い新築論があった。鉄筋コンクリート造
長野県	松本公会堂	大正６年	天皇即位御大典記念として四柱神社境内に建設、木造純日本式建築
静岡県	御殿場公会堂	昭和４年	御大典記念だが、明治期から使用していた公会堂建て替えが直接の契機。木造平屋建
愛知県	名古屋市公会堂	昭和５年	大正 12 年、皇太子（昭和天皇）御成婚事業の一環として計画。鉄筋コンクリート造４階建の巨大な建物は地域の名物となる

出典：各公会堂に関する資料および問い合わせにより筆者作成

ついてはこれ以上ふれないが、原武史が、巡幸を通して観念的イデオロギーというより身体的、視覚的に支配する、すなわち「帝国」を可視化させる試みであったという考察を行っており[100]、公会堂もその一つであったと位置づけることは可能であろう。

これに対し、大正期以降の公会堂建設は、皇室関連事業が契機とはいえ、実質的には市民集会施設の要望が要因となっていた例もみられる。先に述べた皇太子成婚記念事業として建設された鹿児島市公会堂について、のちに鹿児島市長となった勝目清はこう回顧する。

> 知っている人は少いだろう。その意味では公会堂は失敗したのではないかと思う。元来記念事業などというものはそのことに関連ある事業を選ばないとこんなことになるものである。皇太子のご成婚と公会堂は何の関係もなく、悪くいうと便乗した形なのであるから公会堂を見て皇太子のご成婚を思う人はほとんどなくなったのである[101]。

（筆者注：公会堂は）皇太子のご成婚事業であることを

図1-19　杜陵館
出典：岩手県公会堂80周年記念事業実行委員会編『岩手県公会堂80周年記念誌』岩手県公会堂80周年記念実行委員会・いわてＮＰＯセンター、2008年

ここに率直に記されているように、皇室行事は公会堂建設のきっかけになった一方で、その実は市民生活の向上と都市のアイデンティティの確立が、皇室の威容を借りる形で公会堂に託されたのである。こうした事態は、御大典記念を契機に建設されたほかの公会堂にもあてはまるのではないかと考えられる。

しかし、実情は別にして、少なくとも公式には皇室関連の記念事業が公会堂建設のきっかけになった事例は多くみられるため、ここでは該当するいくつかの事例を検討する。

岩手県公会堂（一九二七（昭和二）年）(102)

盛岡市では、公会堂建設以前、市内の集会場としては「杜陵館」（図1-19）が唯一のものであった。一九二三（大正一二）年六月一二日に長内岩手県議会議長、県会議員一同が牛塚虎太郎知事を訪ね、皇太子御成婚祝賀を「永遠に記念せんがため公会堂を建設したい」旨を告げる。同日、北田盛岡市長、大矢市会議長が市民代表として実現を切望し、知事が事業を進めることを約束する。翌年六月四日臨時県会で、時期尚早という意見も出たものの、決議となった。県会議事堂の併設と、費用の約半分を盛岡市が負担することで一九二七（昭和二）年に完成をみ

図 1-20　陸軍特別大演習記念絵葉書

た。総工費約四三万八〇〇〇円、うち二〇万円は盛岡市の寄付で、市民も寄付を行った。

落成当時の様子を地元紙岩手日報は、公会堂内の詳細な案内と共に大々的に報道した。落成式は六月一八日から三日にわたり行われた。夜の活動写真は活弁と音楽つきで、無料で公開された。翌一九日、二〇日は午前九時から午後六時まで建物内部が一般無料公開された。このほか、レストラン「公会堂多賀」が二五日から開店し、使用する食器を二階ホールで公開、それにあわせ大ホールでは「大音楽会」が開催された。公会堂とあわせて洋食を中心とする宴会場、社交場を作ることが目指されたもので、県下でも数少ない本格的な洋食店であった(103)。

設計者は日比谷公会堂の設計者でもある佐藤功一で、二年後に開館する日比谷公会堂とは、スクラッチタイルを貼り付けた外観など、構造上の類似点が多い。内部には、県会議事堂、大ホール、西洋料理店、皇族などの宿泊所の四つの用途が備えられた。大ホールの舞台手前には、活動写真の楽士の演奏スペースもつくられた。

正面二階の貴賓室および和室、浴室、化粧室は、竣工翌年行われた陸軍大演習として天皇行幸を請願し、大本営御座所とすることを前提としていた。地元企業カメラのキクヤ会長の松本源蔵は、在郷軍人だった父は「あの公会堂は天皇陛下が来たところだというイメージを非常に大事に」し、松本自身もそのイメージを強くもったという。岩手県公会堂特別調査委員長の渡辺敏男は以下のように述べ、岩手において天皇の存在を象徴する場所として公会堂は位置づけられたのであろうと指摘する。

明治の後半には岩手県における軍の配備も終わり、県の中心施設がこの建物でほぼ完成する。その中心に塔を上げる。実はその正面は、旧藩主をまつる桜山神社。旧盛岡城をにらむ、その場所に天皇の大本営御座所を設ける。こんなシナリオがあったのではなかろうか。また一九二八（昭和三）年、普通選挙法と同時に治安維持法も実施された。この表と裏のとりあわせは、公衆のための公会堂と天皇の御座所というレトリックなのである。[104]

図1-20は、一九二八（昭和三）年に陸軍特別大演習記念として岩手県が発行した絵葉書である。公会堂は「大本営」として県庁とともに紹介され、右上にはエンボス加工で「陸軍特別大演習」と記されている。松本の述べるように、岩手県公会堂は、設立に至るまでだけでなく、設立後も、皇室の権威を示す象徴的機能をよく果たしていたといえよう。

図1-21　武生町公会堂

武生町公会堂（一九二九（昭和四）年）

福井県武生町では、町の位置する南条郡内に公会堂があったが、一九〇六（明治三九）年に学校に転用されたため、集会には学校や劇場を使わざるを得なかった。公会堂建設の動きが出始めたのは一九一三（大正二）年頃で、どこに建設するかで町民の話題となったが、インフレに伴う節約の風潮の中で、計画は頓挫していた。昭和に入り建設論は再び活性化し、武生病院跡地への建設が決まった。設計は武生出身で元京都府技師の安立活に任された。予定額は一〇万円で、篤志家による大口の寄付で五万六〇〇〇円が集まり、町費予定の三万円を除き残り一万四〇〇〇円の寄付が町民に求められた。しかし同時に小学校増築が進行中であり、義務教育と公会堂建設を比較し、公会堂は不況の時期に無理して建設すべきでないとの声も聞かれた(105)。

最終的に、公会堂建設は御大典事業として推進された。一九二八(昭和三)年五月四日起工、翌一九二九(昭和四)年一月一八日竣工となった。竣工の知らせは全国の武生出身者に郷友会誌を通じて町長名でなされた(106)。二月二二日の町会で使用条例および施行規則が定められ、三月一六日落成式が行われ(107)、落成式には一般入場を許さない形で知事以下二百数十名が参加した。翌日からは一般参観がなされ、一七日から三日間、武生婦人懇話会主催でバザーが行われ、収益は公会堂備品費への寄付が予定された。市価よりも安く、下駄、傘、和洋雑貨、金物類、手芸材料、既製品、食料品菓子類などの販売のほか、喫茶部を設けるなどしている(108)。

このほか戦前は、一九三三(昭和八)年七月の福井放送局開局に伴い、放送局係員出席のラジオ無料相談会が開かれた。当日三郡ラジオ商組合が特価二五円で売り出した四球ラジオ「アカツキ号」は三〇〇台ほどが売れた。公会堂だけでなく、市内の「武生座」ではラジオの宣伝映画やローカル放送などが開催され、ラジオ普及の助けにもなった(109)。ラジオを含めたメディアとの関わりは、後述する日比谷公会堂にもみられる点である。

政治面でも武生公会堂は重要な役割を果たした。一九三三(昭和八)年には町会議員定数増加に伴い議事堂として使用されたほか、役場も移転し業務が行われた(110)。一九三四(昭和九)年には職業紹介所が設けられ職員二名が配置された。文化面では、青年婦人の活動や芸能発表会など多くの町民活動が展開された。一九三四(昭和九)年一一月八日―一〇日には新人洋画展覧会が夜九時まで開かれ、教師や日曜画家の発表の場となった。当時はほかにも、「武生名月会」というアマチュア画家の団体が活動していた。一九三五（昭和一〇）年一〇月二二日―二四日は「巨匠の日本画展」として、横山大観をはじめとする八〇名近い画家と三百数十点の作品が展示され、地方にあって全く稀有の催し物と報道された。このほか、北陸タイムス社主催の美術講演会（一九三二（昭和七）年）、京都自由画壇同人日本画展（一九三六（昭和一一）年）、京都美術同人会主催による日本画展覧会（一九四〇（昭和一五）年）などが行われ、戦後は一九五四（昭和二九）年市の文化団体連絡協議会が誕生、第一回文化祭が開催された。

御殿場公会堂（一九二九（昭和四）年）

静岡県の御殿場公会堂は、三万二〇〇〇円余りをかけ、御大典記念として一九二九（昭和四）年三月一七日に完成した、木造和洋風の建物であった。

それ以前の一八九三（明治二六）年六月、御厨町（のちの御殿場町）において御厨公会堂が建設された。当初は駿東北部公会堂と仮称し、間口四間奥行八間の西洋風二階建で、五〇〇円の建築費のうち地元御厨町が一五〇円を負担、残りは有志寄付によりまかなわれた。発起人は御厨町長勝又勝美ほか一七名で、義捐募集の趣意は以下の通りであった。

社会ノ進歩スルニ随ヒテ人事日ニ頻繁ナリ、人事益々頻繁ナレバ即チ公衆ノ会同ヲ要スルコト愈多シ、公衆相会スルコト多ケレバ即チ会堂ノ要起ルハ自然ノ勢ナリ、是ヲ以テ我ガ駿郡東部ハ公会堂ヲ沼津ニ新築シ自然ノ勢ニ応ジタリト雖モ、本部ノ地形タル瓢ノ形ヲナシ南北ニ長ク東西ニ短キヲ以テ、北部ノ会同ニ之ヲ利用セントスルモ、広袤五厘ニ亙リ人口殆ンド弐万、地価ノ又金百万円ニ上ラントス、豈之ヲ小ナリト謂フベケンヤ、而ルニ公衆相会スルヲ得ルノ家屋ナキハ、頻繁ナル今日ノ時勢ニ応ジ社会ノ進歩ニ伴フ所以ノ道ニ非ルナリ、故ニ余輩

図1−22　御殿場公会堂
出典：御殿場市文化財審議会『御殿場公会堂　思い出の記』御殿場市教育委員会、1983年、表紙

不肖ヲ顧ミズ奮テ奔走尽力ノ労ニ当リ御殿場ニ公会堂ヲ建築シ、一ハ以テ公衆ノ合同ノ便ニ供シ、一ハ以テ頻繁ナル時勢ニ応ジ地方ノ便利ト幸福トヲ増進セント欲ス(三)。

こうして「公衆ノ会同」の必要に応えるべく建てられた御厨公会堂は、三〇年間にわたり使用されたが、老朽化し大正期には使用困難となった。そのため文化事業・社会事業には小学校校舎を使用していたが、児童増加に伴い使用困難となり、より大規模な公会堂への建て替えが叫ばれるようになった。横山喜克御殿場町長は一四名を公会堂建設委員として委嘱、先進地の公会堂を視察すべく一九二七（昭和二）年一月二三日―二五日にかけ、同年に竣工した浜松市公会堂のほか、見付小学校講堂、磐田郡聯合町村長会公会堂、城内尋常高等小学校講堂を視察し、この結果木造和洋風の平屋建てとすることが決まった。財源三万二六五〇円は町民の負担を減らすべく、町税としての付加もなく、町費負担六三五〇円のほかに震災復興資金二万六三〇〇円を充当した。

そして一九二九（昭和四）年三月一七日、竣工式を迎えた。稲葉五三郎町長は式辞の中で公会堂を「御大典記念」として位置づけた。さらに以下のように述べ、「社会教化善導」のための施設であることを強調した。

今ヤ世ノ進運ニ伴ヒ諸般ノ社会的施設ニ欠陥アルハ甚遺憾トスル所ナリ是等問題ニ対スル攻究施設ヲ俟ツヘキモノ不尠ト雖モ就中農村ノ実状ニ鑑ミ社会教化善導ノ急務ナルヲ痛感ス然ルニ当地方ハ多数民衆ノ集合スル設備ナク之ガ必要ハ多年ノ懸案タリシモ漸ク茲ニ公会堂ノ竣功ヲ告グ(112)

では、この公会堂はいかなる性格を有したのか。竣工後の町議会において、小学校用地に建設したにもかかわらず講堂でなくなぜ公会堂としたのか、公会堂と称しても小学校は講堂として自由に使用してよいのか、という質問が出された。これに対し町側は、「社会的施設トシテ公会堂ヲ建築シタリ」と回答し、公会堂としての使用がない場合は講堂として兼用するとしている。(113) また、「御殿場町公会堂使用条例」も策定された。使用にあたっては有料で、「一、公益ヲ害シ又ハ風俗ヲ紊乱スル虞レアルト認メタルトキ　二、建物又ハ付属物ヲ毀損スル虞レアルト認メタルトキ　三、営利ノ目的ヲ以テ公衆ヲ会同スルモノト認メタルトキ　四、町長ニ於テ支障アルト認メタルトキ」（第二条）、使用は許可されなかった。

公会堂では、事変三周年記念武運長久祈願祭（一九四〇（昭和一五）年七月七日）、御殿場町主催慰霊祭（一九四二（昭和一七）年一二月八日）、戦時下の法話（一九四三（昭和一八）年頃）、日本舞踊（一九四三（昭和一八年）三月）などが行われた。その後一九四五（昭和二〇）年五月には公会堂が兵営として使われるようになり、終戦を迎える。終戦後は、時局講演「社会情勢と教育」毎日新聞政治副部長（一九四五（昭和二〇）年八月二五日）、翌二一年には農地法講演会（二月二六日）、衆議院議員立候補者立会演説会（三月一八日）、アメリカ映画の観覧（五月一五日）、共産党講演会（六月二九日）など、時局を反映した事業が多く行われている。

図1−23　名古屋市公会堂

名古屋市公会堂（一九三〇（昭和五）年）

大正後期、名古屋で集会を催す時は、旧県庁舎の議事堂、新栄町の教化会館、学校の講堂などが会場となっており、すでに市公会堂計画が進んでいた周辺の岐阜市（一九二八（昭和三）年完成）や豊橋市（一九三一（昭和六）年完成）に遅れをとっていた。

一九二三（大正一二）年六月七日、皇太子御成婚記念事業に関する第一回委員会が開かれ、候補として公会堂、大運動場、博物館設置、勧業館建設、育英資金造成、植物園設置、記念道路改修、体育館新設、小公園設置、青年会館建設などが候補となった。これらの案は、さらに公会堂と大運動場の二案に絞られ、一九二四（大正一三）年一月の市会で公会堂建設が決まり、委員会から市長に対し公会堂建設の希望が述べられた。

公会堂は、多くを寄付によって建設することで準備が進められた。東邦電力、中部電力ほか個人の寄付も寄せられたが資金集めは難航し、建設決定から六年後の一九三〇（昭和五）年九月に、二〇四万円を費しようやく完成をみた[114]。同年九月二三日に公会堂使用条例が制定され、九月三〇日竣工、一〇月一〇日と一一日には開館記念行事として、名古屋市人口一〇〇万人突破記念祝賀会、中川運河第三期水道拡張事業、下水道処理場、市公会堂の四大事業竣工祝賀会が行われることとなった。当日の模様は新聞でも大きく報道され、まさに御大典記念事業として公会堂が完成したことが人々に伝えられた。一〇月一〇日には東久邇宮稔彦王による令旨が以下のように述べられた。大都市における文化施設の意義を強調しつつ、市民の奮励を促す内容であった。

　名古屋市ハ日本第三位ノ大都会ニテ其ノ長足ノ進歩発展ハ他ニ多ク其ノ比ヲ見サル所ナリ而シテ今ヤ人口既ニ百万ニ達シ四大文化施設其ノ完成ヲ告ケ本日其ノ祝典ヲ挙クルヲ見ルハ予ノ深ク欣フ所ナリ　市民ハ常ニ克ク時勢ノ進運ニ鑑ミ益々奮励シテ停滞ヲ戒メ経営ヲ昂メ以テ外形内容共ニ完キ理想的大都市ノ域ニ進マンコトヲ望ム[115]

記念式典の後、開設の一〇月は、東久邇宮殿下在住御披露の宴（一二日）、東久邇宮殿下奉歓迎会（一五日）、ビクター楽人大演奏会（一六日）、華道展「華道名古屋の秋」（一七日）、立憲愛国党発会式（二六日）、尾上菊五郎大舞踊大会（二七日）、教育勅語四〇周年・市民的記念大会（三〇日）などの催事が続いた。

二七〇〇席、予備椅子を入れると三〇〇〇人を収容しうる大集会室のほかに小集会室などを有する公会堂は、開館当初は使用申し込みが殺到し、半年の収入目標を半月で達成したという。職員は多忙を極め、早朝から夜一二時すぎまでの勤務となり、自転車か徒歩で帰れることが公会堂職員の採用条件であった。開館から三年後の一九三三（昭和八）年に公会堂が出版した小冊子『名古屋市公会堂』は、写真スタジオやホテル、花屋、プレイガイド、楽器店など公会堂にも関連する地元企業の広告が多く寄せられており、地域の雇用創出や経済活性化に寄与したこともうかがえる。同冊子は装丁を凝らし、観光案内や英語の紹介文が掲載され、ライトアップされた公会堂の写真まで掲載され、公会堂を地域の観光や文化の拠点として積極的に発信していたことがうかがえる。さらにこれまで使用してきた各界著名人を掲載し「本館開館当時ヨリ満二ヶ年半此ノ間各種方面ノ利用ハ異数ノ成績ヲ示シ其ノ芸術、社会教化方面ニ

表1-10　名古屋市公会堂利用状況

年度（昭和）		5	6	7	8	9	10	11	12	13	14	15	16	17
施設別	大ホール（大集会室）	133	301	279	245	253	232	192	253	239	285	346	359	382
	4階ホール（大食堂）	76	120	120	129	149	152	113	173	149	201	241	303	365
	集会室（18室）	544	1388	1478	1286	1574	1271	1249	1453	1220	1658	2395	3174	3107
	合計	753	1809	1877	1660	1976	1655	1554	1879	1608	2144	2982	3836	3854
種目別	集会	403	813	911	798	1031	858	837	930	699	856	1365	1259	
	宴会	138	251	236	285	248	273	222	232	191	214	261	249	
	講演会・演説会	29	91	77	54	55	113	114	142	138	176	188	190	
	映画会・音楽会	46	75	80	99	122	88	75	77	101	135	171	188	
	結婚式・披露宴	13	107	127	86	100	68	61	66	61	90	73	80	
	展覧会・見本市	84	326	292	101	318	92	66	74	125	147	200	52	
	舞踊・演劇	16	33	34	26	38	26	13	5	14	11	20	10	
	拳闘・諸競技会	4	12	28	27	16	12	17	8	16	15	20	15	
	発会総会・大会	14	13	22	24	13	82	92	241	160	214	190	168	
	その他	6	88	70	160	35	53	57	104	104	286	494	1625	
	合計	753	1809	1877	1660	1976	1665	1554	1879	1609	2144	2982	3836	

出典：名古屋市公会堂管理事務所編『半世紀のあゆみ』名古屋市市民局、1980年より筆者作成（昭和13年度は、施設別と種目別の合計数が一致しない。また、昭和17年度の種目別の数字は記録されていない）

貢献シタルモノ不尠[116]」としている。

その後、日中戦争以降はヒトラー・ユーゲント歓迎会（一九三八（昭和一三）年一〇月四日）、排英運動（一九三九（昭和一四）年七月二〇日）といった時局関連の集会が増えるほか（排英運動については第4章で日比谷公会堂を中心に詳述する）、太平洋戦争中、一九四二（昭和一七）年から防空部隊の司令室がおかれ、高射砲も設置された。戦後は一九四五（昭和二〇）年九月二六日に米国に接収されて空軍の娯楽、厚生施設となり、一九五六（昭和三一）年二月に名古屋市の管理へと戻された。

表1-10にみる通り、公会堂の利用状況は一九四二（昭和一七）年まで記録されているが（記録が再開するのは接収が解除された一九五六（昭和三一）年からである）、それをみると、徐々に利用が増加し、特に一九三九（昭和一四）年以降は各部屋の利用が急増している。種目別にみると、集会の増加が顕著である。

東京市における御大典事業としての公会堂建設（一九三四（昭和九）年―）

東京市では、一九二九（昭和四）年に日比谷公会堂が建設された後も、御大典記念事業としての公会堂建設の議論が何度も行われている。

一九三四（昭和九）年の東京市会で決議した「皇太子殿下御誕生記念事業」は、毎年一五万円の積み立てを行って一九四〇（昭和一五）年までに五〇〇万円の事業基金を設定する既定方針に従い、一九三七（昭和一二）年までに三〇万円の積み立てを行ったので、関係局課長による協議会を開催した結果、場所は上野公園が有望視され、建物は「記念館乃至は公会堂となるらしい」[117]と報じられた。

また日比谷公会堂は、開館から七年後の一九三六（昭和一一）年の段階ですでに「建築様式古く又収容人員も少く」と新聞報道された。同じ記事で、「建国記念館」の構想が、東京オリンピック計画とあわせて議論されている。月島に建設する案もあったが、「輝かしき皇国の精華を誇る記念館を都心を隔てた月島に開設することは地の利を得ない」と異議が出て、日比谷の一画に建設される大勢となった。あわせて、一九四〇（昭和一五）年までに公会堂は日比谷公園とあわせて「その面目を全く一新する予定」と発表された[118]。

そして、東京市の「皇太子殿下御誕生記念事業」として大公会堂が計画された。オリンピック東京開催決定と共に皇紀二六〇〇年に間に合わせるため、一九三七（昭和一二）年春から着手することとなり、上野自治会館跡に計画された。六〇〇〇人を収容し、「帝都の集会難を救はう」という目的で、「構造は広場に屋根をかけた式のもの、客席は平面、演壇を高く設け芝居などには不適当だが、大会合や室内運動、展覧会などには持つて来いで、日比谷に較べると料金も遥かに安く大衆的な会場を提供する予定」とされた。「科学の進歩で、拡声器を使へば昔のやうに音響装置の心配がなくなつた」ことが、大規模な会場計画を可能にしたことが記されている[119]。こうした計画は実現しなかったものの、東京市の宿願であった日比谷公会堂の完成以後も、公会堂の建設は重要な政策課題だったのである。

注

(1) オフィスビル総合研究所「歴史の証人たち」鈴木博之/増田彰久/小澤英明/吉田茂/オフィスビル総合研究所『都市の記憶Ⅲ　日本のクラシックホール』白揚社、二〇〇七年、三〇三―三一四頁

(2) 村田文夫纂述『西洋聞見録』前編巻之中「公会堂」の項、井筒屋勝次郎、一八六九年

(3) 村田文夫纂述『西洋聞見録』前編巻之下「公会」の項、井筒屋勝次郎、一八六九年

(4) 塩原勉「社会」森岡清美/塩原勉/本間康平編集代表『社会学辞典』有斐閣、一九九八年、五九〇―五九二頁

(5) 稲田雅洋『自由民権の文化史――新しい政治文化の誕生』筑摩書房、二〇〇〇年、二七七―二七八頁

(6) 矢野龍渓『経国美談　上』岩波文庫、一九六九年、七五頁

(7) 猪野明洋/田邊武雄「公会堂の発生と明治期におけるその倶楽部的性格」『日本建築学会大会学術講演梗概集』一九九五年、四〇三頁

(8) 宮武外骨『明治演説史』有限社、一九二六年、九―一四頁

(9) 田邊健雄/杉田謙「三田演説館と明治会堂について――我国における公会堂建築の先駆として」『一九八九年度日本建築学会関東支部研究報告集〈計画系〉』一九九〇年、二六五―二六八頁

(10) 宮武、前掲書、九―一四頁

(11) 同右、一五一頁

(12) 田邊/杉田、前掲論文

(13) 橋爪紳也『倶楽部と日本人――人が集まる空間の文化史』学芸出版社、一九八九年、八七頁

(14) 川上貢『新訂　日本中世住宅の研究』中央公論美術出版、二〇〇二年、伊藤毅『都市の空間史』吉川弘文館、二〇〇三年

(15) 橋爪、前掲書、一八六―一九〇頁

(16) 田邊/杉田、前掲論文

(17) 古川国三郎編『千葉街案内』多田屋書店、一九一一年、一二頁

(18) 旧函館区公会堂編『国指定重要文化財旧函館区公会堂』財団法人函館市文化・スポーツ振興財団、一九九八年、五―六頁

(19) 橋爪、前掲書、二二九―二三〇頁

(20) 横浜開港資料館編・発行『横浜町会所日記――横浜町名主小野兵助の記録』一九九一年、一一一頁
(21) 横浜市開港記念会館編・発行『横浜市開港記念会館』一九八一年
(22) 升本匡彦『横浜ゲーテ座――明治・大正の西洋劇場』第二版、岩崎博物館出版局、一九八六年
(23) 横浜開港資料館編・発行『横浜の芝居と劇場――幕末・明治・大正』横浜開港資料普及協会、一九九二年
(24) 横浜市開港記念会館史刊行委員会編・発行『霧笛と共に――横浜市開港記念会館史』一九八九年、四六頁
(25) 齋藤龍『横浜・大正・洋楽ロマン』丸善ライブラリー、一九九一年、一〇八―一一七頁
(26) 「市民を指導すべき横浜市音楽協会」『横浜貿易新報』一九二一年一月一二日付五面
(27) 「市民を導かんとする横浜音楽協会」『横浜貿易新報』一九二一年一月一八日付五面
(28) 「高塔下の大音楽会」『横浜貿易新報』一九二一年二月七日付三面
(29) 渡辺裕『日本文化――モダン・ラプソディ』春秋社、二〇〇二年、一六〇―一六四頁
(30) 齋藤龍編『横浜貿易新報　大正年間　音楽記事図録』神奈川新聞社出版局、一九八九年
(31) 樋口秀雄／椎名仙卓「日本の博物館史」古賀忠道／徳川宗敬／樋口清之監修『博物館学講座　二　日本と世界の博物館史』雄山閣出版、一九八一年、七四―七五頁
(32) 朝日新聞広島支局『原爆ドーム』朝日文庫、一九九八年、六六―七二頁
(33) 「岡崎の二大建築」『建築画報』第四巻第一一号、建築画報社、一九一三年
(34) 岡崎市郷土館常設展掲示パネル資料より（岡崎市郷土館より提供）
(35) 渡辺則雄「旧額田郡物産陳列所と旧額田郡公会堂の使命と役割――第一次世界大戦期から第二次世界大戦期まで」『研究紀要』第二九号、岡崎地方史研究会、二〇〇一年、一―八四頁
(36) 「岡崎市制施行記念第二回講習会」『企画展　額田郡公会堂と物産陳列所』パンフレット、二〇〇〇年
(37) 青山とし子「悪夢」岡崎市回顧録編集委員会『平和への祈りを込めて』一九九二年。岡崎市郷土館企画展パンフレット『額田郡公会堂と物産陳列所――徴兵検査が公会堂でおこなわれた』二〇〇二年所収
(38) 大阪市民生局庶務課編・発行『公会堂の恩人岩本栄之助』一九五四年、八二頁
(39) 松坂天民『甲州見聞記』磯部甲陽堂、一九一二年、八五―九一頁

(40)逓信省積立金運用課『公会堂ニ関スル調査』一九二九年、一頁
(41)同右、九頁
(42)週刊朝日編『値段史年表　明治・大正・昭和』朝日新聞社、一九八八年
(43)文部省普通学務局『全国社会教育の趨勢』一九二一年、一一六頁
(44)文部省普通学務局『学校を中心とする社会教育の概況』一九二二年、二頁
(45)川本宇之介『社会教育の体系と施設経営　経営編』最新教育研究会、一九三一年、一〇四―一〇七頁
(46)文部省社会教育局『民衆娯楽調査資料第六輯　全国農山漁村娯楽状況(上)』一九三四年、一頁
(47)文部省社会教育局『民衆娯楽調査資料第一輯　全国農村娯楽状況』一九三一年、四頁
(48)同右、七三頁
(49)同右、四―五頁
(50)文部省社会教育局、前掲『民衆娯楽調査資料第六輯　全国農山漁村娯楽状況(上)』二頁
(51)朝日新聞中央調査会編・発行『地方娯楽調査資料』一九四一年、六五頁
(52)同右、二九頁
(53)同右、三三頁
(54)同右、一五〇―一五一頁
(55)松村松盛『民衆之教化』帝国地方行政学会、一九二二年、三五―三七頁
(56)同右、二一二頁
(57)同右、三八八頁
(58)同右、四〇三頁
(59)川本、前掲書、六五―六六頁
(60)同右、一八五―一八七頁
(61)同右、三六四―三六五頁
(62)中田俊造『娯楽の研究』社会教育協会、一九二四年、四三一頁

(63) 同右、四三三―四三八頁
(64) 同右、一―二頁
(65) 植木政次郎『社会教育の理論と実際』新進堂、一九二四年
(66) 高崎市市史編さん委員会編『新編高崎市史　通史編四』高崎市、二〇〇四年、九二八頁
(67) 森田秀策「高崎市公会堂の落成」『広報たかさき』一九九七年九月一五日号、鈴木重行「高崎市公会堂」高崎市教育史研究編さん委員会編『高崎市教育史　上巻』高崎市教育委員会、一九七八年、九五八―九五九頁
(68) 本項は、『七〇周年記念誌』鹿児島市中央公民館、一九九七年、勝目清『勝目清回顧録』南日本新聞社、一九六三年ほか、鹿児島市中央公民館提供資料に依拠した。
(69) 『直木三十五全集』第一五巻、改造社、一九三五年、一八一頁
(70) 瀬口哲夫『わが街――ビルヂング物語』樹林舎、二〇〇四年、一六三頁
(71) 塚本はま子「有産階級の夫人方へ」『読売新聞』一九二九年七月二五日付朝刊三面
(72) 『御影町誌』一九三六年、一六八―一七二頁
(73) 「一九三六年一月一九日御影町公会堂趣味の会主催第一回映画アーベント（News No.1）」パンフレット
(74) 山本文男『興風会館物語――醬油の町のロマネスク』財団法人興風会、二〇〇五年
(75) 伊勢田史郎「大阪のシンボルに私財を投じた男――岩本栄之助の生涯」中之島公会堂・赤レンガ基金／全日本写真連盟関西本部編『赤レンガの公会堂』全日本写真連盟関西本部、一九九〇年、九四頁
(76) 大阪市教育委員会編・発行『大阪市中央公会堂五〇年史』一九六八年、八二頁
(77) 同右、八三頁
(78) 大阪市民生局『公会堂の恩人岩本栄之助』一九五四年、七八頁
(79) 同右、六五頁
(80) 山形政昭「大阪市中央公会堂の建築と意匠」中村昌生先生喜寿記念刊行会編『建築史論聚』思文閣、二〇〇四年、四八一―五〇二頁
(81) 大阪市民生局、前掲書、七九―八〇頁

(82) 同右、九〇頁
(83) 山岸摩耶「巣立つ社会運動」大阪都市環境会議編、高田昇監修『中之島・公会堂――よみがえる都市の鼓動』都市文化社、一九九〇年、六六―六八頁
(84) 大阪市教育委員会、前掲書、二二六頁
(85) 志賀支那人「中央公会堂文化」柴田善守編『社会福祉古典叢書 八 山口正志賀支那人集』鳳書院、一九八一年、三六七頁（初出：『大大阪』大正一五年六月号）
(86)『入間市史調査集録 第四号――翠軒自伝 上』入間市史編纂室、一九八五、一六三―一六五頁
(87) 豊岡公会堂史編集委員会編『豊岡公会堂史』埼玉県入間市教育委員会、一九七八年、七七頁
(88) 同右、九〇頁
(89) 同右、九七頁
(90) 手打明敏「近代日本農村社会教育史研究（一）埼玉県・豊岡大学と設立者・繁田武平」『筑波大学教育学研究集録』第二集、一九七九年、六七―七六頁、渡辺典子「地域社会における青年・成人の〈教養〉と学習――埼玉県入間郡豊岡大学を中心に」千葉昌弘／梅村佳代編『地域の教育の歴史』川島書店、二〇〇三年、一六五―一九二頁
(91) 豊岡公会堂史編集委員会、前掲書、一九四頁
(92) 新潟県立図書館報編集委員会編『にいがた 新潟県立図書館報』第二八号、新潟県立図書館、二〇〇三年、一頁
(93) 新津義雄「父・新津恒吉と公会堂、そして文化」新潟市総務局国際文化部文化振興課編『新潟市公会堂 文化を支えた五六年』新潟市、一九九四年、八―一一頁
(94) 蒲原宏「私と公会堂の思い出」新潟市総務局国際文化部文化振興課、前掲書、二五―二六頁
(95) 東京市政調査会編・発行『小市民は東京市に何を希望してゐるか』一九二五年、一八二―一八三頁
(96)「全市一五ヶ所に模範的公会堂 一ヶ所に三万円の予算で都合により民衆図書館も」『読売新聞』一九二四年七月二七日付朝刊三面
(97)「区民の反感で落成式は延期 出来上つた浅草公会堂に五万円の寄付強請」『読売新聞』一九二八年五月二〇日付朝刊一一面

(98)「一特志家の力で〝公会堂〟生る　豊島区の久しい要望」『東京朝日新聞』一九三六年一〇月二九日付夕刊三面
(99)石内巌「文化会館」伊藤俊夫／河野重男／辻功編『新社会教育事典』第一法規、一九八三年、四六三頁
(100)原武史『可視化された帝国――近代日本の行幸啓』増補版、みすず書房、二〇一一年
(101)勝目清『勝目清回顧録』南日本新聞社、一九六三年、二六頁
(102)主に渡辺敏男／内澤稲子編『岩手県公会堂を考える』日本建築家協会（ＪＩＡ）東北支部岩手地域会、二〇〇二年によった。
(103)「公会堂多賀の五〇年を回顧する　座談会」加藤一郎編『公会堂多賀五〇年誌――花都』有限会社多賀レストラン、一九七七年、二―一七頁
(104)渡辺敏男「岩手県公会堂誕生物語」渡辺／内澤編、前掲書、一六五頁
(105)武生風土記編さん委員会編『武生風土記「続編」』武生市文化協議会、一九七九年、八三頁
(106)『武生郷友会誌』第五一号、一九二九年一二月、五九頁
(107)武生市公会堂提供資料「公会堂関連年表」
(108)『北陸タイムス』一九二九年三月一四日付夕刊一面
(109)「ラジオ時代の開幕」武生風土記編さん委員会編『武生風土記』武生市文化協議会、一九七四年、二三九―二四〇頁
(110)『北陸タイムス』一九三三年二月一九日付朝刊一面
(111)「吾妻神社氏子総代文書　近代　一〇五」御殿場市文化財審議会『御殿場公会堂　思い出の記』御殿場市教育委員会、一九八三年、二頁
(112)御殿場町役場文書五　四　二三「公会堂建築関係」御殿場市文化財審議会、前掲書、一〇頁
(113)同右、一一―一二頁
(114)名古屋市公会堂管理事務所編『半世紀のあゆみ』名古屋市市民局、一九八〇年、三―八頁
(115)同右、一〇頁
(116)名古屋市公会堂編・発行『名古屋市公会堂』一九三三年、四〇頁
(117)「御誕生記念事業　記念館か公会堂」『東京朝日新聞』一九三六年一〇月二九日付夕刊三面

（118）「月島案に異議あり　建国記念館　都心・日比谷に　公園・公会堂も改造」『東京朝日新聞』一九三六年八月七日付夕刊二面
（119）「六〇〇〇人を容れる大衆的大ホール　愈春から工事に着手」『東京朝日新聞』一九三六年一二月二〇日付朝刊一〇面

第2章　東京市と公会堂計画

1　東京市の都市計画

(1)　東京市都市計画における公園の位置づけ

日比谷公会堂を検討するにあたっては、公会堂が位置する日比谷公園の存在を無視することはできない。日比谷公会堂は東京市においては公園行政の一環として運営されていたし、公会堂の計画も含め、明治期から日比谷公園という場所は、政治的な中枢の空間として繰り返し構想され、実際に機能していたからである。そのため本章では、日比谷公園を中心とした東京市の都市計画を視野に入れながら、公会堂の構想と建設の過程について述べる。

陸軍近衛師団の練兵場の跡地に一九〇三(明治三六)年に開園した日比谷公園は、一九〇五(明治三八)年に日比谷焼打事件の契機となる決起集会が開かれたことはよく知られているが、その直前までは日露戦争戦捷祝賀記念会が政府や実業家の主催で開かれていた[1]。お雇い外国人エルヴィン・フォン・ベルツの日記には「あらゆる公けの祝賀行事の中心点」(菅沼竜太郎訳、岩波文庫)と記され、ほかにも市電値上反対市民大会(一九〇六(明治三九)年)が開かれるなど、日比谷公園は祝祭や騒擾など、様々な要因で人が集まる拠点になっていた。[2] さらに、近年では日比谷焼打事件を中心に「群衆の居場所」としての日比谷公園に注目した中筋直哉による歴史社会学研究や、[3] 日比谷公園を国民統合のための広場としてとらえる進士五十八や小野良平らの公園研究がみられる。[4] 進士は、公園開設時の運動場と競走道エリア、一九二三（大正一二）年開設の大音楽堂とともに日比谷公会堂を「国民広場」、さらには「国家広場的な空間」として位置づけ、その社会的意義について指摘している。そうした「場所」としての公園のもつ意味が歴史的にどう形成され、その中に公会堂がどう位置づけられてきたか、明治以降の日比谷地区の整備過程を通して述べていく。

一八八六（明治一九）年二月、政府は内閣直属の機関「臨時建築局」（総裁：井上馨）を設け、議会並びに中央諸官庁の集中的な建設を計画した。ドイツ人建築家のヘルマン・エンデとヴィルヘルム・ベックマンに委嘱がなされたが、彼らは幕末までは佐賀鍋島家、萩毛利家などの上屋敷がおかれていた日比谷の練兵場を中心に、新橋、有楽町、霞ヶ関、永田町一帯に、帝国ホテルを含めた大官庁都市計画を作成した。皇居、議院、そして日比谷に集中する中央官庁群の三つのポイントを、大路で結ぶ壮大かつ欧米的な計画であった。しかし、この大計画は、国力からしても、また日比谷の軟弱地盤からしても困難で、政府内でも意見の統一がなされず、実現はしなかった。[5]

この臨時建築局による官庁集中計画に加え、公園史において重要になるのは、一八八九（明治二二）年の市区改正委員会の決定である。これは一八八八（明治二一）年八月、内務大臣山県有朋の力によって公布された東京市区改正条例を受け、内務次官を委員長として設置された委員会であった。そして一八八九（明治二二）年、同委員会によって出された計画の中で、日比谷練兵場跡を日比谷公園として整備することが決定された。これは、官庁集中計画が後退する中でとられた現実化路線の案が、そのまま市区改正計画に取り込まれたものである。こうした経緯から、小野良平は、都市計画の中での日比谷公園の位置づけは、特定の理念を実現するものというよりも、建築不適の地であるという消極的な理由から決められていった経緯があり、日比谷公園を近代公園の代表として位置づけることに慎重な

見解を示している。(6)

また、こうした都市計画の過程を佐藤卓己は、以下のように分析する。日本では、維新以来明治天皇の巡幸によって、西欧モデルの伝統儀礼や国民行事が整えられていったが、一八八八（明治二一）年の市区改正委員会の都市計画において、皇居を中心に、南側（霞ヶ関・日比谷）を官庁街、東側（丸の内・大手町）を商業地区とする現在の東京の基本計画ができあがった。一八八九（明治二二）年の憲法発布式典をもって、それは完成する。(7)

さらに、小野は、通りを挟んで日比谷公園に隣接する宮城前広場との関係においても、日比谷公園を考察している。宮城前広場は一八八九（明治二二）年に整備され、さらに一九〇五（明治三八）年には、日露戦争祝捷行列での死傷事故を契機に、群衆の混雑を緩和すべく再整備された。小野は、宮城前広場と日比谷公園を舞台として行われたイベントを分析しながら、「日比谷公園は宮城前広場と一体となって機能する、規律と逸脱という形で相互に補い合う関係性を持った公共オープンスペースとして、明治期後半期に東京に現れた存在であった」と述べる。(8)

日比谷公園と宮城前広場という二者の関係は、日比谷公会堂の登場によってさらなる変化を迎えるが、その前に、東京市における集会・娯楽施設の状況と、日比谷公園に建設された音楽堂についてみてみよう。

（2）　明治中期までの東京市下の集会・娯楽施設

明治初期から中期までの東京市における集会・娯楽施設の状況は、どのようなものであったか。

集会施設の先駆となったのは、前章に述べた三田演説館と、明治会堂である。明治会堂は、京橋に有志の寄付により建設された（図２−１）。一八七五（明治八）年に開館した三田演説館の収容人数が四〇〇―五〇〇名と少なく、交通が不便であることなどから、一八八〇（明治一三）年七月、福沢諭吉が塾員を自宅に招き、明治会堂の建設が相談されたことに端を発する。(9)そして一八八一（明治一四）年の落成以来、学者弁士の演説会、諸社員の集会親睦などが開

図 2-1　明治会堂外観
出典：「明治会堂之図」（東京都中央区立郷土天文館所蔵）

図 2-2　明治会堂内における演説の様子
出典：「明治会堂演説之図」（東京都中央区立郷土天文館所蔵）

かれ、「門前市の如く開館虚日無し」といわれた。会堂の広間（図2-2）は三〇〇〇人を収容し、食堂、講義室、事務室を備えた会場であった。一八八二（明治一五）年の立憲改進党結党式もここで行われた。一八八三（明治一六）年一月一一日には、ダンスを伴ったパーティーが初めて行われた。一八八四（明治一七）年四月からは、出資者の変更により厚生館と改称した。

このほか、一八七四（明治七）年に建造された浅草須賀町の貸座敷である井生村楼では、一八七八（明治一一）―一八七九（明治一二）年頃盛んに演説会が開かれた。一八八一（明治一四）年の時点で東京府下で政談演説会が最も多く行われた地域の所管警察署は浅草の猿屋町警察署であったが、その半数以上は井生村楼で開催されたものであった。一八八五（明治一八）年には、府下の政談演説会総数二五六件のうち、井生村楼のある猿屋町警察署所管が二一八件であった。東京市区改正審査会では、その井生村楼の土地に公園建設を計画していた。この公園計画は警視庁のてこ入れを受けたものであり、公園に監視の眼を張りめぐらせたばかりでなく、有力集会場の抹消が意図されていた(10)。

このほかにも、倶楽部的性格を有する公会堂も建設されていた。一八九〇（明治二三）年に完成した芝公園内の弥生館は、弥生社と芝区の有志が警視庁から買い受け、芝区の公会堂としたものであった（図2-3）。開館式には陸軍楽隊が奏楽を行い、茶菓や汁粉が振る舞われ、清楽の合奏、三遊亭圓朝の落語、紙製気球を放つなど華やかな内容であった。参加者は府下の紳士、芝区有志者の家族であった。施設は、三階に二室（五一畳半）、二階二室（二八六畳半うち三二畳別間）、下六室（三〇九畳）で、使用料は一時間以上三時間までは一時間三円、三時間以上の場合は一時間二円五〇銭、日の出から日没までの場合は二〇円とされた(11)。

その翌年、一八九一（明治二四）年五月には、浜町川岸の旧毛利別邸内に日本橋区公会堂が新築完成した。公会堂を借り受ける倶楽部会員は総会を開いて会則を議定し、幹事二〇名を選挙した。幹事の中には、のちに日比谷公会堂への出資者となる安田善次郎も名を連ねていた。さらに幹事の中から互選により、執務委員として今村清之助（実業

図2-3　芝公園内に建設された弥生館（1890（明治23）年）
出典：『東京景色写真版』江木商店、明治26（？）年

家、今村銀行設立者）ら三名が当選した[12]。

一八九〇（明治二三）年一月二〇日、前年開設した帝国議会の仮議事堂が焼失する。その再建のありかたについて論じた新聞社説の中では、「天下何人の眼にも触るる公会堂に対しては、質素ながらも、帝国の議政堂に相当する体裁を具へんことを欲す」と述べられる。ここでは前章で述べた市民の集会場ではなく、議事堂の意味で公会堂が用いられているが、あまりみすぼらしいものを建設することについて批判的な見解がとられている[13]。

また、一八九〇（明治二三）年の時点で東京の集会場としては二、三の劇場しかなかったことから、自由党員の中で六〇〇〇人規模の公会堂の建設が計画され、民権運動家の大井憲太郎の名が推進者に挙げられている。以後この構想がどうなったのかは明らかではないが、一万五〇〇〇円と計画された建設費のうち、一株五円として二〇〇〇株は自由党員が、残り一〇〇〇株は「ある料理店の主人が引き受けることで内決」[14]し、党の会合のほかに他党にも貸し出すことが目されたという。

このような状況について、一九〇四（明治三七）年に出版された山田豊『雄弁演説自在』（大学館）という本の中に、「大なる公会堂を建てよ」という項目がみられる。この本は読者に雄弁演説の題材を与えることを趣旨として書かれているが、この項目では、現在日本には大きな集会のための適当な公会堂がなく、公会を開くとなるとやむを得ず寺院か宿屋か料理屋のような私設の場所で実施している現状が批判されている。「ある甚だしきは一年、一回外務大臣が主人公と成て開く所のナショナル、バンクェットを帝国ホテルという宿屋で開くような始末である」と嘆き、日本人は自分の庭ばかりを綺麗にすることを考え、公会堂のような「公共機関」「文明公共の機関」を有するという発想のない「四畳半根性」「隠居病」の持ち主であると断ずる。その上で、「少くも三万人以上の市民を一堂に会して少しも苦痛を感ぜぬと云ふ程の一大公会堂を設立し以て宿屋的、寺院的の宴会、会議、演説などを避けて衆と共に意旨を疏通して相楽んことを我輩は望むのであります」「演説にあれ宴会にあれ評議にあれ総べて公共に渉るの事情は皆此の公会堂に於て行ふ事とせよ」「上尊下卑の弊風を打破し以て広く衆と交るべし」「智識を宇内に求め万機公論に決すべし」「旧弊を打破して日新の運を追ふべし」などと論じた。また、松下村塾から明治維新の気運が生まれたことにふれ、「友を会して文を論ずる此に於てす」と公会堂の意義を述べ、「此堂より将来如何なる英雄豪傑が出て社会の気風を鼓動振作する」ことに期待を寄せる。ここでは、明治維新の理念の延長上に公会堂を位置づけ、「公論」の場、「文明公共の機関」としての機能が期待されているのである。

娯楽施設に眼を転じれば、有楽座（一九〇八（明治四一）年）、帝国劇場（一九一一（明治四四）年）などの西洋風劇場が、公会堂に先行する近代的娯楽施設として挙げられよう。帝国劇場は、建造物だけでなく、芝居茶屋を通して座席を確保し、酒を飲み、食事をしながら観劇する、というそれまでの観劇スタイルを変えた点が特徴であった。こうした劇場の果たした機能について、初田亨は、旧来の江戸の地域文化から離れて生活する層を取り込み、また明治末期に発達していった市街電車など交通網の整備ともあわせ、いわゆる「山の手文化」を形成していったと評価している。(15)日比谷公会堂建設後に東宝劇場（一九三四（昭和九）年開場）が進出する際、家族で楽しめる「上品な盛り場」として、

図 2-4　浅草東本願寺で応援演説を行う田中首相
出典：『東京朝日新聞』昭和 3 年 2 月 20 日付朝刊 7 面

浅草や新宿などではなく、日比谷公園、公会堂、帝国ホテルの近い有楽町が選ばれた。ここにもみられるように[16]、日比谷地域が明治の公園開設以来「上品」な文化的な意味を有し、その意味は拡大再生産されていったといえよう。

なお、集会場の不足は、昭和期に入っても続いていた。一九二八（昭和三）年の第一回普通選挙となった第一六回衆議院議員総選挙では、田中義一首相が最後の応援演説に回った会場は、渋谷公会堂、西ヶ原キネマ、王子小学校、日鮮会館、入谷小学校、山谷堀小学校、東本願寺、四谷大国座などであった[17]（図2-4）。一九三〇（昭和五）年の衆議院総選挙においては、次章にみるように日比谷公会堂も会場とされたが、当時の東京朝日新聞によれば、各候補者が二〇―三〇、多くて四〇の会場予約を行ったという。演説会場は、市部は小学校二〇三カ所、公会堂一〇、映画館、劇場、寄席など二〇〇、郡部では小学校四〇〇カ所、その他二三〇カ所であった。一番よく用いられるのは小学校、寺院、工場など会場費のかからないところが大半で、予約ができなかった候補者は、一〇―二〇円の会場費を公会堂に、昼間だけ一〇〇円ないし一五〇円を活動写真寄席に支払い「泣きの涙で借りる有様」であり、会場難の足許をみて値上げする活動寄席もあった。このほかにも旅館、大きな家、湯屋、選挙事務所なども会場とされていた[18]。

2 日比谷公園と文化事業

(1) 公会堂計画と音楽堂の建設

日比谷公会堂建設以前、日比谷公園内には一九〇五(明治三八)年に「音楽台」と呼ばれる小規模な音楽堂が、そして一九二三(大正一二)年に「大音楽堂」が建設され、多くの演奏会が開催された。ここで特に取り上げるのは、建物そのもののほか、東京市によって主催され、明治から昭和に至るまで新旧二つの音楽堂で開催され続けた「日比谷奏楽」と呼ばれる演奏会である。

日比谷公園が開園したのは一九〇三(明治三六)年のことであるが、計画段階から、公園内に公会堂を求める声は存在していた。当時の読売新聞社説では、「裁判所、司法省、貴族院議長の官舎の背後に公会堂、陳列館、勧工場、演武堂、角力場、パノラマ、大弓場、射的場、玉突場等を建設することを許す事」という要求の一方で、「劇場、寄席、揚弓店等の建設を許可せざる事」と主張した。同紙の見解としては、一連のいわば「まじめ」な施設の中に公会堂を位置づけていたといえる[19]。その後の計画段階でも、「将来万人を容る可き公会堂」が、公園北東部を予定地として位置づけられていた[20]。

しかし、当初は公会堂建設が意図されたものの、巨額の費用がかかるため、まず欧米の公園にならい、音楽堂を建設することが目指された。市助役を中心に設計などの調査を行ったのち、予算四五〇〇円余を市参事会の議を経て市会に提出することが予定された[21]。一九〇三(明治三六)年六月一日の開園には間に合わなかったが、同年同月にはす

図2-5　明治38年に日比谷公園内に完成した音楽堂の絵葉書

でに市役所で設計済みとなった。「建設費用は五〇〇〇円内外、至急工事に着手すべき筈なりと云ふ公園建設費残金は一万七〇〇〇円なるを以て音楽堂を建設せし預金一万二〇〇〇円は同公園維持の費用に充つる由」とされた[22]。そして同年一二月一五日には工事が始まり[23]、一九〇五（明治三八）年八月一日に「音楽台」と呼ばれる野外劇場式音楽堂が完成した。

建物は、図2-5の絵葉書（THE MUSIC HALL と紹介されている。BAND-STAND と紹介された絵葉書もある）にみられるように、屋根のついたあずまや風のものである。創建当時、陸軍軍楽隊長の永井建子が「音楽堂は Kiosuque 即ち土耳古の四阿で、東洋沿岸から伊太利、仏蘭西の南北を串通し白耳義に至りましても、多少の変化は有りますが此模型は脱しません」と述べたように[24]、こうした様式の音楽堂は、すでに国外において多くみられたものである。国内のほかの公園でも、大阪・玉手山公園（一九〇八（明治四一）年）、札幌・中島公園（一九一八（大正七）年、開道五〇年記念北海道博覧会時）などで建設がなされていた。

（2）日比谷奏楽——東京市文化事業の歴史

東京市主催の「日比谷奏楽」は、この音楽堂、そして一九二三

（大正一二）年に建設された大音楽堂を主な舞台に、一九〇五（明治三八）年八月一日から一九四三（昭和一八）年九月一一日まで、四〇年近くにわたって行われた音楽事業であった[25]。

一九〇五（明治三八）年八月一日、午後六時より九時まで、音楽堂開場式が行われた。そこに立ち会った岩井貞麿の回想によれば、当日は「貴顕、紳士、一般聴衆、雲霞の如く集まり」、大盛況であった[26]。尾崎行雄東京市長が音楽堂に立ち、「市民と音楽」と題した演説を行った。そこでは公園奏楽の趣旨が、「品性修養に資する音楽を普及するため、この音楽堂においては淫靡の曲に代うるに崇高の曲を以てし、柔弱軽浮の調に代うるに勇壮活発なる調を以てして市民が終日の労を慰める」と語られた[27]。来賓祝辞、そして陸軍戸山軍楽隊の演奏が行われた。当時の新聞は、「公園はこの公開音楽に依つて潮のやうにさざめく人出、エデンの園に遊ぶにも似たる当夜の楽み、これも戦捷の余栄である」と報道した[28]。ここにもみられるように当時は日露戦争中であり、軍楽隊の服装はカーキ色の戦時服に脚絆であった。大部分は戦地に赴いていたことから、あらわれたのは年長者も多かった。また、第二回演奏会から国歌が演奏されることとなり、楽団員も起立するので、聴衆も脱帽起立が求められていた。しかし、一九二七（昭和二）年当時の回想によれば、「今でこそ公園奏楽の終わりには人皆起立するが、当時は一向に起立せぬ人が多く、脱帽する人も少なかった」という[29]。新聞でも、「一寸御注意まで」と呼びかけられていた[30]。

演奏プログラムの立案は軍楽隊が行い、印刷配布は松本楽器、のち山野楽器が行った。八月一二日の第二回、九月二日の第三回ののち、九月五日に日比谷で講和条約反対の国民大会（いわゆる日比谷焼打事件）が開かれ、翌六日に戒厳令が敷かれたことから一九〇五（明治三八）年の公園奏楽は中止となったが、翌年三月には聴衆席が改造され、後方を高く傾斜をつけ、椅子席も八〇〇から一五〇〇に増やされて再開された[31]。以後春から秋にかけて毎月二回、陸海軍軍楽隊が交互に演奏を行った。この事業推進にあたり、東京市は告示により、毎年四月から一一月に演奏をすることを定めた。四—六、一〇、一一月は第二、第四日曜日の一四—一六時、七—九月は第二、第四土曜一八時—二一時で、雨天その他事故の場合は次週繰り下げ、その他時宜によって日時は変更あり、とされた[32]。

一方で、野外で行われることに起因する問題も多かった。音響、照明、観客席の位置の悪さ、近くを通る市電の騒音などのほか[33]、開堂から二年後の一九〇七（明治四〇）年、雑誌『音楽新報』では、日比谷公園での軍楽隊演奏の人気にふれ「是れより増々楽堂の設置を多くし、社会の受容に応ずべきであらうと思ふ。尚ほ社会音楽として不備なりと思ふ点は長き冬季間に演奏すべき楽堂の設備なきことである」として、冬季は演奏ができないことが問題視された[34]。また、野外演奏のために演奏者も聴衆も、暑さや日差しに苦慮していた[35]。

聴衆の扱いの悪さへの不満もあった。「公園音楽は一般民衆の趣味を高めて高尚なる娯楽を彼等に与へやうといふのだから、開放的で自由で平等であるべき筈の者だらうと思ふ。然るに何ぞ階級制度の遺風を存して必要も無い柵が周囲を擁したるさへあるに、入場切符を出して用もない費用と手数をかけて居る、金をとつて聴かせるならば入場券もよからうが一般公衆に開放した者に入場券が何の必要ぞ」。また、小使が「群衆を見る事恰も囚人にでも対する様だ、入場券と鉄鎖と獄卒の様な小使、これで肝心な音楽を聴かうといふ気分は滅茶々々だ、丁度癩病やみが結構な御馳走の御給仕をして呉れる様な者で、到底之を頂戴する気にはなれない」。このほか、外国の重罪囚を収容している監獄では、年に一回必ず大音楽会を開いているが、「其時の囚人に対する取締ですら余程公園音楽堂の聴衆取扱より自由だ、日本の良民は遂に彼国の重罪囚にも及ばないと見える[36]」と、辛辣な批評もみられた。

東京都公園課職員であった村松竹太郎によれば、日比谷奏楽は開始当初は、入口で入場を勧誘するようなことさえあったが、徐々に浸透していった。日比谷奏楽は昭和期に入り、日比谷公会堂の開館以後も続けられた。なお、村松は、府市政記者をしながら市公園課の嘱託として宣伝係を務め、一九三二（昭和七）年に記者から市公園課職員となり、日比谷公会堂における多くの市関係の催し物も担当した。

図2-6　竣工した日比谷大音楽堂
出典：『大阪毎日新聞日曜附録』大正12年7月1日付

（3）大音楽堂の建設

一九二三（大正一二）年七月には、日比谷公園内に大音楽堂が完成した。日比谷奏楽を重ね、音楽が普及するに従い、「奏楽堂の狭隘を告げると同時に、交響曲等の演奏に不尠不便を感ずるに至つた。さり乍ら新音楽堂の出来る迄一八ヵ年間何等の支障も無く演奏され[37]」たという。建設の経緯は、「音楽普及発達の結果従来の施設にては漸く手狭を感ずるに至れるより東京市当局にては今回同園西隅議院寄に敷地をなし移転しステージ及び聴衆席に大拡張をなす筈[38]」と報じられた。

建設地の一帯は、当初中欧森林原野風庭園として設計されていたが、一九〇六（明治三九）年に戦役用徴発馬を繋留していた際に樹皮を馬に食い荒らされ、荒廃していた。音楽堂建設にはそれを整理するという意味もあった。設計にあたっては、小村欣一、長与又郎ら音楽、演劇界の権威者と案を練り、和洋音楽はもちろん、舞踊、野外劇、民衆娯楽、社会教育的各種催しのできる野外劇場式の音楽堂とすることが決まった。建築にあたっては、近隣の帝国ホテルの残材が寄付され用いられた[39]。

一九二三（大正一二）年七月七日、新音楽堂が完成し、落成式は陸海軍と三越の合同演奏により行われた[40]。開設当時の状況を、一九二三（大正一二）年の『音楽年鑑』では、以下のように記している。

日比谷公園の新音楽堂は公園の西隅貴族院議長官舎裏に位し、様式は独逸表現派分離派の形式を採り楽壇の上幅八間一〇〇人の楽手と約三〇〇人の合唱団を入れ聴衆座席三六〇〇に過ぎざるも立席を加ふれば優に一万人を収容し得工費約五万円であると云ふ。尚青山明治神宮付近に建設さるる青年団の会館も音楽会開催に利便多き設計とする。此外帝国ホテルの演芸場、東京会館の舞踏場、報知新聞講堂も公開されたから音楽会を開催せんとするものに取り非常に好都合となつた訳けである。(41)

ここでは、当時音楽会の会場が拡大していたことが記されているが、これらの会場の中でも日比谷公園は、日比谷奏楽を重ねることにより、すでに音楽演奏の重要な拠点となっていた。

一九二三(大正一二)年九月一日の関東大震災により、小音楽堂は倒壊し、市内の劇場もほとんどが焼失した。しかし、新音楽堂は残り、「罹災者慰安「新国劇野外公演」」が入場無料で行われ、各所に貼られたチラシにより多くの人々が集まり盛況であった。(42)

その後、軍楽隊の演奏会もこの大音楽堂に場所を移した。超満員続きで、入場者同士の喧嘩が始まり、周囲の植え込みが荒らされ木登りして枝が折られるといった問題が出てきたため、鉄筋コンクリートの塀がつくられ、入場整理のために一〇銭が徴収されることとなった。(43)こうした状況について、『音楽年鑑』では、「日本の洋楽も一両年大衆芸術の質があがつて来た、演奏会の如きも日比谷公園のやうな広い場所で最も低廉な入場料で聴かして呉れる、これも新傾向の一で社会政策の方面から見ても誠に結構な次第である(44)」と評価している。

音楽堂開堂と同じ一九〇五(明治三八)年八月に東京市職員となり、以後一貫して公園行政の要職を務めた井下清は、一九二八(昭和三)年に出版した著書『公園の設計』の中で、「音楽堂と其働き」として、①「バンドスタンド」と、②「音楽堂(ミユージツクパビリオン)、奏楽場(ミユージツクコート)」という二種の音楽堂を挙げる。前者は円形または八角、六角、四角の堂を建てて周囲に座席を配置するもの。井下はニューヨーク中央公園の音楽堂を例示している。後者は、一方を舞台、一方を聴衆席とする片面の建物である。前者が明治期につくられた音楽堂、後者が大正期の大音楽堂にそれぞれあてはまるといえる。井下は、野外演奏の魅力と特徴についてこう論じる。

此の種の音楽堂は広い機能を持つて居つて和洋各種の音楽の外、野外劇・大集会・講演会・活動写真の映写・祭場及び拳闘・奇術などの観物に使はれることさへある。

然し公園の音楽堂としては最も有効に働くものは吹奏楽と声楽であつて、管弦楽之れに次ぎ、日本音曲も大なる障害は無いが、あの軟い味ひは野外で味ふことは無理である(45)。

また井下は、一九三九（昭和一四）年の回想において、小音楽堂は軍楽隊の「独壇場」であったが、新音楽堂は「広く一般の教化慰安の為に建設」したものであり、あらゆる催しが開かれた、と記した。新音楽堂の利用は盛んになり、市直営以外の催しも六〇〇〇人を超えることもあった。また、一九二九（昭和四）年の日比谷公会堂開設により、ほとんどの催しは新公会堂に移り旧来の軍楽隊の演奏のみが新音楽堂に残った。また、ラジオの大衆化に伴い、有料の入場券を発行する必要が全くなくなるほどの寂寞ぶりとなり、特別の場合のほかは明治期と同様に切符不用となった。しかし、公会堂も夏は冷房装置がないので蒸し暑く、公園の夜はやはり野天の音楽堂がよいということになり、夏は音楽堂、秋―冬は公会堂と自ずから分業になった。

また、満州事変勃発以後は軍歌の興隆と新国民歌の普及で、非常時の楽壇として再び公園音楽堂は黄金時代を迎えたという。井下は当時こう述べている。

国民精神の作興の人々と明朗にして鋭気に満ち溢れしめることは、時局克服と新時代の建設に欠く可からざることである。而も多数の人々が青天井の一堂に会し共に歌ひ共に激励することは国民総力の集中に最も善い機会を作るものであると信じ、今後共公国奏楽の為め格別の御援助を希ふものである。[46]

やがて、音楽やラジオの普及の一方、管弦楽がもてはやされ、日比谷奏楽は人気が薄らいできた。そのため市では一九三三（昭和八）年度から年一二回を八回とし、合同演奏以外は入場無料とした。しかし日中戦争以後は人気が回復し、一九四三（昭和一八）年当時は、晴天であれば満員であったという。[47]

（4）日比谷奏楽の意義と市文化事業の継続

これまでにみた二つの音楽堂の有した意義について、日比谷奏楽と、さらにその後の東京市における文化事業に注目して検討してみたい。

軍楽や宮中賜餐の際などの音楽、教育用の音楽などとして導入された洋楽が、東京市主催の日比谷奏楽を通じて大衆に広められていった意義は、関係者により繰り返し語られている。例えば、一九四一（昭和一六）年に、東京市職員の村松竹太郎（執筆当時は体力課慰安事業掛長）は、当時の吹奏楽の隆盛についてふれ、レコード、トーキー、ラジオの発達とならび、日比谷奏楽の果たした役割を挙げる。その中で、日比谷公園の歴史を「小音楽堂時代（一九〇五（明治三八）年八月）」「大音楽堂時代（一九二三（大正一二）年七月）」「日比谷公会堂時代（一九二九（昭和四）年一〇月）」と整理し、それは西洋音楽の文化史的年譜と重なると述べる。[48]

一九四一（昭和一六）年、日比谷奏楽が開始された四〇年前を回想し、作曲家の瀬戸口藤吉は、井下清公園課長の部屋で次のように述べた。当時毎月横須賀海兵団の広場で演奏をしていたが、物珍しさで一〇〇人くらい集まっていた聴衆は回を重ねるごとに減っていった。ある時はたった三人となり、「一人は子守、一人はよぼよぼの婆さんの昼寝、一人は楽器を運んで来た車力」であった[49]。

また、一八九七（明治三〇）年頃までは、ヨーロッパ音楽のメロディは到底日本人には理解されないのではないかと瀬戸口は悲観していたが、「この奏楽堂で陸海軍々楽隊がお互ひに火華を散らした競演が、今日の我国音楽の普及に一番貢献したのであり、反面から云へば、これによつて陸海軍々楽隊の技術が向上したとも云へる」と、音楽堂が音楽普及に果たしたことを明言している。さらに、一般市民に向け演奏を行ったことで、「之まで音楽なんかに全然興味をもつてゐなかつた陸海軍の将校達までが、それぞれの軍楽隊に贔屓して盛んな拍手を送つてくれたものである。今から想えばそれは実にほほえましい情景であつた。東京市の催しものは数多くあるけれども、軍楽隊の奏楽が一番成功してゐると思ふ[50]」と、日比谷奏楽が軍にとっても好影響をもたらしたことを述べている。

ほかにも、音楽評論家の堀内敬三は、軍楽隊の出演により演奏の質も向上し、吹奏楽が一般に浸透し、「合奏音楽のわかる聴衆と云ふものが新しく生れた」と指摘する[51]。さらに、音楽評論家たちの注文により、「むづかしい音楽」を取り上げるようになり、軍楽隊もそうした注文に熱心に応えた[52]。

このように明治期からの歴史をもつ東京市の文化事業は、日比谷奏楽のほかにも多様に行われていた。例えば東京市では、一九三三（昭和八）年からアマチュアのブラスバンドに関心をもち、全国に先駆けてアマチュア・ブラスバンドの演奏会を開催し、日本放送協会、陸海軍軍楽隊と共に奨励支援を行ってきた。そこで生まれた全関東吹奏楽連盟は、大日本吹奏楽連盟へと発展した。四月二九日には、東京市、日本放送協会、大日本吹奏楽連盟共催で、天長節奉祝大演奏会を、大音楽堂で開催した。全国にも中継され、総勢一五〇〇余名の出演で、宮城前行進も行った。事業担当者である村松は、公園行政の歴史をふまえつつ、市として吹奏楽に力を入れていくことを表明した[53]。

第3章でもふれるが、一九四〇（昭和一五）年度には、「市民があらゆる不自由を忍んで戦時下生活に耐えてゐる」ことから、大久保留次郎東京市政下で「高尚な娯楽機関を設け市民に活力の素を与へよう」と、「東京市民厚生運動」が計画された。九月二四日の市会に臨時部支出予算として市民慰安事業費七八〇〇円を計上、二八日可決された。市民慰安事業実行委員会が組織され、前田市民局長が委員長、井下公園課長が副委員長、各関係課長が委員となり、井下を中心にプログラムを決定した。一〇月には、日比谷大音楽堂での無料音楽会、日比谷公会堂での映画と劇（有料）、日比谷小音楽堂での教育舞踊、日本舞踊、詩吟など、本所公会堂での音楽会、演芸、邦楽（有料）、各区公会堂などでの文化ニュース上映が計画された[54]。事業の実施には、主に市民局員があたった。一〇月から三月までに、日比谷公会堂（二五回）、本所公会堂（五〇回）、日比谷大小音楽堂（各一〇回）、各区公会堂（一一区一八三回）、その他会場（四四七回）、計七二五回という大変な規模の事業であった。軍楽隊ほか多様な演奏団体、各種連盟に依頼し、まさに総動員体制での取り組みであった。この取り組みを報じた記事では、将来は市主催専用の会場も新設したい理想があるが、物資不足のため当分現在の会場で行うと記されている[55]。

井下清によれば、公園課主催で行っていた文化事業は、「一流芸術家のみに限られて居たので市主催の会なれば出演してもよいといふやうな権威のあるものであつた」。したがって市としても、現金謝礼をしたことはなかった時代もあった[56]。また、野外演奏の魅力について以下のようにも述べ、親しみのある平易な曲目を選ぶ「民衆音楽」の域を超えた演奏の意義を指摘している。

> 公園の音楽堂の活用は普通の吹奏楽の外は何と云つても夏の夜である。ここには屋内で味へぬ清々しさと何等か神秘的の力が興を副へてくれる。（中略）
> 公園奏楽の曲目は人々の耳に親しみのある円熟した平易なものの間に一二の新曲を加へる程度であるべきであるが、演奏者側には専門家としてその技能を示すべき難解なもの新しいものを選み、聴衆の内にも又其れを鵜呑にして喜ぶものも尠くないことから追々民衆音楽の域を超えんとして居る[57]。

「日比谷公園そのものが、日本近代音楽発達の温床となつたといつてもよいであろう[58]」と後年日比谷公会堂も評価しているが、聴衆だけでなく、演奏家たちにとっても、公園における文化事業の意義が大きかったことがうかがえる。

3　求められる公会堂

(1)　明治期からの市有公会堂構想

日比谷公会堂開館三〇周年記念誌である『日比谷公会堂　その三〇年のあゆみ』(以下「三〇年史」と呼ぶ) において、刊行当時の東京都知事東龍太郎は「この日比谷公会堂は昭和四年一〇月、時の東京市長であり、また東京市政調査会長であつた故後藤新平伯の発議により、故安田善次郎翁の寄付金によつて建設されたものであります[59]」と述べる。このように、日比谷公会堂建設は、安田善次郎の寄付とあわせ後藤新平の構想であるかのように論じられるのが通説となっており、それを示すように開設当初から現在に至るまで、公会堂舞台の両端の壁面には安田と後藤のレリーフが飾られている。

確かに、現在の日比谷公会堂建設の直接的な契機となったのは、後藤の都市計画と、それを支援した安田善次郎の寄付によるものであり、両者の功績は極めて重要である。しかし、公会堂は後藤のオリジナルな発想ではなく、東京市有の公会堂構想は、すでにみた日比谷公園設計時も含め、明治期から繰り返し出されては消えていたものである。また、後藤が東京市長であったのは一九二〇(大正九)年一二月から一九二三(大正一二)年四月の間にすぎない。そのため、公会堂建設過程を考察する際、後藤一人の理念に帰すよりも、明治時代からの公会堂計画の歴史の延長上に後藤と安田の活動を位置づけ、理解することが重要である。三〇年史でもわずかにふれられているが、本節では日比谷公会堂の建設過程を、後藤市長時代以前にも計画されていた東京市の公会堂構想にも注目して検討する。

東京市は明治期から公会堂の構想を繰り返し示していたが、なかなか実現には至らなかった。それまで東京市内に集会・娯楽施設として、すでにみた通り倶楽部的な性格を有した日本橋区公会堂（一八九一〈明治二四〉年）や、舞台芸術鑑賞施設として上野の東京音楽学校奏楽堂（一八九〇〈明治二三〉年）や帝国劇場（一九一一〈明治四四〉年）などがあったが、市有の公会堂はなかった。東京市にとって公会堂建設は明治期からのいわば宿願であり、候補地も日比谷公園だけではなく各所を転々とし、繰り返し構想が出されていた。

日比谷公園内の公会堂建設はすでにみた通り資金不足のためかなわなかったが、その後新聞報道に東京市の公会堂構想が集中的に登場するのは、日比谷公園に音楽堂がつくられた翌年の一九〇六（明治三九）年、日露戦争戦捷記念として計画されたものであった。東京市は当初、桜田門外の教導団跡の利用を政府と交渉したが、諸官省建設地として許可されず、次には三菱に申し込んで丸の内が検討されたがこれも承諾されなかった。次に共進会の開催された上野で、竹の台の貸下げを請願し、許可されない場合は共進会と連関して一〇〇万円の巨資を投じて七〇〇〇人規模の公会堂の建設を計画する、とされた[60]。市嘱託技師の調査設計によるこの公会堂は、展覧所を含み、また公会場部分は二層の桟敷をもつ九九五坪（一坪四人の割合で約一五〇〇人を収容）と発表された[61]。同年一〇月には、敷地が上野公園陵雲院墓地の部分と決まった[62]。翌一九〇七（明治四〇）年五月には、東京府勧業博覧会に公会堂の模型が出品された（図2-7）。地階には三〇〇〇人を収容する大広間、会場には幅員二〇尺長四一〇尺の、二〇〇〇人を収容する馬蹄形の桟敷、地下には二〇〇〇人を入れる食堂、といった構造もあわせて発表された[63]。

しかしその後、計画は難航する。公会堂建設に関する市参事会の特別委員会は、上野の敷地に関して徳川家との交渉をまとめられず、候補地は一〇月には芝公園丸山下へと変更され[64]、さらに日比谷公園内へと変更された。その使用

図 2-7　東京府勧業博覧会に出品された東京市公会堂模型
出典：『東京朝日新聞』明治 40 年 5 月 25 日付朝刊第 6 面

は「主として市の祝祭歓迎等の会合に限り外間よりの使用は可成的之れを避くるの方針を取り只だ赤十字社其の他の公的会合には随時詮議の上許可すべくが松本道別流の不規則なる会合には断じて使用せしめざるべし」とされた(65)。松本道別とは当時活動していた霊学者であり、前年の一九〇六（明治三九）年八月に、日比谷公園内で市電値上反対騒擾の発起人となり、凶徒嘯集罪を問われていた。こうした騒乱を起こす可能性の強い会合には貸し出さない、といった意味であろう。

しかし、まだ実現には至らない。一九〇九（明治四二）年には、日本大博覧会協賛費として東京市から一三〇万円を政府に納めていたが、博覧会が延期（のちに中止）となったため市に返付された。その使途の一つとして、「予ての宿願たる公会堂」も候補に挙げられた。公会堂を求める論調の中には、東京市民の自由な集会場が必要であるという論のほかに、屋外集会の開催に伴う刑事問題の抑制という論もみられる。会場がないのでやむなく屋外で集会が開催されている状況に鑑み、読売新聞の社説では、「市公会堂の設置はこの不便を除きて無益の騒擾を未然に防ぐを得べく、兼て市民をして先ず多数集合の訓練を屋内に於て養成せしめ、遂には屋外集会をも静粛に開き得るの素養を得るに至るべき也」[66]と論じられている。これは一九〇九（明治四二）年の記事だが、四年前の日比谷焼打事件の「騒擾」の記憶も、ここにはあったことだろう。

そして、市参事会では、同年三月一〇日に尾崎市長が公会堂と市庁舎を接続した施設を日比谷公園内に建設する案を出したが、それでも決定には至らなかった。四月二三日の参事会でも、日比谷図書館、施療病院の借入金返却、実業学校建設といった緊急性の高い事業に比べれば公会堂建設の必要はないという反対意見が多かった。そこで市長指名により五名の特別委員会が組織され、調査が付託された[67]。そして最終的には、日英博覧会と施療病院費への支出が決定したため、六月には公会堂計画は自然消滅となった[68]。

そののちにも公会堂計画は別の形であらわれる。一九一〇（明治四三）年五月、渋沢栄一その他の実業家から、一五年後に無償で建物および一切の設備を市に引き渡すことを条件に、数寄屋橋内有楽座前の空地三〇〇〇坪の無償貸下げ、建設費五〇万円のうち二〇万円を市から寄付する、という交渉があった。最初は私営として一五年間使用し、そののち市に引き渡す、という案である。これについては、市自身に公会堂建設の意思があるので、この交渉には応じられないだろう、と報道された[69]。しかし、少々の不満はあっても、日本大博覧会の開催を控えて渋沢の提案を容れて建設を急ぐべきであり、「単純に公衆の会合を目的とする」だけではなく、「文明的機関」として、米ピッツバーグのカーネギーインスティテュート（美術館、図書館、音楽堂などが並ぶ文教地区）のような新式の制度を導入すべきである、という主張もなされた[70]。その後も具体化に向けた議論は進み、政治家や実業家からなる会合「鰻会」の席上では、公会堂は渋沢の「宿論」であり、「我東京市は東洋一の大都会なるに係らず一の公会堂をすら有せざるは不可解なり」とし、明治五〇年開催予定とされた大博覧会までに公会堂を整備する必要性を述べた。その目的は、「今日銀行倶楽部商業会議所等に於ける諸会合に議場を供給」することとされた[71]。このように、明治期においても複数にわたって公会堂の建設案は出され続けていたのである。

(2)　音楽演奏会場の要求

東京市では、のちに日比谷公会堂が果たすことになる、音楽演奏会場を強く求める論も沸き起こっていた。第4章で述べるが、明治初期―中期の東京市における音楽演奏会場は、鹿鳴館（一八八三（明治一六）年）、華族会館（一八九〇（明治二三）年に鹿鳴館から借り受ける）、東京音楽学校奏楽堂（一八九〇（明治二三）年）などであった。当時の新聞には音楽演奏会場を求める論説が散見されるが、「音楽寄席」の建設を求めた以下の記事（秋声主人「音楽寄席の建設を促す」『読売新聞』一八八七（明治二〇）年八月二八日付朝刊三面）に、当時の論点が集約的に示されている。

千差万別の快楽の中最も高尚優美にして而も上は王公貴人より下は裏店社会に至るまで喜ばざるなきものは音楽なりとす今東京の市中のみにても大小の寄席は其数無慮幾百といふほどならん然れどもこの喜ぶべき音楽のみを奏して入りを取る所更に無し西洋諸国にては音楽合奏の寄席の如きもの甚だ多し人もまた之を好むが故によく某嬢一曲の歌に数千弗を払ひ某婦人一段の琴に数百弗の借金を払ふを得るなり一体日本の人はあまり音楽に熱心ならず（中略）勧めたきは東京の市中に音楽を合奏するに適当なる善美なる寄席を建設する事是れなり（中略）この寄席建設の方法。見込書等の事はこれを有志者と談合せん世間には間音楽を女々しきものと軽蔑するものあれども此徒は畢竟天の恩賜せる音楽なる快楽を享有する能はざる不具人のみ猶ほ何故に狩野の名画「レンブラント」の油絵と讃賞せざるぞといふて盲人を詰じるとおなじ音楽寄席を非難するものは恐らくは聾ならん築地へ行きて盲唖院の御厄介となれ

この記事では、学校で唱歌教育が開始されたことにもふれている。従来は飴売を真似して「猥雑聞くに堪へざる俚

謡」を歌って恥じなかった子供たちが、「春の弥生」や「蛍の光」を歌うに至ったことも成果として挙げ、音楽による国民の教化を推進する機関として「音楽寄席」を提案しているのである。

このような声のほかにも、一九〇六（明治三九）年には「高等演芸場」の構想もみられた。伯爵柳沢保恵とその同志により設立の計画が発表されたもので、従来の寄席では「貴賤雑居し」、「高尚なる趣味に乏し」いことから、上中流男女と観光外客の観覧、外国芸術家の来遊が目的とされた。資本金一五万円の株式組織で、体裁は欧米のミュージックホールの設計に則り、一等から三等席を設ける。各技芸に堪能なるものを招き、音曲歌舞その他技芸の改良をはかり高尚優雅ならしめること。洗面室、運動場、飲食物の売店を設けること。開場は土日の一時から五時、毎夜六時から一〇時。市の中央交通の便の良いところに設け、夏は電気扇風機、冬は暖管で快適にすることなどが目された。(72)

一九一二（明治四五）年の音楽雑誌『音楽界』における社説「常設音楽館設置の議」では、一九〇九（明治四二）年に竣工した両国国技館との比較で、音楽館設置を訴える。(73)筆者は「主筆」と記されており、各地で師範学校講師などを務めていた山本正夫であると考えられる。(74)この社説では、両国国技館は「精神殆んど空虚の如き巨大なる肉塊あり、醜態を露出して、野獣の如く蛮力を闘はす場」、「封建時代の遺風」であり、「国技か国辱か」判断に苦しむ、と極めて否定的な評価を与えている。これに対し、「西楽演奏場」は、すでに帝国劇場は完成しているにもかかわらず、「皆無」であると述べる。

ここで構想される音楽館とは、「市民の精神的教育、若くば健全なる娯楽のため西楽専門の寄席を造らんとするに外ならず」とされ、当時の有楽座程度の規模で、東京市の中央に設け、低廉な入場料で東京市民に「西楽の妙趣を頒たんとする」とされた。また、観客の退屈を防ぐために音楽だけでなく舞踏、小歌劇もおりまぜ、音楽も「純正雅健なる西楽を奏すべきは勿論なりと雖も、市民の趣味の程度を計りて、長唄、常盤津、三四等の俗楽、その他流行唄、地方の民謡等を精選し、改良し、若くは新作したる和洋楽を聴かしむるは、音楽趣味啓発上効果必しも尠からざるべきを信ず」として、当時「俗楽」とされたものを含む多様な音楽を改良的に演奏することで、趣味啓発に資することが目指されていた。その例として、白木屋呉服店で上演された本居長世の「歌あそひ」「うかれ達磨」が挙げられている。

さらに、演奏だけでなく、音楽講演会を開催することで、「美術に比して音楽の鑑賞知識が弱い」東京に、「音楽の享楽といふよりは寧ろ音楽の理論、鑑賞上の知識を与ふる」ことも目指した。また、あくまでも構想であるが、同時代の通俗教育の作興と関連づけられている点も特徴である。当時は「通俗音楽会」という名の演奏会が実施され、演奏会の大衆化が緒につこうとしていた時期である。『音楽界』ではこの記事の付近の号で、通俗教育会、通俗音楽会の動向を詳しく紹介している。また一九一二（明治四五）年一月号では、文部省美術展覧会（一九〇七（明治四〇）年開始）と相対峙すべき「文部省音楽演奏会」開設を訴え、四月号では、智育偏重と音楽の除外を批判する通俗教育会の見解を掲載している。

同じ一九一二（明治四五）年には、「社会の各級を通じて一般高尚なる音楽を普及したいと云ふ希望」で、湯原元一東京音楽学校長主唱で通俗音楽普及会を組織し、第一回演奏会が九月二八日に奏楽堂で実施された。聴衆は、市内各小学校の女教員、看護婦であった。「極く平易で上品な面白い曲を選んで聴かした今後は各会社の女事務員、電話交換手女工等に及び更に男子の各級に及ぼす」ことが目指された(75)。「音楽の流行は非常なもので東京では上野だの日比谷だのに公開音楽堂があり又各所の寺院なぞでも何かの式典に事寄せて古式の舞楽だの萬歳楽だのを奏し今日では音楽の趣味を解せぬ者は殆ど無き有様」と、当時の音楽の流行も述べられている(76)。

また、明治後期には、末本誠、上野景三、坂内夏子も述べるように(77)、社会教育論の中でも公会堂や音楽堂を求める声が上がっていた。後年宮坂廣作が述べたように(78)、小松耕輔は、一九二五（大正一四）年七月に、当時注目されていた成人教育と音楽を関係づけて論じる中で、施設の充実を訴えている。青年団やボーイスカウトなどは感情の陶冶の部分が注意されておらず、政治、経済とともに感情教育、美的教育の併置を主張する。「よき絵画を見ることの出来る目」「よき音楽を聞きわける耳」の必要性、「生活を美しくすること」「各人がおのおのその趣味にいきること」を説く。そのためには、完全なる音楽堂と、優秀なる管弦楽と、劇場と美術館が必要だとする(79)。このほか小松は、当時流行していた浪花節による思想善導は、内容が教訓的でも歌われる節に芸術的価値が乏しいと批判し、公園奏楽の充実なども提案している。

このほか、すでに建設されていた日比谷公園の音楽堂が、対外的には不十分であるという議論もみられた。

日比谷公園の音楽堂こそ日本帝国の主府東京市に於ける唯一の音楽堂なれ規模の極めて小なるを笑ふ勿れ奏楽の単に軍楽隊に止まるを咎むる勿れ之我国に於ける最初の音楽堂なればなり我人文の品位を以て之を欧米と対照し赤面すべきもの少なからず然とも若し最も赤面すべきものありとせば音楽の如きは必ず其の一ならん(80)

一九〇五(明治三八)年、当時アメリカ陸軍長官でありのちに大統領となるウィリアム・タフトの来日時においては、外交問題とも関わらせながら「風教刷新」のための国立音楽堂、劇場の設置が求められている。同記事ではこのほか、美術館の設置、都踊、寄席の改良、趣味、風教の改善が論じられている。

東京市民がタフト氏一行を新橋に迎ふるや無数の市中音楽隊は騒然耳を聾せんばかりにて或る音楽者をして手に汗を握らしめたりとは真かともかくも音楽趣味の幼稚にして野鄙なるは国民の品位を高むる所以にあらす吾人は全国の都市至る処模範的音楽堂の建設せられて国民の音楽趣味を養成せん事を望む(81)。

（3）大正期における世論の高まり

明治末から大正期に入ると、集会施設や音楽演奏会場を求める世論はさらに高まる。一九〇九（明治四二）年の読売新聞の社説によれば、東京市で大人数での会合を開く際には間に合わせの会場を使うことしかできないため、市内の人気ある集会を新聞報道する際は、「遅れて来りしものは入場するを得ずして、入口に喧囂す」といったことを付記するのが常例となっていた(82)。集会といえば神田美土代町の基督教青年会館、錦輝館（神田錦町の活動写真館）、高等商業講堂、帝大法科教室という有様で「日本の帝都として不体裁許りでなく実際困るではないか」とされるなど(83)、集会施設の不足が深刻に問題視されていた。

音楽演奏会場にしても、一九一三（大正二）年の時点で東京市においては上野の奏楽堂や日比谷公園の音楽堂を除いてはほとんどなかった。「薄暗い、響きの悪い、不便な建物」である神田の青年会館があったが、それもすぐに使用されなくなり、一九二五（大正一四）年の日本青年館の建設までは不便な状態であった(84)。

一九一七（大正六）年、「日本の首府東京に完全な西洋音楽の演奏場とては一つもない」ことは「首府の体面としても遺憾な事である」と、美術館、図書館の不足とあわせ音楽演奏会場の不足が嘆かれている(85)。邦楽関係者からの要望もあった。京都大阪に弘道会、名古屋に邦楽研究会、いずれも独立の演奏会場があるのに東京には音楽学校講堂があるのみで、それも洋楽が重点であり、「長唄や各流の琴曲三弦の家元等は群雄割拠の状態」であると、東京楽器組合長岡戸竹次は述べている(86)。ほかにも、「楽の方は中々に進んだ。併し肝腎の演奏堂は依然たり、大きく云へば是れ実に国家の為に歎ずべきことではなからうか。一等国だとか、強国だとか人は云ふ。その国に一つの完全なる演奏堂がないといふのは何たることであらう(87)」と、公会堂を求める声は数多い。

そしてこの年一九一七（大正六）年、遷都五〇周年および市制施行三〇周年記念事業として、市庁舎などとならび、五〇〇〇人規模の収容が可能な公会堂建設が計画された[88]。一九一九（大正八）年にはさらに具体化し、鉄筋コンクリート三階建、大講堂のほか「大小の会合室、音楽演奏室、官報、新聞、雑誌縦覧室、室内遊戯室、簡易食堂、浴場等をも設備し市民の出入を自由にして極めて平民的のものとする計画」とされた。工費約二〇〇万円のうち、市特別会計より年二〇万円ずつ五カ年で支出、残額一〇〇万円は一般の寄付から募るとされた[89]。五月一六日には市参事会で公会堂建設が決定された。

一九一九（大正八）年、遷都記念祭恩賜金一〇万円を基礎として、二〇〇万円以上の資金をかけることが決定した。市の理事側の意向として、営繕掛長の福田技師に依頼する予定であるが、市会議員の中には、設計図をパンフレット化して市民に公開し、意見を聴取し、「民衆的理想に合致する公会堂を建てたい」という要望もみられた。これはフランクフルト市でみられた手法であったという。同じ議員は、全国の他都市よりも公会堂建設が遅れているのだから、一層市民の意思を尊重する必要があると話していた[90]。

公会堂計画は徐々に進み、翌一九二〇（大正九）年には「大阪市や近い横浜市には立派な公会堂が有るが東京にはそれすらないと言て憤慨して居る人々も、これが成功するならば如何程溜飲が下がるか解るまい」と報じられた[91]。

さらに同年秋、公会堂建設を促す事件が起きる。一九二〇（大正九）年一〇月、大隈重信や渋沢栄一らの協力により、東京で世界日曜学校国際大会が開催された。一九一三（大正二）年から準備は始まり、当初の開催は一九一六（大正五）年であったが第一次世界大戦により延期され、一九一九（大正八）年開催が決定した。開催に伴い二〇〇〇人を収容する会場が東京駅前に建設されたが、開催直前の一〇月五日、火災のため焼失してしまった。このため、神田基督教青年会館と救世軍本営、帝国劇場などに場所を移し、実施されることとなった[92]。

この火災が契機となり、公会堂建設を求める東京市の気運はさらに高まる。焼失翌日の一〇月六日には、市の参事会で公会堂建設が話題に上った。遷都祭の御下賜金一〇万円、公会堂積立金二〇万円を基金として、総工費三〇〇万円が予定された。「世界の大都市としての我東京の不面目」「恥辱」「大阪を始め各都市にある公会堂が東京だけにないことは如何にも残念」といった言葉が新聞に並んだ(93)。

その二日後、一〇月八日の読売新聞の論説「首府と公会堂」は、都市における公会堂の位置づけに関する当時の認識をよく示している。

近時文化国民の間に、集会と言論とが、民衆の常習的行為となり始めて以来、都市に於ける公会堂の建設は、文化国民の間に於ての、必要な公館と算へられることとなつた。特に一国の首府に在つては、その必要の意義以外に、儀表と装飾との意味さへ加わつて、各国共に公会堂が建築されてある。

首府としての東京市が、巴里の国立オペラ館に比すべくはないにしても、帝国劇場を有し、華盛頓ユニオン停車場と比べる訳には行かぬとしても、東京駅の大建物を有し、近代都市設計上の所謂「公館」の施設が、稍々其体面を備へてをるに拘はらず、今尚ほ市の公会堂を有してをらぬことは、文化国の首都として、最大なる欠点である。二〇〇〇人を収容するに足る新築急造の日曜学校会場が、僅か廿分で焼落ちて灰燼に帰したことは、我国の首都として或は国際的の、或は国民的の集会言論の為の一大公会堂が、我が首都に無かつたことからの、不慮の悲劇ではないか。東京市の公会堂は、市有であるべきは勿論であるが、多くの場合は一国首都の公館の一である以上、之が建築費の如きも、市費以外に国庫の補助を致すことも、当然である。

次節にみる、後藤新平の建議によって設立された東京市政調査会は、一九二五（大正一四）年に学生に市政に関する作文募集を行ったが、ここでも当時計画途中であった公会堂への言及が複数みられた。

日本の三都の中で公会堂の無いのは東京ばかりです。京都にも大阪にもあります。可成以前から公共事業の為に使用せられて、市民は其れを有効に使用して居ります。終日の働きによつて疲労した市民の為に、或は日曜日の慰安の為に、或は学生の為に、種々の講演場、音楽場、演劇場等として市民の疲れを医さしめて、市民同志の融和親密を図り、市民の思想をもつともつと高尚のものにし度いと思ひます。（女学校五年生）

新時代の民衆的傾向は、公会堂の必要を非常に緊急ならしめてゐる。（中学校五年生）

従来公会堂の設備が少ない為め、日比谷公園内の音楽堂を代用し、或は上野の自治館だけを用ひてゐるやうに見受けますが、これは別に尚ほ数館を設立して、色々の市の儀式や祝賀会等にも使用したいと思ひます。（商業学校二年生）(94)

これらをふまえ、「帝都であるのに東京市に公会堂が無い、と云ふ事は、著しく小市民のプライドを傷つけてゐる。是非共之を建てて、娯楽と修養と団結心養成の中心たらしめよ、と云ふのが一般の声である」と結論づけられている。この資料は、発行元（東京市政調査会）が公会堂の推進主体である点に留意は必要であるが、大正期において公会堂を求める世論の一端が示されているといえる。

4　後藤新平の構想

(1)　後藤新平と安田善次郎

後藤と安田

一九二〇（大正九）年一一月二六日、田尻稲次郎東京市長が疑獄事件に伴い辞任し、一二月一七日に後藤新平が市長に就任した。市会は後藤をほぼ満場一致で市長に推した。利権と党争が錯綜し、市長の権限は制約され、伏魔殿と呼ばれた東京市政への参画に後藤の側近は反対した(95)。東京市長の地位は、内務大臣の指揮下にある東京府知事（官選、内務官僚）の下で一定の政治的自主権をもっていたが、内務官僚であり内務大臣も経験していた後藤にとっては、格下のポストであった(96)。後述する「大調査機関」の設立に注力していた後藤自身も、当初は固辞した。しかし、渋沢栄一や、後藤が大調査機関をもちかけていた原敬首相の後押しなどもあり、「一生一度国家ノ大犠牲トナリテ一大貧乏籤ヲ引イテ見タイモノ。東京市長ハ此兼テノ思望ヲ達スルニ非ザルカ(97)」（一九二一（大正一一）年五月一七日の手記）と述べたように、魅力を感じて後藤は引き受けることとなった。

後藤新平は、一八五七（安政四）年陸奥国胆沢郡塩釜村（現在の奥州市）で、留守家家臣の家に生まれた。当初は政治家を志すも医師となり、愛知県医学校を経て内務省衛生局の官僚となった。ドイツ留学後、台湾総督府民生長官、南満州鉄道初代総裁、逓信大臣・初代内閣鉄道院総裁、内務大臣、外務大臣、拓殖大学長などを歴任、一九二〇（大正九）年一二月一七日から一九二三（大正一二）年四月二七日まで東京市長を務めた。その後は再び内務大臣や、東京放送局初代総裁などを務めた。晩年は、少年団日本連盟会長を務めてボーイスカウトの普及に尽力するなど、教育に関する功績もみられる。一九二九（昭和四）年四月に、同年一〇月の日比谷公会堂開館を待たずに亡くなる。本書が注目するのは後藤の東京市長時代であるが、このように後藤は非常に多面的な活動をしている。後藤の娘婿でもある鶴見祐輔による詳細な伝記[98]を嚆矢として、現在に至るまで多くの研究が行われている。

安田善次郎は、一八三八（天保九）年富山藩において下級武士の子として生まれ、江戸に奉公に出たのち、明治維新以後は銀行、損害保険会社、生命保険会社などを設立し、一代で財をなした安田財閥の創始者である。晩年は寄付を多くしたが、一九二一（大正一〇）年、自宅で刺殺され八二歳で亡くなった。

安田の寄付事業について、後藤市長時代に助役を務めた前田多門は、日比谷公会堂建設のほか、東京帝国大学大講堂（安田講堂）、安田修徳会への寄付を「最後の三大公益的実践」と述べる[99]。安田の遺志により設立された財団法人松翁会の山崎賢二によれば、安田の助成事業は古く、一八九四（明治二七）年七月、私盟組織安田保善社規約改正の時に始まる。「祖先ノ遺志ニ基キ公益事業及慈善等ノ徳行準備」として「修徳積立金」の制度を設け、利益の一〇%を寄付の準備に充当していた。この積立金の中から支出した各種寄付金額は、一九一八（大正七）年八月までの間に一〇〇万円以上の多額に上っていた。その内訳として、一九〇八（明治四一）年社団法人東京慈恵会病院三万円（施設病床）、一九一二（明治四五）年財団法人済生会病院三〇万円、一九一四（大正三）年富山市六万円（市立職工学校建設費）、一九一六（大正五）年東京帝国大学文科大学五万円（仏教哲学研究奨学資金）、一九一七（大正六）年財団法人理化学研究所一〇万円（基金）などが、保善社「寄付行為協議簿」の中に記載されている。修徳会は一九二一（大正一〇）年一二月二〇日、内務省許可により財団法人となり、一九四五（昭和二〇）年四月に解散するまでの間、四二五件、四七二万三五七六円の助成事業を行っていた。なお、この中には安田講堂一一四万円、日比谷公会堂三五〇万円は含まれていない[100]。

安田の寄付はこの通り多領域かつ多額に上ったが、晩年を除いてはほかの財閥に比しても口数も金額も少なかった[101]。

また、その姿勢は非常に慎重であり、「富豪」としての役割を自覚したものであった。後藤新平のほかには実業家の浅野総一郎などに多額の寄付を行っているが、事業とその人物を信じない限り寄付を行うことはなかったという。慈恵会病院への寄付に関わった石黒況翁が、「貧人に対して低利で金を貸すことおよび貧にして依る所なき病者を収容してこれを済う」という救貧事業を企画し安田にもちかけた際、「斯様な賑恤のことは、私に限らず、誰でも出来る事であるから、世間一般にご相談になつたが宜しからう、強ひて私に御相談にも及ばぬかと思はれる」として断った。石黒が「然らば君が力を致すべきはどんな事なりや」と問うと、笑ってこう答えた。

有力なる富豪は他人の出来ない場合に其の力を致すべきものである、常人にも出来ることは常人に任せ、富豪でなければ出来ぬことを富豪は引受くる心懸が必要かと思ひます、今若し国家社会に一大事が発生して、早急に莫大の支出を要すると云ふ如き場合に、多数の公衆から零砕の金を集めては迚も間に合ひ兼る危機がある、其の時に国家社会の急に応ずるが、富豪の心懸くべき事であらうと、私は常に考へてゐる。誰にでも出来る小口の賑済救恤の如きは、其の事の出来る人々に任せ置ても宜しい訳かと思ひます。(102)

晩年の安田は、安田関係二〇行と全国二四〇余の安田銀行店舗の大衆預金をすべて東京市債八億円にあてる計画をたて、後藤市長の八億円計画（一九二一（大正一〇）年に発表した「東京市政要綱」、後述）実現に執念を燃やしていた。一方で、震災前後の不況下にあって財閥への風当たりは全国的に強く、財閥は社会貢献に励まねばならなかった、という一面も指摘されている。(103)また、安田は、資金繰りが悪化した浅野総一郎の諸会社に請われ、一九二〇（大正九）年から融資と経営に関わっていた。安田の評伝を著した由井常彦は、後藤への投資について、すべてを浅野に託すのではなく、「リスクをさけて安田家の将来のために安全、確実で長期にわたる投資の対象を確保しておきたかったに相違ない」と分析する[104]。このほか、東京市政調査会への寄付行為を、晩年の安田の事業拡張計画を有利に導くための世論操作の一環とみる評価もある。東京市への都市計画の参加や、同時期問題とされていた京浜臨海工業地帯の開発は、三井、三菱といった先行財閥に追いつく絶好のチャンスでもあった[105]。

なお、安田が晩年成し遂げえなかった二大事業として、東京大阪間の高速度電気鉄道の敷設、東京湾の大築港があった。築港に関しては、芳川顕正東京府知事（一八八二（明治一五）年—一八八五（明治一八）年在任）の時代から歴代の府知事にもちかけていたものの、市会府会の異議に阻まれ実現することはなかった。「是等の事業は本と公共の性質のものにて、市自ら之を経営すべし、個人の一手に委すべきにあらず」というのが、一貫した反対意見であった。しかし、市にその力量はなく、時間ばかりが経過していった。後藤の「八億円計画」の中にも、築港が除かれていたことに対し、安田は「頗る物足りなく感じた」という[106]。

安田と後藤との関係は、後藤の満鉄総裁時代（一九〇六（明治三九）年—一九〇八（明治四一）年）に遡るが、当時は親密な間柄ではなかった。一九二〇（大正九）年一二月一二日、竣工したばかりの工業倶楽部において、後藤が主宰する都市研究会の会合で、かねてから後藤の構想に関心を抱いていた安田は、証券業者である神田鐳蔵らを誘いこの会に参加した。「東京市の行き詰まりは即ち帝国の行き詰まりであって、首府たる東京は帝国の縮図なれば東京を救済することは帝国を救済すること」という後藤の演説に、安田は感銘を受けた[107]。

東京市政調査会

後藤は、台湾、満鉄、鉄道院、そして東京市長と職務を歴任する間、調査に基づく施政を常に重んじた。徳富蘇峰はこれを評して「調査癖」とし、後藤と親交のあったニューヨーク市政調査会専務理事のチャールズ・A・ビアードも、科学に基礎をおく日本に唯一人の政治家として、後藤を高く評価した。

都市研究会の会合から五日後の一九二〇（大正九）年一二月一七日、後藤は東京市長に就任する。翌一九二一（大正一〇）年三月、安田は工業倶楽部で後藤と会談し、当時後藤が構想していた、ニューヨーク市政調査会を範にした東京市政調査会の設立への資金援助の意思を伝えていた。

ニューヨーク市政調査会は、一九〇七（明治四〇）年にニューヨーク市をはじめとする市政府に対して、また、市民あるいは国民に対して、専門知識に基づく忠告と援助をするという目的をもって設立された。ニューヨーク市からは独立し、有識市民の寄付金によって設立された機関であった[108]。道義論、感情論からする市政改善運動が長年効果を上げ得なかったことに対し、市政全体を科学的に調査し具体策を提言しようとする立場から生まれた組織であった[109]。

後藤は、外務大臣を辞し拓殖大学学長の任にあった一九一九（大正八）年三―一一月に欧米視察を行っており、翌一九二〇（大正九）年六月には当時の原敬首相および横田千之助法制局長官と、「大調査機関設置案」について協議している[110]。鶴見祐輔によれば、その創意が発酵したのは、恐らくはワシントンのビューロー・オブ・スタンダードを参観した時で、それがさらに具体化したのは、英グリニッジの理化学研究所を視察した折であったろうという[111]。しかし、その案は実現に至らないままであった。原は、一九二〇（大正九）年の総選挙が一段落した同年六月、一〇〇〇万円によって臨時産業国策調査会の設立案を示したが、後藤は拒絶した。後藤の提案は、五年継続三〇〇〇万円であり、のち譲歩し二〇〇〇万円となった。後藤が原の案を拒絶した理由として、北岡伸一は、第一に、予算が継続費でないため長期に安定した取り組みができないこと、第二に、会の構成が官僚的であり、根本的調査や総合的政策提言が不可能であること、第三に、原が後藤案から印刷部門を排除したため、調査研究の成果、日本の立場を海外に出版できないことなどを指摘している。このほか、大きな変革をするには原が歳を取りすぎており、後藤の大きなヴィジョンに対して心から共感することができなかったことも、大調査機関計画が暗礁に乗り上げた理由としている[112]。

その後、同年一二月、後藤は東京市長に就任し、大調査機関に関する後藤の構想は、翌一九二一（大正一〇）年示された「東京市政要綱」の中に引き継がれていった。

「八億円計画」と公会堂

一九二一（大正一〇）年四月二七日、後藤は市の参事会において「新事業及其ノ財政計画ノ大綱」を発表した。この文書は、市会議員には「東京市政要綱」として示された。市長就任後から助役とともに作成した都市改造計画を内容としたこの文書が、必要経費の総額をとって「八億円計画」と呼ばれたものである。この名は後藤自身ではなく、周囲がつけたものであった。当時の東京市予算は総額でも一億二、三〇〇〇万、中央政府の経費総額も一五億円程度であったから非常に壮大な計画で、「大風呂敷」と評された。後藤は台湾民政局長官時代の一九〇七（明治四〇）年にも、六〇〇〇万円という多額の事業公債の計画を発表しており、「大風呂敷」は後藤の「同工異曲」の手口であった[113]。「八億円計画」の内容には、「急速施設ヲ要スル」事業の中でもさらに「差当リ解決ノ必要ニ迫レルモノ」として一六項目が挙げられ、その最後に公会堂建設が掲げられた。

後藤はこの構想の実現にあたっての障壁は党争と官僚化であると考え、第一に、大胆な人事による組織の活性化を行った。永田秀次郎（貴族院議員、元内務省警保局長）、池田宏（内務省社会局長）、前田多門（内務省参事官、都市計画局長）の助役起用、職制改正や人事異動、市吏員講習所設置による教育の重視、美濃部達吉ら有力者を嘱託として多数招くなどした。そして第二に、大規模で科学的な調査による反対論の封じ込めを行った。同様の方策は、台湾民政局長官や満鉄総裁といった以前の後藤の経験の中でもとられていた。

調査機関設立にあたっては、その直前に構想していた国レベルでの大調査機関の構想が暗礁に乗り上げていたこともあり、「しからばせめて東京市に何等かの調査機関を作ることはできないであろうか。もし東京市役所内に作り得ずとするならば、何等かの方法をもってこれを東京市内に作ることはできないであろうか[114]」ということで、ニューヨーク市政調査会のことが思い出された、と鶴見祐輔は述べる。一九二一（大正一〇）年一月、当時アメリカにいた鶴見に後藤から電報が届いた。「米国市政の腐敗（例えばシカゴ市のごとき）並びにその矯正運動に関し、至急調査すべし」との内容であった。そこで、ビアードの講演を聞いていた鶴見がビアードに問い合わせ、ニューヨーク市政調査会で資料を収集し、報告書を書き、後藤に送付した。二月二四日に東京についた資料をもとに後藤は翻訳印刷して、三月三日に有志に配布した。

そして、同時期の一九二一（大正一〇）年春からは、安田善次郎が東京市政の改善と発展に役立たせたいという条件を付した巨額の寄付の内談が進められていた。

なお、後藤新平の八億円計画に対し、以前市助役を務めていた田川大吉郎の論評の中で、公会堂も言及されている。当時予定されていた約一〇〇万円という予算を、公会堂という「永久建築」を建てるには「あまりに粗末」と田川は批判した。一九二〇（大正九）年に尾崎行雄らとともにグラスゴー、マンチェスター、ロンドンなどを訪問した経験から、田川は市庁舎や公会堂が都市を代表する建築であるべきことを主張し、「明治大正の時代は未だにその時代の繁栄を語る一々の相当な建物を持たない」として、「東京市民にもっと沈着にして重厚な、どっしりとして、矢鱈にのぼせ騒がせない気分を養成せしむるためにも、もっとしっかりした、堅牢質実な建物を作ることが必要である」と提言した[115]。しかし、安田の寄付により、田川が憂慮した一〇〇万円を遥かに超える工費を捻出することが可能となった。

（2）後藤の施設観と教育観

後藤の施設観

ここで、後藤が公会堂という施設空間を通して何を構想し、何を伝えようとしていたかを知るために、彼の施設観および教育理念を検討しておこう。後藤が直接公会堂にふれた論考は少ないが、後藤の教育思想と実践の中で、その内容を推測することは不可能ではない。

東京市における社会教育施設の歴史は、近年では関直規や田所祐史[116]によって検討されている。特に後藤市長下において、日比谷公会堂に先駆けて東京自治会館（一九二一（大正一〇）年）が建設されている。これは、平和記念東京博覧会を機に上野公園擦鉢山東方に建設されたものである。三〇万六七〇〇円余りをかけ、一〇二〇坪、八六〇人余を収容する大講堂や陳列室、貴賓室、大食堂などを有する二階建で、「市民ノ市政ニ関スル了解、自治的精神ノ涵養等ノ為メ[117]」とされた。市内の行政全般に関する物品が展示され、行政事務全般が理解できるような工夫がなされ、のちに市民の自由な利用に供された。平和記念東京博覧会の東京市特設館を利用し、社会教育課所管により自治精神の涵養を目的とした施設であった。後藤は、この施設での集会交流や教化によって労使協調、階級協調を図る構想を抱いていた[118]。

このほか、一九二五（大正一四）年一〇月の日本青年館開館式における後藤の祝辞は、施設の教育的活用を説いたという点で注目できる。後藤は、「結構ナ大機関ノ出来タコトヲ喜ヒ」「忠孝義勇ノ四字ヲ」「実際ニ活カシテ用ウルコトニ努力セラレタイ」。また、「青山外苑ノ一隅ニ巍々トシテ聳立ツ本館ハ只外観ニ於テ帝都ノ一義ヲ誇ルモノデアツテハナラヌ、寧ロ其ノ実質ニ於テ全国青年ノ精神的殿堂ナラシメタイ」とし、器はできたがその活用は青年たちにかかっており、その解答は国家の汚隆を分かつ、最後には「起テヨ青年、奮ヘヨ青年」と結んでいる[119]。施設建設そのものが目的ではなく、施設の活用こそが重要であるという見解と、活用する青年たちへの激励が述べられている。

こうした東京自治会館や日本青年館などの一連の施設に比するならば、後藤が構想しのちに日比谷公会堂として結実する公会堂は、直接社会教育を目的としたものではない。日比谷公会堂について後藤は、「都市生活における市民の心のともしび[120]」という言葉を残しているが、それ以外は多くない。数少ないもう一例として、公会堂建設が難航していた一九二二（大正一一）年に以下の発言がある。

市は公会堂の目的及び市民の便不便を問はず、唯だ其の所有権の市に属せざる時は敢て公会堂を使用し能はずとなるのであらう乎。公会堂はその名の示すが如く飽くまでも市民本質の機関である。それが市の所有なると、市政調査会の提供に係るとは毫も公会堂其の中実体に差異あるを見ず。[121]

ここでは、公会堂の所有権が問題とされているが、所有権がどこにあろうと機関の本質は市民である、という合理的な考えが示されている。

なお、後藤は公会堂よりも、むしろ以前から計画していた「大調査機関」の設立を希望しており、市民の集会施設である公会堂はその機能の一部であった。また、すでにみた通り公会堂設立は後藤以前からの市の懸案事項でもあった。後藤自身も述べているように、彼の八億円計画も、「御承知の通り別段新発明といふ訳のものではなくて、彼れも此れも皆、昔からやらなければならぬと決つたものばかりである[122]」。同じ時に後藤は、内務省からの公会堂建設への反発に応えて、野外の大集会こそ治安の維持に労苦はあろうが、公園の一部の家屋内に「仮令幾万の市民を集むればとて果して何の危険があらうぞ[123]」とも述べている。

後藤と教育

次に、後藤の教育に関する理念については、東京市長としての事業、財団法人東京市政調査会の理念にみられる彼の教育思想を検討しておきたい。

東京市長時代の後藤の教育施策として鶴見は、第一に市長自らによる小学教員の選考、第二に教員講習所の設置したこと、第三に教育費の統一、第四に成人教育（東京自治会館開設、市民読本編纂、市民教育運動など）と第二市民教育（東京市の実態を題材に用いた児童に対する教育）を挙げる。

一九二二（大正一一）年六月二六日、丸ノ内工業倶楽部での東京市政調査会の発会式で、後藤は調査会設立の理念を以下のように述べた。そこには、自治や調査を基礎とし自律を重んずる後藤の教育理念も端的に述べられている。

立憲政治の根底は真善の自治を基礎と致しますが、各自のセルフ・コントロール即ち自主自制は之を市民教育に求めなければなりません。立憲政治と自治の行政は相互に或は師となり、或は弟子となり、之を完成することが、現代の最大急務と云うべきであって、此の目的を達成すべき方法の一助として市政調査機関の必要があると存じます。又此の方法に依って最も克く秩序的且合理的に民衆生活を指導し得ることと信じます。

市政調査機関は精神的にも又物質的にも科学的調査攻究の上に進むことを必要と致します。（中略）抑々有機体たる都市は人体の如く栄養を摂って健全なる発達を遂ぐるには単り形体上に止らず精神上の方面も同様で、之が為めには教育の施設を完備して文化的生活の助長を図らねばなりませぬが、之と共に市民生活の慣習、各種営業の利害をも併せ考うるの必要がある。此等の諸点に就て遺策なきを期する為めにも亦其の基礎として、自然に現代科学的調査研究の必要が起って参ります。然るに之を市の理事若くは名誉職のみに求めて、市民各自が自己の改造を等閑にし、単に人に責むる急にして調査改善の知識を欠くと云うようなことでは、決して自覚せる市民と称すべきでないと思います。[124]

また、この演説の中には、よく知られた後藤の「学俗接近」の理念が示されている。後藤は燃料の理化学的研究を例示し、それを「頗る実利に遠ざかった寧ろ迂遠な問題のように聞えるようでありますが、之を何の不思議もなく通俗的に実際的に為すこと、即ち学俗接近に導くことが現代的生活に必要なることと考えるのであります」と述べる。

次に、社会教育の分野に視点を向けると、後藤の社会教育思想に注目した伊藤正次や、後藤の「学俗接近」論および夏期大学の実践に注目した中島純による研究などがみられる[125]。

伊藤によれば、後藤の社会教育事業として以下の三点が挙げられる。第一に「学俗接近」の理念の実現のため、通俗大学会の設立、通俗大学文庫の廉価販売、長野県における夏期大学事業などに携わった。

第二に、東京市長として、一九二四（大正一三）年の文部省普通学務局社会教育課の設置に先立ち、一九二一（大正一〇）年に社会教育行政を創設し指導した。愛市観念と自治精神に関する講演を市内各地で行い、給仕修養講話会、自由労働者講習会などを実施し、勤労者教育にも携わった。

第三に、少年団（ボーイスカウト）の活動である。一九二二（大正一一）年四月に開催された少年団日本ジャンボリーの臨時副総裁を引き受けたことを機縁とし、同年六月に東京連合少年団長となり、まもなく少年団日本連盟総裁（のちに総長）に就任した。一九二三（大正一二）年四月に東京市長を辞任した際の慰労金一〇万円も、そのまま少年団日本連盟に寄付している。

このほかにも、東京放送局初代総裁として一九二五（大正一四）年三月二二日の開局記念式典でラジオ放送の意義を述べ、放送事業の役割を「文化の機会均等」「家庭生活の刷新」「教育の社会化」「経済機能の敏活」と位置づけるなど、後藤の社会教育活動は幅広いものとなっている。伊藤はこうした社会教育思想を、「社会の教化」すなわち後藤独特の「自治」精神を育成するための国家による「啓蒙」と「動員」の側面を有していた一方、受け手の側に寄り添い、豊かな着想で多彩な社会教育事業を展開したと評価している[126]。

なお、後藤の死後、一九四一（昭和一六）年、岩手県に後藤新平記念水沢公民館が建設されている。後藤と親しかった正力松太郎により、後藤伯爵記念公民館として設立寄付されたものである。水沢公民館は、当時求められた公会堂構想が戦時下という理由で不許可になり、少年農兵隊づくりを目指す岩手県の特異な事情により「肉体と魂の錬成道場」という性格をもたせた複合施設となった[127]。

(3) 安田善次郎死後の寄付手続き

ここまで後藤新平について述べてきたが、日比谷公会堂の建設過程に戻ることとしよう。この経緯は、鶴見による伝記に詳しく、本章以下の記述も基本的に同書に依拠する[128]。

内談が後藤と周囲の若干の幹部の間だけで進められていた段階であった一九二一(大正一〇)年九月二八日、安田は別邸で刺殺された。その直前の九月二二日に、市政調査会館建築費等に関する手紙が安田から届いたばかりであった。後藤の落胆ぶりは、「こんな場合の後藤さんとしては珍しいほど深刻に現れた」、と市助役であった前田多門は回想する[129]。

安田を殺害したのは、当時三一歳の朝日平吾である。朝日の生涯については近年中島岳史が考察している。朝日は、元老や重臣、新旧華族、軍閥、財閥、政党の首脳を殺害するという遺書を残していた。中島は、超国家主義を思想の核とした昭和維新運動の先駆として朝日を位置づける久野収や橋川文三の論考をふまえつつ、労働運動や宗教生活に関与しながらも、貧困や不幸感、承認願望に鬱屈していた朝日の内面に迫っている[130]。本書ではこれ以上はふれないが、公会堂設立をもたらしたのは、前章でもみたように、多くは朝日が憎んだ財界人の力によるものであった。そしてその後公会堂は、無産政党と政府が衝突する現場から、やがて超国家主義的な運動の舞台となっていく。

翌一九二二(大正一一)年一月一五日に、安田の遺族から寄付の申し入れがあった。申し入れを受けた後藤は寄付行為を作成し、同年二月一七日、財団法人東京市政調査会設立の件を申請し、同月二四日、内務大臣より設立認可を受け、事務所は麴町区有楽町の愛国生命保険会社の三階に定められた。ただし、市政調査会は、安田家の寄付のみをもって創設されたのではなく、匿名の篤志家による寄付二口、四〇万円も最初創設の基金となっていた。

安田善次郎の遺志により、安田家は本所横網町本邸の宅地および建物一切を、三五〇万円と共に財団法人東京市政調査会に寄付し、調査会はその寄付条件に従い寄付金により市政会館を建設した。公会堂はその一部である。[131]なお、調査会は引き続き本所横網町本邸内に、前章で述べた本所公会堂を建設し、宅地と共に東京市に寄付し、これが東京市初の市有公会堂となった。

安田の寄付は、個人としての後藤に、金三五〇万円と本所横網町本邸および河岸地を添えて、もっぱら後藤の指揮の下に、東京市公会堂の建設と東京市政調査会館の建築並びにその経営とを委託するものだった。なおこの時、安田の嗣子が次代安田善次郎を襲名していた。

安田から後藤に宛てられた寄付に関する申込書は、三月九日に感謝をもって承諾され、本所の安田邸の土地および建物を東京市が受領するにつき必要な公式の手続き、所有権の移転手続きなどは、市政調査会の承認により、安田家から直接東京市に対し取り計らわれたきことを申し送った。

さらに三月二〇日、後藤は調査会設立者、同会理事として、安田の寄付申出および指定条件に基づき、寄付願を東京市長に提出した。本所の安田家本邸および庭園を公園とし、市政調査会は安田家の寄付金をもって邸内に公会堂を建築し、これを市の公会堂として寄付すること、および市政調査会は安田家の寄付金をもって日比谷公園東北隅に会館（公会堂付設）を建設し、その公会堂に属する部分は市の公会堂として無償提供するから、その建設用地一二〇〇坪以内の無償使用を許可してもらいたいとの趣旨であった。

ここで後藤は今度は東京市長として、先の寄付願に基づき「寄付受領ニ関スル件」なる市会議案を作成し、三月二二日、市参事会の審査に付した。そうして市参事会は、三月二九日この案に同意したので、四月四日市会に提出、同一〇日上程され、即日七名の委員付託となった。

市会議案については、委員会において論議が行われた結果、市政調査会から、さらに調査会代表者を理事池田宏と訂正し、なお会館および公会堂の建築に関する工事費は安田家から調査会に寄付された三五〇万円をあて、向こう三年以内に竣工すべき旨の追申書を、また安田善次郎および市政調査会の連名で、本所安田邸の寄付は、安田家から東京市に直接寄付するのが相当とされるなら、そう取り計らっていただきたいという趣旨の寄付願を、いずれも東京市長に提出した。

そこで市会委員会は前後六回にわたる集合審議の結果、報告意見をまとめ、市会はその委員報告の通り可決した。この決定によれば当初安田邸敷地建物は、一応調査会が安田家から寄付を受けた上、さらにこれを市に寄付する趣意であったのを、安田家と東京市の間で直接寄付が行われることとなった。

そして六月二一日付で後藤より安田にあて、寄付承認の件に関する東京市長よりの来牒を通達するとともに、寄付財産の授受についての配慮を煩わしたき旨を申し送った。これに対し安田家からは、六月二三日付をもって了承の旨の回答があり、これで安田家よりの財産寄付についての一切は確定した。

(4) 内務省との争いから完成へ

安田からの寄付により、後藤の公会堂構想は具体化に向け動き出す。一九二一(大正一〇)年一二月二一日一三時からの市会で、まず「市民館」の名称で後藤から発表された。新聞報道では、「市民館」は以前から構想されていた「大産業調査機関の延長であり、変形」、そして「市民の燈明台」とされた。「市民館」の一部を公会堂とし、ほかには市政調査の諸設備をし、「凡そ市民生活に必要な諸般のことは此処で科学的に研究してその成果を発表する」、すなわち電気ガス、塵埃糞尿、道路問題など市民生活に必要な諸般を科学的に研究する、「公会堂から糞尿の調査もする」場所として発表された[132]。

後藤のこうした政策は、都市生活における自治心を養うという理念に貫かれており、ほかにも市民読本の編纂、吏員教員の講習所設置、青年団および社会教育課の活動の促進などで、市民化運動の実現をはかろうとしていた[133]。

翌一九二二（大正一一）年、五月二九日の市会で承認され、東京市政調査会は公会堂を付した市政会館建設の設計に着手した。同年一一月末に「我国知名の建築士八名を指名選抜」して会館設計図案を懸賞競技に付したが、二五〇〇人規模の「大講堂（即ち東京市の管理に属すべき公会堂）」が条件に入れられ、東京市政調査会の建物とは別に、「単独管理に便ならしむること」が条件とされた。一九二三（大正一二）年三月二〇日に各人から提出があり、四月一〇日に結果が出された[134]。佐藤功一が一等となり、一九二五（大正一四）年の落成予定で計画は進んだ[135]。

設計者である佐藤功一は、一八七八（明治一一）年生まれ、東京帝国大学工科大学卒業後、三重県技師、宮内省内匠寮御用掛などを歴任した。さらに早稲田大学の派遣による欧米視察などを経て、一九一〇（明治四三）年に早稲田大学に建築科を開設し、日本女子大学教授なども務めた。早稲田大学大隈講堂（一九二七（昭和二）年）や前章にみた岩手県公会堂（一九二七（昭和二）年）など、東京市政会館のほかにも多くの集会施設や庁舎の設計を手がけた。

しかし、計画は難航する。東京市政調査会が東京市長に対し、一九二三（大正一二）年一二月二八日に市政会館および公会堂の建築敷地指定、建築認可の申請を出すも、監督官庁である内務省からの反発で、一九二五（大正一四）年五月一八日までの約一年半、認可が下りなかったのである。その後警視庁に建築認可の申請を出すも、今度は警視庁から工事見合わせの通達を受け、大蔵省からの反発も加わり、最終的に警視総監から認可が下ったのは、一九二七（昭和二）年八月六日であった[136]。

内務省の介入は、一九二二（大正一一）年五月二七日、内務省から東京府を経て後藤市長に対し、建設中止を求める通牒が届いたことに始まる。公園行政を統括していた内務省の反対意見は、大衆運動の拠点となる恐れがあること、高層大建造物を公園の中に設けることは公園本来の使命にもとり、公園機能を著しく低下させるという内容であった。また、「近時都市人口の著しく増加するに従ひ都市公園の経営は公衆衛生上益々重要の意義を加ふる」として、その普及および保護は「急務中の急務」としながらも、貸事務所などを包容する建築物の築造は公園には適当ではない、という見解も示された(137)。

新聞紙上では、「自治権蹂躙」、「市民を冠に着て内務省を威嚇」、「一方が都市計画の本義から説き起こして公園の必要を尤もらしく講釈すれば、他方が内務省が議会付近の民衆運動を怖がる」などとこのやりとりを報じた。「公園は市のものだが土地は官有」という内務省に対し、東京市は、一九〇三(明治三六)年の公園開設から公会堂予定地としてすでに三〇〇〇坪が想定されており、公園が一二〇〇〇坪狭くなる代わりに五〇〇〇坪の本所公園ができる、と主張、会館問題は複雑化する。

内務省の反対理由としては、第一に、ただでさえ手狭の日比谷公園に建設することは公園の風致衛生上および都市計画上からみて不適当であること。第二に、西洋館四階建の建物のうち、公会堂以外を貸事務所とし年額二〇万円の東京市の財源とすることであった。欧米諸国でも公園内の施設としては喫茶店くらいが関の山であり、敷地を変更するまでは許可しない、という見解であった(138)。後藤市長と、時の内務大臣床次竹二郎の対立も当時報道されている(139)。これに対し東京市は、府宛に「公園経営に関する件」という、状況を説明する具状書を提出し、所有権は国家にあるものの、公物としての公園の管理権をもつ市の立場を主張した(140)。

この紛糾について、「第三者の立場」からとして、建築家の伊東忠太は、外国には公園内に貸事務所を建設した例はなく、公園の美観を損ね、市の真ん中にあり大切にせねばならない日比谷公園でなくても、ほかに敷地はある、として反対の立場を示した(141)。当時の新聞にも、日比谷公園内を狭めて貸事務所をつくることを「善良なる市民をせせら笑ひながら、永遠に後藤男の生涯を記念することでせう」と、公会堂を後藤個人の記念物として皮肉を込めて批判する読者投稿が寄せられた(142)。

東京市の具状書の提出により、市と内務省の関係は膠着状態が続く。争点は貸事務所であったが、市の前田助役によれば、事業の性質を吟味し、入口を公園内でなく壕端にし、営利目的でなく市政調査会の事業推進にあてる、といった措置がとられた(143)。

構想段階から後藤の公会堂案に言及していた田川大吉郎は、日本はロンドンなどに比して公園が少ないため、日比谷公園内に公会堂を建設することは公園の増加拡張に行き詰まりをもたらすとして、内務省の支持に回った。ただし、公会堂そのものの必要性は認め、別の場所への建設を勧めている(144)。

こうした問題が続く中、一九二三（大正一二）年四月二五日に後藤は突然東京市長の辞任の意思を表明する。身辺が多忙になってきた、という簡単な趣旨が後藤からは伝えられた。しかし、ロシア共和国極東全権アドリフ・ヨッフェを招致し日露関係を改善することが、満鉄時代からロシアと関係の深かった後藤にとって急務となったこと、東京市長という立場では外交問題に取り組みにくいこと、すでに悪化していた内務省との関係がヨッフェ招致問題でさらに悪化したこと、それにより市政に迷惑がかかることなどが、辞任の真相とされる(145)。

後藤の後任市長には、一九二三（大正一二）年五月にそれまで助役であった永田秀次郎が就いたが、内務省との問題は解決せず、九月一日の関東大震災後も続いていた。震災後は、市内で大小の集会場が以前にも増して不足していた。震災翌年の一九二四（大正一三）年五月に投票が行われた衆議院議員総選挙では、候補者たちはバラックや天幕を利用する例もあったが、寺や決まった集会場で行うのと違い場所がわからないので、集まる人も少なかったという。学術講演やその他の集会でも不自由さは同様で、学校を借りるにも、「立派な紹介が無くては容易に借りられぬ」状況であった。再建された神田の青年会館も、一切の娯楽興行や政治問題に貸し出さなくなっていた(146)。

こうした状況下で、「それにつけても東京市の公会堂はどうなつた。まさかその金まで地震で焼けたわけぢやあるまい」[147]と心配されたように、建設計画は一時中断していた。公園の風致を害さないという条件付きで東京市会は通過したが、それに対して内務省が反対したため、ボーリング試験まで実施したものの、工事に着手できなくなっていた。[148]一九二五（大正一四）年五月には、内務省との妥協で公園東北隅から東南隅へと移して公園敷地内の建設場所も決まり、八月二一日付で警視庁に対して建築認可の申請を行った。

この場所の移転については、当初の計画場所である公園東北隅という案には、内務省が強硬に反対した。[149]図2-8は、米山勇による日比谷公会堂敷地変更に関する論考からのものだが、米山は、当初計画地に決定した場合は皇居が近くなることも、敷地変更理由の可能性として挙げている。また、変更後は公園西にある議院への距離は近くなるが、大音楽堂および図書館があることから、公園南東隅部から西側へのアプローチはある程度隔絶されていたこと。また、当初予定の敷地の場合は、公会堂から流出した民衆が公園西側に抜け、司法省から議院へと流れ込む可能性が大きかったことを、米山は推測している。[150]このほか、公園行政の見地から前島康彦は、「東北隅は皇居濠端に近く、附近一帯の美的環境に不利との判断にもとずいたと、私は聞いている」と述べ、場所変更には公園課長の井下清の強い意見もあったことを指摘している。[151]

しかし、翌一九二六（大正一五）年五月、基礎杭打ち工事の一部が完了した頃、警視庁から工事見合わせの通達が下る。元来建築認可には煩雑な手続きを要するため、当局了解の下に一部の施工は黙認されるのが永年の慣習であった。この不文律に基づき、施工総監督であった佐野利器と警視庁建築主任官の間での了解で基礎工事は進んでいたが、突然見合わせの通達が来たことで、市政調査会と当局との間での「押し問答」が始まった。

さらに、公園地使用に関して大蔵省からも反対を受ける。日比谷公園は、大蔵省所管の国有財産中のものを公園として使用するという条件をもって国が東京市に貸下げたものであるから、もし市政会館建築のような公園機能に属さない建築物の使用に供しようというのならば、市はその部分を公園から排斥して国に返還すべきである、と大蔵省は

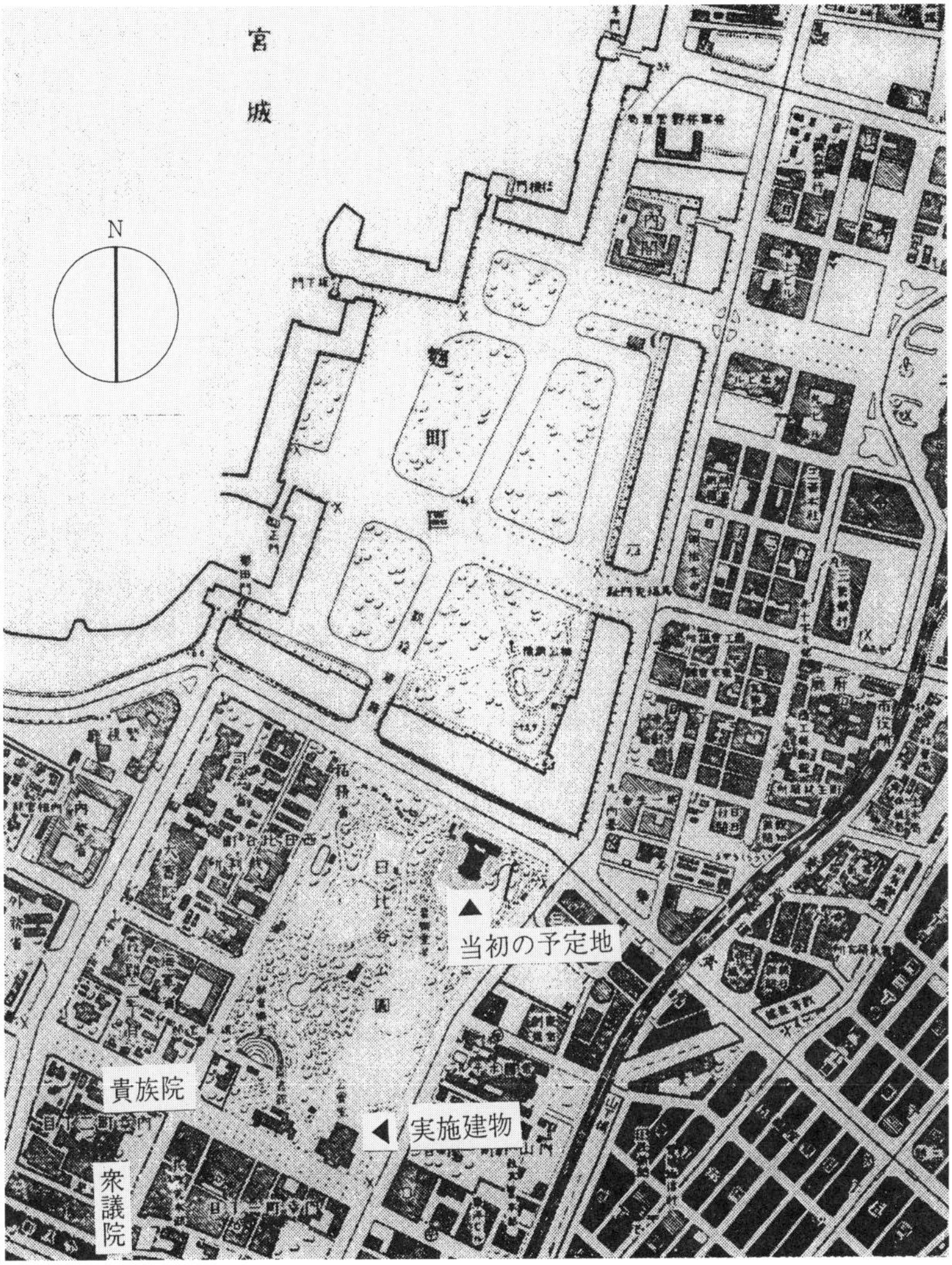

図 2-8　当初の公会堂予定地から、実施段階においての移転を示した図
出典：米山勇「建築家・佐藤功一と都市への視線、あるいは近代の視線――東京市政調査会館及東京市公会堂、早稲田大学大隈記念講堂を中心に」『東京都江戸東京博物館研究報告』第２号、1997 年、82 頁

求めた。一方内務省側では、当該地区を公園から除外することになれば、都市計画委員会の議決を必要とし、内務省は公園管理に関する自己の機能を縮小する結果に陥るので、この問題については、公会堂のごとき高層美観の建築物を建設することは、必ずしも公園の機能を妨げず、むしろ公園の一面の利用であるという議論をもって進む、ということで、市政調査会と内務省との間の了解がなった。

このように複雑化した問題は、解決が遅れた。一九二七（昭和二）年春、若槻礼次郎内閣は総辞職し、金融モラトリアムや財界の混乱の中で会館問題は手付かずとなったが、六月に政情が落ち着いたのを好機に調整は再開された。内務省の意向も時の経過と共に漸次和らぎ、大蔵省側の了解も得られ、警視庁はもはや独自の立場で認可指令を交付しうる立場となった。

市の理事は政府に理解を求め、一九二七（昭和二）年八月六日にようやく同所使用の認可が得られ、工事の継続施工が許された。東京市政調査会の松木幹一郎理事は「大規模な公会堂と調査会館の出現に依つて市民生活に大なる幸福を与へることが出来寄付者の意志も貫徹する訳である」と述べた(152)。

以上のように、手続きが極端に遅れた原因について、松木は「伯のお城が出来上がる——後藤系の勢力が増大することを恐れた方面からいろいろ妨害が加わったことも否定できぬし、また日比谷公園の区域が狭小になるからという反対もあった」と述べた。事務的な問題以外の政治的な原因は、鶴見祐輔も指摘している(153)。

完成直前、佐野利器は、公会堂についてギリシャやローマの集会施設にもふれながら「講演も聞かう、音楽も楽まう、活動写真よし、演芸よし、意見の交換可なり、祭典亦可なり、要するに民衆自らが有する所の公会堂は、民衆自らの慰安、修養、訓練、式典等一切の為めの集会場である」として、市民の活気によって生み出される「民衆的訓練」の場とした。そして公会堂の整備が進む大阪や横浜、神戸、名古屋などと比較し、東京にはすでに「沢山な建物及び集会施設がある」ものの、「最早やこんな借物や間に合せのものでは済まなくなつて来た。市民の活気に相応した市民自体のものを産み出さねばならぬ時期が切迫したのである」と述べ、公会堂の完成を歓迎した[154]。清水組（現・清水建設）の施工で一九二八（昭和三）年五月一六日に定礎式が行われ、着工した。後藤は定礎式には参加したが、翌年、開館を待たずして一九二九（昭和四）年四月一三日に七一歳で死去する。

東京市行政内では引き続き準備が進められた。九月二〇日の市議会では日比谷公会堂に関する雑支出と追加予算が承認され、一〇月一一日には公会堂の使用券と入場券の様式が決定された[155]。

そして、一九二九（昭和四）年一〇月一九日、竣工となった。建築費総額は二七五万四〇〇〇円であった[156]。落成式では、東京市政調査会長阪谷芳郎から、堀切善次郎東京市長にマスターキーが贈られた。管理運営が東京市政調査会から東京市に任される、ということを意味する儀式であった。落成式にあたり濱口雄幸総理大臣は、「欧米ノ大都市ニ比較シテ遺憾トスベキ点多キハ夙ニ識者ノ認ムル所ナリ[157]」と、遅れをとった公会堂整備に対しての祝辞を寄せた。落成式の翌日は開場記念祭が行われ、入場無料で「市民とあらば誰でも歓迎」とされた。

同日付で「日比谷公会堂受授書」が、「日比谷公会堂工事仕様書」および同図面、備品目録、鍵目録とともに市政調査会長から東京市長に渡された。授受書の引渡人は東京市政調査会長阪谷芳郎、引受人は東京市長堀切善次郎であった。

総坪数四八八三坪という巨大な建物は、市政調査会と日比谷公会堂で分けられた。構造的にも入口が二つ設けられ、通り沿いの入口から市政調査会へ、日比谷公園側の入口から日比谷公会堂へそれぞれ入れるようになっていた。客席は二七四〇（下層部一三八六、上層部一三五四）と当時国内最大級であった[158]。客席数、次章で述べる音響への配慮など、市内随一の集会施設としての特徴を備えていた。

以上の紆余曲折を経て完成した日比谷公会堂を、後藤新平とその協力者安田善次郎の「偉業」として描くことは、完成当時から現在までなされてきた。後藤の大胆な都市計画、安田との信頼関係、東京市政調査会と内務省とのやり

図 2-9　完成当時の外観
出典：財団法人東京市政調査会編・発行『市政会館及日比谷公会堂建築工事概要』

図 2-10　ホール内部
出典：財団法人東京市政調査会編・発行『市政会館及日比谷公会堂建築工事概要』

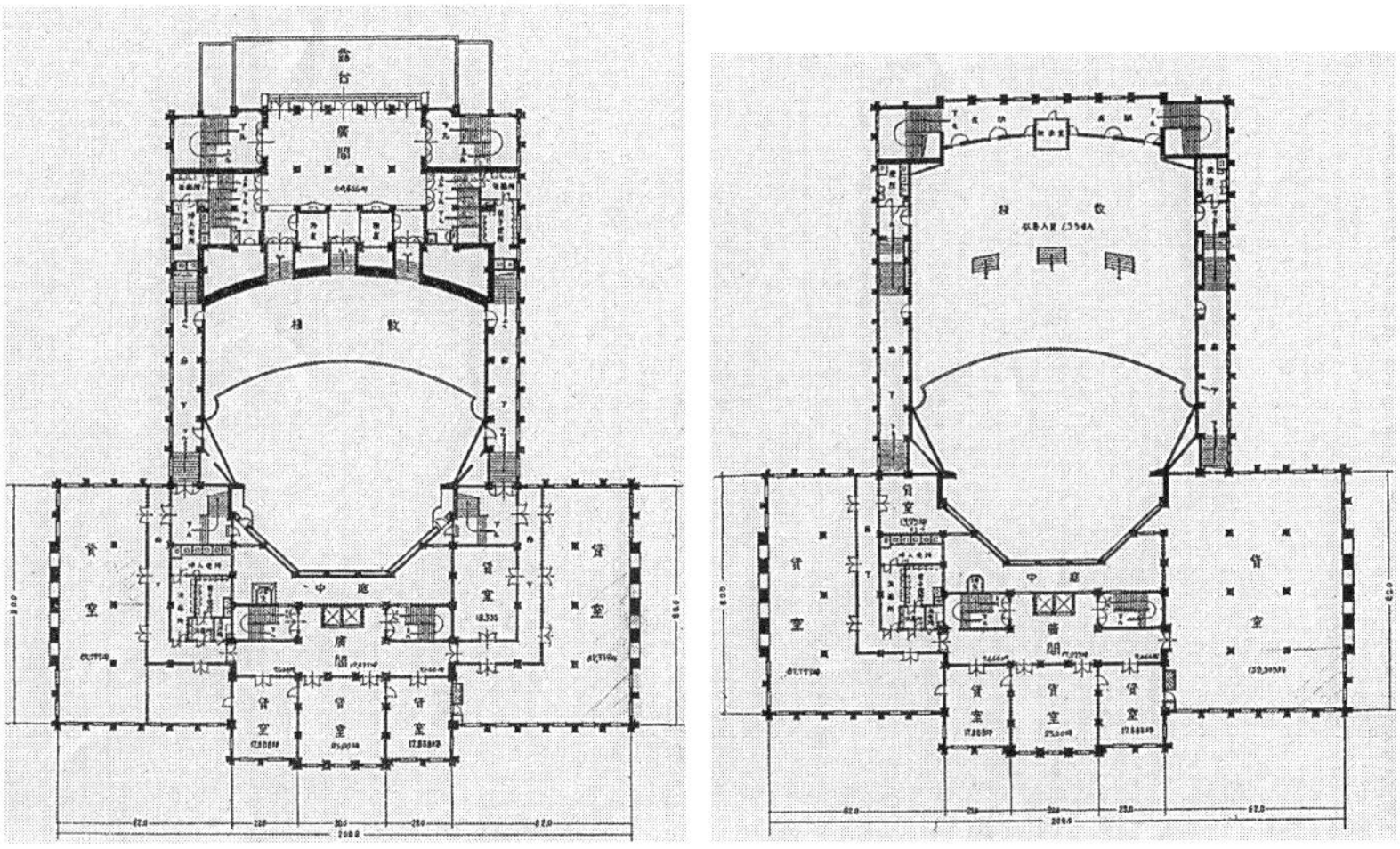

図２-11　公会堂部分の図面（左：３階、右：４階）
出典：財団法人東京市政調査会編・発行『市政会館及日比谷公会堂建築工事概要』

とりなどは、後藤だからこそ可能だった部分が大きいといえよう。しかし、さらに視点を広げて明治以降の東京市における公会堂の構想、公園内における東京市の文化事業、公会堂を求める世論なども検討した時、近代都市において公会堂という施設がどれだけ切望されてきたか、という事実が浮き彫りにされてくる。東京市永らくの宿願であった公会堂構想が、後藤と安田という人物を得たことで、一九二九（昭和四）年にようやく実現をみたのである。

注

（1）源川真希『東京市政――首都の近現代史』日本経済評論社、二〇〇七年、三九頁
（2）前田愛『幻景の明治』岩波現代文庫、二〇〇六年、二六二―二六四頁
（3）中筋直哉『群衆の居場所――都市騒乱の歴史社会学』新曜社、二〇〇五年
（4）小野良平『公園の誕生』吉川弘文館、二〇〇三年、進士五十八『日比谷公園――一〇〇年の矜持に学ぶ』鹿島出版会、二〇一一年
（5）村松貞次郎『日本近代建築の歴史』岩波現代文庫、二〇〇五年、一六四頁
（6）小野、前掲書、九九―一〇〇頁
（7）佐藤卓己『現代メディア史』岩波書店、一九九九年、四〇頁
（8）小野、前掲書、一七二頁
（9）田邊健雄／杉田謙「三田演説館と明治会堂について――我国における公会堂建築の先駆として」『研究報告集　計画系（六〇）』日本建築学会、一九九〇年、二六五―二六八頁
（10）小野、前掲書、五三―五四頁
（11）「弥生館の開館式」『読売新聞』一八九〇年一〇月二〇日付朝刊三面
（12）「日本橋区公会堂の倶楽部」『読売新聞』一八九一年五月二八日付朝刊二面
（13）「議事堂の建築に就て」『読売新聞』一八九一年一月二三日付朝刊一面

(14)「東京に一大公会堂を設けんとす」『読売新聞』一八九〇年一月一六日付朝刊二面
(15) 初田亨『モダン都市の空間博物学――東京』彰国社、一九九五年、二一五―二一九頁
(16) 初田亨『繁華街の近代――都市・東京の消費空間』東京大学出版会、二〇〇四年、二一〇頁
(17)「最後の砲列巡りで首相の火消し演説」『東京朝日新聞』一九二八年二月二〇日付朝刊七面
(18)「お湯屋までも演説会場に　素晴らしい言論戦に寄席も活動館もほくほく」『東京朝日新聞』一九三〇年二月六日付朝刊七面
(19)「日比谷公園の設計」『読売新聞』一八九九年五月七日付朝刊一面
(20)「日比谷公園設計概要説明」『読売新聞』一九〇一年六月一二日付朝刊五面
(21)「日比谷音楽堂建設計画調査済」『読売新聞』一九〇三年六月一四日付朝刊七面
(22)「日比谷公園と音楽堂」『読売新聞』一九〇三年六月九日付朝刊五面
(23)「日比谷公園音楽堂の起工」『東京朝日新聞』一九〇三年一二月二二日付朝刊五面
(24) 永井建子「公園音楽に就て」『音楽』第八巻第五号、楽友社、一九〇五年、五二―五六頁
(25) 谷村政次郎『日比谷公園音楽堂のプログラム――日本吹奏楽史に輝く軍楽隊の記録』つくばね社、二〇一〇年
(26) 岩井貞麿「日比谷音楽の回想」『月刊楽譜』第一六巻第四号、松本楽器、一九二七年、五一頁
(27) 小宮豊隆編纂『明治文化史　九　音楽演劇編』洋洋社、一九五四年、六二二頁
(28)「日比谷音楽堂開堂式　夜の奏楽神曲を聴くが如し」『東京朝日新聞』一九〇五年八月三日付四面
(29)「日比谷音楽堂第二回の奏楽」『東京朝日新聞』一九〇五年八月九日付六面
(30) 岩井、前掲書
(31) 堀内敬三『音楽五〇年史』鱒書房、一九四二年、二七二頁
(32) 東京市告示第五二号、一九〇五年七月二四日。前島康彦『日比谷公園』財団法人東京都公園協会、一九八〇年（一九九四年改訂）、六五頁所収
(33) 谷村、前掲書、一三頁
(34) つゆまろ「丙午洋楽会の趨勢」『音楽新報』第四巻第一号、音楽新報社、一九〇七年、二九―三〇頁

(35) 天生「日比谷公園の奏楽概評」『東京日日新聞』一九〇七年五月一三日付
(36) 氷村「公園音楽に対する大不平」『音楽界』第二〇四号、音楽社、一九一八年、二七頁
(37) 三浦俊三郎『本邦洋楽変遷史』日東書院、一九三一年、三八六頁
(38) 「楽界時事　日比谷音楽堂移転」加藤長江／白井嶺南編『音楽年鑑』大正九年版、竹中書店、一九二〇年、三二頁
(39) 前島、前掲書、六九―七〇頁
(40) 村松竹太郎「日比谷公園奏楽三〇年記念演奏会について」『月刊楽譜』第二四巻第七号、松本楽器、一九三五年、三六頁
(41) 「楽界時事　日比谷楽堂と青年館」加藤長江／白井嶺南／平戸大編『音楽年鑑』大正一二年版、竹中書店、一九二三年、一八―一九頁
(42) 村松竹太郎（呉山人）『東京都政秘話』秀文閣書房、一九四三年、二〇六頁
(43) 同右、一九八―一九九頁
(44) 「巻頭言」樂報會編『音楽年鑑』大正一六年（昭和二年）版、竹中書店、一九二六年、二頁
(45) 井下清著、日本庭園協会編纂『公園の設計』雄山閣、一九二八年、二〇〇頁
(46) 井下清「公園の奏楽」『月刊楽譜』第一八巻第八号、松本楽器、一九三九年、三三―三六頁
(47) 村松、前掲書、一九九頁
(48) 村松呉山人「東京市と吹奏楽について」『音楽倶楽部』第八巻第八号、管楽研究会、一九四一年、八二―八四頁
(49) 同右
(50) 瀬戸口藤吉談「軍楽隊と奏楽堂」『音楽評論』第一〇巻第二号、音楽評論社、一九四一年、六〇頁
(51) 堀内敬三『音楽五〇年史』鱒書房、一九四二年、二七四頁
(52) 「大田黒元雄氏を中心にした座談会」『音楽世界』第七巻第四号、音楽世界社、一九三五年、九八頁
(53) 村松、前掲書
(54) 「忍ぶ市民に御褒美を　市が毎月娯楽提供の親心」『東京朝日新聞』一九四〇年一〇月八日付夕刊二面
(55) 村松呉山人「東京市民大厚生運動に就て――大久保東京市長の英断」『音楽倶楽部』第七巻第九号、管楽研究会、一九四〇年、四四―四八頁

(56) 井下、前掲論文
(57) 井下、日本庭園協会、前掲書、二〇一頁
(58) 「音楽の殿堂としての公会堂」東京都編・発行『日比谷公会堂　その三〇年のあゆみ』一九五九年
(59) 東龍太郎「開設三〇年を迎えて」同右
(60) 「公会堂設立の計画」『読売新聞』一九〇六年二月一八日付朝刊一面
(61) 「公会堂設計案」『読売新聞』一九〇六年四月一五日付朝刊二面
(62) 「公会堂敷地決定」『読売新聞』一九〇六年一〇月三日付朝刊二面
(63) 「市の公会堂模型」『読売新聞』一九〇七年五月一八日付朝刊二面
(64) 「市公会堂敷地芝区に決す」『読売新聞』一九〇七年一〇月九日付朝刊一面
(65) 「市の仮設公会堂」『読売新聞』一九〇七年一〇月二四日付朝刊一面
(66) 「市公会堂」『読売新聞』一九〇九年三月一二日付朝刊一面
(67) 「市公会堂の難産」『読売新聞』一九〇九年四月二四日付朝刊二面
(68) 「市公会堂の消滅」『読売新聞』一九〇九年六月一九日付朝刊二面
(69) 「市政及び府政　公会堂」『読売新聞』一九一〇年五月一八日付朝刊二面
(70) 「論議　公会堂建設の計画」『読売新聞』一九一〇年五月二六日付朝刊一面
(71) 「昨夜の鰻会」『読売新聞』一九一〇年七月一九日付朝刊二面
(72) 「高等演芸場の創設」『音楽新報』第三巻第六号、音楽新報社、一九〇六年、三四頁
(73) 「常設音楽館設置の議」『音楽界』第五巻第八号、楽界社、一九一二年、七―八頁
(74) 日本近代音楽館編・発行『日本の音楽雑誌解題集一』一九九九年、九頁
(75) 「通俗音楽会」『音楽界』第六巻第一一号、楽界社、一九一三年、六四頁
(76) 「世界第一の音楽堂」『音楽界』第五巻第六号、楽界社、一九一二年、六九頁
(77) 末本誠／上野景三「戦前における公民館構想の系譜」横山宏／小林文人編『公民館史資料集成』エイデル研究所、一九八六年、七一九―七六九頁、坂内夏子「近代日本における社会教育の転換」『早稲田大学教育学部学術研究（教育・生涯教育学

編)』第五四号、二〇〇六年、一三―二六頁
(78)宮坂廣作『近代日本社会教育史の研究』法政大学出版局、一九六八年、五七七頁
(79)小松耕輔『音楽と民衆』蘆田書店、一九二七年、三〇―三一頁
(80)編集員「社会教育の機関」『音楽之友』第八巻第六号、楽友社、一九〇五年、一七―二一頁
(81)同右
(82)「市公会堂」『読売新聞』一九〇九年三月一二日付朝刊一面
(83)「公会堂と美術館」『読売新聞』一九一二年八月一〇日付朝刊五面
(84)野村光一『音楽青春物語』音楽之友社、一九五三年、二三頁
(85)桐葉「奏楽堂」『音楽界』第一八七号、楽界社、一九一七年、六一頁
(86)「演奏場新設の計画成る」『音楽界』第一九一号、楽界社、一九一七年、五七頁
(87)嶺美那美「素人の演奏堂観」『月刊楽譜』第六巻第一〇号、松本楽器、一九一七年、二六頁
(88)「市記念事業」『読売新聞』一九一七年九月二六日付朝刊二面
(89)「愈々日比谷公園に公会堂を建設」『読売新聞』一九一九年三月三〇日付朝刊五面
(90)「公会堂の設計図を小冊子にして配布し市民の理想を参考せよ　理事者は工費の膨張を恐る」『読売新聞』一九一九年五月二六日付朝刊五面
(91)「音楽堂の建設運動」『音楽界』第二二二号、楽界社、一九二〇年、二三頁
(92)竜門社編『渋沢栄一伝記資料』第四二巻、渋沢栄一伝記資料刊行会、一九六二年、二〇九―二二八頁
(93)「会場の焼失に目覚めて市に公会堂運動」『読売新聞』一九二〇年一〇月八日付朝刊五面
(94)東京市政調査会編・発行『小市民は東京市に何を希望してゐるか』一九二五年、一八二―一八三頁
(95)北岡伸一『後藤新平――外交とヴィジョン』中公新書、一九八八年、一九二頁
(96)越澤明『後藤新平――大震災と帝都復興』ちくま新書、二〇一一年、一九二頁
(97)鶴見祐輔『決定版　正伝　後藤新平』第七巻、藤原書店、二〇〇六年、三二五頁
(98)鶴見祐輔『決定版　正伝　後藤新平』全八巻、藤原書店、二〇〇四―二〇〇六年(鶴見祐輔編著『後藤新平』全四巻、後

藤新平伯傳記編纂會、一九三七―一九三八年を底本とする）
(99)　前田多門「市政会館と日比谷公会堂」東京都、前掲書
(100)　山崎賢二「財団今昔」財団法人助成財団センター『JFC VIEWS』第三八号、二〇〇二年
(101)　小汀利得『日本コンツェルン全書　V　安田コンツェルン』春秋社、一九三七年、三三一頁
(102)　矢野文雄『安田善次郎傳』安田保善社、一九三〇年（訂正再版）、五二二―五二三頁
(103)　鈴木博之『現代の建築保存論』王国社、二〇〇一年、二一五―二一六頁
(104)　由井常彦『安田善次郎――果報は練って待て』ミネルヴァ書房、二〇一〇年、三一八―三二〇頁
(105)　竹村民郎『大正文化――帝国のユートピア』三元社、二〇〇四年、五四―五五頁
(106)　矢野、前掲書、五四八―五五二頁
(107)　浅井良夫「安田善次郎（一八三八―一九二一）「八億円計画」の意義を見抜く」御厨貴編『時代の先覚者・後藤新平　一八五七―一九二九』藤原書店、二〇〇四年、二一八―二二二頁
(108)　竹下譲「市政の科学化――東京市政調査会の設立」『都市問題』二〇〇七年八月号特別増刊、第九八巻第九号、東京市政調査会、二〇〇七年、二二一―二二三頁
(109)　北岡、前掲書、一九五頁
(110)　『「都市問題」公開講座ブックレット　一一　経世家・後藤新平　その生涯と業績を語る』財団法人東京市政調査会、二〇〇七年、一一七頁
(111)　鶴見、前掲『決定版　正伝　後藤新平』第七巻、一六五頁
(112)　北岡、前掲書、一九〇―一九一頁
(113)　鶴見、前掲『決定版　正伝　後藤新平』第七巻、三七四―三七七頁
(114)　同右、四六五―四六六頁
(115)　田川大吉郎「評判の市政を思ふ　五、市庁舎と公会堂」『読売新聞』一九二一年六月一三日付朝刊二面
(116)　関直規「戦前大都市社会教育施設に関する一考察――東京自治会館を事例として」『日本公民館学会年報』第五号、二〇〇八年、五〇―六〇頁、田所祐史「労働者教育の施設空間をめぐる一考察――戦間期の労働会館を中心に」『明治大学社会教育

主事課程年報』第九号、明治大学、二〇一〇年、二五―四六頁
(117)『東京自治会館出品概要』東京市役所、一九二三年六月、序文
(118) 田所、前掲論文、二七―二八頁
(119) 後藤新平「日本青年会館開館祝辞」後藤新平文書、マイクロフィルム第六五巻、整理番号24-11-7
(120)「公会堂えの道　大市長後藤伯の熱意」東京都、前掲書
(121) 後藤新平口授原稿「市会選挙と安田家寄附問題」一九二二年五月一二日。後藤新平文書、マイクロフィルム第七〇巻、整理番号26-41、七頁
(122) 後藤新平「東京市の新計画はどうして完成するか」芳林小学校における神田実業会主催自治講演会、一九二〇年六月一七日。『余の見たる東京市とその自治制其他講演』帝大緑会所収、後藤新平文書、マイクロフィルム第六一巻、整理番号23-5-4
(123) 後藤新平口授原稿「市会選挙と安田家寄附問題」一九二二年五月一二日。後藤新平文書、マイクロフィルム第七〇巻、整理番号26-41、二一頁
(124) 鶴見、前掲『決定版　正伝　後藤新平』第七巻、四九七―五〇〇頁
(125) 中島純『後藤新平「学俗接近」論と通俗大学会の研究』私学研修福祉会研修成果刊行物、二〇〇三年
(126) 伊藤正次「社会教育事業」『都市問題』二〇〇七年八月号特別増刊第九八巻第九号、東京市政調査会、二〇〇七年、三四―三五頁
(127) 山本健慈／井上英之「市民団体・グループとのネットワーク」日本社会教育学会特別年報編集委員会編『現代公民館の創造――公民館五〇年の歩みと展望』東洋館出版社、一九九九年、三六三頁
(128) 鶴見、前掲『決定版　正伝　後藤新平』第七巻、四八三―四八六頁
(129) 前田多門「市政会館と日比谷公会堂」東京都、前掲書
(130) 中島岳史『朝日平吾の鬱屈』筑摩書房、二〇〇九年
(131) 安田の寄付および後藤との交渉に関する経緯は、後藤新平『東京市政調査会寄附に関する安田勤倹翁の真意』一九二二年に詳しい。

(132)「後藤市長が予て計画の「市民館」を今日市会で発表」『読売新聞』一九二一年一二月二一日付朝刊五面
(133)「市民の愛市心を養ふ為め小学教育に新教材を採用し市内各区に巡回講演をする」『読売新聞』一九二一年一二月二二日付朝刊三面
(134)財団法人東京市政調査会『東京市政調査会館競技設計図集』洪洋社、一九二三年、二頁
(135)「安田家の寄附金で愈々市の公会堂」『読売新聞』一九二三年四月一二日付朝刊五面
(136)鶴見、前掲『決定版　正伝　後藤新平』第七巻、五二四―五二七頁
(137)「会館建設問題　内務省では反対　市は飽迄遂行」『読売新聞』一九二二年五月三〇日付朝刊三面
(138)「手狭の日比谷公園に公会堂は許可せぬ　貸事務所などは特に困る　内務当局談」『読売新聞』一九二二年六月一日付朝刊二面
(139)「会館問題」『読売新聞』一九二二年六月一日付朝刊二面
(140)「東京市から知事へ会館問題で具情書」『読売新聞』一九二二年六月一日付朝刊二面
(141)「外国にもそんな例は無く建つれば公園は打壊し　大事に保存すべき日比谷公園にエタイの知れない公会堂とは…」『読売新聞』一九二二年六月二日付朝刊五面
(142)林学博士、多津生「斬馬剣　後藤男の遣口」『読売新聞』一九二二年六月三〇日付朝刊三面
(143)「サテ何つちが勝つ　貸事務所問題は利益を市政調査会に使ふから差支へないと…前田助役は云ふ」『読売新聞』一九二二年六月四日付朝刊五面
(144)「市政刷新の法案　六、公園と公会堂」『読売新聞』一九二二年六月二〇日付朝刊二面
(145)鶴見、前掲『決定版　正伝　後藤新平』第七巻、五六四―五七四頁
(146)一市民「斬馬剣　公会堂」『読売新聞』一九二四年四月二三日付朝刊二面
(147)同右
(148)「許す、許さぬで敷地がうるさい」『読売新聞』一九二四年七月二三日付朝刊三面
(149)鶴見、前掲『決定版　正伝　後藤新平』第七巻、五二五頁
(150)米山勇「建築家・佐藤功一と都市への視線、あるいは近代の視線――東京市政調査会館及東京市公会堂、早稲田大学大隈

記念講堂を中心に」『東京都江戸東京博物館研究報告』第二号、一九九七年、八三頁
(151)前島康彦「東京公園史話(その三二)公園地の寄附と御下賜」同『東京公園史話』財団法人東京都公園協会、一九八九年、一八七頁
(152)「工事継続を許された調査会」『読売新聞』一九二七年八月一〇日付朝刊七面
(153)鶴見、前掲『決定版　正伝　後藤新平』第七巻、五二四―五二七頁
(154)佐野利器「公会堂に就て――東京市公会堂の建設に当り」『都市問題』第六巻第一号、東京市政調査会、一九二八年、一二九―一三二頁
(155)東京市文書「東京市公会堂使用券及入場券様式決定ノ件」一九二九年一〇月一一日提案
(156)財団法人東京市政調査会編・発行『東京市政調査会四〇年史』一九六二年、五八頁
(157)濱口雄幸「市政会館公会堂建築落成式来賓祝辞」『都市問題』第一〇巻第一号、東京市政調査会、一九三〇年、二二四頁
(158)財団法人東京市政調査会編・発行『市政会館及日比谷公会堂建築工事概要』四―五頁

第3章　日比谷公会堂と催事

本章では、一九二九（昭和四）年の日比谷公会堂開館から、第二次世界大戦後の占領軍による接収が解除される一九四九（昭和二四）年までを対象に、公会堂の運営形態、時代別の使用状況について述べる。

対象とする二一年間で開催された催事は七五〇〇以上に上り、分析方法だけでも論点となりうる。催事の推移の分析、特定の催事を取り上げた個別事例の分析、特定の目的や主催者、ジャンルへの注目などの分析手法が考えられる。しかし、公会堂の重要な性格である多目的性を把握するためには、これらの作業だけでは十分とはいえないだろう。また、すべての催事の資料が公会堂に残存してはおらず、第1章で述べた公会堂の全国的な歴史同様、網羅的な分析は困難である。

本書では、こうした条件下において、①まず本章で、また公会堂の記録に基き各年の催事の量的な概況を示し、②なかでも時局性の高い催事を取り上げ、公会堂の歴史を概述する。③そして次章で、多様な催事を時系列ではなく機能別に分類し、公会堂の果たした機能について考察する、という方法で分析を行う。

本章では、催事の傾向から以下の四期に時代を区分した。

第一期：一九二九（昭和四）年一〇月—一九三一（昭和六）年九月（開館から満州事変勃発まで）

第二期：一九三一（昭和六）年九月―一九三七（昭和一二）年七月（満州事変勃発から日中戦争勃発まで）
第三期：一九三七（昭和一二）年七月―一九四五（昭和二〇）年八月（日中戦争勃発から終戦まで）
第四期：一九四五（昭和二〇）年八月―一九四九（昭和二四）年（終戦から接収解除まで）

本章では通史的な叙述も含むが、目的は歴史そのものの叙述というより、序章でも述べたように、あくまで公会堂という「場所」、さらにいえば「舞台」を通してみえる歴史の一断面である。公会堂という舞台で、どのようにして来場者（あるいは公会堂での催事を報じた新聞や雑誌の読者、ラジオの聴取者など）に歴史が提示されたか。本書ではこの問いに依拠した問題史的な記述と考察の形式をとっており、本章の時代区分、および催事を取り上げる作業も、こうした課題意識に基づいている。

また、本章では時局性の高い催事を取り上げるが、「時局性の高い催事」とは、同時代の出来事や政治的方針に対して、催事を通して直接的あるいは間接的に理解や賛同を求める性格の強いもののことを指す。そこに注目し、公会堂に人が集まり、さらには集まらなかった人々もマスメディアでの報道を通じて出来事を共有するプロセスを描き出すことで、時局に「関連した」催事が展開されたというよりも、「時局」なるものを積極的に「作り出す」場所であったことがみえてくる。

1　日比谷公会堂の運営

日比谷公会堂は、どのように運営されていたか。その一例として、一九四〇（昭和一五）年度の概況に関する情報が残されている。

（1）事業成績
・公会堂使用回数　四三七回　使用料　八万二六四〇円
・ピアノ、映写機、トーキー映写機、音声増幅機、舞台装置、其の他備付器具使用料
　延一二〇二件　二万〇六八三円
・事業収入　一〇万三〇〇〇円
・事業経費　五万一〇〇〇円
（2）現場管理職傭員配置　二一人
・職員：書記一　技手一　監視二　雇一　管理員一　計六人
・傭員：工手二　管理夫一三　計一五人
※日比谷公園大音楽堂の使用回数は、昭和一五年度が六三回、昭和一六年度は九月までで五四回であった。
（東京市文書「東京市日比谷公会堂管理事務所処務規程設定ノ件」昭和一六年一二月三日より）

まずはこうした運営システムについて、管理体制、職員、予算、条例という四つの側面から検討する。

（1） 管理体制

東京市は、東京市政調査会との間で開館後の一九三〇（昭和五）年に「日比谷公会堂及市政会館共通管理費負担協定書」を交わし、専用部分と共用部分に関する負担の定めがなされ、開館時に遡って施行された(1)。

日比谷公会堂の管理は、本所公会堂とともに公園行政（東京市においては保険局公園課）の一環としてなされた。同じ日比谷公園内におかれ、教育行政の体系下にあった日比谷図書館（一九〇八（明治四一）年開館）と異なり、市立公園、震災記念堂、復興記念館、史跡名勝天然記念物などの維持管理と並んで、公園行政の中の一施設とされたのである。公会堂の施設と敷地は「公園設備ト区別不可分ニシテ公会堂ヲ別途機関ノ管理ト為スハ公園管理上支障アリ」とされたことと、市内の本所公会堂、日比谷公園内の大小音楽堂がすでに公園課所管であり、設備や職員の面で事務管理がたやすくなることの二点が、その理由であった(2)。なお、公園課長だった井下清は、「公会堂の建設された当時、吾々は当然これはレクレーション方面に使はれるものであるから、公園課が主管するといふことを主張したのでありますが、いや社会教育的なものであるから教育局の主管であるといふやうなことで、相当争ひが起こつたのでありますが、やはり予想通り主としてレクレーションに使はれて居るのであります」と、所管をめぐり公園行政と社会教育行政との争いがあったことを回想している(3)。

東京市における社会教育行政は、前章に述べた通り後藤市長時代の一九二一（大正一〇）年に独立の課として設けられたが、一九二四（大正一三）年には社会局の一課に編入され、さらに一九二六（大正一五）年の教育局設置に伴い、教育局に属することとなった。一般的に当時の社会教育行政は、教育行政とするか社会行政とするかで扱いが一定せず、地方改良の延長線上における社会行政と交錯するところにとらえられていたが(4)、東京市における日比谷公会堂の所管をめぐる対立にもそれが如実にあらわれているといえよう。なおこれは大阪市でも同様で、中央公会堂も、一九四七（昭和二二）年に教育局社会教育課文化係所管となるまでは、商工課、産業部など、教育とは別の部署におかれていた。[5]

（2）職員

職員についても、管理体制同様開館当初から東京市保険局公園課の所属となっており、[6]以後の組織改編でも公園行政の中で運営される状況に変化はなかった。

公会堂運営にあたり、当然ながら職員の果たした役割は非常に大きい。なかでも東京市公園課長を長く務めた井下清は、昭和初期から戦後にかけての公園行政の重要人物である。[7]日比谷公会堂開設前後の大正から昭和初期は、公園行政全体が進展した時代でもあり、公会堂での東京市主催の各種催しでも井下は公園課長として挨拶を数多く行っている。

井下は、東京高等農学校卒業後、一九〇五（明治三八）年八月に東京市土木課に配属された。初仕事は、配属の日に行われた音楽堂落成式で軍楽隊長に謝辞を述べることであった。[8]以来一九四六（昭和二一）年の定年退職まで、ほぼ一貫して公園行政に携わった。後藤新平の東京市長就任、助役の就任直後には、幹部級の下部組織に人事更迭の手が伸びた。汚職が多かった土木関係の職員が助役の池田宏に呼ばれて職務説明を行い、能あるものは抜擢され、そうでない者は退職をも迫られ、退職者は三〇〇名以上に上った。[9]当時技師であった井下も呼び出しを受けた一人であったが、結果抜擢されることとなった。そして一九二一（大正一〇）年四月、市政刷新の一環として東京市に公園課が誕生し、井下は技師として管理職級の待遇を受けることとなった。[10]東京市、内務省復興局から欧米各国の公園視察の辞令を受け、一九二五（大正一四）年八月一九日よりアメリカに三カ月、パリを中心とした欧州に半年間、長期出張にも出かけていた。[11]

井下は「公園の井下さんか、井下さんの公園か」と呼ばれるほどに公園行政に尽力した。勤続三〇年となった一九三五（昭和一〇）年には彼をねぎらう会が上野の精養軒で催されたが、元大蔵大臣で東京市長も務めた阪谷芳郎からは、「この企ての当初に於て、日比谷公会堂に各区より相当数の市民代表を参集せしめ、陸軍軍楽隊等の加勢を以て、堂々たる市民感謝の一新例をこの優秀なるパブリック・サーヴァントに開くべし」(12)との提言までなされた。

一九三一（昭和六）―一九三二（昭和七）年から一九三八（昭和一三）―一九三九（昭和一四）年頃は、この時代の末頃公園課に配属された前島康彦によれば、公園課全盛時代であった。「すさまじいばかりの張り切り振りを見せて図版や机に向かっている課員の眼の色を見て、これは只ならぬ所だと直観した」と前島は回想する。(13)東京市への公園の寄付は、一九三三（昭和八）年頃から顕著となり、一九三八（昭和一三）―一九三九（昭和一四）年頃がその最盛期であった。

日比谷公会堂の前に、本所公会堂の整備も、井下の仕事であった。本所公会堂が位置する安田庭園の寄付は、日本庭園を都市公園として公開した東京市最初のものであった。一九二三（大正一二）年九月一日、井下は庭園への消火栓の設置を提案すべく市の参事会に出席し、現地をみて決定しようということになり、昼食のため休憩を宣された時に地震が起きた。それで消火栓の議案などは吹き飛んでしまったという。(14)震災復旧時には、庭園の復旧工事と公会堂の新設工事とでごったがえす有様であった。工事は一九二五（大正一四）年起工、一九二六（大正一五）年六月竣工、一九二七（昭和二）年七月、公会堂と同時に旧安田庭園の名で市民に開放された。(15)なお、本所公会堂の名称は、区立の本所公会堂ができたことから、一九四一（昭和一六）年四月一日の東京市公会堂使用条例改正で、両国公会堂に改められた。(16)

日比谷公会堂の運営は東京市公園課にとって極めて重要な事業であり、公会堂からの収入は、公園行政にとって大きなものとなっていた。「先生（筆者注：井下）盛んなりし頃は東京市唯一の市営ホールだったため、実にあらゆる市の催し物がここで行われた」と前島は振り返る(17)。

井下は、職員の充実にも力を入れた。催事の主任として、オペラ歌手藤原義江のマネージャーであった熊沢肆《つらぬ》を公園課に高給で迎えた。新聞記者であった村松竹太郎も次いで入ってきた。音楽会、邦楽会、芝居などの自主的催物を東京市主催でやる時には必ずこれらの人々が関係し、宮城道雄、杵屋佐吉らとの交際が、いつとはなしに深くなっていったという。井下は、堀内敬三（音楽評論家）、内藤清五（海軍軍楽隊隊長）とも極めて親しく、ほかにも文化団体や芸術家らとの交際が広かった(18)。

井下は教育との関わりも深く、特にボーイスカウトの活動が注目される。東京連合少年団理事長小柴博の懇望により、第一回全国少年団ジャンボリー開催地として、井下は日比谷公園内の大草地の使用を申し出た。一九二二（大正一一）年四月一六日、当時の東京市長後藤新平を東京連合少年団長に推戴し、その推戴式を兼ねたジャンボリーは成功のうちに終わった。それ以来、歴代東京市長が団長を兼ねた。井下は同団の理事を永く務め、ボーイスカウト日本連盟の中央理事、監事、参与などの要職にもあった。日比谷公会堂開館直前の一九二九（昭和四）年一〇月一五日、東京連合少年団主催の教化総動員行事では、全市の公園を提供した。井下のモットーは「公園を利用しましょう、愛しましょう」であり、その徹底のためには少年団を通じての活用が適切と考え、日比谷公会堂で催される「端午の節句」「雛祭り」、その他小音楽堂での定期音楽会や植樹祭では、井下は開会挨拶などでボーイスカウトと共に常に登場した。

また、一九三一（昭和六）年正月、東京市役所勤務の青少年職員を糾合してボーイスカウト訓練をしようという議が、当時の教育局長藤井利誉、監査局長前田賢次、そして井下を中心に起こり、同年二月七日、東京市清和健児団が結成され、井下は中心人物となった。同団は市の各種行事に参加したほか、井下の努力によって健児団音楽隊が結成され、もっぱら公園などを中心にした各種の市主催の行事のバンドとして大いに活躍した。清和健児団は、一九四一

（昭和一六）年春の大日本青少年団成立まで続いた。

こうした公園の利用促進および愛護の面からの少年団との活動のほか、一九二五（大正一四）年一二月七日に設立された東京市公園課の外郭団体である日本児童遊園協会を通して、公園における子どもの遊びを近代化し、その運動を拡大することによって公園事業の支えとした側面も有する。[19]

公園行政一筋の井下であったが、このように文化関係者や教育関係者と交流を深くしていたほか、都市美運動にも関わり、公園に対する独自の哲学をもって公園の多面的な活用に尽力していた。井下は都市の修飾を、都市に美的な施設を付加していく段階と、都市を一つの芸術作品として建造経営する段階とに区分し、後者に進むことの重要性を説いた。[20] 井下の思想と実践は、公会堂運営にも一定の影響力を及ぼしていたと考えてよいだろう。

また、日比谷公会堂は設立当初はあまり利用されなかったようであるが、そこで利用率を上げるために行動を起こしたのも職員であった。一九三四（昭和九）年に自身が設立した藤原歌劇団の旗揚げ公演を日比谷公会堂で行った藤原義江はこう回想する。

> せっかく立派なものが出来ても、誰もそこで音楽会を開催しようとはせず、気の利いた音楽会はほとんど神宮外苑の日本青年館へもってゆかれた。その頃東京市の公園課に熊沢さんという人がいて、楽人のあいだをぬって歩き、なんとか公会堂を使ってみないかとふれまわっていた。[21]

熊沢には、退職後にその労をねぎらうため、音楽家や舞踊家たちから感謝のための公演がもたれた。一九三九（昭和一四）年五月三〇日一八時からの「音楽・舞踊ナンバーワンの夕」（主催：S・Sガイド社、後援：強力わかもと本舗）がそれで、「本日の音楽舞踊ナンバーワンの夕は元東京市公園課にあつて音楽舞踊界のために多大の貢献ありし熊沢肆氏を犒ふために音楽舞踊会の諸名士発起のもとに出演者の美しき心に依つて編まれた豪華なプログラムで御座います」とされた。[22]歌謡曲（第一部）、邦舞（第二部）、声楽（第三部）、洋舞（第四部）と舞台芸術の各ジャンルが集う、大規模な会であった。熊沢は、一九三七（昭和一二）年まで日比谷公会堂で働き、「日比谷の新音楽堂創設以来、帝都市民の生活に音楽と舞踊のうるほひを沁み込ませるのに骨を折」り、「催しもの一切の面倒をみてきた」。「楽壇での人の世話にならなかつた人はないといはれる」と記された。熊沢は「気むづかしいので通つた音楽家や舞踊家の人たちが気を揃へて私のために豪華な夕を贈られるのは喩へやうもない嬉しさです」とコメントした。[23]

日比谷公会堂所蔵のスクラップ帳第四冊（一九三二（昭和七）年一〇月一五日―一九三三（昭和八）年七月五日）には、東京市の原稿用紙に、どのジャンルの演目をどのように並べ、出演者を誰にするかがメモされた、催事の打ち合わせ資料と推定される資料が残されている。当時の余興は、どの主催団体も、映画、舞踊、音楽などをとりまぜたヴァラエティ形式が多かった。このメモでは、（イ）「映画、舞踊、映画」、（ロ）「音楽、独唱、舞踊、映画」、（ハ）「舞踊、映画、舞踊、映画」という三案が検討されている。出演者の候補も挙げられているが、いずれも日比谷公会堂での催事に数多く出演しているいわば「常連」である。市側にすでに催事の運営に関する蓄積があり、主催者に対していくつかの定型を提案していたことが推定できる。

このほか、元時事新報記者で一九四三（昭和一八）年当時電気局嘱託であった古谷市郎は、作曲やレコード吹き込みも行い、日比谷公会堂でのあらゆる儀式で、「君が代」や東京市歌その他奉祝歌斉唱の際のピアノ伴奏を行っていた。[24]

以上のように、東京市行政内には、各団体や企業、文化人らと連携しながら催事を企画する力量をもった職員が揃っていた。

表3-1　日比谷公会堂　利用収入額

年度（昭和）	総収入額	
	円	銭
13	85,750	0
14	94,525	40
15	97,595	0
16	102,895	0
17	107,664	50
18	86,345	0
19	83,405	0
小計	658,179	90
20－24	接収	
24	7,651,965	0
25	11,356,815	0
26	14,698,750	0
27	19,852,784	86
28	24,297,625	1
29	26,183,198	0
30	25,130,230	0
31	30,763,895	0
32	25,083,000	0
33	34,507,720	0
小計	219,525,982	87
合計	220,184,162	77

出典：東京都編・発行『日比谷公会堂その50年のあゆみ』1980年

（3）予算

日比谷公会堂の予算は、財政上は本所公会堂とあわせて組まれており、施設整備関連の予算を除いては単独での予算を検討することはできないが(25)、一九三八（昭和一三）年度以降、接収中を除いた収入実績は表3-1の通りまとめられている。また、利用料金は表3-2の通りである。第二次世界大戦後の急激なインフレに伴い会場費は急激に値上がりしたが、終戦前まで昼二五〇円、夜三〇〇円に据え置かれていた。同時期、歌舞伎座の使用料は三〇〇〇円であった(26)。

開館当初、入場料金は、後述の利用条例により市主催の講演会、演奏会は「二円以内」とされた。単純な比較はできないが、公会堂開館の一九二九（昭和四）年当時、帝国劇場の観覧料が五〇銭―八円、歌舞伎座が一円―七円五〇銭であったことを考えれば、安価であるといえよう(27)。こうした価格設定は市の施設という意識からであり、公会堂管理所長は戦後以下のように評価している。

> 市民公会堂としての立場から入場料を市で低額に制限したので日比谷公園へ行けば必ず何か演つて居り、しかも良いものが他所より安く楽しめると云ふのが市民の一般常識となり、殊に世界的芸能人の公演は従来帝劇と限られたものであつたが、当公会堂が之に代り手軽に高度の芸能に接する機会を一般市民に与へた事は芸能文化の民主化に寄与しよく公会堂本来の使命を全うした(28)。

表3-2　日比谷公会堂使用料（単位：円）

	入場料を徴収する場合				入場料を徴収しない場合			
	昼間		夜間		昼間		夜間	
	平日	土日祝日	平日	土日祝日	平日	土日祝日	平日	土日祝日
昭和4年10月	250		300		170		200	
昭和21年6月	1,000		1,200		700		800	
昭和22年7月	5,000		6,000		3,500		4,000	
昭和24年4月	5,000	6,500	6,000	7,800	3,500	4,550	4,000	5,200
昭和24年5月	15,000	19,500	18,000	23,400	10,000	13,000	12,000	15,600
昭和26年8月	18,000	23,400	21,000	27,000	12,000	15,600	14,000	18,000

出典：東京都編・発行『日比谷公会堂　その50年のあゆみ』1980年

なお、市制施行以来特別経済として位置づけられていた公園・墓地行政は、一九〇八（明治四一）年度から普通経済に組み入れられる。そして、一九三六（昭和一一）年度には衛生試験所費と並び独立した特別会計となり、「将来普通経済に於ける経費の膨張を抑止すると共に各事業の収支を明かにし実質的成績を挙げんとする組織に改めた」(29)という。これにより、公園課所管事業がほかから多くの制約を受けることなく、井下課長の自由自在に実現しうる体制となった。一九三五（昭和一〇）年を境に多くの官公私立大学卒業生を毎年採用し、当時としては多額の経費を投入でき、「東京市の儲け頭」と井下は称された(30)。

このような公園行政の背景には、井下が公園経済の「自給自足」にこだわったことがある(31)。井下は、公会堂の入場料収益をほかの施設からの利用収入と並べ、公園の維持管理にあてることを目指していた。公園は決してお役所の公園でなく大衆の公園である以上、自ら経営する観念をもたねばならず、国費の補助、富豪の寄付などは自ら賤むものであるという考えをもっていた。「米国羅府の公園総長は公園の経費は各自が正当に負担すべきもので寄附を仰ぐことは其を利用する幼い児童の頭は《ママ》乞食根性を植付けるものと喝破されたことがあった」「大衆の十分な理解なくして公園を経営せんとすることは時代錯誤であつて、昔の王侯の恩恵的公園経営観念の遺物である」とまで述べている(32)。公営であるからといって「恩恵的公園」という考え方に留まらず、「大衆の公園」を「自ら経営」することを井下は目指していた。

公会堂の経営も、このような理念の下に行われていたことであろう。

（4）条例

他地域も同様であるが、公会堂の運営は、利用条例を定めることによって行われた。日比谷公会堂利用にあたっては、開館時すでに施行されていた「東京市本所公会堂使用条例」を廃止し組み込む形で、「東京市公会堂使用条例」が定められた。これは、市の公園全体に関する利用条例である「東京市公園特殊施設使用条例」（一九二三（大正一二）年施行）とは別に定められた。

この条例は、その後改正が重ねられていった。一九三五（昭和一〇）年四月一日の東京市公会堂使用条例施行細則改正では、トーキー映画の普及に伴うものであろう、「活動写真映写機」が「活動写真映写機用発声装置」と改められ、使用料も三〇円から二〇円に値下げされた。(33)

公営施設としての対応もなされている。一九三六（昭和一一）年には、衆議院議員総選挙運動に利用する催事については、昼は一七〇円、夜は二〇〇円と、通常より安い価格が設定された。(34)

多様な団体が利用した背景には、低額な利用料金に加え、一九三五（昭和一〇）年に施行された内規（「東京市公会堂、公園特殊施設ノ使用料並入場料減免取扱内規」）による減免制度の存在も大きかったと考えられる。この内規により、官公署、公益法人については、「公益事業ノ為」入場料の類を徴収しない場合は二分の一減免、徴収する場合は三分の一減免、そして法人たる新聞社、通信社、雑誌社については、「公益事業ノ為使用スル場合」入場料徴収の有無に関わらず三分の一減免がなされた。(35) この内規の存在は、官公庁や各種公益法人、新聞社や出版社といったメディア関係企業が主催となり、次章で述べる多くの時局講演会や国民歌謡の発表会などを可能にしたことであろう。

一九三七（昭和一二）年四月一日の改正では、四カ月前からの使用申込受付を三カ月前からとし、申込金もそれまでの全額前納から、手付金三割払い込みでよいこととなった。「市公園課が催しものセンター日比谷公会堂を頻繁に利用させ、ここを六百万市民の娯楽地帯とするため」と報じられたように[36]、利用を簡便にするための改正であった。

一九四一（昭和一六）年一二月にも、大きな改正があった。それまでは、会場の管理取締、従業員の勤務に関する命令、諸般の事務取扱は、「其ノ都度或ハ事後ニ於テ公園課公園管理掛長ノ指揮ヲ仰グ」こととなっていた。公会堂は、音楽堂と並び利用が極めて多く、特に土曜日午後、休祭日に集中することや、期日の切迫した軍、官、公の申し込みと、ほかの申し込みとの調整が問題とされていた。そのため、「管理事務ノ強化及事務ノ簡捷ヲ図ル」ことを目的に、「東京市日比谷公会堂管理事務所処務規程」が提案され、翌年四月一日に施行された。これにより、日比谷公会堂内に、大音楽堂と公会堂の管理に関する事務所が新設された。その説明は以下のようになされ、時局下での公会堂の重要性が東京市行政内でも認識されていたことがうかがわれる。

本市日比谷公会堂ハ開設以来一三年ヲ経過シ深ク市民ニ親シマレ且ツ事変以来市内此ノ種ノ会場ハ廃止サルルモノ多ク為ニ益々使用者ハ増加シ来タリ　又其ノ所在位置ノ場所柄軍、官、公夫々ニ於テ使用スルコト頻繁トナリ　時局下本公会堂ハ誠ニ特異ナル存在トナレリ[37]

この規程により、所長は公園課長の命を受け、以下の権限をもつこととなった。「時間外勤務命令及市内出張命令」「所員ノ請暇」「日傭労働者ノ使役」「軽易ナル照会、回答、報告等」「其ノ他定例アル事件ニシテ軽易ナルモノ」。この規程設置と同時に、市民局各課事務分科中改正が行われ、公園課公園管理掛掌理事項から「日比谷公会堂ニ関スル事項」が削られている[38]。この年は戦前で日比谷公会堂の利用が最も多かった年であるが、年々増加する利用に対して、現場に対する権限を付与した改革と考えられる。なお、同時に多摩墓地や瑞江葬儀所などでも管理事務所職規程が設置あるいは改正されており、この改正は公園行政全体の改革の一環でもあった。

一九四三（昭和一八）年の東京都制施行後、東京市公会堂使用条例は東京都条例第二号により東京都条例として引き続き施行されていた。その後、一九四四（昭和一九）年六月二九日に新しく制定された「東京都公会堂使用条例」（東京都条例第二四号）によって廃止された。新しい条例では、第一条において「公益を害する恐ありと認むるとき又は管理上支障ありと認むるときは其の使用を承認せず」とされた(39)。

また、「東京都公会堂使用条例施行規則」も、一九四四（昭和一九）年の同日施行されている。特筆すべきは、映画上映の減免措置である。映写機使用にあたり、通常は技師付きで一回五五円であるが、以下の映画を四巻以内で上映する場合は、使用料は二分の一に減免された。「一、文化映画、二、時事映画、三、文部大臣ノ推薦シタル映画　四、官公署又ハ公益法人ニ於テ製作シタル映画　五、其ノ他本都ニ於テ公益上適当ナリト認メタル映画(40)」。

終戦後、一九四六（昭和二一）年六月一日改正された東京都公会堂使用条例施行規則により、設備の利用料金が三倍以上値上げされた。さらに翌年一九四七（昭和二二）年七月一日の改正では、さらに三倍値上げされた。施設使用料金は表3-2に示したが、例えば大型ピアノの使用料なども、三〇円（一九四四（昭和一九）年）、一〇〇円（一九四六（昭和二一）年）、二〇〇円（一九四七（昭和二二）年）、九〇〇円（一九四九（昭和二四）年）と、一気に跳ね上がった。

こうした会場費の急騰は、インフレ、一五割という高額な入場税とともにチケットの価格も引き上げた。終戦以来一九四七（昭和二二）年下半期まで増加傾向にあり、戦前に劣らぬまでに回復すると思われた聴衆は、最大数を占めていた学生を中心にその後減少した。一九四七（昭和二二）年半ば以降、日比谷公会堂での催事は、日本交響楽団と二、三の例外を除いてことごとく赤字であった。戦争中多くの会場が事務所に改造されてしまい、当時は都内で音楽開催のための会場が二、三しかなく、貸室業者はそれを口実に不当に料金を値上げしていた(41)。

このように、民間資本により建設された日比谷公会堂では、その運営においても、政府や自治体だけでなく、企業にも減免措置を行うなどの工夫が重ねられ、柔軟な運営体制がなされていた。

2　催事とその変遷

(1)　管理所長の回想

開館から日比谷公会堂がどのように使われ機能したかについては、公会堂の初代管理所長であった森八十男が、一九四九（昭和二四）年、公会堂設立二〇周年にあたり簡潔に記している。本書の考察対象時期と重なり、公会堂の利用状況がここに凝縮されているため、やや長いが以下に引用する。この回想にみられるように、公会堂で開催された催事は非常に多様である。

市民の要望に応えての色々の新しい公園施設が次ぎつぎに竣工したのは大正末期から昭和の初年にかけてであつて、代表的なものとして芝公園のプール、陸上競技場、日比谷公園の大小音楽堂、テニスコート、児童遊園等が挙げられる。そのスタイルの斬新と設備の優秀さは市民の期待に背かず各施設の利用者は頗る多く厚生施設としての使命を完遂した事は永く公園の設計、管理を担当した前公園課長井下清氏の功績に負ふ処が多い。これ等公園施設と同様に公園課の管理下におかれた日比谷公会堂は竣工が一番遅く昭和四年の秋で万国工業会議の議場として国際色豊かな会議の後直ぐ市民に開放されたもので収容人員三〇〇〇名の大殿堂として東京名所の一つと成つた。

開場以来は全く文字通り連日連夜各種催事がこの一堂に集中されてそれ迄大音楽堂に集めた人気をすつかりさ

らつた形であつた。

学術、芸能、スポートと《ママ》凡ゆる市民の集ひが間断なく展開され特に演芸会等の多くは各化粧品商社が競つて招待会を開き一流演芸家が総出動し、映画方面では各映画社、新聞社等によつて試写会が催され又映画と実演大会の流行を極めたのもこの頃であつた。

舞踊方面では一流宗家の新作発表会を初め名流舞踊大会等絢爛たる競演の絵巻が繰り展げられサカロフの名舞も此処で披露され、楽壇方面ではシャリアピン、ヂムバリスト、エルマン等世界の名手を網羅し、その外オーケストラ、日本音楽、独唱会が次々に演ぜられ各レコード会社専属歌手の檜舞台でもあつた。

市民公会堂としての立場から入場料を市で低額に制限したので日比谷公園へ行けば必ず何か演つて居り、しかも良いものが他所より安く楽しめると云ふのが市民の一般常識となり、殊に世界的芸能人の公演は従来帝劇と限られたものであつたが、当公会堂が之に代り手軽に高度の芸能に接する機会を一般市民に与へた事は芸能文化の民主化に寄与しよく公会堂本来の使命を全うした事と信じて居る。

前記各種一般興行の外に市催により年中行事として祝節に因む子供会や演奏会が市民にサービスされ又定期的の催しとしては日本交響楽団が最も古くJOAKの新年子供大会、上野音楽学校演奏会、長唄研精会等が挙げられる。異色あるものとしては宮内省雅楽舞楽の進出や能楽協会の能大会、オペラ、故尾上菊五郎丈の主宰した俳優学校の演劇等で、又スポーツ関係ではオリムピツク選手の歓送迎会、講道館の鏡開き、或はボクシング、ピンポン大会等があつたりして多彩を極めたものである。以上の外学術講演会、政見発表会等言論文芸方面にも活躍し、学術、運動、娯楽と凡ゆる方面に使用されて最も市民に馴染まれた公会堂と云へるのではないだらうか。

当時興行場としてこの公会堂の収容人員に匹敵するものが無く、連日開かれる各種催物の大半も八分の入りで三割近くは所謂札止めの超満員で階下座席を満たぬものは僅かに全体の二、三分に過ぎぬ様に記憶している。使用回数も冷房装置が無い為盛夏は自然休館の形となるが[42]、他のシーズンは一日二回多い時は三回で一年を通じて四百数十回と云ふレコードが作られた事もある。

市内風景を図案化した緞帳やスクリーンカーテン、グランドピアノ等には何れも寄贈者や納品者の市民へのサービスの暖かい逸話が秘められている。

この様に都民に親しまれた民主的公会堂も悲惨な戦争へ都民を駆り立てる軍部の煽動の具に使はれた暗黒時代もあつたのである。これからは平和国家の象徴として首都の施設に相応しく本来の都民の公会堂として開設当時を凌ぐ健全慰楽の殿堂となり、平和的日本文化の向上に寄与せしめ度い事を都民の一人として希つている[43]。

（2）催事の種類と回数

表3-3は、『日比谷公会堂　その三〇年のあゆみ』（以下、「三〇年史」と呼ぶ）において日比谷公会堂が、その催事を記録した種類を示したものである。小分類・中分類は筆者が付した。小分類は初出が古い順に付した。中分類は、小分類が七七種とあまりに多様なので、分析のためそれを筆者が独自にさらに六種に再分類したものである。

各年に行われた催事の詳細は本節（4）以降に記しているが、ここでは、中分類六種の催事が毎年どれだけ行われたかを表3-4に示した。

なお、現在公会堂が所蔵している催事資料は、表に示した催事のすべてではない。また、表も総数と内訳の数が年によっては大幅に異なるなど、いつどのような催事がどれだけ行われたかについて、完全に正確な記録を辿ることは現在では困難である。なお、五〇年史（東京都日比谷公会堂編・発行『日比谷公会堂　その五〇年のあゆみ』一九八〇年）、七〇年史（東京都日比谷公会堂編・発行『日比谷公会堂　写真で見る七〇年の歩み』一九九九年）にも合計数は記録されているが、三〇年史をベースにしたものであり、三〇年史が最も詳細に分類がなされているため、本書も三〇年史に依拠

表 3-3　日比谷公会堂の利用状況（1929-1949 年）

小分類	中分類	種類	初出年度	累計数	小分類	中分類	種類	初出年度	累計数
1	1	交響楽演奏会	1929	1287	40	1	尺八大会・演奏会	1932	7
2	1	軽音楽演奏会	1929	313	41	4	式典行事	1932	66
3	1	室内楽演奏会	1929	105	42	6	体操発表会	1932	32
4	1	吹奏楽演奏会	1929	61	43	1	雅楽	1933	6
5	1	ハーモニカ演奏会	1929	16	44	6	ファッションショー	1933	12
6	1	邦楽演奏会	1929	182	45	1	チェロ独奏会	1934	15
7	1	音楽と映画	1929	62	46	1	民謡	1934	3
8	1	オペラ公演	1929	118	47	1	ジャズ	1935	5
9	1	独唱会	1929	229	48	1	朝鮮舞踊	1936	4
10	1	洋舞公演	1929	153	49	1	学芸会	1936	37
11	1	日本舞踊	1929	228	50	1	歌謡コンクール	1936	2
12	1	舞踊と映画	1929	288	51	1	少女歌劇	1936	2
13	2	講演会	1929	445	52	1	ハープ演奏会	1937	5
14	5	集会大会	1929	225	53	1	アコーデオン演奏会	1937	6
15	3	講演と映画	1929	286	54	2	演説会	1937	20
16	1	映画会	1929	443	55	4	歓迎会	1937	8
17	1	演劇会	1929	77	56	1	詩吟大会	1937	20
18	1	演芸会	1929	991	57	6	卓球大会	1937	12
19	6	ボクシング	1929	291	58	1	演芸と映画	1938	113
20	6	武道大会	1929	4	59	1	新作舞踊発表会	1938	13
21	1	ピアノ独奏会	1930	310	60	1	三曲演奏会	1939	3
22	1	合唱公演	1930	64	61	1	長唄の会	1939	3
23	1	民俗舞踊	1930	10	62	1	童謡	1939	12
24	4	記念式典	1930	71	63	1	歌謡発表会	1939	8
25	6	柔道大会	1930	14	64	1	児童劇の会	1939	3
26	6	古武道大会	1930	12	65	1	新内と舞踊	1939	3
27	4	クリスマス会	1930	8	66	6	体育の会	1939	7
28	1	ヴァイオリン演奏会	1931	209	67	3	講演と劇	1939	1
29	1	バレエ公演	1931	77	68	1	舞踊公演	1940	75
30	1	舞謡会	1931	35	69	1	舞踊コンクール	1942	3
31	3	講演と舞踊	1931	10	70	1	木琴演奏会	1945	1
32	1	邦楽と舞踊	1931	8	71	5	放送討論会	1945	34
33	1	英語劇	1931	3	72	5	公開録音	1946	139
34	6	レスリング	1931	20	73	1	子供音楽	1947	3
35	1	舞踊と音楽	1931	18	74	1	芸術祭	1947	3
36	6	体操研究発表会	1931	3	75	1	指笛演奏会	1948	2
37	1	能楽	1932	31	76	5	子供大会	1948	5
38	1	歌の発表会	1932	50	77	4	日比谷公園祭	1949	2
39	1	音楽コンクール	1932	81	昭和 4 年度-24 年度の累計催事数				7533

出典：東京都編・発行『日比谷公会堂　その 30 年のあゆみ』1959 年より筆者作成。小分類は初出が古い順。中分類は筆者独自に作成：1 娯楽の会、2 講演会、3 講演と余興、4 式典、5 集会　6 スポーツ・ショー

表3-4　表3-3の催事を再分類したもの

中分類	1929	1930	1931	1932	1933	1934	1935	1936	1937	1938	1939	1940	1941	1942	1943	1944	1945	1946	1947	1948	1949	合計
1 娯楽の会	113	190	233	285	328	286	322	327	317	275	278	280	375	338	248	230	265	252	306	192	366	5806
2 講演会	11	9	10	0	29	13	14	18	39	36	65	40	29	27	19	23	25	19	20	10	9	465
3 講演と余興	2	16	26	11	7	13	20	12	18	28	30	30	31	23	17	13	0	0	0	0	0	297
4 式典	0	16	0	14	4	13	8	14	8	6	18	21	0	15	6	0	5	0	5	0	2	155
5 集会	10	12	5	15	0	15	3	0	23	0	0	0	0	32	27	30	16	49	51	46	69	403
6 スポーツ・ショー	4	36	8	50	26	23	32	31	20	27	20	32	17	36	24	0	3	0	12	0	6	407
合計	140	279	282	375	394	363	399	402	425	372	411	403	452	471	341	296	314	320	394	248	452	7533

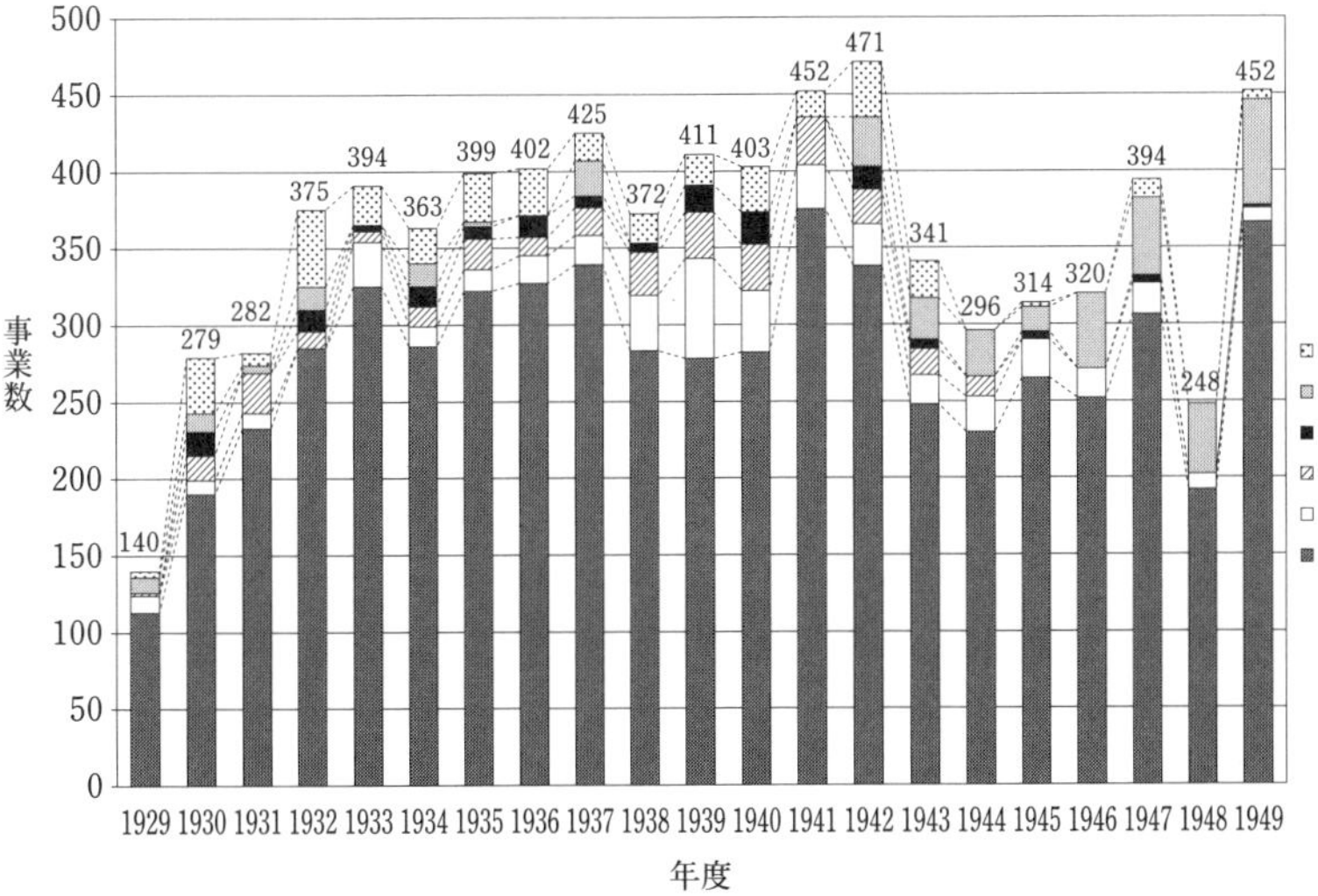

図3-1　表3-4をグラフ化したもの（日比谷公会堂事業内容（1929-49年））

することとした。表3-3、3-4、図3-1は、あくまで現在明らかにされている公会堂による公式記録に、計算ミスなどと思われる部分に対して最低限の修正を加えたものであり、完全な記録ではないことに注意しておきたい。

催事の中で最も多いのは音楽演奏会などの娯楽の会であり、一貫して高い割合を占めている。一方、日中戦争から太平洋戦争初期の一九三八（昭和一三）―一九四二（昭和一七）年頃は特に講演会の割合が多くなる。表3-3にみられるように、催事は二一年間に七五〇〇を超え、内容も非常に多岐かつ多数にわたる。

次に、各年で行われた催事の検討に入る前に、個別の催事がどのようなプロセスで行われていたかについてふれておきたい。

（3）催事の舞台裏

東亜大都市懇談会　歓迎市民大会（一九三九（昭和一四）年四月四日）

日比谷公会堂に残された催事資料は、ほとんどが当日の内容を示すプログラムや広報用のチラシなどである。プログラムやチラシは、催事そのものの情報を伝える資料となるが、これに加え、行政主催の催事に関する公文書や、来場者に配布されない打ち合わせ資料、当日の進行を示した資料が残るいくつかの催事は、計画から実施に至るまでの詳細を追うことができ、催事の文字通りの「舞台裏」をうかがうことができる。ここではそうした二つの事例を取り上げる。

最初の例は一九三九（昭和一四）年四月に実施された東京市主催「東亜大都市懇談会」である。当日の催事資料、新聞報道のほか、東京市文書（東京都公文書館所蔵）から、当日までの催事の開催プロセスがわかる。

東京市役所内では、「東亜大都市歓迎交歓ニ関スル件」が一九三九（昭和一四）年三月一一日に提案され、一四日に決裁が下りた。四月七、八日の東亜大都市懇談会に関する一連の催事で、交歓都市は一一都市であった（満州国・新京、哈爾濱、奉天の三都市、中華民国臨時政府：北京、天津、青島、済南の四都市、中華民国維新政府：南京、上海、杭州の三都市、蒙疆連合委員会：張家口の一都市）。都市代表として市長一一名、随員四四名（一都市各四名）計五五名が来訪した。

一連の催事の経費は総額二万六四〇〇円（一九三八（昭和一三）年度六二〇〇円、一九三九（昭和一四）年度二万二〇〇円）で、このうち日比谷公会堂における歓迎市民大会の経費は、一九三九（昭和一四）年度分から支出され、八八〇円であった。内訳は、余興出演者謝礼金六八〇円（宮内省式部職楽部長　伯爵坊城俊良、吉田晴風（三曲代表）、松本幸子（日本舞踊）、杵屋佐之助（長唄代表）、高田せい子（洋舞代表））、公会堂使用料一〇〇円、そのほか装飾代（舞台装飾、歓迎アーチ）、ポスター掲載料などである。

そして四月四日、日比谷公会堂にて歓迎市民大会は開催された。大会で挨拶を述べた維新政府都市代表の高南京市長は、日、満、蒙、支一六大都市の関係強化、蔣政権打倒、共産党排撃、新東亜建設を説き、それを含めた二〇分間の挨拶は、全国および満支蒙各地に中継放送された[44]。開会の辞は、当初は市社会教育課長の予定だったが[45]、当日は市民動員部長によってなされた[46]。

支那事変三周年記念講演会（一九四〇（昭和一五）年七月七日）

一九四〇（昭和一五）年七月七日の情報局、国民精神総動員本部主催「支那事変三周年記念講演会」は、会の当日進行表が残っており、記念式典の舞台裏を知ることができる。ラジオ中継も行われたからか、分数まで詳細に記されている。

一、　開会の挨拶　内閣情報部長熊谷憲一（五分）

一、　宮城遥拝（一分）
一、　国歌斉唱（二回）（三分）
一、　祈念（海行かば演奏）（一分）（※当日プログラムには、「戦没将士の慰霊、皇軍将兵の武運長久祈念」と記載）
一、　講演（七時三〇分―八時二〇分、ラジオ中継）
内閣総理大臣米内光政（一〇分）、陸軍大臣畑俊六（一〇分）
海軍大臣吉田善吾（一〇分）、外務大臣有田八郎（二〇分）
一、　閉会の挨拶　精動本部理事長堀切善次郎（五分）
一、　映画　陸軍省情報部監修「聖戦三年」外

このほか、当日の役割分担も以下のように記された。

司会者：精動本部／ラヂオ、新聞発表：精動本部／写真、速記：精動本部／会場借入、集会届：内閣情報部／会場設備（入口設備、ステージノ飾付）：精動本部／会次筋書の作成：精動本部／街頭宣伝（立看板、其の他）：精動本部／案内状発送：府、市、精動本部／食事、徽章：精動本部／映画借入其他：内閣情報部演奏（関東吹奏楽団連盟予定）

さらに、当日の係員分担表も残されている。主催者である国民精神総動員運動本部の職員が連絡（二名）、庶務（一名）、受付（四名）、接待（五名）、会場（六名）、ステージ（二名）といった業務を担当し、内閣情報部、東京府、警視

庁、東京市が各一名ずつ連絡業務に協力した。また、警視庁が救護班にあたった。国民精神総動員運動の文字通りの舞台裏である。

この催事のもう一つの興味深い点は、中継放送まで含めてこれだけ入念に準備されたものでありながら、当日演説を妨害する者がいたことである。外相の演説中、一九三二（昭和八）年に結成された思想団体東方会のメンバー四名が、演説を妨害したとして丸の内署に拘束された（二日後の七月九日には釈放されている）[47]。当日の係員として会場に居合わせ、のちにNHK理事となった春日由三によれば、中継の係員はその模様をマイクに入れまいと放送スイッチを切ってしまった。そのまま放送時間が終了したため、新聞社から局と自宅に問い合わせが殺到し、春日は局にも家にも帰れず深夜の町を歩き回ったという[48]。

(4)　一九二九（昭和四）年一〇月—一九三一（昭和六）年九月（開館から満州事変勃発まで）

ここからは、各年ごとに少しこまかく催事の内容をみていこう。日比谷公会堂に残された催事のスクラップ帳を繰りながら時代の変遷を追うと、時局の変化を契機にその性格が変質していく様がまずはみえてくる。時代を区分し検討していくが、①一九三一（昭和六）年の満州事変勃発、②一九三七（昭和一二）年の日中戦争、さらにいえば国民精神総動員運動、③終戦、という三つの契機を、ここでは時代区分の指標とする。区分の根拠は、これらの出来事の前後で日比谷公会堂の催事の性格が変化することにある。戦争を転機として公会堂の催事も変化をみせていく点は社会情勢とほぼ歩みを同じくしているが、特に国民精神総動員運動を境に催事の様相が大きな変化をみせる。一方、太平洋戦争については催事の大きな変化の契機にはなっておらず、日中戦争と国民精神総動員運動以降の延長上にとらえられる。この点が、各種「運動」の舞台となった公会堂ならではといえる。

年ごとにまず三〇年史をもとに作成した催事記録を表示し、その中から時局との関連の強い催事を取り上げながら

表 3-5　昭和 4 年度の催事一覧

小分類		1	2	3	4	5	6	7	8	9	10	11	12	13	14	15	16	17	18	19	20		
中分類		1	1	1	1	1	1	1	1	1	1	1	1	2	5	3	1	1	1	6	6		
年	月	交響楽演奏会	軽音楽演奏会	室内楽演奏会	吹奏楽演奏会	ハーモニカ演奏会	邦楽演奏会	音楽と映画	オペラ公演	独唱会	洋舞公演	日本舞踊	舞踊と映画	講演会	集会大会	講演と映画	映画会	演劇会	演芸会	ボクシング	武道大会	計	30年史
1929	4																					0	0
1929	5																					0	0
1929	6																					0	0
1929	7																					0	0
1929	8																					0	0
1929	9																					0	0
1929	10			2						1									4			7	7
1929	11	1		2				1		3	2				6			2	6	1		24	26
1929	12	1		1		1		2	2	2	2	1	3	3	2	1	1	1	8		1	32	29
1930	1	1	1		1		1	1	1	1		1	2	3				2	6			21	22
1930	2	1			1		1	1		2				3	1		4	1	7			22	23
1930	3	1	1	1		1	2		2	1	1	2	1	2	1	1	6	1	8	1	1	34	34
	計	5	2	6	2	2	4	5	5	10	5	4	6	11	10	2	11	7	39	2	2	140	141

出典：『日比谷公会堂　その 30 年のあゆみ』より筆者作成。以下、各年度の出典も同様。

表 3-6　昭和 5 年度の催事一覧

小分類		1	2	3	4	6	8	9	10	11	12	13	14	15	16	17	18	19	21	22	23	24	25	26	27		
中分類		1	1	1	1	1	1	1	1	1	1	2	5	3	1	1	1	6	1	1	1	4	6	6	4		
年	月	交響楽演奏会	軽音楽演奏会	室内楽演奏会	吹奏楽演奏会	邦楽演奏会	オペラ公演	独唱会	洋舞公演	日本舞踊	舞踊と映画	講演会	集会大会	講演と映画	映画会	演劇会	演芸会	ボクシング	ピアノ独奏会	合唱公演	民俗舞踊	記念式典	柔道大会	古武道大会	クリスマス会	計	30年史
1930	4	1				4		2	1	2	1	3	2	1	5		3	2	1				1	2		31	31
1930	5		1	1		4		3	1	2	2			2	2	2	5			1		2	1			29	29
1930	6			1		2		2			2		3	1	2		5							1		19	19
1930	7	1				2				1	3			2	2		2									13	13
1930	8											2		1												3	3
1930	9	1	1				2	1	1	2		2	1	1	2	2		2				1				19	19
1930	10	2	1	1		1		4		2	2				4	4	2					4				27	27
1930	11	3	3	1	1		1	4	2	1	4		3		2	1	2			1	2	2		2		35	35
1930	12	2				2				2			2	2	2		3	4	1						3	23	23
1931	1					1		1		3		1		1	2	2		2			2		3			18	18
1931	2	2		1		1	1	1	2	1	2	1		2	2	2	1	6				2	3	2		32	33
1931	3	1			2	2		3	1	2			1	3	3		5	5				2				30	30
	計	13	6	5	3	19	4	21	8	18	16	9	12	16	28	13	28	21	2	2	4	13	8	7	3	279	280

30 年史における内訳数の総数は 279 だが、同じ 30 年史における催事総数は 280 となっている。

表3-7　昭和6年度の催事一覧

小分類		1	4	6	9	12	13	14	15	16	17	18	21	22	25	28	29	30	31	32	33	34	35	36		
中分類		1	1	1	1	1	2	5	3	1	1	1	1	1	6	1	1	1	3	1	1	6	1	6		
年	月	交響楽演奏会	吹奏楽演奏会	邦楽演奏会	独唱会	舞踊と映画	講演会	集会大会	講演と映画	映画会	演劇会	演芸会	ピアノ独奏会	合唱公演	柔道大会	ヴァイオリン演奏会	バレエ公演	舞謡会	講演と舞踊	邦楽と舞踊	英語劇	レスリング	舞踊と音楽	体操研究発表会	計	30年史
1931	4	1		2	1	2	3	3	2	3	2	2						3	2					1	27	29
1931	5	1	1	1	1	3			3	2		3	1			3		7		1		1			28	33
1931	6	4				4			3	2		2			2			3	2	1			2		25	29
1931	7			2	2	2						2						3					2		13	17
1931	8			2		2						2						2		1					9	11
1931	9			2	1	2	2					2						2	1				3		15	17
1931	10	1		1	1	5				3		2						3					1	2	19	26
1931	11	4		1	5	6					2	5		3			3	7					4		40	47
1931	12	3		3	2	2	3	1	4	3		3						5	2	2					33	39
1932	1			2	2	7				4		2			1		2			1	2	1			24	31
1932	2	2		2	2	6			2	2	2			2						1	1				22	26
1932	3			2	2	7	2	1	2	3		3				1			3	1					27	33
	計	16	1	20	19	48	10	5	16	22	6	28	1	5	3	4	5	35	10	8	3	2	12	3	282	338

30年史における内訳数の総数は282だが、同じ30年史における催事総数は338であり、大きく異なる。

記述していく。

一九二九（昭和四）年度の催事記録をみると、三〇年史に記された催事総数は一四一だが、三〇年史の記録から内訳数の総計を筆者が再計算すると一四〇となっている。このように、同じ三〇年史が計算した催事総数と異なる場合がある。内訳と総数が集計ミスとは考えにくいほど大きく異なる年もあるが、資料の残存が十分でないため検証は困難である。そのため、筆者が再計算した内訳総数と、三〇年史における催事総数を併記し、本文中では内訳数の総計を用いることとした（以下の表も同じ）。

公会堂設立時における東京市下の集会施設

音楽ジャーナリストの古沢武夫は、「昭和初頭から戦争までは、かなりのホールがあったにもかかわらず、日比谷公会堂が代表するごとくいずれもただ舞台と客席があればいいといった、主として講演会、集会向きのものが大部分を占めていた」と回想する。そして当時の会場として以下を挙げる。日本青年館、日本橋倶楽部、報知講堂、日比谷公会堂、日比谷新音楽堂、本所公会堂、市政調査会館講堂、東京市自治会館、東京基督教青年会館講堂（ＹＭＣＡ）、東京基督教女子青年館講堂（ＹＷＣＡ）、東京帝大仏教青年会館、大隈会館大小講堂、学士会館講堂、読売講堂、牛込区公会堂、上野松坂屋ホール、国民講堂、帝国ホテル演芸場、帝国鉄道協会ホール、帝国教育会館、電気倶楽部、青山会館、朝日講堂、清澄公園音楽堂、赤坂三会堂、協調会館講堂、明治大学記念館講堂、三越ホール、時事講堂、仁寿講堂、渋谷公会堂、飛行館講堂、生命保険協会ホール、蚕糸会館、白木ホール、軍人会館、東宝劇場、明治生命ホール、伊勢丹ホール、浅草区公会堂、共立講堂、産業組合中央会館。なかでも事変までの一〇年によく利用されたのは、日比谷公会堂、日本青年館、日比谷新音楽堂のほか、仁寿講堂、軍人会館、帝国ホテル演芸場と、朝日、読売、時事、報知、国民など新聞社の講堂であったという(49)。なおこのほか、小規模なものとして保険協会、鉄道協会、別に倶楽部組織の小会場も相当存在していた(50)。

立木定彦は、大阪市中央公会堂（一九一八（大正七）年）をはじめ、埼玉、岐阜、岡山、群馬、豊橋、姫路、名古屋など一九二〇年代に主に建設された公会堂を初期の「講堂式公会堂」と定義する。すなわち、平土間式、客席の自然採光、自然通気（スチーム暖房）など、同時代に建設された大学などの講堂の大集会場の様式を踏襲していた。舞台設備としては、演台には幕もなく、専用の照明設備も欠いていた。例えば、ヴァイオリニストのミッシャ・エルマンが、初めて大阪に来て、大阪市中央公会堂で演奏した後、公会堂を誇りに思うある若い音楽批評家が「どうです。この会場《ホオル》のお感じは。別に悪くはないでしょう」と問うたところ、エルマンは、「ここは音楽会をする場所じゃないね。大砲をうつところだよ。大砲をね……」と答えた(51)。

その後、関東大震災以降に建設された公会堂を立木は「新式公会堂」と位置づける。日本青年館（一九二五（大正一四）年）、早稲田大学大隈講堂（一九二七（昭和二）年）、日比谷公会堂（一九二九（昭和四）年）、名古屋市公会堂（一九三〇（昭和五）年）、渡辺翁記念会館（一九三七（昭和一二）年）などは、段床式の客席、調光設備、投光機、暗幕設備、舞台装置などの吊り込み、転換の機構など、劇場化の傾向が強まる。[52]

特に日比谷公会堂は、先の古沢の評価にもみられるように集会施設である一方で、音響にも配慮した現代の多目的ホールの原型でもあった。日本において音響学は明治中期から物理学者のグループによって始められたが、[53]日比谷公会堂と同じ佐藤功一の手による早稲田大学大隈講堂以降、音響を考慮した公会堂建築がみられ始める。[54]清水裕之は、日比谷公会堂は講堂建築として計画されたものであったが、音響は当時の最高水準であったとしている。[55]日本で初めてホール内部を断面形、平面形にしたという形態面をはじめ、使用材料に至るまで、早稲田大学建築音響実験室で実験を重ねて完成させた技術が採用された。[56]日比谷公会堂開場式の際、佐藤功一が「これから、この新聞紙を破り、音が皆さんに聞こえるかどうか実験して見ます。お聞き下さい」といい新聞紙を引き裂くと、後ろまで聞こえ、会場は沸き上がったという。[57]

ただし一方で、「日比谷公会堂は講演に向くやうに設計されてゐるから、ここで音楽を聴けば粗雑に聞える。日本青年館は音楽に対していい状態だが、講演に対してはよくない」[58]といった評価も残されている。

開館後一年の利用状況と評価

三〇年史によれば、日比谷公会堂設立直後「公会堂ブーム」が起きた。「日本青年館、飛行館、仁寿講堂などは、公会堂の出来る前の音楽会場として殊に東京人には親しまれたものであったが、ひとたび公会堂が世に出ると、人気はキウ然としてここに集った」[59]という。

一方で、開館当初はさほど聴衆は集まらなかったという評価もあり、実態は催事によって異なっていたと考えられる。一九三五（昭和一〇）年前後に来日した著名な演奏家の公演も、四〇〇人入ればまずまずの成功であった。新交響楽団（現・NHK交響楽団）は一九三二（昭和七）年九月に演奏会場を日本青年館から日比谷公会堂に移したが、当

時は一〇〇〇人入れば大喜びしたという。(60)

行われた催事をみると、一五年戦争開始前であり、戦時色のない催事が数多く催されている点が、この時代の特徴である。例えば一九三〇(昭和五)年一〇月二五日の「ジャズとトーキーの夕」(東京YMCA主催)では、ジャズオーケストラ、YMCA体育委員によるピラミッドビルディング、トーキー映画上映などがなされている。

政治演説会も数多く行われた。一九三〇(昭和五)年二月一二日、濱口首相が日比谷公会堂で衆議院議員総選挙の第一声を上げた。午前五時、すでに二、三〇〇の聴衆が集まり、一一時には三万の聴衆が公園を埋めてしまった。警戒のために日比谷署だけでは対応できず、神楽坂、久松、堀留、築地その他から二〇〇名の応援警官を増し騎馬巡査まで繰り出す騒ぎとなり、「民政党の世話人もおやぢの人気を喜ぶのを忘れて敵の侵入でも阻止するかのような態度に聴衆の憤激を買つてモミクチヤにされてしまふ悲喜劇、玄関前にはふみにぢられた数百の下駄の山が脱ぎ捨てられてゐるといふ始末」で、地下室演舞場を第二会場とすることでやっと騒ぎも収まった。(61)

毎年開かれる、いわば「恒例行事」も数多く開催されている。一九三〇(昭和五)年一一月には、東京市主催、文部省、国民音楽協会主催の合唱音楽祭(ただし、この時点ですでに第四回)が実施され、以後毎年一一月に開催されている。JOAK新年子供大会も、一九三〇(昭和五)年一月から第二回が開催され(ただし、表3-3では一九四八(昭和二三)年初出とされている)、以後ほぼ毎年日比谷公会堂の新年を飾る恒例行事となった。

開館当初は、新聞やチラシなどでは「東京市公会堂」、あるいは「東京市日比谷公会堂」の呼称も用いられたが、徐々に「日比谷公会堂」へと統一されていった。開館当初は下駄履きの来場者が多く、従来の芝居小屋を模して正面に下足番が設けられた。(62)多くの催事のチラシにも、下駄履きでの来場を控える注意書きが書かれていた。

一九三〇(昭和五)年当時公園課嘱託だった村松竹太郎によれば、開館から一年、一九二九(昭和四)年一〇月一九日―一九三〇(昭和五)年一〇月一八日の催事は二八一回(月平均二三回)で、うち東京市主催が三九回と最も多く、会場や機材備品の貸付料金は収入予定額を遥かに上回った。来場者は、一年を通じて約六五万人、一回平均二三五〇人と計算されている。当時の定員二七一二名（筆者注：東京市政調査会編・発行『市政会館及日比谷公会堂建築工事概要』では二七四〇名）のところ、補助椅子ほかで三〇〇〇名を超えたこともあり、収容できず入場を拒絶したことも数回あったという。「社会一般深刻な不景気にも拘らず」の盛況を、村松は「地の利を得てゐる事と、収容力が市内随一である事と、貸付料金が比較的低廉であることなど」が原因だとする。(63) 開館一周年の記念行事では、東京市および東京市政調査会は公会堂部分を「市民集会の堂屋」として、市政会館部分は「科学的市政研究機関として夫々の使命を果たしつつある」と評価した。(64)

一方で、安価であることへのやや否定的な評価もみられる。一九三一（昭和六）年に入ると、世界的不況、度重なる海外演奏家の来日、高額な入場料などが原因で聴衆の不入りが問題化した。この時、松竹外国部の浅利鶴雄が「或る好意あるアドヴアイザアは日比谷公会堂の如きでやられたら雑費が安くて済むであらうと云はれたが、彼等芸術家は、東洋に来る以上インピリアル・シアタアと彼等が呼ぶ如き一流劇場で演奏したことを一つの誇りとするのであつて、結果どうしても帝劇乃至東京劇場でやらなければならぬ事になる」(65)と記したように、「一流劇場」ではない、安く借りられる場所という認識もあったことがわかる。

舞踊家の高田せい子によれば、一九三〇（昭和五）年頃から洋舞は盛んになってきたが、リサイタルの会場としては日比谷公会堂が筆頭であった。舞踊とオペラ公演の場としては、有楽座と帝国劇場にかわり、日比谷公会堂が代表的な場となった。特に開館直後のエリアナ・パブロヴァの来日公演は日本の洋舞界に大きな影響を与えた。高田は「当時はスケジュールの獲得はさほど困難ではなく、切符の前売りにあくせくしなくても、超満員の観客を動員出来た」と回想する。舞踊公演は頻繁に行われ、個々のリサイタルのほかに音楽と舞踊の会、映画と舞踊の会、舞踊と流行歌の集いなど、学校関係の募金募集、社会事業の催しなどでも高田は公会堂の舞台に上り、「公会堂の専属者」というニックネームまでついたという[66]。

放送の場としても日比谷公会堂は機能していた。一九三〇（昭和五）年三月に新交響楽団演奏、伊庭孝解説・訳詞・演出による『トスカ』の中継放送、毎年一月の「新年子供大会」、その他多くの中継放送がなされた。一九三八（昭和一三）年に内幸町に東京放送会館ができた後も日比谷公会堂は多く用いられ、ＮＨＫにとって日比谷公会堂は「殆んどスタジオの延長」であった[67]。

興行場としての認可、「市営劇場」へ

開館二年後の一九三一（昭和六）年、娯楽に関する催事が増加し、日比谷公会堂を制度的には「興行場」として位置づける措置がとられることとなった。「東京市長永田秀次郎氏が興行主となる市営劇場が出現する」と報じられた。

そもそも日比谷公会堂は、劇場というよりは講堂として設計されていた。よく知られた回想であるが、日比谷公会堂の設計に参画した佐藤武夫によれば、「その性格設定のとき、主として行事、講演会等に供するためで、芝居とかオペラの上演については、むしろ考えてはいけない、という態度が企画者側から示され」、計画当時は舞台という名称も故意に避けられた[68]。

こうして日比谷公会堂は一般の講堂として開館し、有料の興行は興行場外の興行として一カ月一〇日間しか許可されなかった。この背景には、一九二一（大正一〇）年警視庁制定の「興行場及興行取締規則」第五〇条「興行場以外ノ場所ハ一月ヲ通シテ一〇日以上興行ノ為ニ使用スルコトヲ得ス」があったものと考えられる。同法は「興行場」を「料金ヲ受クルト否トヲ問ハス演劇、活動写真、演芸又ハ観物ヲ公衆ノ観覧又ハ聴聞ニ供スル常設ノ場所」（第四条）としており、「興行場」になるためには同規則に定められた構造設備の規程を満たし、警視庁の認可を受ける必要があった[69]。

図3-2　日比谷公会堂における配布プログラムの初期の定型（「山田耕筰氏帰朝歓迎大演奏会」昭和6年10月9日、主催：東京朝日新聞社）
出典：日比谷公会堂所蔵資料

この制約から、「使用申込殺到する同公会堂ではまうけを見す見す断つてゐた有様であつた」という。そのため、公会堂を一般興行場とすることに決定し、一九三一（昭和六）年六月一七日、警視総監保安部にその許可を申請し、同日午後保安課長、興行係長以下が公会堂の実地調査に赴いた。それにより、「同公会堂は場所や建物の体裁等は立派に劇場の条件を備へてゐるから内部の改造を多少行へば一般興行場として許可する方針であり従つて今後は同公会堂は興行取締規則の適用を受け毎日でも有料興行をなすことが出来る訳である」とされた[70]。

その後、「東京市長永田さんがいよいよ一八日から警視庁保安部興行係扱ひによる興行主となつた、これは日比谷公会堂を興行館とし賃貸料をさびしい市の財源に繰り込まうといふ市長の案」から警視庁に認可を申請し、八月一八日午前正式に警視総監から許可された。入口やステージを修理し、「帝劇、歌舞伎座の向ふを張るといふのである」[71]として、制度上興行場として運営することとなつた。

「純然たる興行場」への改造は九月一〇日に完成し、

九月一一日午後警視庁興行係の調査を受け、同夜七時から最初の音楽会を催した。「市長が興行主となつて経営して行くか、あるひは今まで通り昼二五〇円夜三〇〇円の賃貸料をとつて劇場実貸しをして行くかまだ決定してゐないが近くトーキーの設備もなし芝居、活動何でもござれにするといふ、開業日の一一日には一三〇〇余名の聴衆があり市では幸先よしとほくそ笑んでゐる」[72]と新聞では評価された。こうして日比谷公会堂は、興行場としての認可を受け、娯楽関係の催事開催に関する制度上の障壁が取り払われることとなった。

翌月、一〇月九日の山田耕筰氏帰朝歓迎大演奏会（主催：東京朝日新聞社）には、公会堂の外観を表紙に据えた配布プログラムの定型が、公会堂の記録に残る限りでは初めて用いられた（図3-2）。主催者独自にプログラムを作成する場合も多いが、以後この定型を用いて催事を行う団体も数多くあり、市営劇場としての色彩はこうしたプログラムにもみられるようになっていった。

興行場としての認可を受けた一方で、引き続き市の講堂としての教育的利用も多くみられる。東京市教育会主催の「新勅語奉戴式」が一九三一（昭和六）年一一月二四日一五時より、全市の小学校職員、市関係者、教育界方面の名士を集め、永田東京市長により奉戴がなされ、実況中継もなされた[73]。

こうして日比谷公会堂は、講堂に加え、劇場というもう一つのアイデンティティを有することになった。以後日比谷公会堂は、時に矛盾するこの二つのアイデンティティの間で揺れながら、様々な催事の舞台となっていく。

（5）一九三一（昭和六）年九月—一九三七（昭和一二）年七月（満州事変勃発から日中戦争勃発まで）

一九三一（昭和六）—一九三二（昭和七）年——事変関連の催事の増加

一九三一（昭和六）年九月一八日に満州事変が勃発するが、時局に関する催事がすぐに増加する傾向はみられない。初期の例としては、一二月二日の「義捐名流浪花節大会」（主催：東亜保民会）、一二月八日「満州派遣軍慰問金募集

表3-8　昭和7年度の催事一覧

小分類	1	2	4	6	8	9	11	12	14	15	16	18	19	21	22	23	25	28	29	34	37	38	39	40	41	42		
中分類	1	1	1	1	1	1	1	1	5	3	1	1	6	1	1	1	6	1	1	6	1	1	1	1	4	6		
年　月	交響楽演奏会	軽音楽演奏会	吹奏楽演奏会	邦楽演奏会	オペラ公演	独唱会	日本舞踊	舞踊と映画	集会大会	講演と映画	映画会	演芸会	ボクシング	ピアノ独奏会	合唱公演	民俗舞踊	柔道大会	ヴァイオリン演奏会	バレエ公演	レスリング	能楽	歌の発表会	音楽コンクール	尺八大会・演奏会	式典行事	体操発表会	計	30年史
1932　4			2	4	2		2	3		1	3	11	5	2		1		3	1			2			2		44	44
1932　5	2	1		2		2	2	7	1	2	1	3	2		1	1		2	2		1		2	1		1	36	35
1932　6			3	1	1	2	3	5			3	3	6				1			2					2	1	33	36
1932　7	2			1				2	3	1	2	5	2				1						1				20	18
1932　8												1															1	1
1932　9	2	1	2	1		1		4		1		4	4									2				1	23	22
1932 10	3	2	2	3		2	3	6	1		2	9	5			2		3					2		2	1	48	47
1932 11	2	2		2	2	2	2	10	3	3	1	3	7		2		1	2						1	3		48	48
1932 12	3					2	2	3	1	1	1	3	3			2		5							2		28	31
1933　1	5					1		4		2	1	3	2							1							19	19
1933　2	3			1	6	2		2	4		5	4	1	2							2			1			33	33
1933　3	2		2	3		1	2	4	2		6	9	3	2				3							3		42	42
計	24	6	11	18	11	15	16	50	15	11	25	58	40	6	3	6	3	18	3	3	3	4	5	3	14	4	375	376

30年史における内訳数の総数は375だが、同じ30年史における催事総数は376である。

仙台の夕」（主催：満州派遣軍慰問仙台会、後援：在京仙台人連合会）、などである。一二月二日の「義捐名流浪花節大会」のプログラムには「零下三〇度朔北の野に奮闘しつつある我満州軍の慰問と暴戻極りなき支那軍憲の惨虐に逢ひ餓と寒さに瀕死の境にある在満二〇〇万の鮮人救済資金を得る為の催しです国家の為振つて御入場を願上ます」と記された。

翌一九三三（昭和七）年になると、事変関係の催事が増加してくる。一月二一日の日比谷映画会では、冒頭『満州事変写真』が上映され、二月七日には「満州事変戦死者遺族の為　音楽・舞踊・映画の夕」（主催：日本ビクター蓄音機株式会社、後援：時事新報社）が開催される。プログラム表紙には、「支出の全部を負担し収入の全部を寄付」と記された。この会では「満州行進曲」など初期の時局歌が披露されているが、一方で独唱「誰に遠慮も無くつてよ」「尖端ガール」、小唄「わたしのせいぢやないわよ」など、この年開始されるレコード検閲以後は減少していくような作品も多く歌われている。

図3–3　昭和7年6月28日「体操実演と音楽と舞踊の会」
出典：『東京朝日新聞』昭和7年6月29日付朝刊7面

そして三月一七日には、三月一日に建国宣言がなされた「満州新国家祝福の夕べ」がもたれる。二三日には「肉弾三勇士の歌」発表会が行われる。次章で詳述するが、これらの催事は、ラジオ中継やレコードなどを駆使したメディア・イベントの様相を呈していた。三月二六日の日比谷映画会では、東京日日新聞社提供による『上海事変ニュース』『満蒙ニュース』が上映された。

四月二四日のアーサー・サリバン作喜歌劇『戦艦ピナフォア』（主催者不明）でも、「劇中のエピソード」としてメゾソプラノ独唱「肉弾三勇士」（古賀政男、山田耕筰作曲の二曲、天野喜久代歌）、テノール黒田謙「爆弾三勇士」（東京日日新聞社、陸軍戸山学校作曲）、「肉弾三勇士」（報知新聞社、中山晋平作曲）など、各社の「三勇士の歌」が披露されていた。

七月九日には、「満州国即時承認国民大会」が開催される。「国民大会」と銘打たれ、のちに数多く開催された催事の初期の例である。同じ日の夕方六時半からは、始政三七周年記念「台湾の夕」が開かれた（主催：台湾文化普及会、新聞合同通信社）。七月二六日には「満州問題大演説会」（主催：国民新聞社、日本国民社）。九月一八日には、東京府、東京市、東京商工会議所主催、「本庄中将歓迎の夕」が開かれる。その日のプログラムは、東京府学務部長の挨拶ののち、シューベルト作曲「軍隊」、徳富猪一郎、佐佐木信綱作詞、東京音楽学校作曲「皇軍の歌」、チャイコフスキー作曲「一八一二年」が演奏された。のちにみられる「海行かば」「愛国行進曲」（ともに一九三七（昭和一二）年発表）のような、あらゆる集会で歌われるいわゆる「定番」の曲はまだみられず、催事ごとに多様な音楽が演奏されている。

九月二六日には、近隣自治体の編入に伴う一〇月一日からの東京市市域拡張を祝し、「大東京市歌」の発表会が行われた。東京日日新聞社が募集をし、ポリドールレコードから発売されたものである。発表会当日は、「大東京市歌講習」があり、その後はポリドールレコードの伴奏により歌われ、また水木歌橘社中による舞踊「大東京市歌」も披露された。その直後、一〇月一日には東京市主催の「大東京生誕の夕」が行われた。以後も市域拡張を記念する市主催のハーモニカ演奏会（一〇月二日）、邦楽と舞踊の会（同日夕方）、映画会（一〇月四日）などが行われている。この日は、市教育局社会教育課長の挨拶と永田秀次郎市長の講演の後に「東京」づくしの各種演目が並んだ。東京弦楽四重奏団による演奏、東京市制定の童謡「東京市童謡」「昭和の子供」、さらに東京市制定の「東京市民歌」「青年の歌」、そして童話劇「大東京の誕生日」、映画『大東京の今昔』などが上演され、最後は会衆一同による「大東京市万歳」で閉じられた。ここで発表された歌はすべてコロムビアレコードから発売され、プログラム裏面にはレコードの宣伝が印刷されていた。都市のアイデンティティとして建設された公会堂は、こうした地域にまつわる催事により、内容においても都市のアイデンティティを確認する場となったのである。

一二月一七日には、藤原義江「討匪行」「亜細亜行進曲」（関東軍参謀部作詞、藤原義江作曲）の発売にあわせて、「藤原義江愛国独唱会」が開催されている。

なお、こうした時局関連の催事がみられる一方、企業主催の慰安娯楽の会や、音楽団体の演奏会が減少するわけではない。五月二一日、二二日には、現在まで続く時事新報社主催の第一回音楽コンクールが開始された（現在は毎日新聞社主催）。

スポーツ関連の催事も多く行われている。六月二一日には「オリンピック派遣選手を送る夕」が開催されたほか、六月二八日には「体操実演と音楽と舞踊の会」（主催：全日本体操連盟、後援：東京市、図3-3）なども開催された。スポーツの中で最も多く行われたのはボクシングで、第二次世界大戦末期まで続けられた。

表3-9　昭和8年度の催事一覧

小分類		1	2	3	4	6	8	9	10	11	13	15	16	17	18	19	21	22	24	28	29	37	39	42	43	44		
中分類		1	1	1	1	1	1	1	1	1	2	3	1	1	1	6	1	1	4	1	1	1	1	6	1	6		
年	月	交響楽演奏会	軽音楽演奏会	室内楽演奏会	吹奏楽演奏会	邦楽演奏会	オペラ公演	独唱会	洋舞公演	日本舞踊	講演会	講演と映画	映画会	演劇会	演芸会	ボクシング	ピアノ独奏会	合唱公演	記念式典	ヴァイオリン演奏会	バレエ公演	能楽	音楽コンクール	体操発表会	雅楽	ファッションショー	計	30年史
1933	4	2			2	2	1	2		4	6		4		11	3					2		2				41	41
1933	5	3			1	4	2	1	3		3		1		15		1						2	2			38	38
1933	6		4	7	2	2	1			6	2		2		10			1	2								39	39
1933	7		4			1	1			5	1		1		6	1											20	20
1933	8												2		6												8	8
1933	9		3		1					1	3	3	1		3	2					4					2	23	23
1933	10		3		2				4	2	2		3		16	3	2			5	3						45	41
1933	11	5				1	3		2	2	2		5		15	3	2	1		5							46	48
1933	12	5	4	1			1			2	5	1	3		6	2											30	32
1934	1	2		1		2	2	2					2	3	12	2					2	1					31	31
1934	2	3				2		3				3			18	3				2	1						35	35
1934	3	2						2			5		5		17	3			2						2		38	38
	計	22	18	9	8	14	11	10	9	22	29	7	29	3	135	22	5	2	4	12	12	1	4	2	2	2	394	394

一九三三（昭和八）年——国際連盟脱退、「非常時」関連催事、皇太子生誕

一九三三（昭和八）年に入ると、公会堂で関連行事が連日行われる事件が起きる。満州事変に伴う、国際連盟脱退をめぐる動きである。まず二月七日には、満州問題挙国一致各派連合会による国民大会が開かれる。二月二一日には、大民倶楽部有志、各政党有志、各新聞通信社有志、在郷軍人有志、護国義勇団有志主催での対国際連盟国民大会が開催される。二月二四日には国際連盟特別総会でリットン報告書が採択され、三月二七日、日本は正式に脱退を表明した。

三月一日には、午後一時から日満中央協会主催（後援：拓務省、文部省、東京市、駐日満州国公署）の「満州国建国一周年祝賀記念祭」が開催され、同日六時からは、東京日日新聞社主催「満州国建国一周年　満州国祝福の夕」が開催される。四月二九日の天長節には、天長節奉祝国際連盟脱退詔書奉戴式が、同式本部主催、文部省、東京府、東京市後援により公園前広場で行われた。徳富猪一郎の詔書奉戴の誓詞ののち、「御詔書ニスル感激ノ詞」が、齋藤実首相以下、各大臣、日本新聞協会会長、両院議長、各党総裁らにより述べられた。聖寿万歳だけでなく「日満両国万歳」もなされ、閉会した。事前の注意に、制服、制帽、制服のない場合は「不敬に渡らざる服装」、靴もしくは草履という、服装の指定もされていた。こうした国民大会は、公会堂だけでなく公園全体で行われることが多かった。

三月一〇日の東京市主催「陸軍記念日祝賀の夕」では、浪花節「乃木将軍」といった、それ以前にもみられた演目もあるが、植田謙吉陸軍中将が「日露戦争と非常時日本国民の覚悟」と題した講演を行った。日露戦争の記念事業は以前にもみられるが、日露戦争と現下の戦争を対比させながら、現状の「非常時」を訴える論理がこの頃から強まっていく。特に、日本海海戦の日に制定された毎年五月二七日の海軍記念日は、そのための重要な日であった。「非常時」は当時の流行語であり、多くの催事にも冠された。このほか、「非常時」関連では、一一月二六日「非常時防空の夕」（主催：帝都防空協会、後援：報知新聞社）なども開催された。しかし一方で、一二月五日に同じ報知新聞社が「ジャズ祭」なども行っている（図3-4、3-5。ただし、表3-3ではジャズの初出は一九三五（昭和一〇）年とされている）。時局関連の催事の一方、日比谷公会堂での多数の事業は、企業主催の音楽舞踊の慰安娯楽会などであり、レコード会

図3-4　昭和8年11月26日「非常時防空の夕」（主催：帝都防空協会、後援：報知新聞社）
出典：日比谷公会堂所蔵資料

図3-5　昭和8年12月5日「ジャズ祭」（主催：報知新聞社）
出典：日比谷公会堂所蔵資料

社も、時局歌だけではなく一般の歌謡曲も発表の場として用いていた（四月一七日「一九三三年コロムビア・オン・パレード」など）。同じ主催者が全く異なる性格の催事を開催していたことにもみられるように、「平時」と「非常時」の催事が並存する形で日比谷公会堂は使われていた。

このほか、多様な団体が、自団体の結束を強めたり、団体のもつ思想の普及を図ったりする目的での催事を多く行っている。七月四日の「スワラジ劇団公演」（主催：東京禁酒会）は、「大東京禁酒運動のために 演劇による奉仕托鉢」とプログラムに記された。七月の「満州産業建設学徒研究団発会式」は、日比谷公会堂で行われたのち宮城前に会場を移した。この頃になると、在郷軍人会などの主催による、戦病者慰安の会が数多く行われるようになる。ただしその実態は、例えば七月二二日「上海事変傷疾海軍軍人慰安の夕」（主催：帝国在郷軍人会、日本橋区分会海軍班）では、舞踊、講談、声帯模写、浪曲、小唄、落語が披露されるなど、事変以前の慰安娯楽の会と変わるものではなかった。

この年の年末から一九三四（昭和九）年の年始にかけて日比谷公会堂をにぎわせたのは、一二月二三日の皇太子の誕生であった。一二月三〇日には早速、皇太子殿下御誕生記念奉祝演奏会が東京市主催で行われた。

一九三四（昭和九）年——満州関連のメディア・イベント

明けて一九三四（昭和九）年一月三日には、前年末の奉祝ムードを引き継ぐ形で皇太子誕生奉祝行事が行われた。市主催の奉祝演奏会を三部構成とし、第一部にコロムビア、第二部にビクター、第三部がポリドールと主要レコード会社が担当する過密スケジュールであった。各社とも、誕生を祝したレコードを競って発表、発売し（コロムビア「皇子さま」「御誕生御誕生」、ビクター「可愛いい皇子様」「皇太子御誕生奉祝歌」、ポリドール「皇太子御降誕奉祝歌」「皇子生れまし給へぬ」など）、奉祝はレコード販売合戦の様相を呈していた。

表3-10　昭和9年度の催事一覧

小分類	1	2	3	6	8	9	10	11	12	13	14	15	16	17	18	19	21	22	24	28	34	37	39	42	44	45	46		
中分類	1	1	1	1	1	1	1	1	1	2	5	3	1	1	1	6	1	1	4	1	6	1	1	6	6	1	1		
年　月	交響楽演奏会	軽音楽演奏会	室内楽演奏会	邦楽演奏会	オペラ公演	独唱会	洋舞公演	日本舞踊	舞踊と映画	講演会	集会大会	講演と映画	映画会	演劇会	演芸会	ボクシング	ピアノ独奏会	合唱公演	記念式典	ヴァイオリン演奏会	レスリング	能楽	音楽コンクール	体操発表会	ファッションショー	チェロ独奏会	民謡	計	30年史
1934 4	2			2		1		5	2	1	3	3	1		13	3			3	1			1		1	2		44	44
1934 5	3			2		1	2		6				1	5	5		1	1	1									28	28
1934 6	3	3	1		2		1	3	8		4	4	1		2								1					33	33
1934 7		1		2						2	8		1	3	8									1				26	26
1934 8													1															1	1
1934 9		1				3	6		2	2					7				2		2		1		1			27	27
1934 10	2	2		4				7	3	2		2	2	2	2		1		2	1							1	33	32
1934 11	3	1	1	1	1		2	3	3	4			3		6	7		1				2	2			1		41	41
1934 12	7	3		3		1	1	2	2			2	1		7	5			2				1				1	38	39
1935 1	1	2	2					2	4				2	2	5		1									1		22	23
1935 2	4	1		1		8		2	2				1	2	5	1		1	2	2				1			1	34	32
1935 3	3	1		1		2	3	2	2	2		2	2		10	1	1		1	1			2					36	38
計	28	15	4	16	3	16	15	26	34	13	15	13	16	14	70	17	4	3	13	5	2	2	8	2	2	4	3	363	364

30年史における内訳数の総計は363だが、同じ30年史における催事総数は364である。

満州国関連の事業は、定例のイベントとなっていく。三月一日には、建国当初から報道に熱心であった東京日日新聞社の主催で、「満州帝国慶祝の夕」が開かれている。丁士源満州帝国公使の挨拶、芳沢謙吉前外務大臣、林銑十郎陸軍大臣、廣田弘毅外務大臣の講演と祝辞に続き、コロムビアレコードの協力のもと、明治維新期の「宮さん宮さん」から最新の「さくら音頭」まで四八曲が披露されるという大規模な会であった。「さくら音頭」については次章で詳述するが、各社同一タイトルのレコードをこの時期競って販売していた。

その後も、九月一八日「非常時突破　笑の夕」（主催：社会事業応援会）、九月二二日「各社連合実演大会」（主催：東京蓄音器商組合）、一〇月三日「関西地方災害義捐金募集のためポリドール全専属芸術家大会独唱と映画の夕」（主催：日本ポリドール蓄音機株式会社、後援：東京市）、一二月八日「非常時御国の歌」（主催：大日本護国会）、一二月一四日「赤穂義士追憶の集ひ」（主催：財団法人中央義士会。一九三三（昭和八）年一二月一四日に認可された財団）などが行われた。また、一二

表 3-11　昭和 10 年度の催事一覧

小分類		1	2	3	4	6	8	9	10	11	12	13	14	15	16	17	18	19	21	22	24	26	28	39	42	44	47		
中分類		1	1	1	1	1	1	1	1	1	1	2	5	3	1	1	1	6	1	1	4	6	1	1	6	6	1		
年	月	交響楽演奏会	軽音楽演奏会	室内楽演奏会	吹奏楽演奏会	邦楽演奏会	オペラ公演	独唱会	洋舞公演	日本舞踊	舞踊と映画	講演会	集会大会	講演と映画	映画会	演劇会	演芸会	ボクシング	ピアノ独奏会	合唱公演	記念式典	古武道大会	ヴァイオリン演奏会	音楽コンクール	体操発表会	ファッションショー	ジャズ	計	30年史
1935	4	2	2		2				5	1	2			4	5		8		5			2						38	38
1935	5	2			2	1	1	2	1	2	4			2	4	2	5	2			1		6	3				40	40
1935	6	5	3	1				1		2	6			2	4	4	9	1	1						1			40	40
1935	7	1				2			1		1	8		4	6		2	1			2							28	28
1935	8																											0	0
1935	9	1						1	1		4				3		7	1	5		1	1						25	25
1935	10	2			2		3		3	2	6	2	1	1	7	1	9		2				2		2			45	45
1935	11	3	2	1		2	2	4	8	4	6	2		3	4	3	5	4		3						2		58	58
1935	12	4				2			1	1	7	1	2	1	3		7	4		1	2			2			2	40	40
1936	1	2						3		1	5	1		2	1			3	1	2			2					23	23
1936	2	4		2		3		1		3	2			1	4		5	3			2							30	27
1936	3	8						3	1	3	2				4		1	3		3			1	1		2		32	32
	計	34	7	4	6	10	6	15	21	19	45	14	3	20	45	10	58	22	14	9	8	3	11	6	3	4	2	399	396

30 年史における内訳数の総数は 399 だが、同じ 30 年史における催事総数は 396 である。

月二三日には「皇太子殿下第一回御誕生日奉祝会」は、第一部が一三時から行われ、一八時からは第二部「皇太子殿下御誕生奉祝記念演奏会」として、前年同様ビクター、コロムビア、ポリドールの三社が演奏を行った。

一九三五（昭和一〇）年——日露戦争三〇年、満州国皇帝来日

一九三五（昭和一〇）年、三月に入ってから三月一〇日の陸軍記念日までの数日間は、日露戦役三〇周年を記念する催事が続いた。三月七日の「日露戦役三〇周年記念当時をしのぶの夕」（主催：報知新聞社、後援：陸軍省）では、陸軍省新聞班によるパンフレット「日露戦役三〇年　非常時に対する我国民の覚悟」も配布されたことが、日比谷公会堂所蔵資料から推定できる。三月八日の日露戦役回顧の夕（主催：健康母の会、働く会）、三月一〇日一三時には日露戦役三〇周年陸軍記念日祝賀子供大会（主催：東京日日新聞社、後援：陸軍省）、一八時からは東京市主催「陸軍記念日祝賀

の夕」が行われた。

その後公会堂で集中したのは、四月の満州国皇帝来日関連事業である。四月五、九、一〇、一一日のアルトゥール・ルービンシュタイン独奏会の間をぬって、東京市主催の奉迎イベントが行われた。プログラムにはすべて「奉迎満州国皇帝陛下御来訪」と印刷され、四月六日には東京市主催「1　記念講演会」、七日一八時には「2　奉迎音楽大会」で、ポリドール、コロムビア、ビクター三社の順に独唱、小唄、舞踊などが披露された。さらに翌八日には、「3　奉迎舞踊大会」まで行われ、石井漠舞踊研究所ほか、普段から公会堂を使用している舞踊団体による舞踊が披露された。「奉迎の一九三五年」（河上鈴子舞踊研究所）、「木魚を打つ人」「銅鑼を打つ人」（石井漠舞踊研究所、満州の建国を象徴したもの）、「満州国皇帝陛下奉迎歌によつて」（江口隆哉宮操子舞踊研究所）など、奉迎を意識した演目が多くみられた。さらに一〇日には、音楽堂であるが、「5　満州映画大会」、一三日には「7　奉迎音楽と独唱大会」、一四日には「8　奉迎児童大会」が行われた（4と6は資料所在不明）。一三日一八時からの東京市主催さくら祭も、「奉迎満州国皇帝陛下御来訪」と銘打たれていた。

一一月一五、一六日には東京市主催「皇太子殿下御七五三祝典音楽大会」、一二月四日には、市主催「親王殿下御誕生奉祝記念講演会、長唄舞踊大会」が実施され、皇室関係の催事も引き続き多くみられた。


一九三六（昭和一一）年——シャリアピン来日、選挙粛正運動、二・二六事件

一九三六（昭和一一）年、ロシアのバス歌手フョードル・シャリアピン来日が、特に主催の朝日新聞社によって大々的に報道された。一月二七、三〇日、二月一、四、六日に演奏会が行われた。二月四日の公演終了後は豪雪のため電車が止まり、公会堂で一夜を明かした聴衆も多かった。五月一〇日と一三日にも、朝日新聞社主催でシャリアピンの告別演奏会が開催されている。一二日には、ピアニストのウィルヘルム・ケンプの告別演奏会が行われたが、プ

表3-12　昭和11年度の催事一覧

小分類		1	2	3	4	6	8	9	10	11	12	13	15	16	18	19	21	22	24	27	28	39	42	45	48	49	50	51		
中分類		1	1	1	1	1	1	1	1	1	1	2	3	1	1	6	1	1	4	4	1	1	6	1	1	1	1	1		
年	月	交響楽演奏会	軽音楽演奏会	室内楽演奏会	吹奏楽演奏会	邦楽演奏会	オペラ公演	独唱会	洋舞公演	日本舞踊	舞踊と映画	講演会	講演と映画	映画会	演芸会	ボクシング	ピアノ独奏会	合唱公演	記念式典	クリスマス会	ヴァイオリン演奏会	音楽コンクール	体操発表会	チェロ独奏会	朝鮮舞踊	学芸会	歌謡コンクール	少女歌劇	計	30年史
1936	4	4								6	2	3	2	6	9	5		1	1			2							41	41
1936	5	3	4				3	5	1	2	3				12	1	2				2		2	2		2			44	43
1936	6	5	3		2				2			2		4	14	5		1	1		3								42	44
1936	7					2		3	1	3		2		2	10	1													24	26
1936	8																		1										1	1
1936	9	2							5	1				3	5											2	2		20	20
1936	10	5	3	3		2			1	7	1	4	3	3	9	4			2				3						50	52
1936	11	2				3		1	6		7	4		2	8	3	2	3	2			2		2	2	2		2	53	54
1936	12	7	3		1	1	1	1	1	2		2		4	4	3				5					2				37	38
1937	1	2	1	1							3		2		8	1	1				6								25	25
1937	2	5				3		2	2		4		2		3				2		3								26	31
1937	3	2	4			1		2	2	1	6	1	3	5	8	3						1							39	40
	計	37	18	4	3	12	4	14	21	22	26	18	12	29	90	26	5	5	9	5	14	5	5	4	4	6	2	2	402	415

30年史における内訳数の総数は402だが、同じ30年史における催事総数は415である。

ログラムの最後に、聴衆に主題を書いてもらい休憩中に回収、入選となった主題をモチーフにケンプが即興演奏を行う、というユニークな工夫もみられた。

二月一四日には「選挙粛正婦人の日」が行われた。前年六月に選挙粛正中央連盟が、八月に選挙粛正婦人連合会が結成されていた。当日は婦人のみが入場の対象とされ、講演のほか「選挙粛正の歌」（コロムビア）が披露されたほか、『選挙粛正と婦人の力』（潮恵之輔著）という小冊子も紹介されたことが、日比谷公会堂所蔵資料から推定できる。この小冊子は一九三五（昭和一〇）年九月一七日にラジオ放送された講演の要旨で、選挙権をもつ男性への支援を呼びかけた内容である。婦人に対して「その温かく深い恩情を、社会教化、社会経済その他全局面に働かせて戴きたいと希う」と呼びかけ、「選挙粛正はその最も大切なるものの一つ」であり、婦人が「家庭を通し、家庭を動かして」成果を挙げることが望まれていた(74)。六月六日にも、東京府・東京朝日新聞社主催で「府選粛正の会」が開かれている。

二月一七日一五時、岡田啓介内閣の解散理由と政策説明の演説会が政府主催で実施された。一〇時すぎからすでに来場者が列をつくり、一四時の入場予定が、整理のため一一時に繰り上がった。高橋是清蔵相は「財政経済の方策に就て」として三〇分、岡田首相は「国民諸君に告ぐ」として二五分、挙国一致内閣の説明などを含む演説を行った。

九日後の二月二六日には、いわゆる二・二六事件が勃発し、二月一七日に日比谷公会堂で講演を行っていた高橋蔵相は殺害され、岡田首相は脱出し難を逃れたものの、首相官邸を襲撃された。事件発生後、戒厳令は七月まで敷かれ、四月下旬の社会大衆党全国大会など、いくつかの催事は中止となった。事件の前夜二月二五日には、全日本アマチュア拳闘連盟主催「全日本拳闘選手権大会」が開催されていた。同プログラムは二七日にも開催予定であったが四月上旬に延期され、新聞紙上では「種々の事情で」と理由が報じられた[76]。しかしすべての催事が中止になったわけではなく、三月四日にはすでに拳闘試合が行われている[77]。また、日比谷公会堂のほかに、三月三一日（上智大学講堂）、四月一日（麻布公会堂）の二日に渡り「戒厳兵士慰問の夕」が朝日新聞社主催で実施され[78]、二日目には浪曲、映画が披露されている[79]。

三月六日、フォーレ作曲のレクイエムの全曲初演が、児童擁護協会主催「虐められる子のために　大合唱の夕べ」で行われた。児童虐待防止映画『明朗日本』の上映、穂積重遠会長の挨拶などののち、弘田龍太郎指揮、二〇〇名の合唱とピアノ、オルガン伴奏で披露された。日比谷公会堂はこうした数多くの作品の初演の舞台にもなった。

五月二八日には、この年行われたベルリンオリンピックに関連して、「オリムピック蹴球選手送別音楽会」が行われる（主催：オリムピック蹴球選手後援会）。オリンピック関連の催事は、終了後にも体操チームの報告実演会など（一〇月一〇日、主催：全日本体操連盟）、多くみられる。

この頃から、戦争を身近かつ具体的に意識させるプログラムがみられ始める。六月二七日、二八日には東京市連合防護団主催「防空宣伝催物」が行われた。ヴァラエティ「空襲と防備」、詩吟と剣舞「空襲来」「護大空」、舞踊「旗

表 3-13　昭和 12 年度の催事一覧

小分類		1	2	3	4	5	6	7	8	9	10	11	12	13	14	15	16	17	18	19	21	22	28	37	43	52	53	54	55	56	57		
中分類		1	1	1	1	1	1	1	1	1	1	1	1	2	5	3	1	1	1	6	1	1	1	1	1	1	1	2	4	1	6		
年	月	交響楽演奏会	軽音楽演奏会	室内楽演奏会	吹奏楽演奏会	ハーモニカ演奏会	邦楽演奏会	音楽と映画	オペラ公演	独唱会	洋舞公演	日本舞踊	舞踊と映画	講演会	集会大会	講演と映画	映画会	演劇会	演芸会	ボクシング	ピアノ独奏会	合唱公演	ヴァイオリン演奏会	能楽	雅楽	ハープ演奏会	アコーデオン演奏会	演説会	歓迎会	詩吟大会	卓球大会	計	30年史
1937	4	1	1					3	3	3	2	5	3		3	2		3	8				3		3	4		1	3			51	51
1937	5	5		6			4	1	3	1	2	2	7		4	2	2		6	3	2							2				52	52
1937	6	3	2	4		2			2	5			4		1		8		8									1				40	40
1937	7							4		1	2				1	3	2		5		2							4				24	24
1937	8	1	4				1	4			2					3	1		3		2			2				4				27	27
1937	9																															0	0
1937	10	1	1			3	2	4		3	1	2	3	7	4	4	3				2							4		2		46	46
1937	11	4					2	4	2	3	3	4		8		1	4		3	2						1		2	1			44	44
1937	12	5	3		2		2	3	2		2		2		3	1	6	1	1	5		2	1	2			2	2	4			51	47
1938	1	1					1	1		2	2		1	2			2	1	5					2	1					1	2	24	28
1938	2	3	2				1	3		1		2	3	2	4	1			5	3	2	1					1					34	34
1938	3	2			1			3		1			3		3	1	5		4	5			1	3								32	32
計		26	13	10	3	5	13	30	12	20	16	15	26	19	23	18	33	5	48	18	10	3	5	9	4	5	3	20	8	3	2	425	425

は日の丸」「来たよ敵機が」「防空音頭」、落語「在郷軍人防空演習の巻」、映画『空襲と毒瓦斯』などで構成された。

一〇月一日には、東京市の人口が六〇〇万人を超えたことで、「人口六〇〇万自治記念講演会」が東京市により催された。社会教育課長の挨拶のほか、市歌、舞踊、歌謡曲、映画など、当時よくみられたヴァラエティ形式の出し物が披露された。また、公園課長と社会教育課長は、こうした催事に多く登場し挨拶を行っている。

本章で採り上げているような時局性の高い催事は一部であり、多数は企業、各種団体、学校主催の娯楽イベント、演奏会、個人や団体のリサイタルである（一一月一八日、ライオン歯磨主催「日活多摩川撮影所総動員　日活グランド・ショウ」など）。ただし、そうした日常の催事が時局との関連において意味づけられる、という現象が徐々にみられていく。

一九三七（昭和一二）年——日中戦争勃発まで

一九三七（昭和一二）年には、一月一九日に「独逸巡洋艦エムデン号歓迎　日独交驩演奏大会」（主催：東京市、日独協会、日独文化協会、日独同志会）が開かれる。エムデンに乗っていた軍楽隊と海軍軍楽隊の合同演奏で、ラジオでも中継された。

また、一月二八日「上海事変五周年戦没者慰霊の夕」（主催：海軍協会、後援：海軍省）など、戦局の長期化により慰安だけではなく慰霊のための会もあらわれ始める。二月二八日には「駐満皇軍凱旋兵士慰安の夕」（主催：駐満皇軍後援婦人会、満州国大使館）、三月一日には「満州帝国建国五周年記念祭」（主催：社団法人日満中央協会他）、三月一〇日には日活映画『吾等が憲政の殿堂』特別試写会などが開催された。

四月七日には、報知新聞社主催各派代表立会演説会が開かれ、四月一七日には、来日中のヘレン・ケラーのために、東京朝日新聞社、東京連合婦人会、東京市主催で「ヘレンケラー女史市民歓迎会」が開かれた。

四月二三日には、選挙粛正婦人大会（主催：愛国婦人会、大日本連合婦人会、財団法人婦人連合会、後援：東京府、東京市、選挙粛正中央連盟）が開かれた。連盟理事長田澤義鋪の挨拶などのほか、歌「選挙粛正の歌」「選ぼうよ、みんな」が歌われた。

五月には指揮者フェリックス・ワインガルトナーが来日し、日比谷公会堂（五月三一日、六月一六日、三〇日）を含め全国の公会堂で演奏会を行った。六月三日には、ジョージⅥ世戴冠記念として同年四月に東京—ロンドン間を世界最短で飛行し話題となった神風号凱旋の祝賀大演奏会が、「ビクター専属歌手総出演」で実施される。新曲「神風だから」、レビュー「神風だからそれだから」などが披露された。

七月一、二日（両日あるいはどちらか）に実施された「在満将士家庭慰安大会」は、のちにほとんどの催事で行われる武運長久祈願が式次第に挿入された初期の例である。

（6） 一九三七（昭和一二）年七月—一九四五（昭和二〇）年八月（日中戦争勃発から終戦まで）

日中戦争から太平洋戦争、そして終戦までは、日比谷公会堂の催事に関しては完全に「戦時体制」となり、一続きと考えてよい。また、それ以前と時代を画す要因として、国民精神総動員運動の影響が指摘できる。この運動ののち、日比谷公会堂の催事も急速に教化動員の色彩を強めていく。より正確にいえば、公会堂で行われた催事こそ教化動員のプログラムそのものである。この年、父親に連れられ兄弟とともに日比谷公会堂に来た当時小学校二年生の田中幸子は、その後、公会堂は「戦争に関係のある行事が多く報道されるようになってきた気がする。その時の階段は軍服姿が多くまた白の割ぽう着を身に付け旗を持つ人々が見られるようになってきた」と回想する(80)。

なお、戦時中東京でよく用いられた施設は、日比谷公会堂と並び、九段下の軍人会館であった（一一一二席。第二次世界大戦後に九段会館と改称され利用されたが、東日本大震災に伴う天井崩落事故により二〇一一（平成二三）年四月閉館）。帝国在郷軍人会が、昭和の御大典や「肇国の本義を顕揚するの根拠となすこと」「会員修養の殿堂たらしむること」などを目的に(81)、一九三二（昭和七）年に完成した。帝冠様式として知られる建築様式は、「特ニ国粋ノ気品ヲ備ヘ崇厳雄大ノ特色ヲ発揮スルコト(82)」という条件を満たしたものであった。軍人会館は一般の集会にも貸し出されたが、軍の管轄下にあったためか資金が潤沢で管理がよく、特に邦楽団体の利用率が高かった。しかし催しには決まって憲兵が臨席し、時間が来ると合図の閉会笛を吹き、使用者の印象を害することから漸次利用者は減っていった(83)。

一九三七（昭和一二）年——盧溝橋事件、国民精神総動員運動、南京陥落、愛国行進曲

一九三七（昭和一二）年七月七日に盧溝橋事件が起き、日中両軍は戦闘状態に入る。その日、日比谷公会堂では毎年恒例の東京市主催「日比谷七夕祭」を行っていたが、その後の日比谷公会堂は、新聞およびラジオとともに、戦局

を伝えるメディア空間の性格が徐々に強くなっていく。九月には都新聞社主催「支那事変戦況報告会」、九月五日に「必勝祈願の夕」（主催者不明）が行われた。プログラムから東京毎夕新聞社主催であると推定される九月二八日の「日支戦線映画の夕」は、時局漫談、戦局ニュースなどで構成された。

九月一一日には政府主催「国民精神総動員運動大演説会」が開催され、一〇月一二日には「国民精神総動員中央連盟結成式」が開かれる。なお、同日夜には「宮内鎮代子ピアノ独奏会」が開催されている。国民精神総動員運動関係の講演会では、国歌斉唱と宮城遥拝、国民精神作興に関する詔書奉読、皇軍将士の武運長久祈念などが、式次第に欠かせない構成要素となっており、これらは終戦に至るまで、非常に多くの催事に取り入れられた。また、「国民精神総動員」「銃後奉仕」「挙国一致」「堅忍持久」「尽忠報国」といった運動のスローガンは、各種のプログラムに刷り込まれていった。

国民精神総動員運動の影響は、特に行政主催の催事に顕著である。一一月二六日の内閣印刷局主催と推定される「出征局員武運長久祈願祭　第二回局員慰安会」では、来場にあたり服装に関する注意が以下のように記された。「堅忍持久以て非常時経済財政政策に協力すべき国家的非常時に際し国民として断然質素を旨とし華美な服装は絶対に避けませう。又特に新調することのないやうに御注意願ひます」。このように、催事の開催にあたっては自粛ムードが広まっていく。

この頃になると、空襲に備えた灯火管制や避難演習も日比谷公会堂内で行われるようになった（九月一五日夜）[84]。また、多数開かれていた企業主催の娯楽の会も、時局を冠した内容へと変化していく。一〇月一六日「栄養報国銃後の集ひ」（主催：明治製菓株式会社）は、軍関係者による講演「支那事変に就いて」、映画『支那事変ニュース』、軍国調浪曲、「雪の進軍」などの軍歌合唱といった、事変関係の内容ばかりであった。一二月七日「日支事変講演と映画の会」（主催：芝浦マツダ工業株式会社、マツダ電気時計販売連盟）は、昼夜二回のプログラムで構成され、映画『光ヲ与へヨ』、陸海軍関係者による講演「支那事変ニ就テ」(昼)、「上海方面慰問ト感想」(夜)、従軍談(井口静波)、発声ニュース(東京日日新聞社、東京朝日新聞社、同盟通信社提供)、浪花節(春日亭清鶴、玉川勝太郎)という内容であった。チケット裏にはこう記された。

我々国民は関心の全てをこの事変の動向に集中して銃後の護りの完からんことを期して居ります。茲に従来の慰安会と趣を改め倖ひ陸海軍の絶大なる御後援を得て左の如きプログラムを編成する事を得ました願くば来り会して皇軍将士の勇猛に湧き辛酸に謝し而して事局の趨勢を深慮して愈々銃後の責任と覚悟を固められんことを!!

また、演奏会も、戦時体制を意識した内容へと徐々に転換していく。一〇月一九日には、東京市主催、愛国音楽連盟賛助による「新作軍歌発表大演奏会」が行われ、一三曲の新曲が披露された。一一月八日には東京音楽学校主催「銃後奉仕演奏会」が開かれた。新聞社・出版社主催の時局講演会も急増する。一一月一日の「上海北支戦線踏破報告とニュース映画会」(主催:雑誌懇談会)は、三部で構成され、第一部の「戦線踏破報告講演」では、戦地で取材した一七雑誌の記者による講演会が行われ、第二部は「軍歌アトラクション」としてコロムビアの提供により「露営の歌」などが披露され、三部では「特選事変ニュース映画」として、海軍省提供『錦旗の下に』ほか同盟、読売、東京朝日の特報ニュースが上映された。一一月五日には都新聞社主催「上海北支戦線報告会」、一一月二〇日、二一日には東京日日新聞社主催「本社従軍記者報告と映画の会」など、数多くの講演会が開催された。

次章でも述べるが、一九三七(昭和一二)年末には、反英感情の高まりから、一一月二二日の「対英国民大会」(主催:対英同志会)を皮切りに多くの反英関連の大会が開催される。一方で、一一月三〇日「日独伊親善の夕」(主催:

日独伊協会、後援：東京市）など、外交関係の変化が影響した催事がみられる。

一二月の南京陥落に際しては、一一日に全国で奉祝行事が行われたが、日比谷公会堂でも一二日一三時より「南京陥落奉告祭並戦時体制下国民宣誓式」（主催：社団法人神武天皇祭明治天皇祭櫻菊会）が行われた。戦死者忠霊に対する最敬礼、国歌斉唱、靖国神社宮司による祭典などののち、近衛文磨首相以下閣僚の式電が披露された。閉会後は二重橋前広場に行進、最敬礼、国歌、万歳三唱が行われ、さらに代表者により、明治神宮と靖国神社への奉告参拝が行われた。このほかにも、東京日日新聞社主催「南京陥落皇軍戦捷の夕」が行われたほか（同日一八時）、読売新聞社主催「南京占領祝勝の催し」なども開かれ、南京陥落関連行事が集中した。

追いかけるように、レコード会社による新曲発表も続く。一二月二二日には「出征軍馬愛護の夕」（主催：社団法人日本乗馬協会、都下乗馬団体有志）としてコロムビアによるレコードコンサートが行われ、一二月二四日には東京朝日新聞社主催「皇軍大捷の歌」発表会が行われた。そして一二月二六日には、「愛国行進曲発表演奏会」が開催される。当日の模様は次章で述べるが、愛国行進曲はレコードとしても売れただけでなく、「君が代」や「海行かば」とならんでほぼ毎回歌われる、催事を構成するのに欠かせない要素となった。

このように、一九三七（昭和一二）年は、国民精神総動員運動の舞台、戦局の伝達、そして新曲発表の場として、多様に機能した濃密な一年となった。

事変以来ほとんど音楽らしい音楽を聴かなかったという音楽評論家の塩入亀輔は、この年、レオニード・クロイツァーのピアノを日比谷公会堂で聴いた。ヘンデル、モーツァルトは安らかで平和な気持ちになったが、シューマンの交響的練習曲を聞くうち、「現実を離れていた」心が再び呼び戻され、「堪え切れないまでになつて来た」という。こうした記録からは、主催者や報道の側からはうかがえない、公会堂に集った来場者の心境の一端を知ることができる。

表 3-14　昭和13年度の催事一覧

小分類		1	2	4	6	8	9	10	11	12	13	15	16	18	19	21	22	24	34	37	38	39	42	47	57	58	59		
中分類		1	1	1	1	1	1	1	1	1	2	3	1	1	6	1	1	4	6	1	1	1	6	1	6	1	1		
年	月	交響楽演奏会	軽音楽演奏会	吹奏楽演奏会	邦楽演奏会	オペラ公演	独唱会	洋舞公演	日本舞踊	舞踊と映画	講演会	講演と映画	映画会	演芸会	ボクシング	ピアノ独奏会	合唱公演	記念式典	レスリング	能楽	歌の発表会	音楽コンクール	体操発表会	ジャズ	卓球大会	演芸と映画	新作舞踊発表会	計	30年史
1938	4	2		1					2	2	4	1	1	3								4				5	1	26	26
1938	5	4	1		2	3		3	1	5	2	3	1	7		1		3				2	2	2		4	2	48	48
1938	6	6				1	2	2		2	4	2	8	8				2			1					2	2	42	42
1938	7		1		1					3	1	2		3						2								13	13
1938	8																											0	0
1938	9	1	1						2	1	4		3	1	1	1					2				7			24	24
1938	10	3	2		1				1	7	1	10	3	5	2							1			1	2	2	41	40
1938	11	3	1		8		2	2	3	4	2	4		6	1	2	4			3						2	2	49	49
1938	12	5			1		1	3		1	3	1	1	9	3	3			2		2			1			2	38	39
1939	1	1			1				2	2	2	2	1	6		2		1	1	1	1							23	23
1939	2	2		2		3			2	5	5	1	2	2	1	2	3											30	30
1939	3	7		1		2			3	1	8	2	1	2	3								3			3	2	38	38
	計	34	6	4	14	9	5	10	16	33	36	28	21	52	11	11	7	6	3	6	6	7	5	3	8	18	13	372	372

私の友人の顔が浮んで来た。それは上海戦線で泥まみれになつて奮戦してゐる姿だつた。その背後に国民の緊張した姿が黒く重なり合つてゐる。クロイツアーの弾くシューマン的な不協和音がそれ等の姿をクローズ・アップする。遂には日比谷公会堂の座席に、安閑として座つてゐることに不安をさへ感じ出した。私はかう云ふ時勢に、斯る不安の音楽を聞く事はたまらない事だと思はずにはゐられなかつた。

シューマンの生きてゐた時代は不安の時代だつた。人一倍神経の鋭どい彼は、時代の重圧に敗れて遂に神経異状をさえ来して死んで行つた。その彼の抱いた不安な感情が、此のエチュード・サンフォニックの一音々々から聴いてゐる私の胸に飛び込んで来る。狂気になりながらも人生に執着した気持が針の様に突きさして来る。

私を取り巻く空気の震動は総てその不安さを伝へて来る。今まで割合と漫然と聞いてゐたシューマンだつたが、斯る時代に直面するに及んで、私はシューマンの真の感情に触れたやうな気がした。そしてシューマンを感じ得た心をかへり見て、暗然たるものが背すぢを通り過ぎたのであつた。[85]

一九三八（昭和一三）年――広がる「自粛」

昨年に引き続き、官民共に国民精神総動員運動、日中戦争下の時局に関係する催事が多く開かれる。一月二三日の「東日・大毎小学生新聞懸賞募集当選少国民愛国歌発表会」（主催：東日小学生新聞、東京日日新聞社）では、ビクターより「少国民愛国歌」「みくにの子供」の発表が行われた。一月二四日の「長期戦対処大講演会」（主催：国民精神総動員連盟、東京府、東京市）、三月一〇日の「陸軍記念日祝賀の夕」（主催：東京市）では、早速「愛国行進曲」が用いられている。前年末発表された「愛国行進曲」は各種催事で頻繁に用いられ、二月一一日の東京市主催紀元節奉祝会（「紀元二五九八年　国民精神総動員」の文言が冠されている）では、「愛国行進曲」は斉唱のほか吹奏楽、児童舞踊、体操と形態を変えて四回も歌われた。

国民精神総動員運動の影響で、各会場に自粛のムードが広がっていく。八月には、読売新聞紙上で、電気倶楽部、飛行館、仁寿講堂、軍人会館、日本青年館、日比谷公会堂における催事の状況が報じられた。前年の一九三七（昭和一二）年は講演に多く利用された一方で娯楽は増えてきている傾向であるが、「どの催し物も、今までの如きパツパツとした飾り物や、派手な撒き物はせぬ方針らしいと各会場係りは、揃つて太鼓判を押した」。また、西洋音楽の会が減り、日本舞踊、長唄、清元や琵琶などの会が増えてきた。ただ日比谷公会堂は、「めつきり演芸、舞踊など娯楽物が多くなり、昔と変らない、四ヶ月前に申し込んで頂かないと日がない位です」という、変わらずの盛況であった。[86]

一月一六日、政府は蔣介石率いる中国国民政府に対する交渉打ち切り、いわゆる第一次近衛声明を発表する。その方針を支持し、さらに推進しようとする動きが、例えば三月九日「対支問題根本的解決青年大会」（主催：同会）などの催しにみられる。また、日ソ国交断絶請願を宣言した九月一日「対ソ国民有志大会」（主催：建国会）、九月二九日

「日本芸術の夕　歓迎＝ヒトラーユーゲント」（主催：文部省、後援：都新聞社）、一一月二四日「防共協定記念日独伊親善祝典音楽と舞踊の会」（主催：防共協定記念会、日独伊親善協会、後援：国民精神総動員中央連盟、東京府、東京市。「防共親善行進曲」発表など）、一一月二五日「ソ連膺懲大会」（主催：建国会、大日本愛国党）、一一月二六日「日独伊親善講演演芸会」（主催：日独伊協会、後援：外務省情報部、東京市）など、外交事情を反映する大会が日比谷公会堂でも行われてくる。貯蓄を推進する講演会（貯金局主催の七月二〇日「郵便貯金四〇億記念の夕」）など、国民生活に関する催事も多くなる。また、この頃から、「慰問」が冠された演奏会も増えていく。

六月二五日一九時一〇分からの東京音楽学校第八四回定期演奏会は、当初予定されていた前年一二月一八日の演奏会が中止となり、半年後にプログラムを変更し開催されたものだが、プログラム表紙には、国民精神総動員運動の標語の一である「堅忍持久」、そして「音楽報国」が初めて入れられた(87)。このように、恒例行事にも、国民精神総動員運動や事変の名が冠されていく。七月七日の東京市主催「七夕の夕」は、「事変一周年を偲ぶ」と題されて行われ、九月一日には「関東大震災一五周年記念　国民精神総動員運動大講演会」（主催：東京府、東京市、財団法人中央教化団体連合会、東京府教化団体連合会）が行われた。

一一月三―六日には、東京全域で「国民精神作興体育大会」（主催：財団法人大日本体育協会、日本厚生協会）が、当時推進されていた厚生省体力局による体力行政の一環として実施され、日比谷公会堂もその会場とされた(88)。大会会長である大日本体育協会会長下村宏の趣意文によれば、この大会は明治節を期しての開催であり、「参加青少年、学生ノ体力動員トヲ通ジ、銃後体育運動ノ国策」に沿うことが目的とされ、体育運動関係者には「長期建設ニ対スル心構ヘヲ一層強固ニスルト共ニ新シキ秩序ノ再編ニ勇躍出発シナケレバナラナイ」ことが求められた(89)。日比谷では、音楽堂で開会式が行われたほか、日比谷公会堂では一一月四日「体育の講演と映画の会」も開催された。

開館からこの年までの一〇年間の催事の統計と分析が、公会堂によって行われている。一九二九（昭和四）年―一九三八（昭和一三）年の一〇年の三七二二回のうち、主催事業は三三二回、一般使用は三三九〇回であった。内訳は多い順に音楽会、演芸会、映画会、講演会、舞踊会、祝典および祝賀式、体育関係、演劇となった。使用者の最高は、新交響楽団が一〇三回で、東京日日新聞社七〇回、原善一郎六七回、中山太陽堂四二回と続く。「堅忍持久の国民精神強化、あらゆる文化向上と情操教養、厚生慰安の実をあげてゐる」一方で、「何等付帯施設の無い」ことが課題に挙げられている。会議室や食堂がないことで、「将来市民の希望に添ひ得るものでないことは明かで、早晩相当な拡張或は完備した新公会堂を建設」してほしい、とされている。(90)

なお、ここに名前のある原善一郎（一八九二―一九三七）は実業家で、近衛秀麿のマネージャーとして活躍していた人物であり、クラシック音楽演奏会を主催していたと考えられる。第1章に述べた横浜市音楽協会の一員でもあった。また、中山太陽堂は「クラブ化粧品」などの商品を販売する化粧品会社で、すでに明治末期より、文芸協会とのタイアップで帝国劇場での協会第一回公演「ハムレット」に協力し、公演の中に「クラブデー」を設けた。広告を重視した創業者の中山太一の影響で、自社商品の販売促進だけでなく、新しい風俗や文化のオピニオンリーダー的立場をも担っていた。(91) 企業の文化広報事業の会場、企業文化の発信拠点としても日比谷公会堂は使われていたのである。

一九三九（昭和一四）年――反英感情の爆発／開館一〇周年

一九三九（昭和一四）年に入ると、国民歌謡の発表会（一月二〇日「皇軍将士に感謝の歌発表会」主催：東京朝日新聞社）、戦没者追悼慰霊の娯楽の会（一月二三日「東京市主催支那事変戦没者遺族慰安会」）、時局講演会（三月二六日「北洋漁業問題大講演会」主催：北洋同志会、後援：東京日日新聞社）、国民精神総動員運動の継続（四月一二日「国民精神総動員強化大講演会」主催：国民精神総動員中央連盟）などが催事の主流となる。また、紀元二六〇〇年を翌年に控えた催事もみられ始める。紀元節奉祝会は東京市と紀元二六〇〇年奉祝会の共催となったほか、四月三日には「天業恢弘奉賛の会」が同

表 3-15　昭和 14 年度の催事一覧

小分類		1	5	7	8	9	10	11	13	15	16	17	18	19	21	22	24	28	34	35	37	39	40	53	56	58	60	61	62	63	64	65	66	67		
中分類		1	1	1	1	1	1	1	2	3	1	1	1	6	1	1	4	1	6	1	1	1	1	1	1	1	1	1	1	1	1	1	6	3		
年	月	交響楽演奏会	ハーモニカ演奏会	音楽と映画	オペラ公演	独唱会	洋舞公演	日本舞踊	講演会	講演と映画	映画会	演劇会	演芸会	ボクシング	ピアノ独奏会	合唱公演	記念式典	ヴァイオリン演奏会	レスリング	舞踊と音楽	能楽	音楽コンクール	尺八大会・演奏会	アコーデオン演奏会	詩吟大会	演芸と映画	三曲演奏会	長唄の会	童謡	歌謡発表会	児童劇の会	新内と舞踊	体育の会	講演と劇	計	30年史
1939	4	4				4	2	8	5		3		5	3	2		6	2																	44	44
1939	5	7		3	4				3	1	4		8				1			2			3	3									4		43	43
1939	6	5		4	1		1		6	4			10		3			3								1			1	1	3				43	43
1939	7				2				12	6	1		1																1						23	23
1939	8																																		0	0
1939	9	1							5	7			1				2				3					1									20	20
1939	10	4	3	1		2	3	3	8	3	2		4					2	1		2				2	3	1							1	45	45
1939	11	7		1	3	2	4	3	8	3			5				1					1				1	1		4	2		1			47	47
1939	12	6		4		3	1	4	6	3			1		3		3	2	1									2	3	1		2			45	41
1940	1	3					4					3	3		4					1			1			2			2	1					24	28
1940	2	5		3	1		1		3	1	2	2	1				3		4	2							1			3			3		35	35
1940	3	1		1		2	5		9	1	1	1	8		2	1	2		4	1						2		1							42	42
計		43	3	17	11	13	21	18	65	29	13	6	47	3	14	1	18	9	10	6	5	1	4	3	2	10	3	3	11	8	3	3	7	1	411	411

会主催で開かれている。一方、企業主催の慰安娯楽の会は一貫して続けられていた（一月一四日「ライオン歯磨御愛用者御招待新年浪曲大会」主催：ライオン歯磨本舗など）。

七月になると、天津租界事件を契機に、反英関連の催事が多数開かれる。問題を解決するために、有田八郎外相と駐日英国大使ロバート・クレーギーとの会談が、七月一五日から東京で開催されたが、その会談をめぐって全国でも反英関連の催事が開かれた（次章で詳述）。

その後は、「銃後」を意識した催事が多くなる。「敬神思想宣揚大講演会」（一二月一日、主催：東京府、東京市、国民精神総動員中央連盟）では、平沼騏一郎前首相、小原直内務大臣と並び神宮奉斎会の今泉定助を招いての講演を行うなど、『国体の本義』（一九三七（昭和一二）年）が出されてからの国家神道の推進に関する催事もみられる。一二月一四日の「赤穂義士追憶の集ひ」（主催：中央義士会）でも、詩吟や琵琶、講談などの娯楽もみられるが、玉串奉賛などの儀礼を厳密に行い、それまで娯楽中心だった内容は、儀礼の色彩が強くなってきている。ただし、同日夜はボクシング（「第二回東西対抗拳闘試合」主催：臼田体育拳闘場）が行われるなど、催事が教化動員一色に塗り固められていたわけではない。

そして、翌日の一二月一五日には、東京朝日新聞社主催「勤労奉仕の歌」発表会が日中に行われた後、夕方から「国民歌「紀元二六〇〇年」発表演奏会」が行われた（主催：紀元二六〇〇年奉祝会、日本放送協会、後援：内閣紀元二六〇〇年祝典事務局、内閣情報局、全国蓄音機レコード製造協会）。そして、翌年の戦中期最大のイベントである紀元二六〇〇年奉祝行事へとつながっていく。

この年は、開館一〇周年の事業が行われた。一番多く公会堂を使用した団体に奉仕出演を依頼することとなり、調査の結果新交響楽団となった。その次は「何んと言つてもレコード歌手」で、都内六大レコード会社の代表歌手が出演した。一〇月一九日に昼の部（一四時より児童映画会）と夜の部（一八時半より音楽大会）が二部構成で開かれ、前日に公園事務所で先着一〇〇〇名に入場券が配布された(92)。

この年の音楽新聞では、「音楽会・舞踊会ホールマネージャー座談会」と題した特集が組まれた。東京市からは村松竹太郎、森八十男が出席したほか、三省堂スポーツガイド、日本青年館、プレイガイド、明治生命講堂、蚕糸会館、伊勢丹ホールから、官民のホール担当者および音楽関係事業者が集った。座談では、会場外での切符の違法販売への対策、会場予約の仕方、客席での盗難、予納金の支払い、キャラメルの箱やミカンの皮、タバコの吸い殻といった会場のゴミなどが主な課題とされた(93)。また、当局の取り締まりへの対策も議論となった。当時は、興行場及興行取締規則（一九二一（大正一〇）年警視庁制定）により、興行の際には所轄署に届けることが義務づけられていた。定員以上の観客を入れることは禁止されていたが、「一〇円か、二〇円の科料を取られてでも一杯に入れた方が得だ」ということであまり守られず、日比谷公会堂でも職員が「主催者に代わつていつも謝つてゐる」状況であった。こうした届出は主催者が行うのが原則だが、慣れている会場の職員が行うこともあった(94)。また、日比谷公会堂の場合では、音楽会の入りの良し悪しは、不正切符売りでわかったという。満員の場合は「余つた切符を買ひます」と来るし、空いてい

表 3-16　昭和 15 年度の催事一覧

小分類		1	2	4	6	8	9	13	15	16	17	19	20	21	22	28	29	37	38	39	41	42	56	57	58	68		
中分類		1	1	1	1	1	1	2	3	1	1	6	6	1	1	1	1	1	1	1	4	6	1	6	1	1		
年	月	交響楽演奏会	軽音楽演奏会	吹奏楽演奏会	邦楽演奏会	オペラ公演	独唱会	講演会	講演と映画	映画会	演劇会	ボクシング	武道大会	ピアノ独奏会	合唱公演	ヴァイオリン演奏会	バレエ公演	能楽	歌の発表会	音楽コンクール	式典行事	体操発表会	詩吟大会	卓球大会	映画と演芸	舞踊公演	計	30年史
1940	4	7	3		3		1		4			1		3	2			1	1	3	1				1	4	35	41
1940	5	8	2				1	7	1	3		1	2	3				1	2						7	4	42	44
1940	6	3	5			2	4	1	4						2				1		1			2	9	3	37	38
1940	7		1					6	1	5												2			3	1	19	25
1940	8							3																			3	3
1940	9	3		2			2	7	8	1		1						2					1			3	30	32
1940	10	3	3				2	5	1	3		1			1	2			2		6				2	7	38	39
1940	11	6	3	3	3			6	3			3		1	2	2			1	1	3		2		8	4	51	53
1940	12	5	1		2			1	2			5		5		2			1		4	1			1	2	32	40
1941	1	10	1	1	1				1			4		2		3			2		2				4		31	36
1941	2	9	4	2	3			4	1	4	1	2					3		3			2			5	1	44	45
1941	3	8	1		1				4	5		4		2					1		4	1			3	7	41	49
	計	62	24	8	13	2	10	40	30	21	1	22	2	16	7	9	3	4	14	4	21	6	3	2	43	36	403	445

30 年史における内訳数の総数は 403 だが、同じ 30 年史における催事総数は 445 である。

る時には、「切符がありますが、如何ですか」と来た。満員で切符売場に切符がなくなった時などでも、彼らはどこからか切符を仕入れて来て、五円、七円、八円とまでも高く売った(95)。

一九四〇（昭和一五）年——皇紀二六〇〇年奉祝行事、東京市民厚生運動

一九四〇（昭和一五）年には、一月九日「日比谷ラヂオ体操一周年記念厚生の夕」、二月一七日「東京厚生の夕」、三月二〇日「釣と厚生の夕講演会」（主催：日本釣魚連盟、後援：東京市）、五月五日「全国勤労者厚生大会」（主催：協調会、産業報国連盟、日本厚生協会、東京日日新聞社、大阪毎日新聞社、後援：厚生省）など、「慰安」「娯楽」などに加え「厚生」の名を冠した事業が増えてくる。

厚生運動とは、本来レクリエーション運動の訳語として日中戦争下に登場し、余暇善用、健全娯楽普及、体力強化、国民精神高揚、集団的訓練、能率向上といった目的と内容をもっていた（厚生省も一九三八年に発足している)。それがこの年からは、保険・医療運動を指すものとしても用いられるようになっていった。[96]

また、一九三八(昭和一三)年一二月に占領地行政を司る国家機関として興亜院が設置されていたが、「興亜」や「東亜」を冠した事業も前年から増加する。一九三九(昭和一四)年三月二一日「興亜理念大講演会」(主催:東京日日新聞社、財団法人斯文会、後援:陸海軍省、文部省、外務省、拓務省)、一九四〇(昭和五)年七月一二日「東亜教育大会公開講演会」、七月一五日「興亜理念強調大会」(主催:全国連合高等小学校校長会、後援:拓務省、文部省、厚生省、賛助:財団法人満州移住協会)などである。このうち「興亜理念強調大会」では、会の中盤、一時一〇分―五〇分の間、会長挨拶、拓務大臣講演、文部省普通学務局長講演、児童代表宣誓、青少年義勇軍内原訓練所ラッパ鼓隊演奏がラジオ放送された。当日のプログラムの趣旨説明文では、「吾等高等小学校教育の担当者は大に奮起して興亜理念の強化に努め以て新時代に適応する逞しき中堅国民養成の大任を完うせん」と興亜理念の強化が謳われたほか、高等小学校でのラジオ聴取が想定されていた。「ラヂオを通じて其の実況を放送し全国各高等小学校に於ては普く之れを聴取すると共に各校独自の立場に於て適当なる行事を実施し以て興亜理念の徹底を図り高等小学校教育の使命達成に遺憾なからしめんとするものなり」と、ラジオを通じた興亜理念の強調が目指された(ラジオの意味については、次章で述べる)。

この年最大のイベントは、紀元二六〇〇年記念事業であった。記念事業は全国で行われ[97]、日比谷公会堂はその一会場にすぎないが、官民問わず関係のイベントで埋め尽くされる。一月三一日「皇紀二六〇〇年芸能祭式典」(主催:日本文化中央連盟)以降、四月三日「皇紀二六〇〇年芸能祭制定交響楽作品第一回発表演奏会」(主催:日本文化中央連盟)、四月六日「紀元二六〇〇年奉祝大演奏会」(主催:日本蓄音機レコード製造協会)、六月一一日「紀元二六〇〇年記念祭曲発表演奏会」(主催:建国祭本部)、七月一五日「紀元二六〇〇年奉祝芸能祭映画コンクール入選作品発表会」(主催:日本文化中央連盟)、九月二七日「皇紀二六〇〇年奉祝記念招待能」(主催:観世会、後援:朝日新聞東京社会事業団)、一一月一〇日「紀元二六〇〇年奉祝会」(主催:東京市、紀元二六〇〇年奉祝会)、一一月一一日「紀元二六〇〇年奉祝演芸会」（主催：東京市、紀元二六〇〇年奉祝会）、一一月一二日「紀元二六〇〇年記念講演会」（主催：日本評論、中央公論、改造、文芸春秋）、一一月二六日「皇紀二六〇〇年奉祝芸能祭制定新日本音楽・音詩・交声曲作品発表演奏会」（主催：日本文化中央連盟。北原白秋作詞、信時潔作曲カンタータ「海道東征」初演）などである。このほか、四月二八日「日比谷端午の節句」（主催：東京市）といった催事のプログラムにまで「奉祝紀元二六〇〇年」の文字は入れ込まれた。

この頃の式次第には、国歌斉唱や宮城遥拝と並び、皇軍将士の英霊や出征兵士に対し武運長久を願う黙禱が多く入れ込まれるようになる（六月一九日「産業報国講演会」、七月三日「蘭印資源確保促進大演説会」主催：全国自動車業関係団体連盟、全国自動車業同憂会など）。こうした一連の儀礼は、のちに次章で述べる「国民儀礼」として定式化される。

また、七月二八日、二九日「朝鮮音楽舞踊大会　皇紀二六〇〇年奉祝」（主催：朝鮮音楽舞踊研究会）のほか、毎年恒例の「台湾の夕」、九月一一日「バナナ祭　節米と栄養バナナの会」（主催：財界之日本社、後援：台中州青果同業組合、台湾青果株式会社）、九月一四日「日支親善　支那国芸術と雅楽の夕」（主催：財団法人青島学院、後援：東京市）など、植民地の芸術を披露し、交易を奨励する催事も多く開かれた。

八月一二日には、一九三九年に続き、討英国民大会が開催された。プログラムの裏に記された宣言文には、日独伊枢軸同盟の強化のもと、天津租界問題、スパイ問題などにふれ、「英国ヨ！　直ニ東洋ヨリ手ヲ引ケ！」と叫ばれ、「時皇紀二六〇〇年。国運ノ隆替ハ方ニ間一髪ニ在リ」とされた。また、政府宛、英大使宛、独伊大使宛にも同様の趣旨の決議がなされ、英国に対しては「援蔣ノ元凶英国ハ興亜ノ仇敵ナリ即時東洋ヨリ手ヲ引ケ」と決議された。

一九四〇（昭和一五）年も秋になると、七月に成立した第二次近衛内閣の新体制運動の影響で、催事に「新体制」の文字がみられるようになる（九月一四日「新体制大講演会」主催：帝都日日新聞社、実業之世界社）。九月三日七時には、東京拳闘連合会により「戦歿将士慰英霊及遺族慰問、戦傷傷士慰問、出征兵士遺家族慰問」と銘打たれた拳闘大会闘が行われた。

また、一〇月から、前章で述べた東京市民厚生運動の一環として、市主催の娯楽関係の催事が多数開かれた。「市民各位の厚生運動の一端として」「銃後七〇〇万市民の健全慰安事業を実施し、各方面の協賛を得て」、翌一九四一（昭和一六）年二月までに数百回の催事が開かれた。[98] 日比谷公会堂でも、一一月一日「健全慰楽の会」、一二月一日「市民健全慰安　厚生音楽と体育の夕」、一二月七日「盟邦親善　スキーの講演と映画の会」などが実施された。一一月一日の「健全慰楽の会」では、国歌斉唱、宮城遥拝、黙禱、市社会教育課長の挨拶ののち、漫談、歌謡曲、演劇、映画が披露された。

一九四一（昭和一六）年——太平洋戦争の影響

一九四一（昭和一六）年に入っても、文化団体の定期演奏会、外国に関する催事（二月四日「南方文化の夕」主催：南方会、後援：東京日日新聞社）、体育に関する催事（二月一日「器械体操実演会」主催：日本体操連盟、後援：東京市、全日本学生体操競技連盟）、東京市主催の娯楽の会（二月七日「市民健全慰安　キングレコード第二回新作歌謡発表会」）などが続く。皇紀二六〇〇年奉祝関連事業も続けられていた（二月一五日「紀元二六〇〇年奉祝楽曲記念レコード発表会」主催：紀元二六〇〇年奉祝会、東京市互助会、東京市政青年連盟、後援：株式会社日本蓄音機協会）。

文化施設の特集を組んだ三月の朝日新聞には、東京帝室博物館、帝国図書館、東京科学博物館、東京帝国大学理学部植物園、上野動物園、遊就館・国防館、海軍館、東京府美術館などが紹介されており、利用は「何れも増加の一途」と報じられている。日比谷公会堂は、日本青年館、軍人会館と並び、時局講演会、慰問演芸会、音楽会などで連日満員を続けていた。「主催者の会場獲得競争が又大変で、半年も前に申し込まねば間に合はなかつたり、権利にプレミアムが着く盛況」であった。[99] 演奏会も盛況であり、事変以来音楽会の聴衆は激増した。「殊に昨秋シーズン来、新響定期の二日制実施や中響の定期公演開始、又コンセルポピユレール改め青響の公演等日比谷公会堂に行はれる交

表 3-17　昭和 16 年度の催事一覧

小分類		1	2	3	4	5	6	7	8	9	10	11	12	13	15	16	18	19	21	28	29	39	49	56		
中分類		1	1	1	1	1	1	1	1	1	1	1	1	2	3	1	1	6	1	1	1	1	1	1		
年	月	交響楽演奏会	軽音楽演奏会	室内楽演奏会	吹奏楽演奏会	ハーモニカ演奏会	邦楽演奏会	音楽と映画	オペラ公演	独唱会	洋舞公演	日本舞踊	舞踊と映画	講演会	講演と映画	映画会	演芸会	ボクシング	ピアノ独奏会	ヴァイオリン演奏会	バレエ公演	音楽コンクール	学芸会	詩吟大会	計	30年史
1941	4	6		1	1		2		2			6			4	1	7	3	2			3			38	38
1941	5	5	7	1			4	4		2		3			4	1	17		1		1				50	50
1941	6	6	8	3		2		2			4	1			5				2	1	5		3		42	42
1941	7		3		1							1	2	8	4	4	3				3				29	29
1941	8																								0	0
1941	9	6	5									1		2		2	4				4				24	24
1941	10	7	1	1		3					1	3		2	3	2	9		2		3				37	37
1941	11	4	2	6	2		1				4	5		2	2	1	6	3		1	4	2		2	47	47
1941	12	11	4	2					2		3	1		4	3		3	3			7		2	1	46	45
1942	1	7	3	4				2					2	2	5	2	7	3			1			1	39	39
1942	2	8	1	7			3			2		1		4		5	6	2			9			1	49	49
1942	3	11	3	4		1						3		5	1	5	8	3	2	1	3		1		51	51
	計	71	37	29	4	6	10	8	4	4	12	25	4	29	31	23	70	17	9	3	40	5	6	5	452	451

30 年史における内訳数の総数は 452 だが、同じ 30 年史における催事総数は 451 である。

響楽演奏会には何時も満員の盛況振りで、この一月に各交響楽団の定期公演五回、それに交響楽団の出演する演奏会は外に三回もあるといふ状態である。まことにここ一両年来のことを考へてみても隔世の感がある」と評された(100)。

この年一月八日、当時陸軍大臣であった東條英機により、のちに「生きて虜囚の辱を受けず」の一節が流布する「戦陣訓」が発表される。この普及のため、二月一五日には東京市主催で「戦陣訓の夕」が開催された。当日はレコードに吹き込まれた「戦陣訓」が公会堂内で流され、同じくレコード「戦陣訓の歌」の披露がそれに続いた。レコードで講演が流されるという形式であったが、こうしたレコードによる発表の形式は、ほかの催事にもみられる。例えば翌日二月一六日の東京市主催「市民健全慰安　祝典音楽と舞楽の会」では、レコード伴奏で神楽舞と舞楽が披露された後、リヒャルト・シュトラウス作曲「祝典音楽」がレコードで披露された。そののち、ナチス音楽使節ルドルフ・ミュラー・シャピュイによるピアノ演奏が続いた。

この時期の特徴的な催事に、思想だけでなく、生活様式やファッションに関するものがある。それ以前もファッションショーは開かれていたが、一月二四日に「二六〇一年度標準スタイル　簡素美整容発表会」が開かれる（主催：新体制科学美容協会、後援：中央公論社、スタイル社、白木屋）。大日本画劇株式会社提供による紙芝居「新体制の美容かくあるべし」、新体制科学美容協会による実演「簡素美あふるる二六〇一年度標準スタイル　整髪・美容・着付新考案発表」「質実清楚な新体制下の花嫁着付発表」などが披露された。また、二月には「時局向婦人服発表試案会」（主催：全国洋裁学校協会）が開催されている。プログラムに記された趣意書によれば、「新東亜共栄圏の確立と高度国防国家の編成に邁進するの秋、生活消費面に於きましては贅沢の排撃、無駄の排除、合理的な新体制的な生活の建設が叫ばれその一環を為す被服の部門に於きましても必然的にその新体制が要請せられてゐる」中で、「時局下に最も適切と思はれる婦人服の作製」が目的であった。

時局に関連した動きとしては、三月一日に発布された国民学校令をうけ、朝日新聞社主催、文部省後援により「国民学校の歌」が三月一五日に発表される。なお、同日には「大政翼賛の歌」発表会も行われている（主催：大政翼賛会、後援：情報局、東京市、協賛：日本放送協会）。

五月に開かれた「ワイメアハワイアンズ第二回発表会」の開場前には、公会堂を聴衆が二周していた。ミュージシャンのヘンリー倉田の回想によれば、娯楽が少なかった当時、音楽会こそ最も華やかな社交場で、音楽会のために女性は洋服を新調、振袖姿の女性数名が最前列に座っていた(101)。

時局問題だけでなく、科学に関する講演会も開かれるようになる。「科学講演会」（七月一〇日、主催：財団法人科学動員協会、東京市教育局）では、「科学スル心」（文部大臣橋田邦彦）、「今日ノ技術問題」（財団理事長、陸軍大将吉田豊彦）、「高度国防国家ト共栄圏」（工学博士大河内正敏）の講演が行われた。科学動員協会は、近衛首相を会長、吉田を理事長とした団体で、この催事は「国民科学知識ノ向上並ニ科学動員思想普及ノ一端」として行われた。また、「少年少女発明工夫大会」（九月一四日、主催：帝国発明協会、大日本雄弁会講談社）なども行われている。科学的知識の提供というテーマに関しては、次章で述べる。

そして、日本時間一二月八日未明、太平洋戦争開戦に至る。開戦直前の一二月六日と七日には、第一三回東京市国民学校児童学芸大会が行われていた（主催：東京市児童学芸研究会、わかもと本舗栄養と育児の会、後援：東京市）。六日の夕方には「臨戦貯蓄強化大会」（主催：東京市、東京府、警視庁）、七日夕方には「栗島すみ子舞踊　踏紅会第一二回公演」が開かれていた。開戦の日、一二月八日には、午後一二時半から第二回芝区隣組大会が、夕方六時からは日本拳闘倶楽部主催の拳闘試合が行われた。隣組大会では、尾野実信陸軍大将の講演のほか、第二部として講談、漫才、浪曲などの余興が行われていた。

翌九日には、一二月六日に予定されて延期となっていた「アメリカ問題講演会」（主催：日本評論家協会）が行われた。「日米関係緊迫し、国民の視目が太平洋に注がれている現状に鑑み」実施された。翌一〇日には、「井上園子　ヨセフ・ローゼンシュトック　ピアノ二台演奏会」（主催：中央盲人福祉協会、日本眼科医師会、日本トラホーム予防協会、後援：朝日新聞社厚生事業団）など、切れ目なく開催されている。

この年九月一日に施行された金属回収令の影響もみられる。一二月一三日一八時開催予定とされた東京市主催の大日本舞踊連盟各派舞踊大会では、入場無料とする代わりに「不要の文鎮とかバケツなどの金属製品を一個以上持参すること」とされた(102)。

開戦の影響があらわれるのは、一二月一七―一八日頃に開催された「徳富蘇峰翁講演会」からで、主催は東京日日新聞社であると推定される（挨拶が同社主筆の阿部賢一であるため）。徳富は「大東亜戦とその前途」と題して講演を行っている。その後は、次々と時局講演会が開催される。一二月一九日に開催された「大戦下婦人大講演会」（主催：大日本連合婦人会、後援：文部省、大政翼賛会）では、開戦後初めて「宣戦布告の詔書奉読」が式次第に加えられた。また、

表3-18　昭和17年度の催事一覧

小分類		1	2	3	4	6	9	13	14	15	16	17	18	19	21	22	28	29	38	39	41	42	45	56	58	68	69		
中分類		1	1	1	1	1	1	2	5	3	1	1	1	6	1	1	1	1	1	1	4	6	1	1	1	1	1		
年	月	交響楽演奏会	軽音楽演奏会	室内楽演奏会	吹奏楽演奏会	邦楽演奏会	独唱会	講演会	集会大会	講演と映画	映画会	演劇会	演芸会	ボクシング	ピアノ独奏会	合唱公演	ヴァイオリン演奏会	バレエ公演	歌の発表会	音楽コンクール	式典行事	体操発表会	チェロ独奏会	詩吟大会	映画と演芸	舞踊公演	舞踊コンクール	計	30年史
1942	4	5	2		1	2		3	1	2	2		1	3							1		1		3	3		30	30
1942	5	11	5			3		3	3	5	3		4	3	4		5		2		3	1			1	4		60	60
1942	6	8	2				2	3	2	3	2		6	5	1	2	1		1						5			43	43
1942	7	2	3					4	5	2	6		2	2					2	2	1				4			35	35
1942	8																											0	0
1942	9	8	4				2	5	5	2	2		4	4	1						2				3			42	42
1942	10	3			2			3	4	3	2	1	6	4	4	2	6		1		3			3	2	2		51	51
1942	11	9	2	2				1	3	2	1		5	3	2	2	1			3	1				8	6		51	51
1942	12	10	3		2		5	1	1	3	1		1	2	4		2		2		2				1	2		42	42
1943	1	8	4					3	4		3		3	4	3										2			34	34
1943	2	5	3	4			2		3		1		8	1	1	1	2	2		3			2		2			40	40
1943	3	12	2	2		1	1	1	1	1	1	1	7	4	3						2			1			3	43	43
	計	81	30	8	5	6	12	27	32	23	24	2	47	35	23	7	17	2	8	8	15	1	3	4	31	17	3	471	471

軍事保護院提供の映画『我が愛の記』は、日比谷公会堂に保存されているプログラムの該当部分に二重線が引かれていることから、何らかの理由で上映が中止されたとみられる。

一二月二二日の「枢軸必勝総進軍大会」は、七団体により主催された大々的な催事であった（主催：日独伊親善協会、日華学会、日満中央協会、日本タイ協会、日独協会、イタリヤ友の会、亜細亜防共懇談会、後援：東京市）。小笠原長生海軍中将による宣戦の詔書奉読、赤井春海陸軍中将による宣言決議がまず行われ、東郷茂徳外務大臣以下、ドイツ、イタリア、満州帝国、中華民国、泰国の各全権大使の挨拶、枢軸国各国の万歳交驩、盟邦本国からの祝電披露、大久保留次郎東京市長による聖寿万歳、大久保利武貴族院議員による挨拶で第一部を終える。第二部はポリドール関係者による「枢軸総進軍の歌」発表会、第三部は盟邦各国歌並びに軍歌の名曲集が披露された。

一二月二四日—二七日頃に開催された「敵国降伏大祈願祭」は、儀礼性の強い会であった（次章に詳述）。一九四一（昭和一六）年最後の催事は、一二月二八日の「純

図3-6　昭和17年1月5日
「有栖川宮を偲び奉る会」
出典：日比谷公会堂所蔵資料

図3-7　昭和17年1月10日「日比谷ラヂオ体操三周年記念　健康を讃える集ひ」
出典：日比谷公会堂所蔵資料

益を国防献金に　戦ふ同胞に捧げる音楽の会」（主催：松竹株式会社）であった。

図3-8　昭和17年3月1日
「必勝祈念日比谷ひなまつり」
いずれも東京市主催
出典：日比谷公会堂所蔵資料

一九四二（昭和一七）年――過去最大の催事数

一九四二（昭和一七）年に入ると、時局関連の会が急増する。この年は、開館以後最も多く催事が行われた年であった。一月七日「無敵海軍への感謝　慰問品持寄りの会」（主催：くろがね会）では、軍国歌謡、舞踊、浪曲の披露の後、ハワイ空襲記録映画が上映された。この催事では慰問品の持ち寄りが歓迎され、「皆様が御持寄り下さいました御心尽しの慰問品で前線の将兵の方々もきつと喜んで下さると思ひます」とプログラムに記された。その後も一月八日「銃後報国国民総進軍大会」（主催：軍事保護院、東京府、東京市、軍人援護会、大政翼賛会、後援：陸海軍省）、一月一六日「大東亜戦争完遂祈願祭並講演会」（主催：神祇院、皇典講究所、大日本神祇会、後援：陸海軍省、情報局、東京府、東京市、大政翼賛会）、一月一八日「枢軸新春の集い」（主催：東京婦人同志の会、後援：東京市、独伊ほか外国にも放送される）、一月一九日「ハワイ空襲大講演会」（主催：大日本飛行協会、後援：海軍省、情報局、航空局）、二月一六日「大東亜戦軍歌大会」（主催：軍人援護会東京府支部、読売新聞社、後援：東部軍司令部）などが続く。

戦時体制は強まり、一九三九（昭和一四）年一一月の京橋公会堂出演から始まったワイメアハワイアンズは、一九四二（昭和一七）年には「ワイメア改め〝南の微風〟第三回発表会」となった[103]。

また、東京市主催の催事のプログラムが、一九四二（昭和一七）年に入ると一新される（図3-6―3-8）。三月に入ると、四月の第二一回衆議院議員総選挙に向けた運動が起きる。三月一四日の、「大東亜戦争完遂翼賛選挙貫徹大講演会」（主催：内務省、情報局、大政翼賛会、東京府、東京市、選挙粛正中央連盟）では、講演のほか、映画『日本ニュース』『翼賛選挙』が上映された。四月一〇日には、「翼賛政治体制協議会推薦候補者　推薦大演説会」が行われた。

この年の五月二七日の海軍記念日は、「大東亜戦争海軍の歌」が発表されるなど、大々的に祝われたほか、七月七日は事変五周年として各種の記念事業が行われた。七月六日「支那事変五周年記念　戦ふ母の会」（主催：大日本婦人会東京府支部、軍人援護会東京府支部、東京市銃後奉公会連合会、読売新聞社、後援：東京府、東京市、東部軍司令部、近衛指令団司令部、東京聯隊区司令部）、七月七日「支那事変五周年記念式典」（主催：大日本興亜同盟、東京府、東京市）、七月八日「聖戦五周年記念大会」などである。また、七月一三日には「音に聞く勝利の歴史　聖戦記録大東亜戦史発表会　並に歌と軽音楽の夕」が開かれた（主催：社団法人同盟通信社、帝国蓄音機株式会社、後援：東京市、社団法人日本蓄音機レコード文化協会）。この年発表された「大東亜戦史」は、「民族の進撃」「大詔渙発」「撃滅」「大東亜建設」の四部構成、レコード一二枚組からなる大部の内容で、海軍省当局、文部省、情報局、外務省の後援、陸軍省報道部、大政翼賛会、大日本産業報国会、産業組合、大日本青少年団の推薦、社団法人日本放送協会、社団法人日本新聞会の協賛という一大プロジェクトであり、語りと音楽で構成されている。当日はこの全内容が管弦楽団の実演も交えて発表された。

九月一五日「満州建国一〇周年慶祝の夕」では、国民儀礼、満州国国歌に続く第一部「音楽」で、橋本国彦指揮、東京音楽学校出演により「満州建国一〇周年慶祝歌」「大東亜の黎明」「愛国行進曲」「満州大行進曲」「海道東征」が披露された。こうした歌の数々は日比谷公会堂開場当時にはなかったものであり、この十数年の間に国民的な儀礼を彩る各種の歌が急激に整備されたことになる。

また、太平洋戦争の戦没者慰霊に関する催事がみられ始めるほか（九月二〇日「航空戦死、殉職者慰霊式」主催：大日本飛行協会）、空襲などの危険も身近に差し迫ってきていた。九月三〇日、午後六時からの「国民貯蓄五〇〇億円突破記念大会」（主催：大蔵省、東京府、東京市、大政翼賛会）は、東條首相、安藤紀三郎大政翼賛会副総裁、松村光磨東京府知事、岸本綾夫東京市長、嶋田繁太郎海軍大臣、賀屋興宣大蔵大臣などの参加が予定されていた。しかし、当日プログラムの書き込みによれば、警戒警報発令により講演会は中止され、映画上映のみ実施された。これは新聞報道では「都合により中止」とされ、東條首相と嶋田大臣の演説は六時二五分から放送され、要旨も掲載された。同日午後三時からは首相官邸で貯蓄功労者および団体に対する表彰式が行われた(104)。

開戦一周年となる一二月八日には、「大東亜戦争一周年記念米英撃滅大講演会」が開かれた。主催は東京市、東京日日新聞社、朝日新聞社、読売新聞社であった。

一九四三（昭和一八）年——「撃ちてし止まむ」、金属回収、学徒出陣

一九四三（昭和一八）年一月一三日、情報局により「米英音楽作品蓄音機音盤一覧表」が発表され、ジャズ音盤一

表3-19　昭和18年度の催事一覧

小分類		1	2	3	4	6	9	13	14	15	16	17	18	19	21	22	26	28	29	38	39	41	42	56	58	68		
中分類		1	1	1	1	1	1	2	5	3	1	1	1	6	1	1	6	1	1	1	1	4	6	1	1	1		
年	月	交響楽演奏会	軽音楽演奏会	室内楽演奏会	吹奏楽演奏会	邦楽演奏会	独唱会	講演会	集会大会	講演と映画	映画会	演劇会	演芸会	ボクシング	ピアノ独奏会	合唱公演	古武道大会	ヴァイオリン演奏会	バレエ公演	歌の発表会	音楽コンクール	式典行事	体操発表会	詩吟大会	演芸と映画	舞踊公演	計	30年史
1943	4	8	3	2		1	1	3	6	2	3		5	2	2			1		2	1	4			3	1	50	50
1943	5	9	5	2		2		4	5	1			7	2	3			1					1		4	9	55	55
1943	6	13		2			2	3	7	3	1		6		4	2									1	2	46	46
1943	7	2	1	2	2		1	2	1	2	2		5	1													21	21
1943	8																										0	0
1943	9	4					1						1	1	1											1	9	9
1943	10	10		4			1	4			1		1	2			1				2	1		3		1	31	31
1943	11	6	1	1		1	3	2	3	4			5	4	2			1								1	34	34
1943	12	12	2	1			1			1			3		4				2							4	30	30
1944	1	7		2					1	1			1	4	2		1										19	19
1944	2	5			1		2		2	2	6		4	3	1				2								28	28
1944	3	5						1	2	1	1	1		2								1			1	3	18	18
	計	81	12	16	3	4	12	19	27	17	14	1	38	21	19	2	2	3	4	2	3	6	1	3	9	22	341	341

○○○余枚の回収と使用禁止がなされ、日本音楽文化協会でも敵性楽譜の使用を禁じ廃棄が指示され、大政翼賛会指導による国民歌の選定などが進んだ[105]。

二月一日の「第一回希望演奏会」（主催：竹内音楽事務所）では、アンケートで聴衆から聞きたい曲目（ただし、「古典」および「現代純音楽」に限られ、米英音楽およびジャズは採り上げない方針であった）、演奏家を募り、次回演奏会に活かす、という趣向を凝らしたものであった。二月六日、七日の第四回貝谷八百子新作発表会では、バレエ「バリ島の月」が披露され、アジアを意識した内容になっていた。しかしプログラムの表紙はいかにも西洋風のバレエ写真であり、この頃のプログラムにしては珍しいものとなっている。

変わらず多数を占めた演奏会には、三月八日「戦艦献納愛国大演奏会」（主催：新交響楽団、大政翼賛会、協賛：日本放送協会）など、軍への寄付を謳った内容が増加する。三月六日の「軽音楽新作第一回発表会」（主催：演奏家協会、第三金曜会）では、「敵性米英的ジャズを撃滅し、健全なる日本軽音楽樹立の為の」と表紙に書かれ、さらに次のようにも記されている。

俗に「毒ある花は美しい」の語のやうに、さういふものに人気がある限り根絶する事は至難であります。そこで本年は更に積極的に新しい曲をどんどん作り出して、之を普及する事によつて在来の悪いものを駆逐する事とし、本日の会を催す事に相成りました。但し本日発表する曲及び演奏方法には未だジャズの手法が使はれて居ります。今日断乎としてジャズを全廃せよと言はれる方があるかも知れませんが、日本軽音楽を完成する為の過程として前進的一歩としてお聴き戴き度存じます

このように「日本軽音楽を完成する為の過程」と説明をしながら、避けられていたジャズの手法での演奏を行った。出演は灰田兄弟と南の楽団、日蓄楽団、笠置シヅ子とその楽団、櫻井潔室内楽団、松竹軽音楽団であった。この時期、「軽音楽」を冠した演奏会は数多く催されていた（二月二八日「日本軽音楽会第三回定期公演」、四月二〇日「第七回新響軽音楽会定期発表会」、四月二五日「日本軽音楽会第四回公演」など）。

配布された催事のプログラムに注目すると、「米英撃滅」「さあ二年目も勝ち抜くぞ」「撃ちてし止まむ」といった標語が数多く登場する。なかでも「撃ちてし止まむ」の標語は、この年三月一〇日の陸軍記念日にあわせて大々的に発表された。二月二三日には全国に五万枚のポスターが配布され、有楽町の日劇ビルの壁面には巨大な「撃ちてし止まむ」の大写真ポスターが掲示されたが、この年三月—四月の催事プログラムにも非常に多くみられる。三月八日「戦艦献納愛国演奏会」（主催：大政翼賛会、日本交響楽団、協賛：日本放送協会）、三月九日「第三八回陸軍記念日「撃ちてし止まむ」行事　愛国歌・舞踊大会　市民厚生音楽運動」（主催：東京市、毎日新聞社）、三月一二日「中村政雄帰還第一戦」（主催：日東拳闘倶楽部）、三月一六日「撃ちてし止まむ　南方共栄圏大音楽会」（主催：社団法人日本音楽文化協

会、国際音楽専門委員会、後援：情報局、毎日新聞社、藤原義江歌劇団、協賛：南海楽友）、三月二四日「第二回優秀音楽家推薦音楽会」（主催：社団法人日本音楽文化協会、毎日新聞社）などに、標語は示された。また、四月二九日の「「米英撃滅」日本民謡大会――郷土囃子撃ちてし止まむ」（主催：大日本民謡協会、日本厚生協会、日本音楽文化協会、後援：東京市）では、国民歌「増産音頭」歌唱指導などののち、会の最後は「新作民謡　撃ちてし止まむ」全員合唱で締めくくられた。

日比谷公会堂は舞台芸術や集会のみにとどまらず、各種祭礼と科学的知識の入り交じる空間となっていた。四月九日「敵国在留同胞犠牲者慰霊祭」（主催：大政翼賛会、敵国在留同胞対策委員会、興亜宗教同盟、後援：外務省、情報局）、五月一日「米英撃滅科学技術者総動員大講演会」（主催：科学動員協会、産業経済新聞社、後援：情報局、技術院、陸海軍省、外務省、商工省、独逸大使館）、六月九日「米英撃滅戦国民大会」（主催：東京市、大政翼賛会、翼賛政治会、後援：朝日新聞社、毎日新聞社、読売新聞社）、七月三〇日「明治天皇三〇年祭記念　聖徳敬仰の会」（主催：明治神宮祭奉祝会、後援：東京府、東京市、東京商工会議所）などである。

ユダヤ人への敵愾心を扇動する催事も行われる。四月二日「ユダヤ禍撃滅敵愾心高揚大講演会」（主催：日独伊親善協会、大日本回教協会、ユダヤ排撃連盟、後援：東京市、大政翼賛会）がそれである。一九四四（昭和一九）年六月にも反ユダヤに関する講演会は行われており、「ユダヤ思想と日本精神」「撃て！　ユダヤの本拠アメリカを」「ユダヤ思想と人間観の革命」「ユダヤ医学の清算と皇道医学の建設」などの演題が並んだ。演奏会においても、戦時中、ユダヤ系である作曲家メンデルスゾーンの名前は伏せられて演奏された[106]。

四月一〇日には「ウタノエホン・大東亜共栄唱歌発表演奏会」（主催：朝日新聞社、社団法人日本音楽文化協会、社団法人日本少国民文化協会、協賛：日蓄工業株式会社）が開かれるなど、公会堂は学校教育関係の発表の場としても使われた。

東京音楽学校の演奏会は、一八九八（明治三一）年の第一回から一九四三（昭和一八）年五月に一〇〇回を迎えるに

図3-9　公会堂客席の木製椅子への取り替え作業
出典：『都政週報』第13号、昭和18年10月9日、13頁

あたり、西洋音楽ではなく、「日本人のものになり切った「西洋楽器の日本音楽会」として公開」されると報道された。五月二二日の演奏会では、乗杉嘉壽作詞、下総皖一作曲「聖徳太子奉賛歌」、高田信一「変奏曲と遁走曲」、小林福子作曲・ピアノ演奏「ピアノ協奏曲」、益子九郎編曲合唱つき管弦楽「海ゆかば」が演奏された。このほか、ナチス派遣作曲教授ヘルムート・フェルマーが自作の前奏曲を指揮した(107)。

この年七月一日の東京都政施行による「東京都」の誕生を祝し、七月七日には「皇都精神作興の夕」が東京都主催で行われた。明治時代の「首府」から「帝都」、そして「皇都」へ、という変遷をここにみることができる。次章で述べるが、日比谷公会堂はこうした都市のアイデンティティを象徴し、さらに内部で再確認する機能も果たしていたといえよう。

例年通り閉館する八月には、戦争資源確保のため公会堂内で金属回収が行われた(108)。開館時、上張りに牛革を使用し設置された豪華な椅子席のほか、電灯器具、装飾器具など、木材で代用できる金属類はすべて回収された(109)。四〇トンの金属が回収され、九月二〇日までに代替工事を終え、二二日から「非常時型公会堂」として再開した(110)。

秋には演奏会が増加し、一一月一日―五日には恒例の音楽コンクールも開催される（主催：毎日新聞社、後援：文部省、情報局、協賛：日本音楽文化連盟）。一〇月二一日、明治神宮外苑競技場で出陣学徒壮行会が行われた日、日比谷公会堂では議会新聞社主催による「帝都防衛決戦講演会」が開催されていた。さらに一一月三〇日一一時半からは「陸軍特別志願学徒壮行会」が開かれた（主催：文部省、朝鮮奨学会、台湾教育会、後援：内務省、厚生省）。日比谷公会堂もまた出陣学徒壮行の場となっていたが、この日は以下の次第にみるように、朝鮮と台湾の志願学生の壮行会であった。国民儀礼（宮城遥拝、ピアノ伴奏による国歌奉唱、黙禱）／詔書奉読（朝鮮奨学会総裁）／開会の辞（同会理事長）／壮行の辞（文部大臣、内務大臣、陸軍大臣代理、朝鮮総督代理、台湾総督、大学総長代表）／答辞（朝鮮志願学生代表、台湾志願学生代表）／壮行音楽演奏／海ゆかば斉唱／聖寿万歳奉唱／閉会の辞（台湾総督府文教局長）／首相官邸訪問（志願学生）／宮城遥拝（志願学生）。

この会において志願学生代表は、「挺身もつて頑敵米英を撃滅し宸襟を安んじ奉らずんば止まず生還期する無し」と述べた。壮行音楽は女学生合唱隊による「みたみわれ」「国に誓ふ」であった[11]。

その後も、一二月五日「山本元帥鑽仰大会」（挨拶者などから、日本基督教団戦時報国会主催と推定される）、一二月六日「軍用機音楽号献納大演奏会」（主催：社団法人日本音楽文化協会、財団法人日本交響楽団）、一二月一〇日「配給戦士遺家族慰安会」（主催：東京都食糧営団、後援：東京都）、一二月一一日「朝日新聞社選定「勝利の生産」発表演奏会」（主催：国民徴用援護会、朝日新聞社、後援：陸海軍省、厚生省、情報局、大政翼賛会、協賛：日本放送協会、日本音楽文化協会、大日本産業報国会）、同日「祝ビルマ独立　石井みどり舞踊公演」（主催：石井みどり舞踊研究所、後援：ビルマ大使館、ビルマ協会、日独仏教婦人会、東京台湾基督教青年会。古関裕而作曲「ビルマ・ブエ」「バコダの印象」などに振り付けた舞踊作品が発表される）など、軍関係、時局関係の催事が重なり、一九四三（昭和一八）年を終える。

表 3-20　昭和 19 年度の催事一覧

小分類		1	2	6	8	9	10	11	13	14	15	16	18	21	22	28	38	58		
中分類		1	1	1	1	1	1	1	2	5	3	1	1	1	1	1	1	1		
年	月	交響楽演奏会	軽音楽演奏会	邦楽演奏会	オペラ公演	独唱会	洋舞公演	日本舞踊	講演会	集会大会	講演と映画	映画会	演芸会	ピアノ独奏会	合唱公演	ヴァイオリン演奏会	歌の発表会	映画と演芸	計	30年史
1944	4	15				5	1			5	2	4	4	1		2			39	39
1944	5	9	2	1			2			10	2	6	15	2					49	49
1944	6	12							8	4	3	1	4						32	32
1944	7	10			2			2	5	3		6	14		2				44	44
1944	8									1		1	1				2		5	5
1944	9	8	2	3		4				4		3					2		26	26
1944	10	17	2		3				5	1			9			1	1	2	41	41
1944	11	11				2			5	1	3	2	2	1					27	27
1944	12	5		1							2					2			10	10
1945	1	15	2			2				1	1		1	1					23	23
1945	2																		—	—
1945	3																		—	—
	計	102	8	5	5	13	3	2	23	30	13	23	50	5	2	5	5	2	296	296

1945 年 2 月からは、公会堂の記録が途絶える。

一九四四（昭和一九）年――各種メディア・イベントの開催

一九四四（昭和一九）年は、一月三日「株式会社石井鉄工所産業報国会従業員激励慰安大会」で明けた。一月二七日「特別幹部候補生志願学徒総蹶起大会」（主催：読売新聞社、後援：東京師団司令部）では、講演や激励の辞などからなる第一部に続く第二部で、読売新聞社発表「学徒空の進軍」の歌唱指導がなされた。一月三一日の「運輸通信省海運総局選定「輸送船行進歌」発表大会」（主催：日本海事振興会、日本海洋連盟、日本音楽文化協会、後援：海軍省、情報局、大政翼賛会、船舶運営会、協賛：日本放送協会、日本蓄音機レコード文化協会）、二月五、六日の「陸軍省後援・比島派遣軍報道部協力　あの旗を撃て　特別試写会」（主催：東宝株式会社、毎日新聞社、社団法人映画配給社、後援：陸軍省、警視庁）など、時局と新作歌謡曲、映画の発表をあわせた催事は続く。二月五日あるいは六日に実施された女子挺身隊・女子勤労報国隊向けの映画試写会では、国民儀礼、挨拶（東宝株式会社取締役会長澁澤秀雄）、激励の辞（警視庁職業課長高田正巳）、謝辞（女子学習院常磐会挺身隊隊長、勤労報国隊隊長松平信子）が第一部で行われた。第二部は、東宝映画の入江たか子による挨拶、最新版の日本ニュース上映に続いて、『あの旗を撃て』が上映された。このほかにも、二月二〇日「大陸映画鑑賞会」（主催：東京新聞社、協賛：映画配給社）、三月三日「第三九回陸軍記念日『加藤隼戦闘隊』特別試写会」（主催：東宝株式会社）、「『一番美しく』特別試写会」（三月―四月か）、『ブルジョアン（南の展望）』（七月、日本映画社ジャカルタ撮影所作品）、『リュッツォ爆撃隊』（七月、外国映画株式会社提供）、『敵は幾万ありとても』（八月）など、この年には、映画上映が増加する。

二月二五日の閣議決定「決戦非常措置要綱」の発表に伴い、「高級享楽ノ停止」として、「高級料理店待合ハ之ヲ休業セシメ、又高級興行歓楽場等ハ一時之ヲ閉鎖シ其ノ施設ハ必要ニ応ジ之ヲ他ニ利用スルト共ニ其ノ関係者ハ時局ニ即応シテ之ガ活用ヲ図ル」と定められ、都内では帝国劇場、歌舞伎座、宝塚劇場、日本劇場、新橋演舞場、国際劇場、国技館、有楽座などが停止となった。日比谷公会堂は閉鎖することなくそのまま続けられたが、内容への影響はみられた。大日本拳闘協会では、三月一一日の総会で、一般拳闘興行試合は三月一四日の試合および二八日の国防拳闘試合を最後に、「一切の興行試合は勿論草試合をも休止する」こととなった[112]。また、個人の演奏会は禁止され、音楽家の活動は社団法人日本音楽文化協会その他統制団体に限られることとなった。また、入場税の税率が上がった一方、入場料は五円未満とされたため、公共団体の補助を受ける日本交響楽団や資本の大きな会社の援助を仰ぐ東京交響楽団などしか演奏できなくなる状況であった[113]。

この年は前年に比べても時局関係の催事が多い。二月二六日「敵国必滅祈願大会」（主催：大日本婦人会、日緬仏教婦人会、大日本婦人会東京都支部、後援：大東亜省、大政翼賛会、東京都、協賛：ビルマ大使館、ビルマ協会、東京仏教団）、二月二七日「大東亜少国民結合大会」（主催：社団法人日本少国民文化協会、後援：情報局、文部省、大東亜省）、三月一日「満州帝国建国記念興亜大講演会」、三月二日「第三九回陸軍記念日必勝航空戦力増強運動　航空紙芝居大会」（主催：東

宝公共事業団、東京新聞社、協賛：大日本飛行協会、後援：陸軍省、情報局）などである。

この頃の演奏会は、冒頭に「国民儀礼」（次章で詳述）が行われることが多い。また、毎年行われていた毎日新聞社主催による音楽コンクールも、一九四四（昭和一九）年は「軍用機〝音楽号〟献納のための音楽顕彰・受賞者演奏会」（七月一日）として行われ、「時局に即応、音楽報国に邁進する事」、「音楽報国の赤誠に燃ゆる演奏は必ずや大方の御期待に副ふところ大なりと信ずる次第であります」などとプログラムに記された。また、七月には、七月一二日「第五回希望演奏会」（主催：竹内音楽事務所）、七月一四日「第五回歌劇名曲演奏会」（主催：日本合唱団内歌劇研究会、後援：藤原義江歌劇団）、七月一五日「夏の楽しい管弦楽の夕　日本交響楽団」（主催：タカハシ音楽芸術社）、七月二三日「青年日本交響楽団　夏の楽しい歌と管弦楽の会」、七月二八日「大東亜交響楽団第一二回定期演奏会」、七月二九日「東響夏の夕」など、演奏会が盛んに実施されている。一方で、演奏会プログラムには以下のような注意が書かれ、空襲の危険の中で演奏会が実施されていたことがわかる。

防空警戒警報発令ニ依リ演奏会中止ノ際ニ於ケル入場券取扱ニ関スル件

○開演時間ノ二時間前ニ至ルモ防空警報ガ解除ニ至ラナイ時ハ演奏会ハ中止致シマス
○演奏開始前演奏会ヲ中止シタ時ノ入場券ハ特ニ指定シタ日ニ於テ其ノ入場券ヲ有効トシマス
○演奏開始後全曲演奏所要時間ノ二分ノ一ヲ経過セズ中止シタ場合ハ特ニ指定シタ日ニ於テ其ノ入場券引替ニ、五割引ニ致シマス
○其ノ外当局ヨリ興行時間、入場人員及ビ入場料等ニ関シ特ニ指示ノアツタ時ハ其ノ指示ニ依リマス

> 御注意
> 以上ノ場合入場券ガ絶対必要デスカラ当日開場マデ御手許ニ御所持下サイマス様御注意申上ゲマス
> （出典：『東響第二七回定期演奏会』昭和一九年六月三〇日一八時半　プログラム）

日比谷公会堂は、官民問わず様々な団体の構成員の結束を強める大会に用いられた。東京都制一周年記念日にあたる七月一日には、「職員の士気高揚と家族主義総親和の一助にもと敢て本大会を開催したり」として、東京都職員向けの大会が開かれていた。七月三一日には、「帝都疎開工事挺身隊解隊式」「帝都建物疎開除却工事完了奉告祭」が同日に行われた。八月三一日の「聖旨奉体学校長会議」では、公私立の国民学校、中等学校、青年学校、各種学校の校長が集められ、宮城遥拝、国歌斉唱、祈念の後、「昭和一九年八月二三日地方長官ニ賜リタル御言葉奉読」が行われた。「戦局危急皇国ノ興廃繋ツテ今日ニ在リ汝等地方長官宜シク一層奮激励精衆ヲ率イ官民一体戦力ヲ物心両面ニ充実シ皇運ヲ夫翼スヘシ」がその全文であり、当日にも配布された。また、以下の地方長官訓示も行われた。

> この上は一死奉公の道あるのみであります。輦轂の下職を教育に奉ずる者は師弟真に一体となり聖旨を奉体、必勝の祈念の下に何物をも顧みることなく、一心を抛ち以て戦勝獲得に向かつて粉骨砕身いたし、只管聖慮を安んじ奉らん事を期すべきであります。（中略）教育の本領は尽忠報国の至純なる赤誠を尽し、以て天壌無窮の皇運を扶翼し奉るにあります。維れ醇乎たる日本人本然の姿であります。我等が愛育し錬成せし学徒は既に第一線に出陣し、又は決戦増産に挺身し日夜敢闘して居るのであります。今こそ我等一億打つて一丸となり父祖より承けし神明不滅の信念に徹し物心の総力を挙げ烈々たる気魄を以て戦力の飛躍的増強を図り、光輝ある国体の護持

に邁往しなければなりません。聖慮の程いとも畏く、職を皇都教育に奉ずる私共と致しましては、身を潔め心を洗ひ率先垂範、陣頭指揮の実を挙げ以て御言葉に応へ奉らんことを期すべきであります。

このように、戦局の悪化を受け、教育関係者への奮起を促す言葉が公会堂内で共有された。集まった校長は、この訓示を何らかの形でそれぞれの学校に持ち帰ったことであろう。

九月以降は、九月九日「陸軍少年飛行兵増強　母の蹶起大会」（主催者不明だが大日本婦人会関係者が挨拶を行っている）、九月一五日「運輸通信相制定〝海の若人〟特別発表会」（主催：大政翼賛会、大日本海洋連盟、毎日新聞社、後援：陸海軍省、運輸通信省、情報局）、九月三〇日「盟邦ドイツ国民激励大講演会」（主催：日独伊親善協会）などが続く。一〇月三日の「献納国民歌発表　起て一億の夕」（主催：日本文学報国会、大日本芸能舎、日本音楽文化協会、後援：軍事保護院指導、情報局、東京都、軍人援護会、大政翼賛会、協賛：日本放送協会、毎日新聞社）では、「決戦の秋は来れり」「起て一億」の発表が、独唱、歌唱指導、そして舞踊によって披露された。

一〇月六日の「第二工作部工場団体連合慰安会」では、舞踊などのほか、七月一日に中止されたインパール作戦について、毎日新聞社記者による「インパールより帰りて」と題した講演も行われた。一〇時開始だったが、「午前八時現在警戒警報発令の場合は中止」であること、そして「服装はなるべく防空服装の事」との注意書きが、案内状には書かれている。

日時（日比谷公会堂所蔵のスクラップ帳から一九四四（昭和一九）年一〇月頃と推測）、主催は不明であるが、財団法人聖戦技術協会の亀井貫一郎理事長が挨拶を行った催事では、三遊亭圓歌による落語「木炭車」が披露されている。また、同じ一〇月頃には、「ユダヤ禍排撃連盟」結成に関する大会も開催されている。この連盟は、東京に本部、六大都市に支部をおき、その目的については、「本会ハ皇国臣道ノ実践躬行ヲ素願トシ世界新秩序建設ノ目的ノ下ニ主トシテ吾ガ国内ニ於ケル「ユダヤ」禍ヲ浄祓シ進ンデ独伊両国ノ同志ト提携以テ世界各民族ノ自主的相互扶助関係ヲ強化スルヲ以テ目的トス」とされた。

また、一〇月に開始された「一億憤激米英撃摧運動」をふまえ、日本交響楽団でも一一月の第三回定期公演以降、「一億憤激米英撃摧」とプログラムに印刷した。

このほか、一〇月二八日「東宝音楽団結成記念公演　軍用機献納基金」（主催：東宝株式会社、東京新聞社）、一一月四日「大東亜共同宣言一周年記念興亜大音楽会」（主催：大政翼賛会興亜総本部、朝日新聞社、後援：大東亜省、陸海軍省、情報局、協賛：日本放送協会、日本音楽文化協会）など、演奏会も引き続き行われている。一一月一九日の「東京都庁親和会計画局支会講演と映画の会」では、歌と踊りと音楽、人物模写、漫才、舞踊に続き、映画『桃太郎の海鷲』、ニュース映画、劇映画『肉弾挺身隊』が上映された。一一月二〇日の「愛国子守歌発表　母と子の必勝大会」（主催：日本少国民文化協会、大日本婦人会、後援：情報局、文部省、厚生省、東京都、大政翼賛会、協賛：日本放送協会、日本音協株式会社）では、第一部の国民儀礼、開会挨拶に続き母の代表による「我が子を国に捧げん」、児童代表による「我等続かん」。第二部では情報局総裁による愛国子守歌入選者賞状授与、歌の発表と歌唱指導、第三部では演劇「母泣かず」などが披露された。

一一月一六日の「月例現地報告会」（主催：東京都、同盟通信社、日本映画社、後援：情報局）では、日本映画社社員による現地報告、そして最近一カ月分の日本ニュースの一括上映が計画された。計画された同ニュースのうち第二三二号は「比島沖海戦及び神風特別攻撃隊出撃の実相を伝へる戦史に不滅の記録映画であります」と報じられた。戦況報告と並行し、一二月には映画「『雷撃隊出動』特別発表会」（主催：読売新聞社、東宝株式会社、後援：海軍省、協賛：社団法人映画配給社）なども開かれている。同映画では「雷撃隊の歌」「男散るなら」「雷撃隊出動」の三曲が主題歌として発売されたが、このうち以下の二曲が、当日配布のプログラムに印刷された。「鉄砲玉とはおいらのことよ／待ち

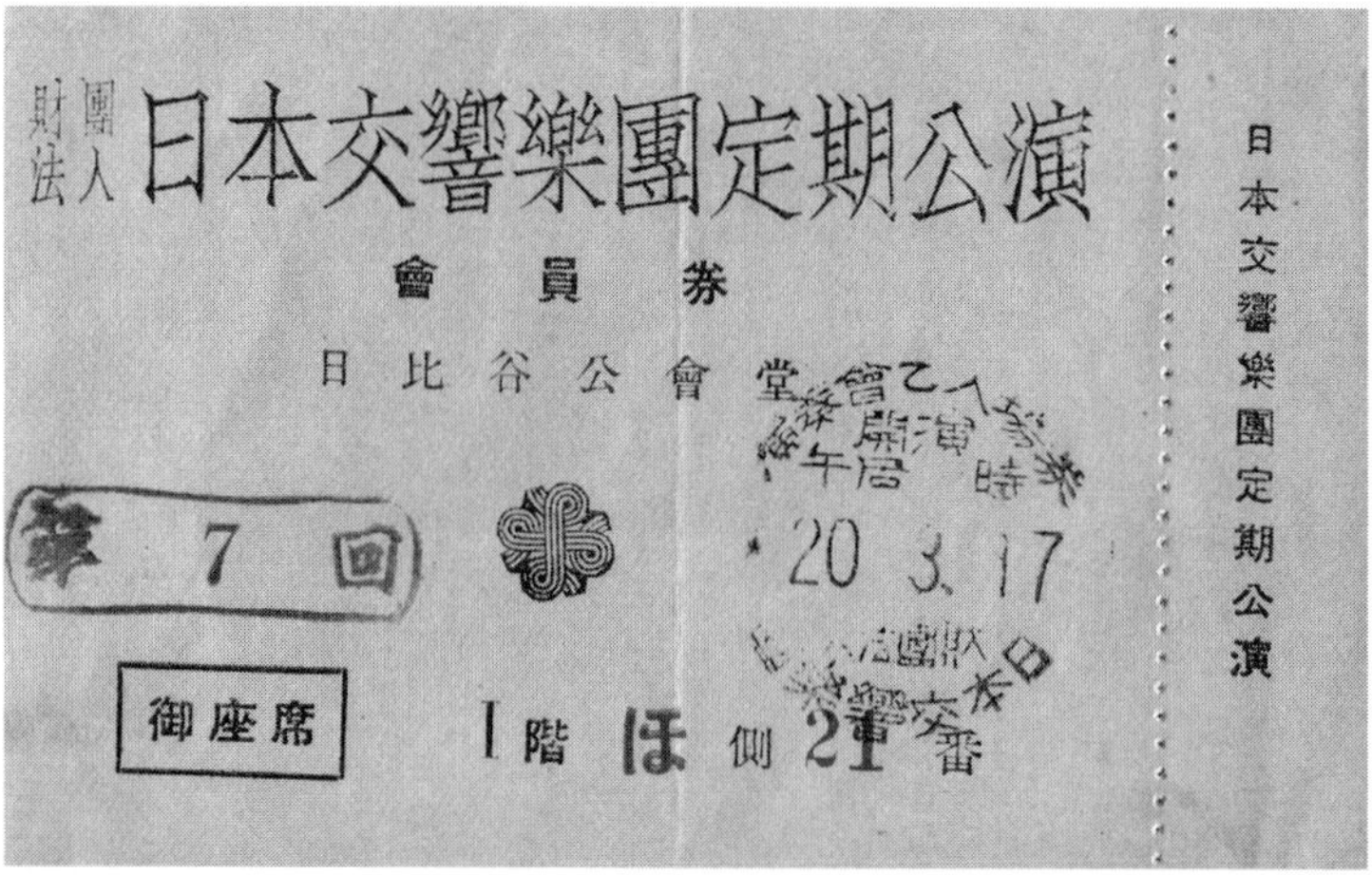

図3-10　昭和20年3月17日の日本交響楽団定期公演のチケット

に待ってた出征ださらば／戦友よ笑って今夜の飯は／俺の分まで食ってくれ（男散るなら）」、「天皇陛下万歳と／最後の息に振る翼／おおその翼紅の／火玉と燃えて体当り（雷撃隊出動）」など、映画の内容も含め、特攻の精神、死を歌詞の中に明確に打ち出した内容であった。

一九四五（昭和二〇）年——演奏会の継続開催

一九四五（昭和二〇）年はそれまでに比べ資料の残存が極めて不十分であり、利用の統計は一〇月—一二月しか残されていない。公会堂運営が混乱していたことをうかがわせるほか、後述する一九四五（昭和二〇）年一二月の演奏会がそうであったように、当時の催事ではプログラムそのものが作成されなかったことも考えられる。このため、この催事の全容を把握することは、ほかの年に比べて極めて困難である。

この年最初の記録は、「慰安激励及士気高揚ノタメ」、従業員とその家族、出征兵士の遺家族を対象にした一月一一日の「新春慰安演芸会」（主催：日本建鉄工業株式会社東京製作所）である。漫才、奇術、落語、浪曲、小唄、歌と軽音楽などで構成されていた。一月一二日「東宝音楽会第二回公演」、一月一四日「東京家庭音楽会（第八回）」

（一九四四（昭和一九）年一二月一〇日予定のものが延期）、一月二一日「日華交驩音楽会」、一月二八日「青響一月公演」などがそれに続いた。

一月二四日―二六日に日本交響楽団第五回定期演奏会でデビューコンサートを行ったピアニストの室井摩耶子によれば、三日間の公演を終えて家の門をくぐろうとした途端に警戒警報が鳴り、翌日日比谷、銀座への空襲があり、日比谷公会堂は遺体収容所となった[114]。

二月に残存するプログラムは、二月一一日「情報局選定「必勝歌」発表大演奏会」（主催：日本音楽文化協会、日本放送協会、毎日新聞社、後援：情報局）のみである。西条八十（朗読）や陸海軍軍楽隊（演奏）らが出演した日比谷公会堂のほか、大阪、名古屋、福岡、小倉でも発表は同時に行われた[115]。日比谷公会堂所蔵資料にみる戦中の催事の記録は、ここで途絶える。

しかし、公会堂の記録はここで途切れるものの、催事は断続的に開催されていた。例えば日本交響楽団は、一九四五（昭和二〇）年の公演は一月二四―二六日、二月二一―二三日、三月一四、一六、一七日、五月二四―二五日、六月七日、一三日、一四日、九月一四―一五日、一〇月二四―二五日と中断なく続けられている[116]。

五月一七日、日比谷公会堂に足を運んだ古川緑波は、彼の日記の中でこう記している。

（日比谷）公会堂へ行くと、大変な人だかり。かういふものに、飢えてゐるのだ。映画主題歌大会。第一部は、奥山彩子・宮下晴子・志村道夫・豊島珠江の四人が、三曲宛歌ふ。豊島珠江は、此の前も、乳の見えるやうな衣装を着てゐたが、今日は背中まる出し、露出狂なのか。それで若い客はワーワー喜ぶ[117]。

その後終戦に至るまで、催事は継続していた。七月一八日「米軍爆撃大講演会」（主催：米本土空襲期成同志会、後

昭和二〇年八月の日比谷公会堂における催事

八月四日（土）一七時　都民のための歌とピアノの夕
主催：日本音楽文化協会
出演：木下保、四家文子、藤田晴子

八月七日（火）一三時　第二回戦意高揚大会（第一回は七月七日実施）
大日本興亜会、大東亜幻燈協会共催、大東亜省情報局後援
講演「現難局に対し国民に愬ふ」（建川美次陸軍中将）
「神雷特攻隊に従軍して」（海野稔海軍報道班員）
音楽　東宝室内楽団　他に幻燈映画
八月一一日（土）一四時・一七時　第七回東宝音楽会　歌と軽音楽
出演：大谷冽子、轟夕紀子、東宝管弦楽団、東宝室内楽団、東宝新室内楽団
八月一三日（月）国粋同盟大演説会　※八月一二日に「都合により中止」とされる
主催：国粋同盟本部
八月一九日（日）一二時・一四時半・一七時半（三回開催）
灰田勝彦・晴彦楽団　戦力増強「憩ひのひととき」音楽会
出演：橘薫、津島ひろみ、坊屋三郎

（朝日新聞、読売新聞掲載の広告より抜粋）

表3-21　昭和20年度の催事一覧

小分類	1	2	7	8	10	11	13	14	16	17	18	21	28	39	41	42	49	62	70	71		
中分類	1	1	1	1	1	1	2	5	1	1	1	1	1	1	4	6	1	1	1	5		
年　月	交響楽演奏会	軽音楽演奏会	音楽と映画	オペラ公演	洋舞公演	日本舞踊	講演会	集会大会	映画会	演劇会	演芸会	ピアノ独奏会	ヴァイオリン演奏会	音楽コンクール	式典行事	体操発表会	学芸会	童謡	木琴演奏会	放送討論会	計	30年史
1945　4																					—	—
1945　5																					—	—
1945　6																					—	—
1945　7																					—	—
1945　8																					—	—
1945　9																					—	—
1945　10	25	5		3			7			2	1						2				45	43
1945　11	30	5	1		1		8	2			2	12	2	2	2	3				4	74	76
1945　12	26	10		3	2			4	1	2			4	2						2	56	56
1946　1	21	10		3	1		5	2	2		5		2		2			1	1	2	57	57
1946　2	20	6					5				2	4									37	37
1946　3	20	15				1				2	1	3	2		1						45	45
計	142	51	1	9	4	1	25	8	3	6	11	19	10	4	5	3	2	1	1	8	314	314

昭和20年10月から、日比谷公会堂の記録が再開する。

援：実業之世界社）の広告では、「松永海軍少将野依秀市の熱火の絶叫」「沖縄失陥後イヨイヨ戦意を昂揚せしめ最後の必勝道を痛論す」[118]などと記され、最後まで徹底抗戦が呼びかけられた。終戦直前、一九四五（昭和二〇）年八月の日比谷公会堂の催事は前頁の通りである。八月一九日の音楽会は開催されたかどうかが不明であるが、八月一四日の朝日新聞に掲載された情報である。

（7）一九四五（昭和二〇）年八月—一九四九（昭和二四）年（終戦から接収解除まで）

一九四五（昭和二〇）年——終戦直後の活況と接収

終戦前後の日比谷公会堂は、催事は数多く行われたものの、資料の残存が極めて少ない。三〇年史は催事が多くあったことを伝えるが（表3-21）、現在日比谷公会堂に残る終戦から一九四五（昭和二〇）年一二月までの催事の記録は、一〇月一六日「日本勤労大衆党結党大会」と、一〇月二一、二二日「第一〇回東宝音

図 3-11　昭和 20 年撮影「進駐軍・日比谷公会堂は劇場になった」。公会堂入口に HIBIYA PUBLIC HALL の文字がみえる。
出典：毎日新聞社提供

楽会」の二つのみである。

その他朝日新聞と読売新聞の掲載広告をみると、九月一日に「日本ニュース（第二五五号　大詔渙発）発表会」（主催：日本映画社、映画公社、入場無料）が、正午、一二時半、一三時の三回上映されている。内容は戦争終結と東久邇宮稔彦内閣成立に関するものだった。九月六―一〇日には「第二回明朗音楽大会」（主催：日本芸能社）、九月一二日「平岡養一木琴独奏会」（主催：日本音楽文化協会）、九月一三日「東宝名人会」（主催：東宝演芸部）、九月一四―一五日「日本交響楽団定期公演」、九月一六日「中堅音楽家演奏会」（主催：日本音楽文化協会）、九月一八日木下保独唱会（主催：日本音楽文化協会）、九月二七日第八回東宝音楽会（主催：東宝音楽団）など、終戦直後からほぼ毎日のように日比谷公会堂は使用されていた。一〇月二一、二二日の第一〇回東宝音楽会では早くも、戦時中禁じられていたアメリカ音楽が数多く演奏された。最初は「フォスター名曲集」であり、このほか「セントルイズブルーズ」などのジャズも演奏された。

この活況を当時の音楽雑誌は以下のように記した。「演奏会は復活した（中略）戦争の終ごろには演奏会は殆んど催されなくなつてゐるが、終戦後演奏会が一番早く復活し、東京では日比谷公会堂に殆んど毎日演奏会が続き、日比谷と上野の公園では毎週一回づつ吹奏楽の演奏が行なはれてゐる。此の傾向は全国各地にみられるが、松竹や東宝では劇場を用ひて盛に演奏会を催すべく企画してゐる」[119]。一九四五（昭和二〇）年一二月のオーケストラ演奏会では、サイズもあわない復員服で、案内資料もなく、指揮者の名前も演奏者の名前も、曲名の発表もなかった。「唯在るのは演奏者の音楽に対する情熱と演奏出来るよろこびと、聴衆の沈黙の感謝の念だけでした。敗戦の貧困の中で、清らかな心だけは溢れ、美しい旋律の流れには、敏感で陶酔感を持てた事は、今も宝物として保存されて居ります。今も脳細胞に刻まれて居ります」と、一九二九（昭和四）年生まれ、当時学生であった山本千鶴枝は回想する[120]。

一〇月一六日「日本勤労大衆党結党大会」では、戦争責任をめぐり公開決議が行われた。重臣、軍閥の自決、財閥の資産没収、議員の辞職などを求め、「軍バツ、官僚、財バツの手先トシテ巧妙ナル偽装ヲ以テ民主主義ニ便乗シ、将来ニ軍国主義ノ毒牙ヲ温存セントスル軍官製政党、右翼団体、学バツヲ徹底的ニ掃蕩スベシ」「本決議ハ声ナキ国民大衆ノ血ノ叫ビデアル」「無名国民ノ忍耐ニモ限度ガアルト言フ事ヲ忘レルナ」などとチラシには記され、苛烈を極める内容であった。このほか一一月二日に日本社会党結党大会が、一週間後の一一月九日には日本自由党結党大会が開催されるなど、新しい政党誕生の場にもなった。

ほどなく日比谷公会堂は、一九四五（昭和二〇）年一二月二三日正午までに、両国国技館（一二月二六日正午までに）とともに占領軍に接収された。ただし、日本側が使用したい時は、「代表者を任命して総司令部と交渉すればよい」とされた[121]。日比谷公会堂の呼称は引き続き用いられたが、Hibiya Public Hall（図3-11）、Hibiya Hall Theatre（Theater）、GHQ日比谷ホールなどとも呼ばれた[122]。なお、あわせて大音楽堂（一九四六（昭和二一）年―一九五一（昭和二六）年六月、Tokyo Bowlと呼ばれたが、接収中一九四九（昭和二四）年三月に出火し全焼）[123]、公園内にあった庭球場（一九四七（昭和二二）年一二月―一九五一（昭和二六）年九月、ドゥリットル広場と呼ばれた）も、接収されることとなった。小

表 3-22　昭和 21 年度の催事

小分類		1	2	7	10	11	13	14	16	18	21	28	39	49	71	72		
中分類		1	1	1	1	1	2	5	1	1	1	1	1	1	5	5		
年	月	交響楽演奏会	軽音楽演奏会	音楽と映画	洋舞公演	日本舞踊	講演会	集会大会	映画会	演芸会	ピアノ独奏会	ヴァイオリン演奏会	音楽コンクール	学芸会	放送討論会	公開録音	計	30年史
1946	4	24	3				2	1	4	5	3	1				7	50	50
1946	5	30	4		1		3	1	3		7	3	2		1	6	61	61
1946	6	35	3			2	2	1	5	6		1	4		1	8	68	68
1946	7	20	3	1		1	2	2		15	2				3	5	54	54
1946	8																—	—
1946	9																—	—
1946	10																—	—
1946	11																—	—
1946	12																—	—
1947	1																—	—
1947	2	18			1		5		1	4		2	2	3		7	43	39
1947	3	12	3			1	5		3	4	5	1		4		6	44	44
	計	139	16	1	2	4	19	5	16	34	17	8	8	7	5	39	320	316

30 年史における内訳数の総数は 320 だが、同じ 30 年史における催事総数は 316 である。

音楽堂北側に建てられた「軍艦行進曲」の記念碑も、撤去粉砕された[124]。一九〇〇（明治三三）年に瀬戸口藤吉により作曲され、「想ひ起す開戦の日、真珠湾大戦果の発表放送の前奏となつた軍艦行進曲の感激を久遠に遺したい」と、「明治三八年海軍軍楽隊によって初演奏が試みられた洋楽発祥の地」に都下楽団人を中心に計画され[125]、一九四三（昭和一八）年五月の海軍記念日にあわせ除幕されたものであった。

一九四六（昭和二一）年――GHQ関係、復興関係の催事

一九四六（昭和二一）年になっても、公会堂の混乱は続く。一九四六（昭和二一）年一一月の日比谷公会堂所蔵の雑書綴には、職員への物資配給の記録などが残り、運営以前に日常生活が窮迫していた状況をうかがうことができる。

音楽評論家の山根銀二は、戦争以来音楽家たちの演奏の技術は低下していたが、この年四月一一日の日本交響楽団定期演奏会を、「終戦以来のもつとも良い音楽会であつた」と評した[126]。また、ピアニストの梶原完による、同年四月一六日に行われたデビューリサイタルは、個人での演奏会がなくなっていた戦争末期以降珍しいものであった。また大規模な会場であったにもかかわらず、友人の力も借りて切符を売りさばき会場は満席となった。しかし、高額な入場税により収入は差し引かれた(127)。

終戦後、日比谷公会堂を含めた都内の大規模ホールでは、アメリカ向けの演奏会などが行われていた。また日比谷公会堂では、毎週日曜日、進駐軍のための音楽会が日本交響楽団によって開催されていた(128)。七月二八日の日本交響楽団の演奏会は、ＷＶＴＲ（駐留米軍向けラジオ）でも放送された。「演奏会をやりたいにも会場がなくては」という要求に対し、日本青年館や軍人会館は進駐軍向けのものをやっているという状況であった。日比谷公会堂は例外だが、制限されて土日水曜は使えず、そのほかの日も昼間だけで、今までの半分くらいしか使えなくなった。演奏会場としてはほかに共立講堂が挙げられているが、舞台が狭く音響がよくないとされていた(129)。土日水曜日は終日、ほかの曜日も一八時以降は進駐軍によって使用された。そのため、土日水曜日以外の正午までを朝の部、一五時までを昼の部、一八時までを夜の部として使用した。そのため多くの演奏会は一六時以降の開演となり、聴衆にとっては仕事と重なり演奏会に行けない不満があがっていた(130)。公会堂内の売店の販売許可なども、占領軍によ

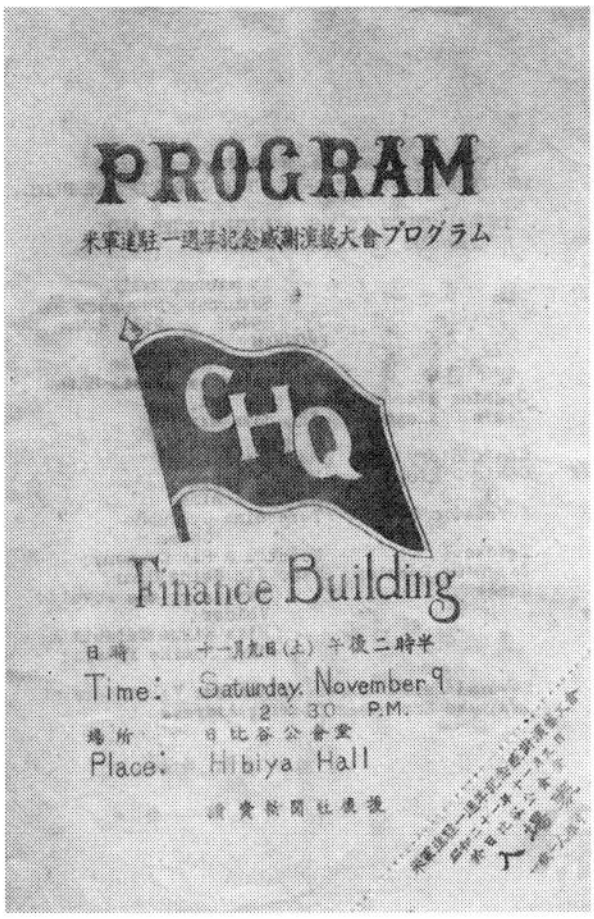

図３-12　昭和21年11月9日
「米軍進駐一周年記念感謝演芸大会」
出典：日比谷公会堂所蔵資料

図３-13　昭和21年11月23日
「ハワイ音楽を愉しむ会」
出典：日比谷公会堂所蔵資料

図 3-14　日比谷公会堂前の街頭録音風景

出典：井上保『「日曜娯楽版」時代　ニッポン・ラジオ・デイズ』晶文社、1992 年、41 頁

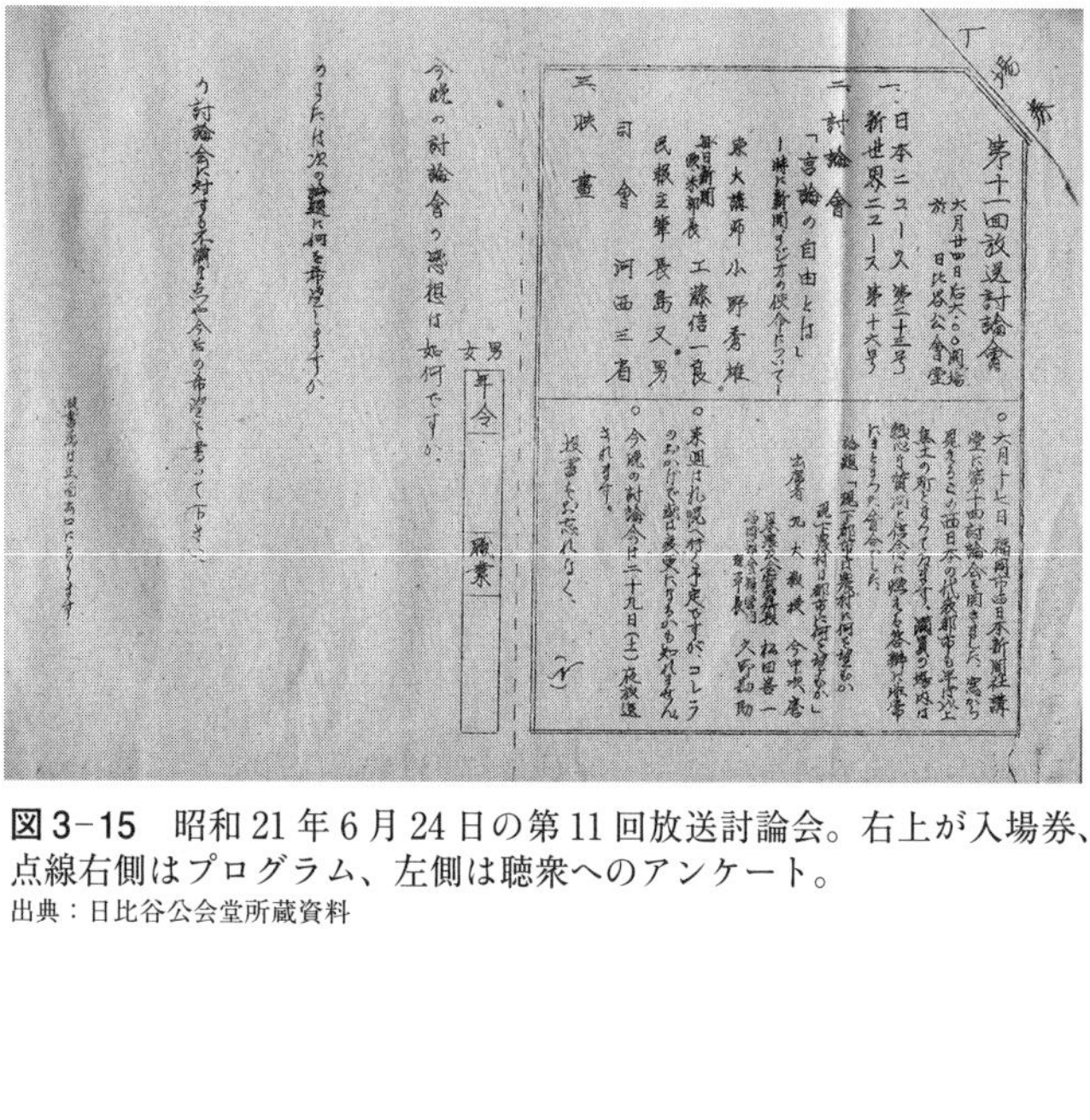

入場券
第十一回放送討論會
六月廿四日后六・〇〇開場
於　日比谷公會堂
一、日本ニュース　第二十三号
新世界ニュース　第十六号
二、討論會
「言論の自由とは」
—特に新聞ラジオの使命について—
衆大講師　小野秀雄
毎日新聞 欧米部長　工藤信一良
民報主筆　長島又男
司會　河西三省
三、映畫
○六月十七日　福岡市西日本新聞社講堂に第十回討論会を開きました。
論題「現下都市は農村に何を望むか」
○今晩の討論会は二十九日（土）夜放送されます。
投書もお忘れなく。
（ア）

今晩の討論會の感想は如何ですか。
男　女
年令
職業
あなたは次の論題に何を希望しますか
の討論会に対する不満な点や今后の希望を書いて下さい

図 3-15　昭和 21 年 6 月 24 日の第 11 回放送討論会。右上が入場券、点線右側はプログラム、左側は聴衆へのアンケート。

出典：日比谷公会堂所蔵資料

って出されていた[131]。

公会堂の接収が始まると、終戦直後の活況は沈静化した。「あの終戦後二ヶ月に見られた、コンサートの熱烈な聴衆は、年末に近く、外国映画の到来と共に、加ふるにホールの接収などに依り、著しく元気を喪失して了つた。これが春になつてからの金融統制は、更に拍車をかけて、演奏会開催は不可能かと思はれる状態にまで発展した[132]」という。また、地方楽壇が活発化し、ホール難が解消されない中で、「朗報がないでもない。それは公会堂が本来の公会堂にかへる姿である。おそらくは多彩なるものと期待せらるる秋の楽壇とその後、特に若手新人の活躍が希まれる楽壇、健全なる発展が切に望まれる地方楽壇、また、アーチストは如何にこれに応へんとするか、等々今後にかけられた楽壇の使命と困難は多い[133]」とされた。

また、放送討論会、街頭録音（図3-14）などが行われるようになったのも、戦後の特徴である。戦後を象徴するラジオ番組として知られる「放送討論会」は、一九四六（昭和二一）年から放送されたが、日比谷公会堂もしばしば会場となった。来場者に配布された用紙には、登壇者と討論内容が記されただけでなく、討論会の感想、採り上げて欲しい論題、討論会への不満などを尋ねるアンケート用紙にもなっていた（図3-15）。日比谷公会堂に残る最初の記録は、六月二四日の第一一回「言論の自由とは——特に新聞、ラジオの使命について」である。このほか、七月八日「男女は法律的に完全に同等となすべきか」（評論家の松岡洋子、弁護士の久米愛子らが出席し、「婦人の出席者が出て、今晩の会は一寸又変つた空気が生れたことでせう」と配布資料に記された）、一一月四日「男女の平等は如何にすれば実現できるか」など、多く開催された。

この年には、復員、引揚、孤児救済といった復興関係の催事が多い。六月二五日には、全日本産業別労働組合会議結成準備大会が開催された。四月九日「戦災孤児援護基金募集　吉本春の芸能祭」（主催：吉本興業株式会社、財団法人同胞援護会東京支部）、一〇月九日「引揚者ホーム落成記念　音楽と映画の集ひ」（主催：同胞援護婦人連盟、後援：東京

都）、一一月六日「在留同胞引揚促進大会」、一二月六日「越冬同胞援護大講演会」（主催：越冬同胞援護運動実施委員会、後援：厚生省、東京都、恩賜財団同胞援護会）、一二月一四日「引揚孤児救済「同胞の会」基金募集　新流行歌発表会」（主催：財団法人同胞援護婦人連盟、後援：時事新報社、日本放送協会、日本コロムビア株式会社）、一二月二五日「戦災引揚学生寮建設費募集　クリスマス大演奏会」（主催：日本戦災者援護協会、後援：日本放送芸能協会）などが行われた。

在留同胞引揚促進大会では、「海外残留同胞の急速引揚」「残留同胞遺家族の生活保障の徹底」「引揚者の生活の安定並に越冬救護の万全」を決議する提案を行った。プログラムにはこう記された。

連合軍総司令部の多大なる厚意と努力に依り四七〇余万の引揚を了するに至れるも、今尚海外に残留する一七〇余万の同胞は、或は極寒北辺の地に再度の冬を迎え其の消息すら知るに由なく、或は酷暑の南域に在りて今なほ諸種の作業に従事し、而も遥かに家郷を思ひ憂悶焦慮救ひ無き自己の運命を呪ひつつあり、又国内に在る之等同胞の家族は、思ひを千里の外に馳せて父子兄弟の安否を案じ、其の帰還の一日も早からん事を祈念し乍らも次第に衣食の道に窮し引揚者亦空しく路頭に彷徨しつつあるは蔽ひ難き悲惨なる事実である

このように、公会堂の催事の様相は戦時中とは一変したが、変わらない部分もある。一〇月一日には「ビクター秋の芸術祭　室内楽の午後」が行われた（主催：日本ビクター、後援：毎日新聞社）。また、この年の最後の催事となったのは、一二月三一日「ビクター・ミュージック・ショウ　さよなら一九四六」（主催：中華芸術家協会、提供：日本ビクター）であった。翌年発売された歌謡曲「港が見える丘」（平野愛子）ほか数曲が歌詞と楽譜付で紹介されたほか、この年放送開始されたＮＨＫ「英語会話」の主題歌「カム・カム・エブリボディ」なども歌われ、ショー形式の大掛かりな催しであった。これらの催事は、それまで何度も行われてきたレコード会社主催の発表会の形式をほぼそのまま

表3-23　昭和22年度の催事一覧

小分類		1	2	8	9	10	11	13	14	16	18	19	21	22	28	38	39	41	44	49	71	72	73	74		
中分類		1	1	1	1	1	1	2	5	1	1	6	1	1	1	1	1	4	6	1	5	5	1	1		
年	月	交響楽演奏会	軽音楽演奏会	オペラ公演	独唱会	洋舞公演	日本舞踊	講演会	集会大会	映画会	演芸会	ボクシング	ピアノ独奏会	合唱公演	ヴァイオリン演奏会	歌の発表会	音楽コンクール	式典行事	ファッションショー	学芸会	放送討論会	公開録音	子供音楽	芸術祭	計	30年史
1947	4		5				1			8			8			2						2			26	26
1947	5	12		3		2		5	3		4	3	10	2						3		2			49	46
1947	6	17			2						8	3			3					3	3	4			43	40
1947	7	9						5	3	4			7						1		2				31	31
1947	8																								0	0
1947	9	16	6						4						3	2			2		1				34	34
1947	10	15		3		1				6		1	5	2	6		3			1	2	2			47	46
1947	11	21		2	2	1		7	5	4					3			1			1	3	1	1	52	52
1947	12	13	3			1					4	1	2		6			2		1		5	1		39	38
1948	1	8													4			2			1	4			19	19
1948	2	12	3			1		3			3	1	2		5					1		3	1		35	34
1948	3	15													3							1			19	19
	計	138	17	8	4	6	1	20	15	22	19	9	34	4	33	4	3	5	3	9	10	26	3	1	394	385

30年史における内訳数の総数は394だが、同じ30年史における催事総数は385である。

踏襲したものであった。

一九四七（昭和二二）年——占領軍、新制度への対応

一九四七（昭和二二）年に入っても、食糧、交通、電力事情などは依然として悪かった。新交響楽団第二八三回定期公演（一月二三日）では、シューマンのピアノ協奏曲の演奏中一〇回近く停電し、演奏はそのつど中断したが、ソリストのレオニード・クロイツァーは、最後は停電が回復するまで独奏部とオーケストラパートをあわせて一人で演奏し続けてしまった[134]。

この年一月から、催事の記録とは別に、「使用申込一覧表」の資料が日比谷公会堂には存在する。貸出の管理、占領軍との調整などに用いられたものと考えられる。一例として、一覧表の一九四七（昭和二二）年一一月をみてみたい（図3-16）。

木曜、土曜、日曜日には赤で斜線が引かれており、英語の書き込みがみられるため、占領軍が使用したものと考えられる（この年の六月までは、水曜、土曜、日曜が占領軍の使用する日であった）。一一月四日には文部省

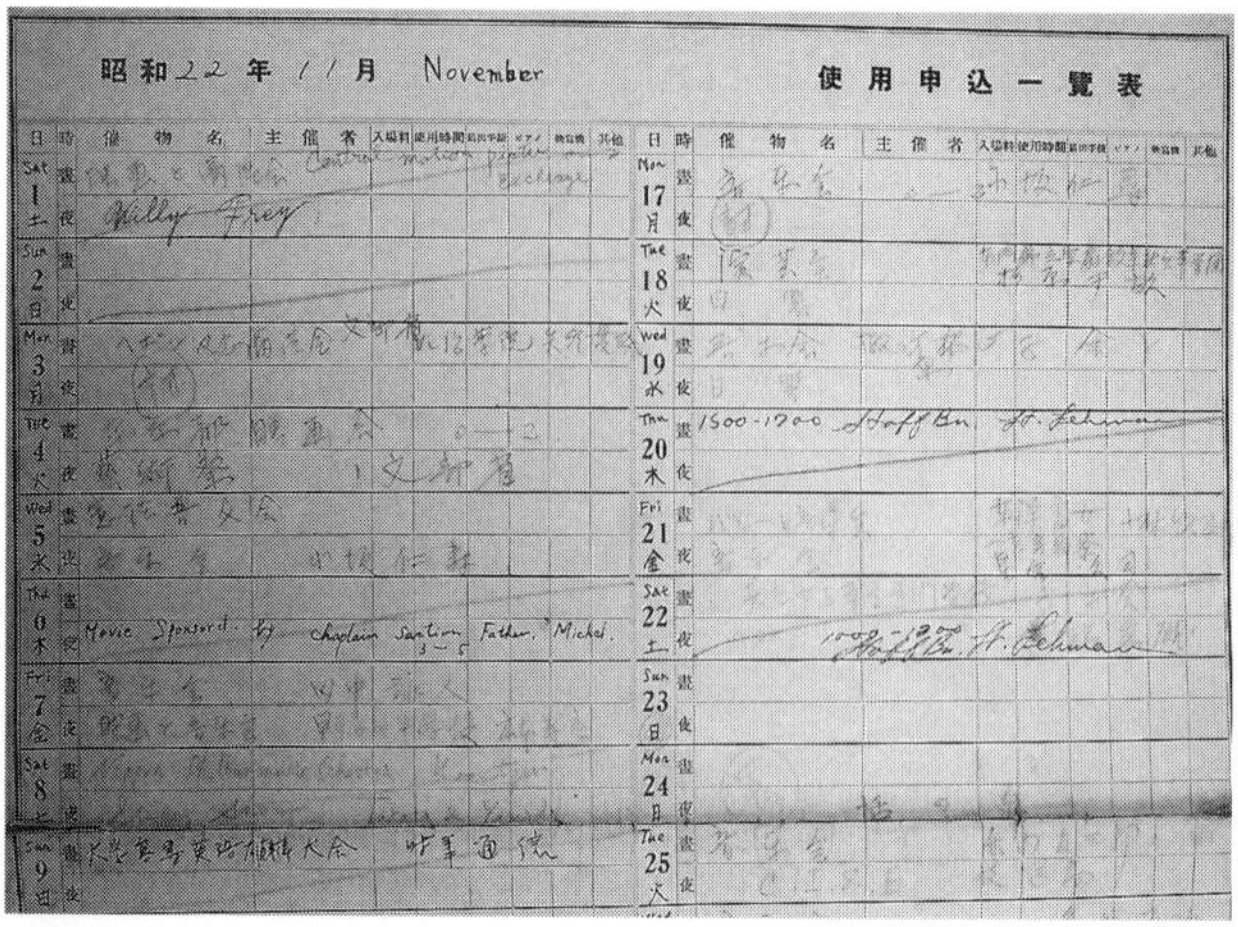

図3-16　日比谷公会堂所蔵「使用申込一覧表」昭和22年11月の記録

芸術祭が行われた。前年度から社会教育局芸術課長今日出海の発案で始められ、一九五〇（昭和二五）年までは文部省の予算なしで、興行会社に依存する形で実施されていたものであった[135]。五日には憲法普及会、二五日にはC.I.&Eの使用記録がみられる。一七日月曜日の「討」の文字は、前後の記録から、当時月曜日に頻繁に会場として用いられていたＮＨＫ「放送討論会」が行われたと推定される。二四日には、一九四六（昭和二一）年一二月に放送開始されたＮＨＫ「話の泉」の収録が行われている。新たな文教政策、占領軍による使用、戦後開始されたラジオ番組など、占領期における公会堂の多様性がここに示されている。

新憲法制定など、新しい政治体制に関する催事も多い。四月二一日「五大政党立会演説会」（主催：日本放送協会、後援：日本映画社）では、第一部の音楽演奏、第二部のニュース映画（『あなたの一票は誰に？』など）に続いて、民主党（芦田均）、日本自由党（山崎猛）、日本社会党（片山哲）、国民協同党（石田一松）、日本共産党（徳田球一）による演説が行われた。演説の模様はラジオ中継された。四月二五日には「新憲法制定記念国民歌発表会」（主催：憲法普及会、毎日新聞社、後援：文部省、協賛：日本放送協会）、そして五月三日には、「新憲法制定記念講演会」が行われ、五月

表3-24　昭和23年度の催事一覧

小分類	1	2	3	6	8	9	13	14	16	18	21	28	29	38	39	49	71	72	74	75	76		
中分類	1	1	1	1	1	1	2	5	1	1	1	1	1	1	1	1	5	5	1	1	5		
年　月	交響楽演奏会	軽音楽演奏会	室内楽演奏会	邦楽演奏会	オペラ公演	独唱会	講演会	集会大会	映画会	演芸会	ピアノ独奏会	ヴァイオリン演奏会	バレエ公演	歌の発表会	音楽コンクール	学芸会	放送討論会	公開録音	芸術祭	指笛演奏会	子供大会	計	30年史
1948　4	9						1			2	4		3	2				2		1	1	25	25
1948　5	10				1		1	2			4	2					1	3	2			26	26
1948　6	10	2	1				1			2	3	2						3				24	24
1948　7																						0	0
1948　8																						0	0
1948　9	4	3						2		3	3			1			1	4				21	21
1948 10	8		2						3		6				4			2				25	25
1948 11	8					2	1				5	4			2	2		5				29	29
1948 12	9		2		2		2	2		2	3			4				3				29	27
1949　1	6	2		2				3		2	5	2				2		4				28	30
1949　2	5		1				2	1			4	2				1	1	2				19	19
1949　3	7	2					2	2	1		4	1				1		2				22	22
計	76	9	6	2	3	2	10	12	4	11	41	13	3	7	6	6	3	30	2	1	1	248	248

二一日には「新憲法実施記念講演演芸大会」（主催：議会新聞社、後援：国際社交新聞社、国際レコード会社、国際親善施設協会）も行われた。新憲法関連の催事については第5章で述べる。

このほか、東京都が主催あるいは後援する文化事業も行われている。東京都民に低料金で舞台芸術を提供し、現在も続く「都民劇場」はすでに一九四六（昭和二一）年から開催されているが、一九四七（昭和二二）年一月二七日には「第一回ヨイ映画をみる会（名画鑑賞会）」（主催：東京都、協賛：キネマ旬報、スクリーンステージ、後援：松竹株式会社）が開催された。第一回の上映作品は木下恵介監督『大曾根家の朝』で、解説と東京都によるこの会の趣旨説明を記したパンフレットも配布された。翌年の一九四八（昭和二三）年一一月には、「都民交響楽団第一回演奏会」（主催：都民交響楽団、東京都）も行われている。

表 3-25　昭和 24 年度の催事一覧

小分類	1	2	3	6	8	9	11	13	14	16	17	18	19	21	22	28	29	37	39	44	45	49	71	72	75	76	77		
中分類	1	1	1	1	1	1	1	2	5	1	1	1	6	1	1	1	1	1	1	6	1	1	5	5	1	5	4		
年 月	交響楽演奏会	軽音楽演奏会	室内楽演奏会	邦楽演奏会	オペラ公演	独唱会	日本舞踊	講演会	集会大会	映画会	演劇会	演芸会	ボクシング	ピアノ独奏会	合唱公演	ヴァイオリン演奏会	バレエ公演	能楽	音楽コンクール	ファッションショー	チェロ独奏会	学芸会	放送討論会	公開録音	指笛演奏会	子供大会	日比谷公園祭	計	30年史
1949 4	19						2	3	3	3				6		3							1	3	1			44	45
1949 5	12		4		2		3			2		7		7		3		1						2				43	43
1949 6	10									1		6		8		4					4		1	4				38	38
1949 7	8				2				2							4	2			1				1				20	20
1949 8																												0	0
1949 9	2						2		2			7		4		4								3				24	24
1949 10	11	3		2		5	1	3				9	3	9	2				2					5				55	55
1949 11	12	3			2	3	2	3	4	4	1	8		6		2						1	2	4		2	2	61	61
1949 12	11	4				4	3		2	3		7	2	7		3	3						2	7				58	58
1950 1	10	5			2	2	4			3		7				3								5		2		43	43
1950 2	10	3			3		2			4				5		4							2	5				38	38
1950 3	8									1	2	7		3					2					5				28	28
計	113	18	4	2	11	14	19	9	13	21	3	58	5	55	2	30	5	1	4	1	4	1	8	44	1	4	2	452	453

30 年史における内訳数の総数は 452 だが、同じ 30 年史における催事総数は 453 である。

一九四八（昭和二三）年―一九四九（昭和二四）年――接収解除へ

日本に対して占領軍が提供する催事もあった。一九四八（昭和二三）年二月二六日の「第五回労働教育大会」（主催：米第八軍東京軍政部、協力：労働省、東京都）は、余興も挟み労働者教育を実施する一日がかりの大規模なものであった。米第八軍東京軍政部代表の開会の辞、東京都知事安井誠一郎、中央労働委員会・東京都労働委員会会長末弘厳太郎の挨拶に始まり、講演「苦情の持ち出し方」（連合軍司令部経済科学局労働課E・ウィルソン）、実演形式による講演「労働組合の民主的運営」（同労働教育班長リチャード・L・G・デベラル、同労働課員ジェームス・フーバー）などが続いた。昼には余興として二葉あき子らが登場しての歌謡曲と軽音楽、午後は質疑応答の時間として「参会者は何時でも無記名で質問要旨を紙片に書いて場内の質問箱に入れて下さい。御質問に対しては同労働課員数氏が演壇上から回答されます」と案内された。

新しい教育制度に関する講演会も多く開催されてい

る。一一月四日「ユネスコ週間　講演と音楽の会」（主催：日本ユネスコ協力会連盟、朝日新聞社）、一一月二九日「教育と文化講演会」（主催：教育文化振興会、後援：文部省、東京都教育庁、読売新聞社）。この講演会では、文部大臣下条康麿「教育政策について」、長谷川如是閑「封建教育と近代教育」、新居格「ＰＴＡと社会教育」の三本の講演が行われたほか、ＰＴＡに関する情報提供が配布資料の中でもなされた。

放送関係の催事も数多く行われている。七月五日「鐘の鳴る丘一周年記念大会」（主催：日本放送協会）は、前年七月五日に放送開始された同名の放送劇に関する催事である。作者の菊田一夫、ＣＩＥラジオ課のＦ・ハギンズらが挨拶を行い、童謡、奇術、漫才、舞踊の披露ののち、放送劇「鐘の鳴る丘」の実演、そして最後は「鐘の鳴る丘」の合唱で閉じられた。

九月二七日「聴取者七〇〇万突破記念「大衆音楽の夕」」は、下門英二（第一回全国優勝者）ら出演による「のど自慢テスト風景」、三遊亭歌笑による「音楽漫談」、藤山一郎・渡邊はま子、櫻井潔とその楽団による「希望音楽会」、三木鶏郎楽団（後のコメディアン三木のり平も「三木則平」として出演）による「日曜娯楽版」（一九四六（昭和二一）年放送開始）が披露された。

一九四九（昭和二四）年は、一月七日「ビクターショウ　ハロー一九四九年」で始まった。放送討論会の継続のほか、五月三日「新憲法平和まつり」（主催：民主主義文化協会、協賛：ロマンス社、後援：東京タイムス社）、一一月三日「憲法記念の夕」（主催：朝日新聞社、後援：法務府、最高裁判所、内閣、日本放送協会）、一一月一一日「戦災都市復興促進全国市民大会」（主催は不明だが、登壇者から全国戦災都市連盟あるいは全国戦災復興土地区画整理委員会連合会と推定される）などは行われたが、このような戦後復興に関する催事は目立たなくなっていき、通常の演奏会や娯楽の会などが増えていった。

九月五日、「遺米水泳選手歓迎大会」（主催：日本大学、毎日新聞社）は、非常に大規模なものであった。日本大学学生であった古橋広之進は、八月の全米選手権で世界新記録により優勝した。主催者の日本大学総長、毎日新聞社社長だけでなく、当時の首相吉田茂や衆議院議長幣原喜重郎らも登場して挨拶を行い、選手歓迎歌「水上日本賛歌」がつくられ歌唱指導が行われたほか、記録映画まで上映された。

一九四九（昭和二四）年一〇月二四日まで日比谷公会堂の接収は続いたが、解除に向けて都当局の努力、民間音楽団体による接収解除申請などがしばしばなされた。(136) 解除直前の一〇月一九日、日比谷公会堂は二〇周年を迎え、「日比谷公会堂創立二〇週年記念演芸大会」が行われた。当日は、本節冒頭で紹介した初代管理所長森八十男による回顧を記したプログラムが配布され、東京市政調査会副会長佐野利器による講演「回顧二〇年」、落語、物真似、歌謡曲などの演芸会、そして東京消防庁音楽隊による演奏が行われた。東京消防庁音楽隊は、旧日本海軍軍楽隊を母体にこの年七月に結成された。指揮者の内藤清五も含め、それまで数多く日比谷公会堂や音楽堂で演奏を重ねてきたメンバーであった。

接収解除に伴い、使用の制限は撤廃された。戦時中の荒廃や駐留軍による模様替えのためかなり使いにくいものとなっていたが、公会堂の利用は急激に増加した。(137) 一方、接収解除後も、占領軍側の対応に苦慮している様子もみることができる。一九五〇（昭和二五）年、日比谷公会堂内では占領軍による喫煙が問題とされていた。占領軍職員は日本の劇場内での喫煙を規定する防火法に違反しており、「日本の法律の諸規定に遵うことは、日本の劇場に入場する占領軍職員の責務である。なお、劇場の管理人は上記規則に違反する占領軍職員で劇場側の注意を拒否し続ける場合は、MＰに要求し逐出させるべきである」(138) と対応策が練られていた。

また、大阪市中央公会堂、仙台市公会堂、静岡公会堂など、各地の公会堂から、運営に関する問い合わせもあった。ただし、これらの文書は全国の自治体市長宛になされており、日比谷が模範とみなされた、というわけではないようである。(139)

接収解除の翌年である一九五〇（昭和二五）年には、演奏会の充実に関して以下のような記事がみられる。ここでいう「税金」とは、入場税のことである。「音楽舞踊入場税減免運動委員会」の運動で、同年三月一日より、「交響楽、器楽、声楽等純音楽の発表研究会は文化的、公共教育的使命をもつ」ため、一五割から四割に減免された(140)。

税金も安くなり、観客はゴマンと音楽会につめかける。それに呼応して音楽会が連日のように開かれる。処が会が重なつて一晩に二つ開かれる事もこの頃ではあたりまえになつた。その際地味な演奏会の方はごそつと客足が減つているのが実情である。

はでな広告にさそわれて内容の乏しい音楽会へせつせと通うより良い音楽をさがして聴くと言う態度で音楽会を選んでいただきたい。この国の音楽ファンはネームバリュウを信用しすぎる感がある(141)。

会場といえば日比谷公会堂であり、読売ホールであり、毎日ホールに限られて、一流も五流も同じ会場で、同じマネージャァが演奏会を開く。これでは素人のファンには、一流の名演奏も五流の迷演奏も、区別がつかないのは無理もない(142)。

このように、演奏会は非常に活発化してくる。その後、一九六一（昭和三六）年に上野に東京文化会館が開館し、舞台芸術上演の拠点が徐々に移っていくまで(143)、日比谷公会堂は都内随一の公的な大規模ホールとして様々な催事に利用されていった。

注

(1) 東京市文書「日比谷公会堂及市政会館共通管理費負担協定ノ件」一九三〇年二月二一日
(2) 東京市文書「文書課長宛市処務規程中改正ノ件照会」
(3) 井下清『東京市の公園行政』東京市役所、一九三八年。昭和一三年一一月一八日、第二回公園緑地問題協議会での井下清の特別講演を記録したもの。
(4) 国立教育政策研究所編『日本近代教育百年史　七　社会教育（一）』教育研究振興会、一九七四年、一一二二―一一二三頁
(5) 大阪市教育委員会編・発行『大阪市中央公会堂五〇年史』、一九六八年、三二頁
(6) 各年発行『東京市職員録』東京市
(7) 進士五十八「日比谷公園からの発想（一一）井下清と公園経営」『都市公園』第八三号、財団法人東京都公園協会、二〇〇八年、九六―一〇五頁
(8) 井下清「緑地街道を五〇年」前島康彦編『井下清著作集　都市と緑』財団法人東京都公園協会、一九七三年、二三九頁
(9) 鶴見祐輔『決定版　正伝　後藤新平』第七巻、藤原書店、二〇〇六年、三五二頁
(10) 前島康彦編『井下清先生業績録』井下清先生記念事業委員会、一九七四年、五六―五九頁
(11) 中島直人『都市美運動――シヴィックアートの都市計画史』東京大学出版会、二〇〇九年、九六頁
(12) 前島、前掲書、一五八頁
(13) 同右、一二三頁
(14) 同右、八五頁
(15) 同右、一二〇―一二一頁
(16)『東京市広報』一九四一年四月一日、東京市、二頁
(17) 前島、前掲書、三四五頁
(18) 同右、三四四―三四六頁
(19) 同右、二六七―二七七頁
(20) 中島、前掲書、七七頁

(21) 藤原義江「私のオペラと公会堂」東京都編・発行『日比谷公会堂　その三〇年のあゆみ』一九五九年
(22) S・Sガイド社主催「音楽・舞踊ナンバーワンの夕」プログラム、一九三九年五月三〇日
(23)「楽壇、舞踊界が贈る美はしき情魂　日比谷音楽堂の恩人　その不遇を慰めて」『読売新聞』一九三九年五月一一日付第二夕刊
(24) 村松竹太郎（呉山人）『東京都政秘話』秀文閣書房、一九四三年、五四―五五頁
(25) 各年発行『東京市歳入出予算』東京市
(26) 藤田俊一「三曲と日比谷公会堂」東京都、前掲書
(27) 森永卓郎監修『明治・大正・昭和・平成　物価の文化史事典』展望社、二〇〇八年、三三一、三三七頁
(28) 森八十男「日比谷公会堂の思ひ出」東京都主催『日比谷公会堂創立二〇週年記念演芸大会』プログラム、一九四九年一〇月一九日
(29)『東京市財政概況　昭和一一年度』東京市役所、一九三六年、二〇頁
(30) 前島、前掲書、一三七頁
(31) 進士、前掲論文
(32) 井下清著、日本庭園協会編纂『公園の設計』雄山閣、一九二八年、二七二頁
(33)『東京市広報』一九三五年四月一日、東京市、二頁
(34)『東京市広報』一九三六年一月二二日号外、東京市、一頁
(35) 東京市文書「東京市公会堂、公園特殊施設ノ使用料並入場料ノ減免取扱内規」東京市保険局発第一〇四四号、一九三五年三月二五日（同年四月一日より施行）
(36)「日比谷公会堂使用規則改正　利用者に便利」『読売新聞』一九三七年四月二日付夕刊四面
(37) 東京市文書「東京市日比谷公会堂管理事務所処務規程設定ノ件」一九四一年一二月三日
(38) 東京市訓令甲第二三号。『東京市政週報』一九四二年四月九日、一頁
(39)『東京都広報』一九四四年六月二九日、東京都
(40) 同右

(41) 野村光一「音楽会の問題」『大和』一九四八年三月号、大和本社。山本武利編者代表『占領期雑誌資料大系　大衆文化編Ⅱ　デモクラシー旋風』岩波書店、二〇〇八年所収

(42) 初田亨／大川三雄『都市建築要覧・昭和編』住まいの図書出版局、一九九一年、六七頁によれば、一九二八（昭和三）年頃には大劇場の冷暖房装置設置は一般化していた。日比谷公会堂の場合は、客席の中に氷柱を立て、冷房完備をうたったという（「N響アワー　ふたつの檜舞台――日比谷公会堂と東京文化会館」NHK総合テレビ、二〇〇五年八月一四日放送より）。

(43) 森八十男、前掲記事

(44)「大陸の市長熱弁　歓迎会に市民三千」『東京朝日新聞』一九三九年四月五日付朝刊一一面

(45)「大陸市長歓迎プロ」『東京朝日新聞』一九三九年三月二九日付夕刊二面

(46) 前掲「大陸の市長熱弁　歓迎会に市民三千」

(47)「外相妨害演説の四名を釈放」『読売新聞』一九四〇年七月一〇日付朝刊七面

(48) 春日由三「NHKと日比谷公会堂」東京都、前掲書

(49) 古沢武夫「会場物語」『昭和の音楽・舞踊』音楽新聞社、一九五六年、一一一―一一二頁

(50) 藤田俊一「三曲と日比谷公会堂」東京都、前掲書

(51) 薄田泣菫『艸木虫魚』岩波文庫、一九九八年（初出：創元社、一九二九年）、一四九―一五〇頁

(52) 立木定彦『現代の公共ホールと劇場』蒼人社、一九九九年、一二七頁

(53) 米山勇「東京市政調査会館及東京市公会堂の設計変更に関する考察――佐藤功一の「建築―都市」観に関する研究　一」『日本建築学会計画系論文集』第五六六号、二〇〇三年、一四九頁

(54) 猪野明洋／足立正人／田辺健雄「オーディトリアム計画の発展について――明治から昭和戦前の公会堂・講堂の発生と発展に関する考察」『学術講演梗概集　E』日本建築学会、一九九三年、六四五―六四六頁

(55) 清水裕之「日本の音楽ホールの歴史」日本建築学会編『音楽空間への誘い』鹿島出版会、二〇〇二年、一四九頁

(56) 日比谷公会堂開設八〇周年記念事業実行委員会編・発行『日比谷公会堂一九二九―二〇〇九――八〇年の歴史と伝統』二〇〇九年、二二六頁

(57) 天野万助「公会堂の音響と照明」東京都日比谷公会堂編・発行『日比谷公会堂　その五〇年のあゆみ』一九八〇年

(58)佐藤武夫「科学　建築と音の関係　下」『読売新聞』一九三五年一一月一四日付朝刊五面
(59)「音楽の殿堂としての公会堂」東京都、前掲書
(60)「こぼればなし」東京都、前掲書
(61)「押寄せた聴衆三万　けふ日比谷公会堂の濱口首相の第一声に吸ひ寄せられて」『東京朝日新聞』一九三〇年二月一三日付夕刊一面
(62)木之下晃「ホールの歴史と未来」『アカデミア』第八六号、二〇〇八年夏号、市町村アカデミー、二頁
(63)「予想外の好成績だった日比谷公会堂と市政講堂の一年間」『都市問題』第一一巻第五号、東京市政調査会、一九三〇年、七九二頁
(64)「東京市政調査会は何をする所か?」東京市役所、東京市政調査会主催「日比谷公会堂一周年記念　映画と音楽会」プログラム、一九三〇年一〇月一九日
(65)浅利鶴雄「不景気と演奏会興行」『音楽世界』第三巻第七号、音楽世界社、一九三一年、二二一—二四頁
(66)高田せい子「思い出の数々とともに」東京都、前掲書
(67)春日由三「NHKと日比谷公会堂」東京都、前掲書
(68)佐藤武夫『公会堂建築』相模書房、一九六六年、二六頁、六七頁。ただし、東京市政調査会編・発行『東京市政調査会館競技設計図集』(一九二三年)によれば、競技の段階では、一等の佐藤功一の図面には「舞台」と記されている。二等の田邊淳吉、三等の中条精一郎の図面では「演壇」、選外のものについては「舞台」(B、C、D、E、F、G、I、K、L、N、O案)「演壇」(H)と分かれている。M案は「演題」と「舞台」があわせてついており、A、J案については名称の記載がない。J、K、L、N、O案には、オーケストラの場所が用意されていた。
(69)「興行場及興行取締規則」『建築雑誌』第三五巻第四一九号、日本建築学会、一九二一年、四九七—五〇六頁
(70)「日比谷公会堂を市営劇場に　興行場主となる永田市長」『東京朝日新聞』一九三一年六月一八日付夕刊二面
(71)「市長が興行主　日比谷公会堂の劇場化」『東京朝日新聞』一九三一年八月一九日付夕刊二面
(72)「幸先のよい「市立劇場」ふた開けは盛況」『東京朝日新聞』一九三一年九月一二日付朝刊七面
(73)「新勅語奉戴式」『東京朝日新聞』一九三一年一一月二四日付朝刊九面

(74) 潮恵之輔『選挙粛正と婦人の力』新政社、一九三六年、一四頁
(75)「社大全国大会中止」『東京朝日新聞』一九三六年四月一日付朝刊二面
(76)「オリムピック拳闘戦延期」『東京朝日新聞』一九三六年二月二八日付朝刊四面
(77)「日拳協会の試合」『東京朝日新聞』一九三六年二月二九日付朝刊四面
(78)「戒厳兵士慰問映画の夕」『東京朝日新聞』一九三六年三月三一日付朝刊一一面
(79)「戒厳兵士慰問の夕」『東京朝日新聞』一九三六年四月二日付朝刊一一面
(80) 田中幸子「日比谷公会堂と私」日比谷公会堂開設八〇周年記念事業実行委員会編・発行『日比谷公会堂「開設八〇周年記念事業」想い出エピソード』二〇〇九年、一七頁
(81)『軍人会館彙報』第三号、帝国在郷軍人会本部、一九三〇年、一頁
(82) 建築係「軍人会館建築基礎条件」一九三〇年七月二五日、東京都公文書館所蔵内田祥三文庫より
(83) 東京一〇〇年史編集委員会編『東京一〇〇年史』第五巻、ぎょうせい、一九七九年、七一〇頁
(84)『東京市区情報』第六号、一九三七年九月三日第二報、東京市
(85) 塩入亀輔「不安の音楽」塩入『音楽の世界』日下部書店、一九四三年、三三五―三三七頁（初出：『モダン日本』昭和一二年一二月、文藝春秋社）
(86)「時局の反映からかげを潜めた西洋音楽の会　日本物が会場独占」『読売新聞』一九三八年八月一二日付夕刊三面
(87) 財団法人芸術研究振興財団、東京芸術大学一〇〇年史刊行委員会編『東京芸術大学一〇〇年史　演奏会編　第二巻』音楽之友社、一九九三年、五一〇頁
(88) 中村祐司「戦時下の「国民体育」行政――厚生省体力局による体育行政施策を中心に」『早稲田大学人間科学研究』第五巻第一号、一九九二年、一三二―一三九頁
(89) 下村宏「国民精神作興体育大会ノ趣意」財団法人大日本体育協会／日本厚生協会主催、同大会プログラム、一九三八年、三頁
(90)「日比谷公会堂一〇周年回顧」『市政週報』第三二号、一九三九年一一月一四日、東京市、一二一―一二三頁
(91) 中野正昭「文芸協会と中山太陽堂　タイアップする明治・大正の新文化」文部科学省私立大学学術研究高度化推進事業・

学術フロンティア推進事業「日欧・日亜比較演劇総合研究プロジェクト」成果報告集、二〇〇八年、一一―一二三頁
(92)『市政週報』第二八号、一九三九年一〇月一四日、東京市、二九頁
(93)「音楽会・舞踊会ホールマネージャー座談会」(一)―(四)『音楽新聞』第一九一―一九四号、東京音楽新聞社、一九三九年
(94)「音楽会・舞踊会ホールマネージャー座談会」(四)『音楽新聞』第一九四号、東京音楽新聞社、一九三九年、六面
(95)松尾要治「音楽聴衆論」『音楽倶楽部』第七巻第四号、管楽研究会、一九四〇年、一二―一八頁
(96)高岡裕之「解説」高岡『資料集　総力戦と文化　第二巻　厚生運動・健民運動・読書運動』大月書店、二〇〇一年、四九三頁
(97)古川隆久『皇紀・万博・オリンピック――皇室ブランドと経済発展』中公新書、一九九八年、宮﨑刀史紀「皇紀二六〇〇年奉祝芸能祭に関する一考察」『演劇研究センター紀要Ⅰ　早稲田大学二一世紀COEプログラム〈演劇の総合的研究と演劇学の確立〉』二〇〇三年、ケネス・ルオフ『紀元二六〇〇年――消費と観光のナショナリズム』木村剛久訳、朝日新聞出版、二〇一〇年など
(98)東京市主催、東宝映画株式会社協賛「市民健全慰安　東宝映画大会」昭和一六年二月二三日プログラムより
(99)「文化施設の利用　何れも増加一途　帝都所在のもの調査」『朝日新聞』一九四一年三月一二日付夕刊三面
(100)「編集後記」『音楽評論』第一〇巻第二号、楽界社、一九四一年、一〇四頁
(101)ヘンリー倉田「日比谷公会堂「思い出エピソード」」日比谷公会堂開設八〇周年記念事業実行委員会、前掲『日比谷公会堂想い出エピソード』七頁
(102)「入場料代りに金属を」『読売新聞』一九四一年一二月五日付朝刊三面
(103)ヘンリー倉田、前掲記事
(104)「首相、壇を降りてお礼　貯蓄功労者に「どうも有難う」表彰式に感激の一齣」『朝日新聞』一九四二年一〇月一日付朝刊三面、および当日プログラムより
(105)「楽壇年瞰」同盟通信社編・発行『同盟時事年鑑　昭和一九年版』一九四三年、三一二頁
(106)日比谷公会堂開設八〇周年記念事業実行委員会、前掲『日比谷公会堂一九二九―二〇〇九』一四頁

(107)「学窓に響く〝日本の音律〟米英の心捨てし音楽校演奏会」『朝日新聞』一九四三年五月一九日付朝刊三面
(108)小林淳男「映画館をめぐる事象──全盛期と現在」現代風俗研究会編『現代風俗研究会年報第二七号　現代風俗娯楽の殿堂』新宿書房、二〇〇六年、一一四頁
(109)日比谷公会堂開設八〇周年記念事業実行委員会、前掲『日比谷公会堂一九二九―二〇〇九』二一頁
(110)「日比谷公会堂の〝応召〟鉄銅の悉くを決戦へ」『読売新聞』一九四三年九月一七日付二面
(111)「生還期するなし　鮮台学兵の壮行会」『朝日新聞』一九四三年一一月三〇日付夕刊二面
(112)「拳闘興行中止」『読売新聞』一九四四年三月一二日付朝刊三面
(113)園部三郎『音楽五〇年』時事通信社、一九五〇年、二一四―二一六頁
(114)日比谷公会堂開設八〇周年記念事業実行委員会、前掲『日比谷公会堂一九二九―二〇〇九』一三頁
(115)「『必勝歌』発表大演奏会」『朝日新聞』一九四五年二月七日付朝刊二面
(116)野村光一／中島健三／三善清達『日本洋楽外史』ラジオ技術社、一九七八年、二九五頁、日比谷公会堂開設八〇周年記念事業実行委員会主催「NHK交響楽団演奏会Part2 第九」(二〇一〇年七月二日)演奏会プログラムより
(117)青木宏一郎『軍国昭和　東京庶民の楽しみ』中央公論新社、二〇〇八年、三四八頁
(118)『朝日新聞』一九四五年七月一七日付朝刊一面
(119)「音楽界展望」『音楽知識』第三巻第三号、日本音楽雑誌、一九四五年、二頁
(120)山本千鶴枝「日比谷公会堂の憶い出」日比谷公会堂開設八〇周年記念事業実行委員会、前掲『日比谷公会堂想い出エピソード』一五頁
(121)「国技館日比谷公会堂　マ司令部で接収」『読売新聞』一九四五年一二月二三日付朝刊二面
(122)日比谷公会堂『雑書』昭和二一年一一月、国会図書館日本占領関係資料連合国最高司令官総司令部参謀第四部文書 "602: Hibiya Hall Theater, Binder #1, 1 January 1949 thru 31 December 1949"
(123)「日比谷新音楽堂焼く」『読売新聞』一九四九年三月一六日付朝刊二面
(124)前島康彦『日比谷公園』財団法人東京都公園協会、一九八〇年（一九九四年改訂）、七六―七七頁
(125)「『守るも攻るも』日比谷に軍艦行進曲記念碑」『朝日新聞』一九四三年一月九日付夕刊二面

(126) 山根銀二「日響についての感想」『音楽芸術』第八巻第一二号、音楽之友社、一九五〇年、三一頁
(127) 久保田慶一『孤高のピアニスト梶原完――その閃光と謎の軌跡を追って』ショパン、二〇〇四年、一二五―一三三頁
(128)『音楽芸術』第四巻第四号、日本音楽雑誌、一九四六年、三三頁
(129) 魚住源治／津川主一／野呂信次郎／四家文子／清水脩による座談会「演奏会の現状と進路」『音楽芸術』第四巻第三号、日本音楽雑誌、一九四六年、七頁
(130)『音楽之友』第四巻第六号、日本音楽雑誌、一九四六年、三二頁
(131) 一九四八年一〇月二九日付の日比谷公会堂所蔵GHQ文書（発信者：Richard F. Hill Maj Inf. Special Service Officer）。この文書は、公会堂内での宝石売店の杉田シズに対する販売許可であった。
(132) 高尾二郎「音楽会の行方」『音楽芸術』第四巻第九号、日本音楽雑誌、一九四六年、四五頁
(133) 同右
(134)「NHK交響楽団その四〇年の歩み」『NHK交響楽団四〇年史』日本放送出版協会、一九六七年、六七―六八頁
(135) 新藤浩伸「占領期社会教育政策としての芸術文化事業の展開――芸術祭を中心に」東京大学大学院教育学研究科生涯教育計画講座社会教育学研究室『生涯学習・社会教育学研究』第二九号、二〇〇四年、九九頁
(136)「戦後における大改造」東京都、前掲書
(137) 日比谷公会堂開設八〇周年記念事業実行委員会、前掲『日比谷公会堂一九二九―二〇〇九』二一頁
(138) 渉連発第六八号、一九五〇年五月一二日、建設局長宛、渉外部長黒田音四郎名による「劇場内禁煙規程について」日比谷公会堂所蔵『雑書』昭和二一年一一月より
(139)「公民館若しくは公会堂使用条例及び使用条例施行規則並びに事務細則等に就いて照会」仙台市長岡崎栄松名による各自治体市長宛の文書、昭和二五年八月一五日、静岡公会堂事務局長、昭和二五年八月一九日「公会堂に関する照会について」、大阪市中央公会堂からの問い合わせ文書、昭和二四年八月二九日。以上すべて日比谷公会堂所蔵『雑書』より
(140)「国内ニュース」『音楽芸術』第八巻第五号、音楽之友社、一九五〇年、九六―九七頁
(141) 編集後記中の「中曾根」氏の記述。『音楽芸術』第八巻第五号、音楽之友社、一九五〇年、九八頁
(142) 江口博「音楽記者の手帖から　純音楽家」『音楽芸術』第八巻第八号、音楽之友社、一九五〇年、八一頁

(143) 東京新聞編・発行『響きあう感動五〇年　音楽の殿堂　東京文化会館ものがたり』二〇一一年

第4章　公会堂の機能

「東西音楽の殿堂、国際芸能文化交流のセンター、芸能界の檜舞台として、長い間私達の耳目を楽しませてくれたその公会堂は、ただに芸能界のみに貢献したばかりではない、近代政治史、経済史、文化史、思想史、社会風俗史、社会教育史などのあらゆる国民生活における津々として尽きぬ興味ある断面を、私どもの目の前に見せてくれてきたのであった[(1)]」という日比谷公会堂の自己評価があるように、公会堂は多くの断面と解釈の可能性を秘めている。前章では、日比谷公会堂の運営形態と、運営および時局に関連した催事を取り上げたが、本章では、日比谷公会堂で行われた催事をその機能に注目して分析する。

まず第1節で、当時想定されていた「教育」の場としての日比谷公園および日比谷公会堂の位置づけについて、公園行政関係者の議論、そして公会堂での催事の形態に注目し、個々の催事において主催者はどのようにその意図を人々に伝えようとしていたかを検討する。

序章で述べたように、公会堂はそもそも制度的には教育施設ではないし、教育という枠組みのみで論じることは、公会堂の多様な機能を見過ごすことになりかねない。しかし、本章でみる公会堂をめぐる議論を参照すると、「社会教育」「民衆教育」「教化訓育」など用語は一定しないものの、何らかの形で「教育」を意図した施設であったことがわかる。本章最初の課題は、こうした当時の議論から、求められていた「教育」の機能の実態を探ることにある。

次に、第2節以降で、公会堂の果たした機能として、①集会場（政治的討議を行う場）、②劇場（娯楽を享受する場）、③儀礼空間（国民的な儀礼を行う場）、④メディア（公会堂それ自体として、あるいは公会堂で行われる催事を通して、直接その場に居合わせない人にも情報をもたらす場）という、四つの観点を提示する。個別の催事をみても、催事の工夫、娯楽の活用、マスメディアの活用など、様々な手段を用いて知を伝達しようとしていたことがわかる。それは第1節の注目点である「教育」という枠組みを超え出るものでもある。序章でみたように、公会堂を通していかなる知の媒介が試みられたか、そしていかなる意味でそれは達成され、あるいはされなかったか、という問いが、本章におけるもう一つの課題である。

なお、このように分析視角を提示することは、解釈の主観性という問題を免れることはできないが、すべての催事の資料が現存していない中で、七五〇〇以上の催事を網羅的に述べることは困難であり、本書の目的でもない。筆者の試みとして、日比谷公会堂所蔵のプログラムをすべて読み込んだ上で、帰納的に仮説として提示した。用いる資料は、前章に引き続き催事のチラシ・プログラム、および新聞雑誌などの記事である。チラシやプログラムという一次資料からは、主催者が伝えたかった催事の意図をうかがうことができる。また、新聞・雑誌記事からは、その受容のありかたをうかがうことができる。当然、その内容をいわゆる「事実」として扱うことには慎重でなければならないが、マスメディアによってどう報道されて人々に伝えられたか、という観点から、用いることは可能である。

1　公会堂の教育機能

（1）公園行政と社会教育行政

まず、学校外における教育機関という意味で教育制度との関わりについてみると、日比谷公会堂は既述の通り公園行政の一機関として運営されており、教育、特に社会教育を直接的な目的にした催事や、社会教育行政が直接主催した催事は少ない。数少ない例として、一九三二（昭和七）年一月二一日「社会教育講演・舞踊・映画の夕」（主催：東京市、財団法人社会教育会、同東京市支部）のほか、一九三二（昭和七）年一一月一三日の児童情操育和会、民衆公論社主催「とんぼ供養の会」（社会教育局と公園課がともに後援に回った）、一九三七（昭和一二）年三月二八日「成人教育の夕」（主催：文部省、東京市）などがあった。

しかし、直接的にではないにせよ教育を意図した東京市の催事は数多くあった。各種催事には市の教育長や社会教育課長がしばしば挨拶を行った。また、一九三〇（昭和五）年には、三月二六日の帝都復興祭に向け、三月二三日から二七日まで、公園課と社会教育課が市内諸施設を活用して催事を計画している。日比谷公会堂、音楽堂、本所公会堂で、帝都復興記念講演会、ハーモニカ大会、市民音楽と市民体育の夕、舞踊大会など各種の催しを行い、すべて入場無料であった(2)。一九三五（昭和一〇）年には、日比谷奏楽三〇年によせて、公園課職員村松竹太郎も「東京市としてはなほ此の上にも公園奏楽を盛大にし、各種の社会教育的音楽事業を進めていく予定であります(3)」と、その「社会教育」的意義を述べている。公園課長井下清も、社会教育に関することは、教育局の社会教育課が「公園と関連した事業を致して居ります」と述べているほか、関連する行政として、教育局体育課、児童保護に関して社会局の保護課での児童遊園の経営、厚生運動やオリンピックあるいは観光事業については記念事業部、市民運動については市民動員部、防空問題については企画局都市計画課などを挙げている[4]。

このように、公園行政所管の日比谷公会堂であったが、関連行政と連携しながらその教育機能を発揮していくことが努力されていた。

(2) 井下清の公園および公会堂観

自然教育の場としての公園

東京市公園課長を長く務めた井下清は、「公園はその全体が自然教育の資料となる[5]」というのが持論であった。彼の著書『公園の設計』において、公園の目的、公会堂も含めた園内施設の位置づけについて集約的に論じている。ここには公園行政において公会堂も含めた公園をどう活用していくかという理念が示されており、東京市主催の各種催事の背景になっていると考えられる。

井下によれば、公園とは「自然生活の楽しさを総ての人々に享楽せしむべく施設された土地」、「人として要求する戸外の慰安娯楽を自由平等に享楽すべく施設された土地」である[6]。そして、公園の目的は、大都市と地方とでは異なるが概括的には二つあり、その第一は、情操的な要求を満たす、ということにある。

> 人々の情操的な要求を満す為めであつて自然の美と自然の働に対して止み難い先天的な憧憬を持ち、美しい風景麗しい植物などを自由に鑑賞し得べく全く自己のものとして最も利用し易い処に設けたものであつて、それに依つて人々は休養と慰安の地を得、保安の目的を達し運動娯楽教化訓育の地として日常これを利用するのみならずそれによつて自己の都市或は地方を美化し、其等の施設あることを郷土の誇とするものである[7]。

第二の目的は、民衆教育にある。

理知的に現代生活の欠点を補ひ人々が幸福を得べく一の社会的施設として公園を設けんとするものであつて、其目的とする処は皮相的な美観又は趣味性を満足さす為でなく、実質的に過劇《ママ》なる社会生活の機能を癒すべく自由平等な休養の地を設け何人も容易に運動遊戯し得ることに依つて体育の向上を計り、種々の教育的施設に接し、又園内に開催さる民衆教育的な催に依つて知識を広め品位を高め、多くの人々と共同的に公園を活用し以て共同生活の観念を固め、多くの公園あることに依つて其生活の地を衛生的にし、壮麗なるものとし、非常の災害に対しては有力なる防御地となり避難所となるべき公園を設け我々の生活を幸福にせんとするものである[8]。

更にこれ（筆者注：公園）を社会的見地よりするなれば人々を自然に触れしむることに依つて人々の常識と善良なる趣味性を向上し、教化訓育に資すること深く共同生活と大衆道徳に就て指導訓練し得る道場となるのである[9]。

このように、井下にとって公園とは、情操的な要求を満たす場であると同時に、民衆教育の場でもあった。井下は以下のようにも述べ、公園は多様な手段で教育を可能にする場であることを説いている。

仮に児童には義務教育を強い得るとしても年長の民衆には強制教育は不可能である、民族の存立上必要な国防や、殖産興業や、思想の善導や趣味性の涵養や国民の保健等の宣伝を為すに公園を利用し、造園上に斟酌し、運動娯楽施設の材料に留意し感興施設物を加へ、時としては音楽や写真や陳列会や講演会で其目的を宣伝したなれば、極めて手際良く目的を達することができる。[10]

娯楽、教養を得る場としての公会堂

井下はこのような公園観に立ち、公会堂も公園の機能の一つに位置づける。公園内にある特別の営造物は公園施設として公園事業に含まれ、「例へば日比谷公園の公会堂のやうなものは公園の目的とは少し違ひますが、公園内の営造物でありまして、其の働きが矢張り一般公園と同じく休養、娯楽方面に主として使用されて居りますので、屋内の公園施設として公園事業の中に入つて居ります[11]」と述べる。

また、井下は、「公園施設の要素」を、自然味、保健休養、鑑賞娯楽、運動遊戯、利用給与、管理保安、教養の七つに、相互が関わり合いつつも分類できるとする。この中の「鑑賞娯楽」の要素のうち、娯楽施設として、音楽と舞踊のための音楽堂と野外劇場、戸外活動写真映画場、船遊び池、角力場を挙げ、興行的性質をもつものとして氷滑館、水泳館、人形芝居などを挙げ、「我国も一層欧化したならば、民衆的ダンス芝居なども出来るであらう。競馬場、自転車競争場等も公園内の施設となれば、娯楽の施設と云ふことが出来やう[12]」と述べる。

また、「教養」の要素に関する記述にも公会堂はあらわれ、「教養施設」としても位置づけられている。自然教育のための教材園と民衆博物館、社会教育として史跡天然記念物などの郷土記念物の保存のほか、「民衆指導の宣伝施設として市民館野天公会堂等が設けられ、又音楽堂、野外戯場なども教養的方面から娯楽の間に活用されて、見方に依つては、教養施設と云ふことができる[13]」と述べる。

そして、公会堂の「社会的教育」、「大衆指導」の側面をこう述べている。

公園の娯楽設備に於きましても、一方では時代の傾向として非常にテンポの早いものを人々が悦ばれるのでありますが、其の間には社会的教育としての大衆指導が当然加味される可きものであつて、音楽なども祖先以来洗練され来つた伝統的のものを見直して行く機会を造るといふやうな方法を取つて居るのであります。即ち一般民衆の要求に適応する設備なり、経営をするのではありますが、其れに迎合し過ぎて進むべき途を誤つてはならないのであります[14]。

また、公会堂は自由な「民衆的の倶楽部」でありつつも「屋内の公園」としての性格を超えてはならず、「公園の本質」に反しない程度での利用を以下のように呼びかけている。

公園の目的は元来が戸外的の利用であるが、その機能を拡張し又は気候の悪い地方に於ては公園の戸外的利用の期間が甚だ短いので、公園としての本質を失はぬ程度に於て屋内的施設を加へることも又必要である。殊に最近公園を社会生活の中心とさるるに至つては民衆的の倶楽部となるべき建物を要求されることになる。それ等の建物は公園としての本旨に反せぬ程度に於て極めて自由に種々な用途に利用するなれば公園地の利用性を増大した結果ともなるのである。

従つてそれ等の建物は一面には公園の風景的中心となるべきものであつて、外観は特に庭園の風致との調和を必要とするが、内部の施設は一般の倶楽部式でも、大ホール的のものでも屋内の公園たるべき性質を超へてはならぬ[15]。

ここまでみたように、公園は民衆のためのもの、民衆のための「自然教育」の機関であるべきこと。そして前章で

図 4-1　昭和 5 年 9 月 27 日「国産愛用協会創立大会」の模様
出典：『東京朝日新聞』昭和 5 年 9 月 28 日付夕刊 1 面

述べたように、民衆のための公園の経営は、行政に頼らず自給自足であるべきこと。こうした井下の公園観に支えられ、東京市の公園は発達し、公会堂の各種催事も行われていたといえる。

（3）催事の形態から

ここまで井下の公園観から「教育」施設としての公会堂の機能に注目してきたが、今度は理念ではなく催事の形態から、どのように主催者の意図の伝達が試みられたかに注目してみたい。音楽団体の定期演奏会など、舞台芸術の発表を主たる目的とした催事は除外し、何らかのメッセージ性を帯びた催事に注目すると、その形態は、講演のみで構成されるもの、催事の目的と余興の内容が一致しないもの、催事の目的に余興の内容を沿わせたもの、という三種に大別できる。

第一の形態（講演のみで構成されるもの）は、主催者の伝えたい意図を、壇上の話者の講演のみで伝えるものである。

しかし、講演のみで構成される催事は来場者が少なく、主催者や公園行政は頭を悩ませていた。一例として、多数の来場者で賑わうといった報道が通例であるのに対し、全く余興を入れなかったためか、珍しく不入りが報じられてしまった催事がある。一九三〇（昭和五）年九月二七日の「国産愛用協会創立大会」がそれで、「我国における官民を網羅しつくしたかの観ある同協会の誕生日とあつて、濱口首相をはじめ俵商相、江木蔵相等の出席を見たが会場は意外に少なく寂しかつた」[16]と報じられた。首相まで参加したにもかかわらず、定刻一時を過ぎても空席だらけの会場が新聞写真にはおさめられている（図4-1）。当日の式次第をみると、余興は全くなく、いわゆる「お堅い」会であったことがわかる。

国産愛用協会創立大会　式次第
一、開会の辞
二、座長推薦
三、議事
（一）創立経過の報告
（二）役員選挙
四、会長挨拶
五、祝辞
（一）総理大臣濱口雄幸閣下御講演
（二）来賓祝辞
六、閉会

（当日資料より）

図 4-2 昭和 5 年 1 月 20 日「芸術鑑賞と国家奉仕の催し」
出典：日比谷公会堂所蔵資料

このため、講演が行われる場合でも、映画、舞踊、劇などと組み合わされて実施される場合が多かった。第3章に掲載した表3-4を参照すると、開館から一九四九（昭和二四）年まで、中分類「講演会」が四六五回に対し、中分類「講演と余興」も二九七回にのぼり行われている（小分類15「講演と映画」二八六回、小分類31「講演と舞踊」一〇回、小分類67「講演と劇」一回）。

第二の形態である、催事の目的と娯楽の内容が一致しないものとして、一九三〇（昭和五）年一月二〇日「芸術鑑賞と国家奉仕の催し」（主催：大日本陪審協会、後援：司法省、財団法人刑務協会）は、数多く実施された、舞台鑑賞をセットにした集会の例である（図4-2）。「新興芸術の粋　高田・大辻の大奉仕」と銘打たれ、大辻司郎の漫談や高田舞踊団による舞踊、映画『新珠』（大辻による解説）などが披露され、特に直接「国家奉仕」を目的とした演目はみられない。特に日中戦争開戦以降に多く開かれた慰安娯楽の会は、ここに分類可能である。すなわち、その会のために特別に作品がつくられるのではなく、すでに流通している娯楽作品を提供する、という形式である。

第三の形態として、催事に余興を盛り込む際、余興の内容を催事の目的に沿わせるものも多くみられる。一九三〇（昭和五）年八月二六日「国勢調査　講演と喜劇の夕」では、東京市臨時国勢調査部職員三名による講演のほか、余興として曾我廼家喜劇一座による、尾崎倉蔵自作自演「国勢調査は御国の為」ほか「狂人扱」「食客楼」が上演された。当日のチラシには、「国勢調査トハ」として、国勢調査の質問項目が記され、来場者に国勢調査の内容を知らしめるための工夫がなされていた。

一九三五（昭和一〇）年三月二八日一八時に行われた文部省・東京市主催「成人教育の夕」は、直接的に社会教育を目的とした数少ない催事だが、講演「国旗の精神」のほか、「国民歌謡」の披露、映画『君が代の由来』といった、教育的な色彩の強い娯楽が提供されている。

一九三八（昭和一三）年九月二九日「日本芸術の夕　歓迎＝ヒトラーユーゲント」（主催：都新聞社、後援：文部省）や、一九三八（昭和一三）年一一月二四日「防共協定記念　祝典音楽と舞踊の会」（主催：防共協定記念会、日・独・伊親善協会、後援：国民精神総動員中央連盟、東京府、東京市）といった祝祭性の強い行事では、ドイツ音楽の演奏がなされるなど、催事の目的に沿った作品が選ばれた。このほか、講演だけでなく、一九四〇（昭和一五）年一〇月八日「マラリア映画の夕」（主催：塩野義商店学術映画部）など、催事の目的を実現する意図を有するメディアを用いた教育活動も行われている。この催事は「皇居遥拝」「黙禱」で始まり、映画『マラリア』の上映だけでなく、日本ニュース、『空襲下の列強』といった映画のほか、『格子なき牢獄』（一九三八（昭和一三）年公開フランス映画）といった、まさに映画尽くしの会であった。

さらに、第3節で述べるが、時局、催事にあわせて、数多くの歌も制作された。時局情報を盛り込むことで歌はニュースにもなり、皆で歌われることで共同意識を高める役割も帯びたことだろう。

このように、講演と余興を組み合わせる問題について、井下清が発言を残している。一九三六（昭和一一）年一〇月二三日、京城府会議員一行を迎えた茶話会の席上で、京城の都市計画に有益な参考となる土産話を、と請われて行われた講演の中で、井下は以下のように述べた。公会堂運営担当者の本音が垣間みえる内容として重要であるため、長いが引用する。

あの公会堂（筆者注：日比谷公会堂）などは其の本来の性質から申しますと、市民を教育する講演会等が当然行はれなければならぬ筈なのであります。ところが、そう云ふ講演会等になりますと非常に入場者が尠い、若しそれが真面目な講演会だけであつたら、恐らくは五分の一の聴衆も得ることが出来ない、随つて少し堅い講演会などを開かそうと思ひますと、それに附随した余興を沢山付けることになつて、初めの一時間位の講演は余興を楽しみに、我慢して聞いて後の余興を見ると云ふやうな訳でありまして、是は実に情けない傾向であると思ひますが、堅い講演会を催す方法に一段の研究を要する次第であります。公会堂で最も多く催されるのは音楽会で、是は世界的の名手の催しなどは随分高い入場料を徴して居りますが、又種々な宣伝や教育的のもの、奉仕的のもの等は無料か、僅かに場内整理の為めに十銭位を徴して居るのが相当多いのであります。此の音楽会の開かれる時には、公会堂は殆んど一杯になつて仕舞ふのであります。其他舞踊であるとか、映画であるとか、或は一般のバライアテイ式の娯楽といふやうなものに盛んに使はれてゐるのでありますが、純粋の講演会といふものは先ず尠い。政談演説会は朝野の首領が政権発表するといふ如き特別の催しは、其の方面の人達で非常な盛況を見るのであるが、一般の大衆が何れだけ関心を持つてゐるかは明瞭でない。斯ういふことは良いか悪いかは別として、玆に時代思潮といふものを反映してゐるのではないかと思ひます。併し斯様な場合、それは大衆の無理解といふこともありませうが、徒にそう云ふことを攻撃するよりは、何とか慰楽の間にそれを導いて行くと云ふやうな方策が必要なことでないかと考へて居ります。随つて東京市が直営に致します場合に於て、同じ娯楽の場合でも、何等か其処に教育的のものを織込んで行くやうに、何か面白い会が有りましても其の初めに於て、仮へ十分、一五分という僅かな時間でも、何等か聴衆の頭の中に少しでも社会人として記憶して貰ひ度い、印象が残るやうな挨拶なり、講話をする方針を執つて居ります。斯ういふことは大体の傾向で而も東京だけの問題ではありますが、是が我国の時代思想と申すべきものではないかと思ふのであります(17)。

公会堂の「本来の性質」として行われるべき講演会では来場者が少なかったため、「実に情けない傾向である」「大衆の無理解」などと憂いながらも、それをただ批判するのではなく、余興を組み合わせながらも講演を我慢して聞いてもらう、という現実的対応をしていたことがわかる。期待された本来の機能である集会を純粋に開催するだけでは来場者が集まらず、娯楽を盛り込むことで何とか集会の意図を伝えようと苦慮していたのである。

2　集会場としての公会堂

ここからは、催事の形態面ではなく機能の部分に注目して、①集会場（政治的討議を行う場）、②劇場（娯楽を享受する場）、③儀礼空間（国民的な儀礼を行う場）、④メディア（公会堂それ自体として、あるいは公会堂で行われる催事を通して、直接その場に居合わせない人にも情報をもたらす場）、という四つの観点から、考察を行っていく。

公会堂は、本来の機能としては集会施設として想定されたが、その機能を十全に果たすために劇場としての役割も付与されたことはこれまでに述べてきた。しかし、さらに催事を分析していくと、公会堂はこの二つの機能を核としつつも、さらに多様な機能を果たしていたことが浮き彫りになってくる。

第一に、集会場（政治的討議を行う場）としての機能である。前章でみた通り、日比谷公会堂では様々な団体や企業がホールを借用しての講演会や政党演説会、国民大会を行っていた。また、新内閣設立のたびに施政方針演説が行われていたが[18]、公会堂が演説会場として来場者が情報を得る場所でもあったと同時に、以下にみるように様々な政治団体が公会堂で結成され、公会堂が起点となった運動も数多い。

日比谷公会堂で結成式あるいは結成記念の会を行った諸団体（一部）

国産愛用協会（一九三〇（昭和五）年九月二七日）
全日本仏教青年会連盟（一九三一（昭和六）年四月三日）
全国各種学校協会（一九三二（昭和七）年六月二五日）
東亜学生連盟（一九三三（昭和八）年六月二六日）
満州産業建設学徒研究団（一九三三（昭和八）年七月）
大日本国防婦人会総本部（一九三四（昭和九）年四月一〇日）
東京府国防協会（一九三四（昭和九）年四月一四日）
日米教授学生会議（一九三四（昭和九）年七月一四日）
海軍協会東京府支部（一九三五（昭和一〇）年九月一六―一八日頃）
大日本映画協会（一九三五（昭和一〇）年一二月一〇日）
日本革新党（一九三七（昭和一二）年七月三一日）
国民精神総動員中央連盟（一九三七（昭和一二）年一〇月一二日）
大日本運動（一九三八（昭和一三）年二月二一日）

皇軍慰問芸術団（一九三八（昭和一三）年三月二日）
産業技術連盟（一九三八（昭和一三）年九月一〇日）
東京市銃後奉公会（一九三九（昭和一四）年一二月）
神武聖徳奉賛会（一九四〇（昭和一五）年二月三日）
全日本華僑総会（一九四〇（昭和一五）年三月六日）
日本海運報国団（一九四〇（昭和一五）年一一月二二日）
産業報国箏琴音楽連盟（一九四一（昭和一六）年六月一三日）
大日本興亜同盟（一九四一（昭和一六）年七月六日）
東京交響楽団（一九四一（昭和一六）年九月一二日）
大政翼賛会東京市、区支部（一九四一（昭和一六）年九月一六日）
大日本軍民協会（一九四一（昭和一六）年九月三〇日）
南方芸能協会（一九四二（昭和一七）年三月一五日）
日本文学報国会（一九四二（昭和一七）年六月一八日）
東京労務報国会（一九四三（昭和一八）年二月八日）
大日本言論報国会（一九四三（昭和一八）年三月六日）
大日本出版報国団（一九四三（昭和一八）年七月二日）
国民総蹶起運動（一九四四（昭和一九）年五月一四日）
日本勤労大衆党（一九四五（昭和二〇）年一〇月一六日）
日本自由党（一九四五（昭和二〇）年一一月二日）

日本社会党（一九四五（昭和二〇）年一一月九日）

（括弧内は催事の行われた日。日比谷公会堂催事プログラムなどより筆者作成）

全国レベルでみた時、公会堂は、政治的な問題を扱う際、しばしば騒乱の場となった。例えば大阪市中央公会堂や天王寺公会堂は、大正時代に借家人同盟の演説会などの社会運動の拠点となり、激しい暴力沙汰も起きていた[19]。特に騒乱が全国的に顕著になるのは、無産政党勢力が台頭し、大弾圧が加えられる昭和初期である。普通選挙制導入後初の総選挙である、一九二八（昭和三）年二月二〇日の第一六回衆議院議員総選挙時にそれは顕著で、いわゆる選挙干渉の舞台となり、各地の集会施設で中止が相次いだ。弾圧の横暴に対してはマスメディアも共闘したが、一九三九（昭和一四）年頃を最後にメディアからは反政府的な報道は消え、時局に迎合する内容となり、公会堂は騒乱の場から「国民運動」の場へと変化していった。集会弾圧が展開されていた当時日比谷公会堂は開館前であるため、全国の公会堂に視点を広げ、その過程をみてみよう。

（1） 政治集会と弾圧

各地の公会堂における集会弾圧

一九二七（昭和二）年一二月一九日午後七時、明石市政研究会主催による兵庫県明石市公会堂での代議士による演説会では、代議士が会場に質問を投げかけたところ、四、五名が壇上に飛び上がり代議士の頭を殴りつけ、聴衆は総立ちとなって騒ぎ立てたが、警官によって抑えられた。その後も演説は続き、一一時に終了した[20]。

こうした集会の騒擾は数多いが、特に無産政党の演説会で顕著である。一九二八（昭和三）年二月二〇日の衆議院総選挙を控え、大阪市中央公会堂で同年二月七日に実施された各政党代表者による演説会は、逐語的な記録が残っており、演説中野次が飛び、最後には中止になるまでの経緯がわかる。ここから、当時の田中義一内閣の内務大臣鈴木喜三郎が行った選挙干渉の実態をみることができる。例えば、無産政党である日本農民党遊説部長北山亥四三による「我国農村の特殊性と農民党の使命」では、自転車税の全廃を述べる部分の途中で中止命令が下った。

民衆政治、金権政治がどうだというてをる連中がかういふことをして民衆を間接に絞ぼりあげてをるのではありませんか。かやうな自転車税は徹底的に全廃して貰ひたい、そしてもう少し不労所得税率を高率に、累進税を遠慮なくかけて貰ひたいと思ふのであります（拍手）私は間接税といひすべてのもう少し腹のふくれてゐる連中にもつとかけて貰ひたいのであります。そして、ほんとうに働いてしかも貧乏な農民や労働者を幸福にするためにはもつと大胆にやらなければ[21]

ここまで話したところで、警官が中止命令を下した。

同じ会で、労働農民党大山郁夫の演説では、途中で「注意」がなされた。労働農民党は、「政治的自由の獲得とさらに立法機関の徹底的民衆化」を目的に議会解散を叫んでいた。第一回普通選挙は、以下の演説にもみられるように第五四帝国議会の解散を受けて行われたが、こうしたやりとりからは、政党、警察、聴衆の意図が会場内で交錯する様子をうかがうことができる。

第五四議会が遂に解散されなければならなかったのは、民政党不信任のためではなくて、実に民衆の燃ゆるがごとき不平勃発のためである。（注意）諸君これこそわれわれの政治的自由獲得闘争の勝利の一歩でなくて何でありませうか（拍手）[22]。

なお、この選挙で、労働農民党は二議席を獲得したが、直後の三月一五日、治安維持法に基づき無産政党弾圧を行う三・一五事件が起き、党関係者も検挙された。

このような演説会の中止騒動は、全国で起きていた。青森市公会堂では、二月二四日夜の労農党青森県支部による選挙批判民衆大会で、立候補し落選した者が演説中止に応じず降壇しなかったため検束され、ただちに解散を命じられた。同じ二四日の七時半から、香川県の金陵座で実施された労農党香川県支部連合会の選挙批判演説会は、一〇〇名近い警官のもと、大山郁夫や上村進ら党員が言論の圧迫に言及しようとするや、三分ないし七分でことごとく中止退場を命じられ、検束者も選挙事務長やその秘書を含めた約二〇名にのぼり、労農党は「この徹底的圧迫に極度に憤慨して居る」と報じられた[23]。なお、金陵座は明治末期に建設された映画館であるが[24]、これまでみたように、当時はこうした映画館や寺などが演説会場として用いられていた。

労農党への弾圧は続く。三月三日六時半からの大阪市中央公会堂での労農党による総選挙批判演説会では、最初の二名が相次いで中止検束された。続く大山郁夫も、香川県での弾圧に言及したところで中止された。さらに続く弁士も中止検束され、結局一〇時には解散を命じられ、大山は曽根崎署に送られたが許され、すぐに帰京した[25]。

なおこの時期、東京市会に対する不満も高まっていた。市議の歳費値上げに対して反対運動が起き、三月四日午後一時半に本所公会堂で江東区民大会を行った実行委員は、五日に反対決議文を市役所の市理事に手交した。労農党も、五日六時から本所公会堂で反対演説会を開いた[26]。

その後も労農党の批判は激しく続いた。三月二五日には本所公会堂ほか一カ所で倒閣演説会が開かれた[27]。翌月、四月二八日の暴圧反対連盟および新無産党組織準備委員会主催の内閣打倒国民大会では、一三〇〇名の来場者に七〇名の警官が出動し、大山ほかことごとく中止を受け、五〇名もの検束者が出た。

翌四月二九日にも本所公会堂で開催された「内閣打倒民衆大会」では、警官が新聞記者に暴行を加え、写真機を奪うという事件が起き、この警察の対応への猛反発が各紙を飾る。当日警戒担当の警官が泥酔していたこと、田中内閣成立後の暴行事件の多さなどを挙げ、今後人民は盗賊と共に警察からも身を衛らねばならぬ、と東京朝日新聞は書き立てた[28]。

当時の第五五帝国議会は、衆議院における鈴木内相弾劾決議案および内閣不信任案が争点となっており、貴族院でも、選挙干渉問題、第二次山東出兵（召集日の四月二〇日に政府声明）、三月一五日の共産党大検挙（四月一〇日記事解禁）に関する質問が行われていた[29]。四月二八日から三日間停会したのち再開した五月一日の貴族院本会議では、同和会の川崎貞吉議員が田中首相に暴行事件の状況を問い、同日の衆議院予算総会でも、民政党の高木益太郎議員が鈴木内相に、飲酒と写真機を奪った事実を詰め寄った[30]。

新聞各社は、五月一日午後二時から丸の内の電気倶楽部で会合し、以下の共同宣言を決議、同日首相官邸で田中首相に、内相官邸で鈴木内相に宣言文を手交した。

> 四月二九日本所公会堂前において、新聞記者に対し加へたる警察官の暴行は、計画的に報道の自由を弾圧したるものにして、法治国において有るべからざるの暴挙なりと認む。政府はすべからくこれが責任を明かにし、将来断じて、此非違を再びせざるの誠意を披れきすべし。尚近時頻りに記事差止めを濫用し、言論報道の職能を奪ふの暴挙に対し、この機会において厳に政府の反省を促す[31]。

宣言文には一九もの新聞社が名を連ね（二六新報社、中外商業新聞社、時事新報社、日本電報通信社、読売新聞社、新聞連合社、報知新聞社、やまと新聞社、大阪毎日新聞社、東方通信社、萬朝報社、大阪朝日新聞社、東京日日新聞社、国民新聞社、大阪時事新報社、東京毎夕新聞社、帝国通信社、東京朝日新聞社、都新聞社）、この日、鈴木内相は引責辞職した。

演説会への妨害はその後も続く。本所公会堂における五月一七日午後七時半からの旧労農党員主催の新党樹立準備委員会、兼対支出兵反対演説会では、開会の辞が二、三分述べられたところで相生署警官から中止が命じられ、一〇〇名の聴衆のうち二百数十名は、相生署に殺到しようとし、一七名が検束された(32)。

六月二三日の本所公会堂における社会大衆党、日本労農党および新労農党準備会三派合同の治安維持法改正反対、田中反動内閣打倒演説会では、一五〇名の警官が警備にあたったが、演説中建国会員がビラをまき壇上に上がり、会場総立ちの大乱闘を行い、開会二〇分で解散となった(33)。

七月二九日に本所公会堂で開催された、諸組合の整理、左翼の全国組合再建統一運動を図っての全国単一労働組合総連合関東地方協議会の第一回大会は、開会三分で解散となり、六〇名が検束された(34)。その後青森や仙台などでも、全国で集会の解散や演説中止、関係者の検束は相次いだ。

新労働農民党は、設立に関する催しが一二月二二―二四日に本所公会堂で行われたが、内務省に治安警察法違反であるとされ、二四日の設立大会では開会に先立ち相生警察署長が「本日の集会は中止す」と宣言、河上肇ら幹部は検束され、書類も押収された(35)。

一九三四（昭和九）年二月二三日には、本所公会堂で各派有志代議士主催の内閣弾劾国民大会が開催された。「警官一〇〇名、警視庁の新撰組も参加して」厳重な警戒が行われたが、定刻前に定員九〇〇名に対し一二〇〇名も入場したため、午後一時過ぎ入場禁止とされた(36)。その後、公会堂内では不正選挙の暴露が続き、場外では入れなかった人々と警官の間で衝突が起きた。弁士が選挙のやり直しを強調し、参加者が選挙の浄化に進めと叫んだ時に、警官が中止を命じたため、参加者は演壇に殺到した。警官は「中止でなく注意だ」と訂正するも、別の警官が再び中止を命じたため、大混乱のうちに閉会となった。閉会後は二〇〇〇名でのデモを行い、万歳三唱の後に解散した[37]。公会堂での演説会における騒乱は、ほかにも枚挙に暇がない。こうした事態を想定してか、福島県の若松市公会堂では、一九三五（昭和一〇）年の段階で使用料を通常の四倍以内徴収する催事として「政談ニ関スル演説会及之ニ類似スルモノ」を、「営利ヲ目的トスルモノ」と並んで挙げている[38]。

当時の小説の中にも、こうした騒乱の場面は登場する。芥川竜之介は、「河童」（一九二七（昭和二）年『改造』に発表）の中で、演奏会の中止をめぐる混乱の一幕を描いている。戦後、一九四八（昭和二三）年の朝日新聞「天声人語」ではこの部分を「非常識極まる検閲制度の皮肉」としてとらえている[39]。

クラバックは全身に情熱をこめ、戦うようにピアノを弾きつづけました。すると突然会場の中に神鳴りのように響渡ったのは「演奏禁止」という声です。僕はこの声にびっくりし、思わず後ろをふり返りました。声の主は紛れもない、一番後ろの席にいる身の丈抜群の巡査です。巡査は僕がふり向いた時、悠然と腰をおろしたまま、もう一度前よりもおお声に「演奏禁止」と怒鳴りました。それから、――

それから先は大混乱です。「警官横暴！」「クラバック、弾け！　弾け！」「莫迦！」「畜生！」「ひっこめ！」「負けるな！」――こういう声の湧き上った中に椅子は倒れる、プログラムは飛ぶ、おまけに誰が投げるのか、サイダアの空罎や石ころや嚙じりかけの胡瓜さえ降って来るのです。僕は呆っ気にとられましたから、トックにその理由を尋ねようとしました。が、トックも興奮したと見え、椅子の上に突っ立ちながら、「クラバック、弾け！　弾け！」と喚きつづけています。のみならずトックの雌の河童もいつの間に敵意を忘れたのか、「警官横暴」と叫んでいることは少しもトックに変りません。僕はやむを得ずマッグに向かい、「どうしたのです？」と尋ねてみました。

「これですか？　これはこの国ではよくあることですよ。元来画だの文芸だのは……」

マッグは何か飛んでくる度にちょっと頸を縮めながら、あいかわらず静に説明しました。

「元来画だの文芸だのは誰の目にも何を表わしているかはとにかくちゃんとわかるはずですから、この国では決して発売禁止や展覧禁止は行われません。その代りにあるのが演奏禁止です。何しろ音楽というものだけはどんなに風俗を壊乱する曲でも、耳のない河童にはわかりませんからね。」

「しかしあの巡査は耳があるのですか？」

「さあ、それは疑問ですね。たぶん今の旋律を聞いているうちに細君と一しょに寝ている時の心臓の鼓動でも思い出したのでしょう。」(40)

また、小林多喜二も「不在地主」（一九二九（昭和四）年『中央公論』『戦記』に発表）の中で、無産政党の演説をめぐる騒動を描いている。一四「解散！　解散!!」の一部を抜粋する。

寒気れていた。広場はギュンギュンなって――皆は絶えず足ぶみをしていた。下駄の歯の下で、ものの割れるような音をたてた。

演説会は最初から殺気立っていた。

「横暴なる彼等官憲……」

「中止！」

直ぐ入り代る。

「資本家の番犬……」

「中止ッ！」

――二分と話せない。出るもの、出るもの中止を喰った。

――阿部も伴も演説が上手くなっていた。聴衆は阿部や伴のゴツゴツした一言一言に底から揺り動かされているではないか！　健は睡尻にジリジリと涙がせまってくる。いけない、と思って眼を見張ると、会場が海底ででもあるようにボヤけてしまう。

伴の女房も演壇に立った。――日焼けした、ひッつめの百姓の女が壇に上ってくると、もうそれだけで拍手が割れるように起った。そしてすぐ抑えられたように静まった。――聴衆は最初の一言を聞き落すまいとしている。伴の女房は興奮から泣き出していた。――泣き声を出すまいとして、抑え抑えて云う言葉が皆の胸をえぐった。

――あち、こちで鼻をかんでいる。

「……これでも私達の云うことは無理でしょうか？――然し岸野さんは畜生よりも劣ると云われるのです。」

拍手が「アンコール」を呼ぶように、何時迄も続いた。誰か何か声を張りあげていた。

「こんな事はない！」

組合の人が健の肩をたたいて、すぐ又走って行った。――「こんな事はない！」

次に出た労働組合の武藤は「三言」しゃべった。「中止！」そして直ぐ「検束！」

警官が長靴をドカッドカッとさせて、演壇に駆け上った。素早く武藤は演壇を楯に向い合うと、組合員が総立ちになっている中へ飛びこんでしまった。人の渦がそこでもみ合った。聴衆も総立ちになった。――武藤は見えなくなっていた。

「解散！　解散!!」――高等主任が甲高く叫んだ。

聴衆の雪崩は一度に入口へ押し縮まって行った。健がもまれながら外へ出たとき、武藤は七、八人の警官に抑えられて、橇（検束用）へ芋俵のように仰向けに倒され、そのままグルグルと細引で、俵掛けのように橇にしばりつけられてしまっていた。仰向けのまま、巡査に罵声を投げつけている。――見ている間に橇が引かれて行ってしまった。一〇〇人位一固まりになった労働者が「武藤奪還」のために警官達と競合いながら、橇の後を追った。

会場の前には、入れなかった群衆がまだ立っていた。それと出てきたものとが一緒になると、喊声をあげた。そして、道幅だけの真黒い流れになって――警察署の方へ皆が歩き出した。組合のものが、その流れの「音頭」をとっていることを健は知った。

健は人を後から押し分け、――よろめき、打つかり、前へ、前へと突き進んだ。――もう、どんな事も何んでもなかった！

知らないうちに、右手で拳がぎっしり握りしめられていた[41]。

日比谷公会堂における集会の混乱

日比谷公会堂は、「場所柄だけに政治的色彩のある会合には一切貸与しない方針[42]」とされたが、それでも騒乱の場になることもあった。戸板康二の回想によれば、臨官席に巡査が座り、不穏な演説には「弁士中止」と叫び、演説会の聴衆は身体検査をされ、ステッキ、洋傘、下駄は騒乱の武器になるため取り上げられたという[43]。

一九三〇（昭和五）年二月七日の憲政浄化連盟主催の各派立会大演説会では、横山勝太郎（民主党）、伊藤痴遊（政友会）、松岡駒吉（社民党）、河野密（社民党）、大山郁夫（労農党）が予定弁論者であった。聴衆の関心は大山一人にあったが、大山はその前の本郷会場が混乱に陥ったことから現れず、代理で同党の中村高一が出たが、聴衆は納得しな

図4-3　昭和5年2月7日憲政浄化連盟主催各派立会大演説会の舞台上
出典：日比谷公会堂所蔵資料

かった。入場整理料を五〇銭徴収しており、大山が現れないのなら五〇銭を返せといって大騒ぎになった。そこへ夜一一時にようやく大山が現れ、三〇分間の演説を行い、聴衆は満足して帰ったという。この日の入場者は三〇〇〇人を遥かに超え、入場できない聴衆約五〇〇名が入口でひしめき合い、ひと悶着あった。

　無産政党ばかりが騒乱の原因ではない。大山郁夫の演説で賑わった五日後の一九三〇（昭和五）年二月一二日には、濱口雄幸首相が日比谷公会堂に登場した。午前五時、すでに二、三〇〇の聴衆が寒風にさらされていたのが、一一時には三万の聴衆が公園を埋めてしまった。そのため日比谷署だけではなく神楽坂、久松、堀留、築地その他から二〇〇名の応援警官を増し騎馬巡査まで繰り出す騒ぎとなり、「民政党の世話人もおやぢの人気を喜ぶのを忘れて敵の侵入でも防止するかのような態度に聴衆の憤激を買つてモミクチヤにされてしまふ悲喜劇」と報道された(44)。

　一九三二（昭和七）年二月五日一三時からの政友会大演説会は、「内外の難時局をしよつて起つ老首相の犬養さんが政友会総裁としての帝都における大衆的初の演説会」であった。人々

図4–4　昭和7年2月15日「全国労農大衆党演説会」の報道
出典：『東京朝日新聞』昭和7年2月16日付夕刊2面

は朝八時頃から集まり始め、一一時開門と共にすぐに満員になり、一三時開始、一七時四〇分頃閉会した。会場内外で六〇名の丸の内署員が警戒にあたった[45]。このの ち犬養は、同年の五・一五事件で暗殺されることになる。なお、事件当日の五月一五日には、一八時から「社会教育関係者家族慰安演芸大会」が開かれていた（主催：大日本連合婦人会、社会教育協会、東京市）。

一九三二（昭和七）年二月一五日正午からの全国労農大衆党演説会では、二六〇〇名が参加したが、冒頭から中止の連続で演壇では乱闘が起き、散会となった[46]。詰め掛けた聴衆を、東京朝日新聞は「行儀よく並んだ無産党の聴衆」と写真つきで報じた（図4-4）。

会場でビラが撒かれることもあった。一九三三（昭和八）年一〇月九日正午からの政友会演説会では、五・一五事件公判の政党批判に対し、民衆から見放されないために「政友会も必死」で、聴衆も満員であった。前夜から会場へのなぐり込みのデマが飛んで、三〇〇余名の警官、政友院外団が舞台の周りを固めた。途中で階上、階下の数カ所から突如数名の男が立ち上がり、「国体冒瀆の元凶国賊既成政党を即時解散しろ――青年日本同盟前衛隊」と書いたビラをまき、丸の内署に検束された[47]。また、一九三七（昭和一二）年四月一四日一三時の社会大衆党関東大会では、「社大党粉砕皇国前衛隊」と称する二〇余名により党粉砕のビラがまかれたが、一四名が検束された[48]。

(2)「国民運動」の場へ

こうした活動が相次ぐ弾圧により減少する一方、それに替わるように、特に対外情勢を受け、政治的方針を共有していくための催事が増加していった。特に、「国民大会」の名が冠された様々な催事の舞台として、公会堂が用いられたことに注目したい。

政府やマスメディアが先導した性格のもの（国民精神総動員運動や第二次世界大戦中のメディア・イベントなど）は前章でも論じたが、ここで述べる国際連盟脱退と反英市民大会は、多様な主催者により同類の催事が一時期に集中した顕著な例である。集会の参加者はもちろんのこと、行政による動員やマスメディアによる報道もあいまって、民衆の感情が高揚していったプロセスがうかがえる。

国際連盟脱退（一九三三（昭和八）年）

一九三三（昭和八）年二月七日一三時から一六時頃まで、「対国際連盟緊急国民大会」が開催された（主催：満州問題挙国一致各派連合会）。午前九時にはすでに長蛇の列をつくり、一一時の開門と同時に「雪崩を打つて会場に流れこむ聴衆は五〇〇〇余にして場内は瞬く間に立錐の余地もない盛況に達した」。当日確認された宣言案は、会場内でも配布されたことがプログラムから確認できるほか、演台正面にも掲げられ、さらにラジオでも中継放送され、新聞紙面にも掲載された。「政府は宜しく速に頑迷なる国際連盟を脱退し直ちに公正なる声明を中外に宣伝し帝国全権をして即時脱退帰朝せしむべし是れ全国民の要望なり」というメッセージは、公会堂内外にチラシ、新聞、ラジオなど多様な方法で流布していったのである。会の中で首相、外相、陸海相に決議文が手交され、会場では軍関係者、各党有志代表らが「火を吐くやうな憂国の熱弁」をふるい、最後に万歳がされ一六時に散会したが、ラジオでも「この獅子

図4-5　「国際連盟脱退宣言可決の刹那」と報じられた昭和8年2月7日「対国際連盟緊急国民大会」の模様。壇上には連盟脱退の宣言文が掲げられている。
出典：『読売新聞』昭和8年2月8日付夕刊1面

吼をマイクを通じて全国へ中継放送」された(49)。

同様に、一九三三（昭和八）年二月二一日には、各政党、在郷軍人、護国義勇団、大民倶楽部有志主催で「対国際連盟国民大会」が実施された。「本大会は天地神明に誓い世界平和のため烈々たる国民の総意を宣揚し帝国の国是を宣揚し満州建国の大業を颯成し即時国際連盟の脱退を期す　右決議す」との決議文が採択された。舞台上にも決議文は記され、「左には大日章旗、右には黄地四色の大満州国旗が掲げられ日満両小国旗の交錯する下、憂国の名士の火を吐く熱弁が場内の聴衆はもちろん場外の聴衆にもラウド・スピーカーによつて放送されるのだ」と報じられた、同じ日、靖国神社でも第一師団在郷軍人が集っていた(50)。その三日後の二月二四日の国際連盟特別総会において日本は退席、翌月三月二七日に正式に脱退を表明した。

なお、この催事を報じた二月二二日の読売新聞記事の下隣には、小林多喜二の「急死」が報じられている。取り調べ開始後小林が「突然発病して苦悶をはじめ」、その後死に至ったと記されている。先にも紹介したように、小林は「不在地主」で、演説会が中止とされる模様を描いていた。公会堂、そしてマスメディアは、政府の批判から承認の空間へと変化しつつあった。

反英市民大会（一九三九（昭和一四）年）

日比谷公会堂における反英関連の催事は、早くは一九三七（昭和一二）年にみられる。対英同志会が「今事変を反映して財界政界、軍部の有志を以て結成」され、一一月二二日正午から第一回市民大会を開催した。(51)

特に反英の気運が爆発するのは、天津租界事件が起きた一九三九（昭和一四）年である。全国各地で反英市民大会が行われ、連日新聞もそれを報道した。第1章でみた名古屋市公会堂でも、七月二〇日に排英運動が行われていたが、日比谷公会堂でも表4-1のように数多くの反英市民大会が開催され、民衆の反英感情が爆発する現場の一つとなった。

一九三九（昭和一四）年七月一四日の反英市民大会は、赤坂山王台と日比谷公会堂の二カ所で行われた。日比谷に集まった民衆は正午までに一万を超え、午後一時半には法螺貝を合図に開始された。東京市会、府会でも、その日の朝全員協議会を開催した。市会は全員赤襷姿で起立、宮城遥拝、英霊黙禱の後に排英決議文を採択、府会も呼応し赤襷姿で、日比谷に繰り出した。日比谷公会堂での大会は、佐藤栄志司会、森俊成子座長により、開会ノ辞／国歌斉唱／宮城遥拝／戦没将士慰霊並出征将士武運長久祈願黙禱／宣言文朗読／決議文朗読（陸海外務大臣、英国大使館宛）／万歳奉唱／閉会ノ辞／演説会（一一名）という順番で行われた。(52) 午後三時に終了した後、「反英大示威行進」を行い、第二会場である山王台の会衆と合流し、

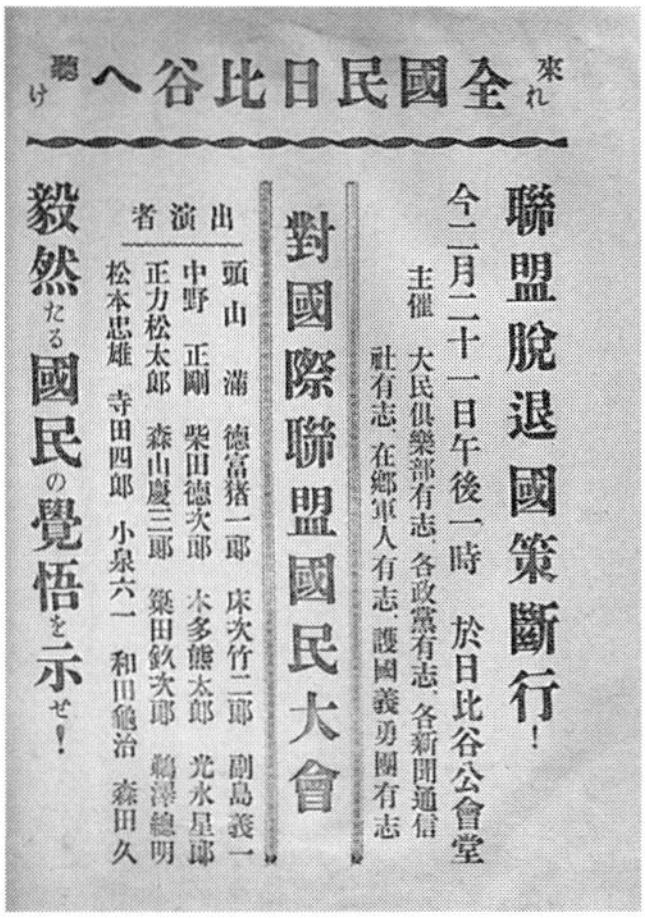

図4-6　昭和8年2月21日「対国際連盟国民大会」
出典：日比谷公会堂所蔵資料

表4−1　昭和14年7月の日比谷公会堂における反英大会

日時	催事名	主催者
昭和14年7月11日19時	大演説会　撃て！英国	大日本青年党
昭和14年7月12日	英国排撃市民大会	英国排撃市民大会
昭和14年7月14日13時半	反英市民大会	反英市民同盟
昭和14年7月24日18時	対英大演説会	立憲政友会
昭和14年7月31日10時	第2回反英市民大会	反英市民同盟

出典：日比谷公会堂所蔵資料および新聞報道に基づき筆者作成

英国大使館に詰め掛けた。決議文を大使館員に手交し、靖国神社に移動し、五時に散会した。

会場における決議文は、府、市会代表が首相、陸海外務大臣並びに英国大使館に手交し、趣旨の貫徹を期した。同日の読売新聞は、「愛国の熱血は燃えて　一万の聴衆殺到　日比谷の反英市民大会開く」の見出しで、公会堂前に集まる市民の写真と共に報道した。こうした反英の動きは、千葉市会、全神戸華僑、岐阜市会、大阪へも広がった(53)。

第二回の反英市民大会は、同じく日比谷公会堂と山王台を会場に七月三一日に行われ、八王子、甲府でも反英の決議は行われた(54)。この日を迎えるにあたり日本橋区では、区長、区会議長、反英市民大会日本橋区実行委員会委員長の連名により、町会長、各種団体長、区内新聞社長宛に参加を促す文書が、七月二九日付で出されている。「酷暑ノ折ナルモ邦家ノ為非常時奉公ノ赤誠ヲ以テ貴会員多数（少クトモ一〇名以上）参加セラルル様特ニ御配意相煩度此段得貴意候也」として、三一日午前九時に日比谷公会堂前への集合を呼びかけていた。町会に対してもポスターが送付され、区内各所への掲示が求められた(55)。その模様を報じた読売新聞は、公会堂前に集う人々の姿を、英国関係のほかの報道と共に写真で提示した（図4-9）。

東京府、東京市会議員を中心とした東京排英市民同盟による「討英国民大会」は、翌一九四〇（昭和一五）年八月一二日にも開催された。一三時からの会には、全市三五区ほか地方都市の代表市民が計約五〇〇〇名集い、「撃て英国、起て国民」「英国は東洋より手を引け」「世界新秩序建設は暴英撃滅から」などのスローガンがかかり、演壇には日独伊の三国国旗がかけられ、決議文を採択し、近衛首相、陸海外務各相を訪れ要請した(56)。この開催にあたっては、恒例となっていた八月の公会堂の使用停止を東京市が解除する臨時措置までとられた(57)。

図４−８　昭和 14 年７月 14 日「反英市民大会」（主催：反英市民同盟）で日比谷公会堂前に集った人々
出典：『読売新聞』昭和 14 年７月 15 日付第二夕刊１面

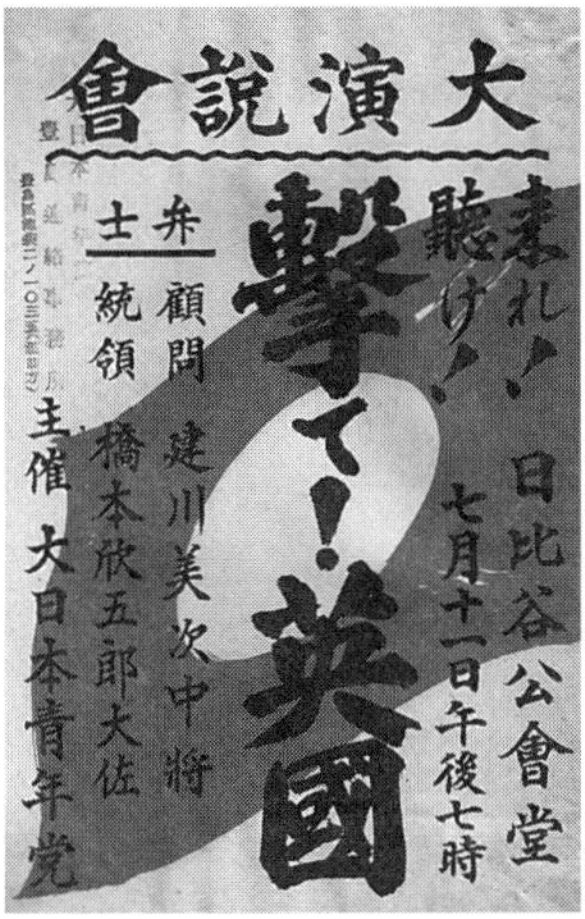

図４−７　昭和 14 年７月 11 日「撃て！英国」（主催：大日本青年党）のチラシ
出典：日比谷公会堂所蔵資料

第二夕刊
讀賣新聞
けふの小委員會中止
經濟問題討議の準備整はず
日英双方の對立深刻！
圓卓會談は開く
英政府の回訓も遅延
憎むべき重慶内幕
老猾英國を撃て！
再び燃え上る市民憤激の怒濤
日比谷、山王臺　大會開く

図４−９　７月 31 日の第２回反英市民大会の模様。左上写真が日比谷公会堂前に集合した人々。ここには動員された人々もいる。
出典：『読売新聞』昭和 14 年８月１日付夕刊１面

各種の国民運動

こうした官民挙げての「国民大会」のほか、日比谷公会堂は、選挙粛正運動や国民精神総動員運動など、各種の政府主催の国民運動の拠点ともなった。

一九三五（昭和一〇）年、選挙粛正委員会令が公布されて各都道府県に同委員会が設置され、六月には民間の教化団体を組織した選挙粛正中央連盟が結成された。選挙粛正中央連盟は、七月一三日の日比谷公会堂での講演会を皮切りに一連の粛正運動を実施した。①選挙粛正時報の発行、②郵便消印に選挙粛正の文字を入れる、③広告気球の掲揚、④大商店の飾窓利用、⑤展覧会開催、⑥レコードの調整配布、⑦ラジオによる講演、座談会、ドラマ、選挙風景の放送、⑧映画作成、⑨選挙粛正デー開催、⑩「選挙絵ばなし」印刷配布などが計画された(58)。

日比谷公会堂における七月一三日の東京府、市主催の講演会は、正午開場と共に身体検査を受け入場、選挙粛正時報パンフレットが配布され、場内至るところに粛正ポスターが貼り付けられた。一三時半に横山助成府知事の開会挨拶、「君が代」斉唱の後、連盟理事田澤義鋪「昭和維新の国民的試練」／連盟会長齋藤実前首相「躍進日本の為に」／後藤文夫内相「選挙粛正を国民に期待す」／岡田啓介首相「選挙粛正について」／連盟理事長永田秀次郎「選挙粛正と国民の覚悟」／牛塚虎太郎市長の閉会の辞、という順序で、全国にも中継放送された(59)。

一九三七（昭和一二）年九月一一日一九時開始の政府主催国民精神総動員運動大演説会では、舞台上に「挙国一致」「尽忠報国」「堅忍持久」の文字を記した垂れ幕が用意され、それを背景に近衛首相が演説を行った。近衛首相の声明が発表されるこの日、新聞でも予告がなされた上で会の模様はラジオ中継された(60)。公会堂職員が緊張のあまり放送開始三分前に幕を開けてしまったが、中継放送であるとの予告がなされていたため、場内は水を打ったように静かであった(61)。

同年一〇月一二日一三時の国民精神総動員中央連盟結成式では、連盟による声明が発表されたのち、軍事講演として陸海軍中佐から「支那事変」が語られた。会場には、「堅忍持久」「皇国一致」の連盟スローガンが掲げられた。なお、同じ日の一九時半には「宮内鎮代子ピアノ独奏会　ベートーヴェンの夕」が開催されている（後援：独逸大使閣下並ニ令夫人）。こうしためまぐるしい利用が、日比谷公会堂の日常の姿であった。

翌日の一〇月一三日からは国民精神総動員強調週間とされた。一三日一〇時からは府会議事堂で市区町村長会議により運動の指示打ち合わせを行い、一四日には軍人会館での公立小、中等、青年学校長会議、日比谷公会堂の大講演会の開催予定が伝えられた。一七日には明治神宮で近衛首相以下各大臣、枢密顧問官、陸海軍大将、府選出貴衆両院議員、各種団体代表ら一五〇〇人が参列、国威宣揚と武運長久を願う大祈願祭を執行予定とされた(62)。

その後、同連盟による講演会、また各種団体による催事にも「国民精神総動員」が銘打たれた。例えば一九三九（昭和一四）年二月五日一三時、同月一日からの国民精神総動員発揚週間の一環で、国民精神総動員中央連盟主催の大講演会が行われた。有馬良橘連盟会長の開会の辞の後、国歌斉唱、宮城遥拝、戦没将兵の慰霊ならびに皇軍将士の武運長久を祈り黙禱したのち、平沼騏一郎首相は「臣民の道」と題して講演をした。このほか荒木貞夫文相、徳富蘇峰らの講演があり、この会の模様もラジオ中継され、「愛国行進曲」の合唱を最後に、三時半に閉会した(63)。さらに閉会後、平沼は公会堂バルコニーから三分間、場外聴衆に訴えた。平沼首相の演説に対し、「定員三三〇〇名をはるかに超える鮨詰め満員、ハミ出されて帰らうともしない熱心な聴衆二〇〇〇にマイクロホンが正面露台に急設されるといふ騒ぎ」となったためである。公会堂内での演説終了後、正面露台に足を運び、場外の聴衆に向かうと「思はぬ街頭演説の拾ひ物に群集は帽子を振つて〝平沼さん万歳〟の歓呼」となった。新聞各紙はこの模様を、首相と群衆の写真とともに報じた（図4-10、4-11）。

公会堂内外に集う民衆と、かれらに訴える講演者というこうした構図は、当時数多く紙面を飾った。大人数を収容できる公会堂は、新聞が群衆を視覚的に報道するにはいわば格好の「撮影スポット」であり、メディア・イベントの舞台としても有効であったことだろう。このような運動は、太平洋戦争以降も、メディア・イベントとしての側面をもちながら盛んに行われる。

図 4-10　昭和 14 年 2 月 5 日、国民精神総動員中央連盟主催の大講演会における、公会堂バルコニーからの平沼首相の演説の模様。「首相　場外の群衆にも呼びかく」

出典：『読売新聞』昭和 14 年 2 月 6 日付朝刊 1 面

図 4-11　「老首相の獅子吼　場外聴衆にも叫ぶ」

出典：『東京朝日新聞』昭和 14 年 2 月 6 日付朝刊 2 面

3　劇場としての公会堂

(1)　メディア文化の中の音楽演奏会場

これまで、集会場としての日比谷公会堂に注目してきたが、本節では、娯楽の会が催された劇場としての機能に注目する。第3章表3-4を再びみると、娯楽の会は催事の中でも圧倒的多数を占めており、開館後二一年間の累計でも、七五三三回のうち五八〇六回（七七・一％）を娯楽の会が占めている。公園課長の井下清が述べたように、それが公会堂の「本質」であるかどうかという議論はあるものの、実態として娯楽施設の機能が最も大きかったことは、催事の量的側面からも明らかである。また、第3章表3-3にもみられるように、一口に娯楽の会といっても多様なジャンルの使用があるため、劇場としての側面だけでも多様な観点から考察できるが、本研究では特に以下の二点に注目する。

第一に、娯楽の会の中でも最多数を占めたクラシック音楽演奏、さらにはその中でも最も数が多かった交響楽演奏会（小分類1、中分類1）に注目する。表3-3を参照すると、交響楽演奏会だけでも二一年間の累計で一二八七回行われており、全体の催事（七五三三回）の中でも一七・一％を占める。「クラシック音楽」の定義も一様ではないが、そのほか仮に室内楽演奏会（小分類3、一〇五回）、オペラ公演（小分類8、一一八回）、独唱会（小分類9、二二九回）、ピアノ独奏会（小分類21、三一〇回）、ヴァイオリン演奏会（小分類28、二〇九回）、音楽コンクール（小分類39、八一回）、チェロ独奏会（小分類45、一五回）もあわせれば二三五四回となり、全体の三一・二％を占める。

なお、本書で分析することはできないが、交響楽演奏会に次いで多い娯楽の会は、演芸会（小分類18、九九一回、全体の一三・二％)、映画会（小分類16、四四三回、五・九％）である。ただし、映画上映はほかのジャンルとの複合で行われることが多く、音楽と映画（小分類7、六二回）、舞踊と映画（小分類12、二八八回）、講演と映画（小分類15、二八六回）、演芸と映画（小分類58、一一三回）をあわせると一一九二回（全体の一五・八％）となり、演芸会（一三・二％）を上回る。このように、クラシック音楽だけでなく、映画と演芸も日比谷公会堂の催事を構成した重要な要素であった。このほか、和洋の舞踊や邦楽といった各種団体の発表などの会場としても、重要な機能を有していた[64]。こうした映画や演芸、邦楽、舞踊など、特に文化史の観点からはほかに検討すべきジャンルもあるが、最初の検討項目として、最も量的に多かったという意味では、クラシック音楽演奏に注目する妥当性があろう。

第二に、多くの催事の中で歌われた「歌」、すなわち当時多く新作発表された歌謡曲に注目する。第3章表3−3でいえば「歌の発表会」（小分類38）であり、開館後二一年間の累計は五〇回と、数は少ない。しかし、それ以外にも数多くの集会や大会で歌は歌われ、また新聞社やレコード会社などのマスメディアによって日比谷公会堂で新作発表された歌謡曲は非常に多い。舞台上での実演だけでなく、レコード文化との関わりにも注目することは、日比谷公会堂を通して特に音楽文化を考察しようとする際、避けては通れない論点となる。

この分析を通して検証したいのは、同時代に進展したレコード産業やラジオ、新聞社主催のメディア・イベントなどとの関わりにおいて、音楽の集団的聴取のありかたがどのように変容していったか、という問題である。

日比谷公会堂は、「音楽の殿堂」などとしばしば評されるが、それは演奏回数や密度共にまぎれもなく妥当な評価である。しかし、ここではその通説を追認することが目的ではない。もう一歩考察を進め、当時の音楽文化の中で公会堂がどのような位置を占めていたか、人が集まりそこに音楽が鳴り響くことにどのような意味があったか、という問題に踏み込むと、新聞、ラジオやレコード産業などのマスメディアとの関わりが重要になってくる。公会堂は人々が集まり、集会や芸術鑑賞などの体験を共有する場である。しかし、この日比谷公会堂の音楽関連の催事をみると、新聞、ラジオ、レコードといった多様なマスメディアが関わっており、直接的体験の共有の場という意味を超え、これらのマスメディアがそれまでの音楽の集団的聴取のありかたに変化をもたらしている現象を、みてとることができる。

（２）演奏会システム、音楽メディアの発達と聴衆の形成

演奏会システム、音楽メディアの発達と聴衆の形成

芸術学研究において、芸術そのものではなくその社会的・文化的存立基盤を問う、歴史社会学的アプローチからの一連の研究がある。例えばウィリアム・ウェーバーは、一八三〇年から一八四八年のヨーロッパ社会の変動との関係において、現在の演奏会制度の成立過程を論じている[65]。また、渡辺裕は、西洋近代市民社会の成立と演奏会システムの成立を並行して論じ、さらには商業化の中での近代的聴衆の変容のプロセスに注目することで、「近代的聴衆」「集中的聴取」のありかたが、市民社会成立の中で形成され変容してきたことを明らかにしている。一八世紀から一九世紀初頭にかけての音楽演奏会場は、「静まり返った観客席で古典的な名曲に一心に聞き入る」だけの場ではなく、おしゃべりや社交の場としても機能していた。また、演奏会は常に新作が発表される、いわば「現代音楽」の発表の場であった。それが一九世紀に入ると、過去の音楽家たちが一躍「巨匠」として崇拝の対象になる。貴族ではなくブルジョワが演奏会を支える主体となり、音楽家と聴衆の個人的な関係ではなく、不特定多数の聴衆の中で演奏会が成立するようになり、演奏会場は社交の場としての機能を徐々に失っていった。そこで、リストのようなヴィルトゥオーゾ演奏家による娯楽の要素が強い演奏会が誕生した一方、「まじめ」な鑑賞を助長する効果を果たした。そして商業主義批判、古典的「巨匠」という概念を持ち出すことで、「まじめ」な演奏会が主流を占め、演奏会場は、周囲から切り離され隔離された特権的な空間となった。「精神性」の有無が芸術的価値を有する音楽の価値基準となり、そこ

で「古典」の概念が有効に機能した(66)。

こうした研究もふまえると、本書でこれから検討していく大正期以降の日本は、まさに西洋音楽の聴衆が拡大し、西洋音楽が普及していく時期であった。日比谷公会堂が誕生した昭和初期、一九二〇年代は、日本で本格的な交響楽団が成立し、また、従来の新聞・出版に加え、映画、レコード、ラジオなどのマスメディアが複合的かつ飛躍的に進展していった時期でもある。交響楽団は演奏会やラジオを通して聴衆の拡大を図り、特にラジオはクラシック音楽の大衆化に大きな役割を果たした(67)。これらのマスメディアを通して、人々は時局情報だけでなく文化的な知識や感性をも共有していった。こうしたマスメディアとの相乗効果、さらには多様なメディア・イベント、一連の国民教化運動など、多様な文脈の中で、音楽演奏会場としての日比谷公会堂も機能していたといえよう。

当時の新聞には、ラジオ面の放送番組紹介の欄に、演奏される音楽作品の解説も付されていた。交響楽運動が活性化した大正末期から昭和の初期、新聞上の音楽批評も活性化していった。聴衆が形成され、ジャーナリズムも音楽批評を扱わざるを得なくなっていった(68)。さらに、音楽雑誌には、主に批評家の視点ではあるが、当時音楽が人々にどう聴かれていたかということが記されている。そもそも音楽雑誌が聴衆のために書かれたメディアであり、啓蒙的な記事も多い。多くの批評は作品や演奏に対するものであり、演奏会場や社会的環境については周辺的な情報にすぎないが、聴衆について論じたいくつかの記事が、本書では手がかりになりうる。

ここからは、少し時代を遡り、近代日本における音楽演奏会場、特にクラシック音楽演奏会場という視点から、演奏会システムの発達の中で日比谷公会堂を位置づけてみよう。

明治の演奏会場と演奏会

経済学者で作曲家でもある塚谷晃弘は、明治時代の音楽は、大正時代に比べると、市民社会の需要から成立したというより、資本主義的なブルジョワ文化によって開花したと述べる。帝国劇場の開幕（一九一一〔明治四四〕年）、三菱財閥の支援による山田耕筰の洋行（一九一〇〔明治四三〕年）などが、その例に挙げられている。[69]

近代日本における西洋音楽の演奏会場は、明治期以降の演奏会を詳細に記録した秋山龍英『日本の洋楽一〇〇年史』によって知ることができる。同書は一九六六年の出版であり、その後新たな資料の登場により回数の分布に変化の可能性はあるものの、大まかな傾向を知ることができる。同書によれば、明治初期に使われたのは、鹿鳴館、神田美土代町の青年会館などである。鹿鳴館では、学校以外の最初の鑑賞団体となった日本音楽会が、一八八七（明治二〇）年三月一七日に第一回定期演奏会を開いた。規約には「最良ノ音楽ヲ拡張普及シ」「音楽上ノ趣味ヲ高尚ナラシメ」ると共に、「交際上ノ便益ヲ増長スル」と書かれ、男子会員はフロックコートかモーニングまたは制服（軍服など）という制限もなされたように、上流階級を対象とした社交の場であった。[70]

明治三〇年代以降は一ツ橋の高商講堂、青山学院講堂といった講堂、そして日比谷野外音楽堂などが用いられた。明治四〇年代以降には有楽座、のちに帝国劇場が多く使われ、震災以降は日本青年館、そして日比谷公会堂が多く用いられることとなった。[71]

野村光一は、上野の奏楽堂で演奏会が行われていた時代の音楽聴衆は「音楽に対して熱愛を持っていたインテリ層」が中心で、「俗塵俗臭の感じがしない、芸術的洗練性と親睦性を満喫させられるものであった」と回想する。また、顔ぶれはいつも同じであり、「東京の真の好楽家は高々六〇〇人位しか収容しないこのホールの客席の数位しかなかった」一方、中心が日比谷公会堂に移ったところ、「種々雑多な聴衆」になった、と述べる。[72] 聴衆の質をどう評価するかという問題は別として、奏楽堂の時代に比べ日比谷公会堂の時代に演奏会の聴衆が量的に拡大したことは、確かである。

明治時代の演奏会評をみると、演奏中に罵声が飛ぶなど、聴き方は現在とは異なり、聴衆の姿は多様であったことがわかる。一九〇三（明治三六）年に大阪市で行われた演奏会は、こう記録されている。

当市に於ては時に公会堂青年会館等にて音楽会を催し入場者も毎回堂に満つる程で一回の来会者は約千六七百名にて晴雨に拘はらず此丈の入場者はありますが然し其来会者の七八分迄は音楽を聴くに非ずして全く剣舞を見に来るとは誠にくやしき事に御座い升す。箏の弾奏中往々聴者中より罵声を発する為め（勿論聞くに忍びざる罵言）降壇する事度々にて覚へず拳を堅むるのです。此等はヴワヰオリンの演奏と雖も行はるる事があります。扨て剣舞となれば歓声拍手耳を被ふ程にて全く此の一事で持つて凡そ当市の音楽は御推諒なるでしやう(73)

一九〇四（明治三七）年七月六日夜七時半から行われた、東京神田の青年会館での明治音楽会では、内容がわからなくても、紳士淑女の見得で音楽会に行く、というステータスシンボルとしての音楽会の姿をみることができる。

演奏毎に拍手は湧くが如くなれど満場の聴衆三分の二以上皆西洋音楽には耳を持たぬ連中なるべく紳士淑女が音楽会へ行かねば巾が利かぬとの見得にて来るに相違なく独奏や独唱の妙味が分かつての上の拍手ならざる事は確なり併しつまらぬ事に金銭を使ひていささかの益もなき結果を生んよりはたとへわからぬながらも音楽を聴きに行く如きはいい心がけなり音楽会も盛んにやるべし紳士淑女ならずとも皆見得坊に音楽会へ行くがよし此間に養ひ得らるる美的思想は、やがては社会的善の一助ともならん(74)。

一九〇七（明治四〇）年三月に帝国音楽会、一九一〇（明治四三）年四月に東京フィルハーモニー会、同年一〇月に音楽奨励会が始まる。また、慶応ワグネルソサイエティ（一九〇二（明治三五）年四月第一回）、早稲田音楽会（一九〇八

（明治四一）年一一月第一回）といった学生の洋楽演奏活動なども始まり、西洋音楽が徐々に浸透していく。そして、一九一一（明治四四）年三月の帝国劇場開幕に伴い、鹿鳴館や華族会館での演奏会が、「国立劇場」の理念をもつ帝劇に移った。それを秋山は、封建的華族階級から、新興ブルジョワジーの手に音楽文化の主導権が移された、と分析する。(75)

大正期――レコードの浸透と演奏会聴衆の拡大

音楽評論家の大田黒元雄『新洋楽夜話』によれば、明治終わり頃までの日本の演奏会は、音楽学校での研究的なものを除けば、バザー、慈善、義捐といった名目での開催が多かった。大概は二部構成で、第一部は洋楽、第二部は邦楽といった内容であった。その後洋楽は徐々に普及し、演奏会全盛は、ミッシャ・エルマンが来日した一九二一（大正一〇）年前後であったという。不人気の演奏会もあったが、エルマンの演奏会は五回とも満員続きで、家族連れが多く、「西洋風に一種の社交機関のやうになつた」という。(76)

大正時代の演奏会は、回数、入場者ともに激増したが、内容よりも「ありがたいもの」として西洋音楽を聴く傾向は変わらず存在していた。堀内敬三は、当時の聴衆についてこう回想する。

何やら解らぬ経文の読経をきいて其の荘厳な響を感じ「有難い御経」と云ふ先入観念の指すままに随喜する善男女のそれと似てゐた。批判能力のまだ開発されない聴衆は、漠然と「美しい音」を感じ「ハイカラな音」と感じ、それを「藝術」と云ふ観念にくつ附けて喝采するのだつた。(77)

また、元帝国劇場専務の山本久三郎によれば、大正初期の帝国劇場で開かれた柴田環の独唱会で、興味本位で来た聴衆が歌の最中に笑い出した。柴田は舞台裏で泣き出しそうになり「山本さん、こんな芸術のわからない聴衆の前で歌うのはもう止めさせて下さい」といった。山本は「いや、今はこれでいいんだ。それよりもこうして貴女が度々歌つて日本の聴衆を養成し洋楽を分らせ、親しみ易くして欲しいのだ」と応えた。一九二一（大正一〇）年頃の外国人音楽家の演奏会でも、聴衆が騒がしくて音楽家から文句が出たという(78)。

こうした状況を嘆き、「傾聴」や「真面目に聴く」といった鑑賞態度を呼びかける記事もみられ始める。一九二二（大正一一）年のある記事には、演奏中聴衆が舞台にあわせて拍子を取り、唱和を始めるなどの実態への苦言が、以下のように記されている。

そもそも音楽会といふものは、至上なる芸術のすがたであるのですから、ひとたびその会場に一歩を進めた人は、そこに崇高な、しかも熱情のあふれた緊張したいい感じそのものを得ねばならないと思ひます。（中略）音楽会の向上は聴衆の力です。もつと私達は趣味を養はねばなりません。（中略）音楽は聴くもの、理解するもの、お団子やおすしを食べながら、俳優のぬれ場をみる気分は大禁物です。いかに料金を支払つたからといつて会の性質をそろばんにかける位なら、寄席にでも行つて枕をしながら講談でもきく方がよつぽど気がきいてゐます(79)。

大正末期には、ヨーロッパ諸国から、音楽家がアジアに市場を求めて来日した。来日演奏家はそれまでは東京音楽学校の教師が主であったが、第一次世界大戦後のヨーロッパの不況と国際為替相場の変貌などを背景に、一九一八（大正七）年以降に増加する。企業や帝国劇場関係者の後援を得て、主に帝国劇場を会場として外来演奏家の来日演奏会が催された(80)。また、ロシア革命以降は、ロシア人演奏家も増加する。かれらの存在は、大正末期から昭和初期の演奏会の発展の背景にもなった(81)。

一方で、日本国内では日本人による管弦楽団が多く誕生する。これらの背景には、戦後の慢性不況が、一九二三

（大正一二）年の震災復興景気を契機に中間景気を取り戻したことのほか、自由主義的・芸術至上主義的風潮の中で都市中間階級がこれらの芸術活動を支援したことがある。(82)

また、大正期には、第1章の横浜市音楽協会の事例にみたように通俗音楽会が各所で開かれていた。こうした音楽会では、音楽を通した社会教化、情操の涵養といったことも目指されていた。

さらに大正末期は、演奏会の増加、音楽ジャーナリズムの勃興、レコード産業の進展、ラジオ放送の開始なども、洋楽の聴衆拡大を助長した。ラジオの出現でレコードは一時沈滞したが、ラジオはレコードの新盤を放送することで、レコードの広告と普及に寄与した。(83) ラジオとレコードが結合することにより、新しい流行歌の宣伝にもなった。

こうした大正期の音楽をめぐる状況を、中島健蔵は明治期と対比させながら以下のように振り返る。レコードやラジオの普及により、演奏会に行かなくとも音楽を聴くことができるようになった、人々の音楽の聴き方の変化がここにはみられる。

> 音楽史的に価値があり、各国のプログラムに載るやうな曲などは大抵のものがレコードされ、しかも第一流の演奏者、指揮者の何人かによつて競演されてゐるといふやうな今日の盛観は、吹込術の進歩と共に、思ひもよらなかつたことであつた。
>
> 今日では古い本格的な音楽が却つて流布し切つてゐる。音楽会の意義は、当時とは大分違つてきてゐる。自転車に乗つてゐる少年が、ベートオフェンの第九交響曲の合唱のメロディを口笛で吹いて通つたとしても、大して驚くに当らぬほどである。(84)

昭和初期以降——演奏会システムの確立と商業化

昭和初期になると、レコード産業の進展と演奏会システムの確立に伴い、宣伝方法がジャーナリスティックになって来た、と音楽評論家の塩入亀輔は述べる。一九三一（昭和六）年は一九三〇（昭和五）年に比べ不況で演奏会の回数は半減したが、音楽会がビジネスとして成り立ってきて、個人の選択ができるようになってきた。マネージャーも、以前の広報手段はチラシや切符の印刷媒体だけだったが、ジャーナリズムを利用して大衆に選択させることが必要になってきた(85)。

また、各種のオーケストラや音楽学校の活動を通して多様な作品が紹介されていった過程も注目すべきである。東京音楽学校は、定期演奏会の場所をそれまでの学内の奏楽堂から、一九二九（昭和四）年に初めて外部の日本青年館に、のちに日比谷公会堂に移した。一九二九（昭和四）年一一月三〇日に創立五〇周年記念演奏会を行い、翌年からは日比谷公会堂で定期演奏会を行った。一九時からの演奏会は、一五〇席の補助椅子も満杯、三五〇〇名余りが入場する大盛況で、その模様はラジオでも放送された(86)。当時の校長は、文部省を辞して東京音楽学校に一九二八（昭和三）年に着任した乗杉嘉壽である。東京音楽学校時代の乗杉の研究を行っている橋本久美子は、この演奏会場の移動について、学校が社会に出て行くという乗杉の社会教育論の実践の一例であるとしている(87)。

その後、日比谷公会堂における東京音楽学校の定期演奏会は、数多くの作品を初演し、そのたびに新聞雑誌に賛否両論の批評が掲載されるなど、西洋音楽の発信拠点ともなった。例えば一九三二（昭和七）年一二月一八日、ワーグナー作曲「ローエングリン」の前奏曲と第一幕が本邦初演として演奏された。会場は、学校関係者に招待券を多く配ったこともあり大入り満員となったが、ラジオ中継された演奏を音楽評論家の伊庭孝が読売新聞上で「ミゼラブル」と評したため、指揮者のクラウス・プリングスハイムがこれに反論し、論争を呼んだ。伊庭の反論は校長である乗杉にも及ぶ。「乗杉氏が校長に就任してから、音楽学校の演奏会が、学校の発展事業（エキステンション）らしき色彩を帯びてきた」「専門学校のエキステンションと其の専門的業績の発表とは、根本から性質を異にしてゐる」とし、「企業的色彩が強い」ことを批判している。(88) なお、東京音楽学校は、その後も奏楽堂だけでなく日比谷公会堂で演奏を続けるが、一九四三(昭和一八)年一二月一八日の定期演奏会を最後に、演奏活動を停止する。(89)

ここまでみたように、明治期から昭和初期までに、演奏団体の増加、レコード産業、ラジオ、音楽ジャーナリズムの発達、演奏会場の拡大などとともに、西洋音楽鑑賞の機会は増大していった。また、演奏会の一般化、大衆化に伴い、行儀のよさや傾聴といった鑑賞態度が求められるようになっていった。西洋音楽演奏会場としての公会堂は、多くの鑑賞機会を来場者に、そして中継によりラジオ聴取者にも提供していた。

ラジオ・レコードの影響——古典の人気と現代曲の不人気

実演の場としての公会堂には、当時のメディア文化の影響をみることができる。すなわち、レコードの普及により、聴いたことがある曲や演奏家でないと聴衆が入らない、古典の人気と現代曲の不人気という現象が起き始めた。

一九四〇(昭和一五)年の雑誌『音楽倶楽部』では、「ラヂオ、トーキー、レコードの影響に依る音楽聴衆は、益々其の数を加へて」おり、四、五年前のケンプ、フォイアマン、シャリアピン、ゴールドベルク来日時に比べて激増したと記されている。公演を二日間にするだけには数が至っていないが、新交響楽団の定期会員も増え、聴衆は増加していた。(90)

しかし、メディアの影響は聴衆の増加だけでなく、変質ももたらした。一九三七(昭和一二)年五月、日比谷公会堂におけるピアストロたちのピアノ・トリオの五日間の演奏会は、極めて入場者が少なかった。その理由を、報知新聞の批評において塩入亀輔は、レコードが発売されておらず日本でほとんど知られていなかったから、と分析した。実際の演奏の質と人気が比例しない現象から、塩入は「レコード・ヂャーナリズム」に考察を向ける。音楽ファンは実演に対する批判から出発するのに対し、レコードファンは、記録として価値の定められたものから出発する。これは流行歌においても同様であり、レコード会社が流行歌の価値決定の出発点をなす、と塩入は述べた。(91)

そうした中で、聴衆が集まるのはよく知られた古典の人気曲であった。先の『音楽倶楽部』の記事では、「何と云つても、古典である」「日本の音楽聴衆にとつては、二流の作品を、一流に演奏するよりも、一流の作品を二流に演奏した方が、感激なのである」と、古典の人気、現代曲の不人気が述べられている。一九三五（昭和一〇）年の改組から一年目頃に、新交響楽団主催で管弦楽曲を募集した折の入選作曲を日比谷公会堂で演奏したところ、聴衆は四〇〇名、うち半数は招待で、売り上げは半分となった。「ガランと空いた公会堂は、腰掛けて居ても、寒くて仕方がなかつたものである。然も、ステージは、オーケストラが、フル・メムバーで、大変なにぎやかさである。（中略）此の時の損害は、非常なものであつた」という。

また、作曲家たちが、自分の作品の発表音楽会をするにあたり、いかにそのプログラムを豪華にしても、プレイガイドと当日の売上を合計して二〇〇―三〇〇円、せいぜい日比谷公会堂の会場費が出るくらいであった。

なお、このような状況は戦後も続く。一九四八（昭和二三）年、東宝交響楽団は日比谷公会堂で毎回現代作品の本邦初演を行っていたが、「集る聴衆は常に真剣」であった一方、「その曲目がポピュラーでない為に会場は常にガラ空き」であったという。(92)

演奏会制度の確立とレパートリーの固定化という現象は、ヨーロッパにおいては市民社会化の進展との関わりが論じられているが、日本においては、演奏会の拡大とほぼ同時進行であったレコード文化の進展の中で、同様の現象が起こっていたといえよう。大田黒元雄は、一九三九（昭和一四）年当時、放送の普及が演奏会を圧迫することへの音楽関係者の困惑と不安を語っている。(93)

ただし、こうした問題や危惧はありつつも、多くのクラシック音楽が日比谷公会堂で実演され、聴かれたというのは、先にみた催事の回数から明らかである。戦中の青年日本交響楽団は、新聞の三行広告と少数のポスターだけでも聴衆は多く集まった。指揮をしていた服部正はこう述べた。

わたくしは、特別、意識的な抵抗感をもって演奏会をひらいていたのではなかった。それはただ平時と変らぬプロを組んだだけである。戦時中であるからといって、音楽が変るとは思えなかった。聴衆が望んだことは、要するに平時に帰りたいことなのである。わたくし自身も、聴衆と同じようにそのことを望んでいたし、平時の音楽を平時の心で演奏したかったのだ。(94)

(3)　レコード産業の発達と歌謡曲の発表

レコード産業の発達

劇場としての公会堂を論じる際の第二の論点として、第一の論点とも深く関わるレコード産業の問題、とりわけマスメディアによる、軍歌を中心とした新曲歌謡曲の発表という部分に注目したい。

日比谷公会堂の歴史は、レコード産業発展の時代と重なる。倉田喜弘『日本レコード文化史』によれば、日比谷公会堂開館の一九二九（昭和四）年は「流行小唄の洪水(95)」であった。表4-2にみられるように戦前期においては大量のレコードが生産され、一九二九（昭和四）年から一九三六（昭和一一）年のわずか七年で三倍近くに増加している。この水準を超えるのは、戦後も一九六一（昭和三六）年になってからのことであった（表4-2、図4-12）。

歌謡曲、軍歌の位置づけ

これらのレコードの中でも、軍歌は重要な位置を占めていた。古茂田信男／島田芳文／矢沢保／横沢千秋『日本流

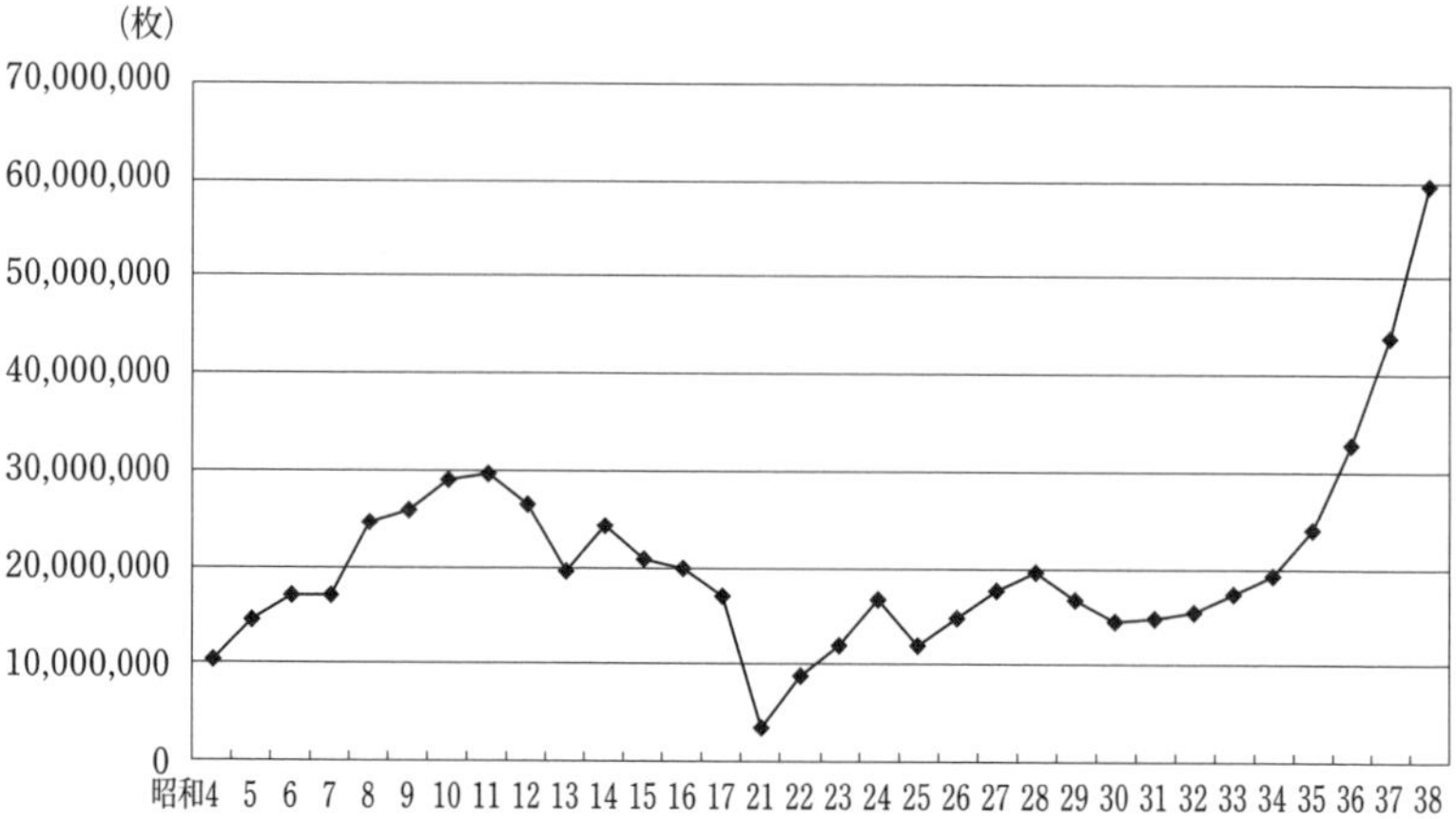

図 4–12　レコード生産枚数の推移（表 4–2 をもとに作成）

表 4–2　レコード生産枚数の推移

昭和	レコード生産枚数	指数	昭和	レコード生産枚数	指数
4	10,483,364	100.00	23	11,961,857	114.10
5	14,400,206	137.36	24	16,859,801	160.82
6	16,894,889	161.16	25	11,827,988	112.83
7	17,016,351	162.32	26	14,903,787	142.17
8	24,675,124	235.37	27	17,805,599	169.85
9	25,730,707	245.44	28	19,408,737	185.14
10	28,922,390	275.89	29	16,559,807	157.96
11	29,682,590	283.14	30	14,500,604	138.32
12	26,409,270	251.92	31	14,938,226	142.49
13	19,634,340	187.29	32	15,586,912	148.68
14	24,385,337	232.61	33	17,200,437	164.07
15	20,928,123	199.63	34	19,388,235	184.94
16	19,714,066	188.05	35	24,003,636	228.97
17	17,085,186	162.97	36	32,821,956	313.09
21	3,420,003	32.62	37	43,737,560	417.21
22	8,847,284	84.39	38	59,594,834	568.47

出典：倉田喜弘『日本レコード文化史』岩波現代文庫、2006 年、190、227、257 頁より筆者作成
・指数は昭和 4 年を 100 とした。
・昭和 18 年–20 年は記録がなく、昭和 10 年と 13 年にはプラス α の数値がある。日本レコード協会編・発行『日本のレコード産業 2010』によれば昭和 21 年は 6,420 千枚であるが、過去最低であることに変わりはない。

行歌史』では、日本における軍歌を第一期（日清戦争期）、第二期（日露戦争期）、第三期（日中戦争以降）の三期に区分する。第一期（「勇敢なる水兵」「豊島沖の戦い」など）と第二期（「戦友」「橘中佐」など）は、長い叙事詩形式がとられ、琵琶歌や謡曲、浄瑠璃、浪曲の影響を受けた「語り物」の性格をもつ。それに対し、明治中期以降の日本の詩が欧米の影響により、感情の流れを表現する叙情的なものへと変化し、「直接おのれの感情にはたらきかける抒情詩型が、その好みに合ってきた」という。

本書が注目するのは、ここでいう第三期にあたる。この時期の特徴として、それまでの「軍歌」から「軍国歌謡」という呼称が用いられるようになり、兵隊のためだけの歌ではない、いかめしさも不要な「真に国民の日々に滲み込んだ、国民そのものの歌」すなわち、「軍国主義のために歌うというよりは、やはり大衆自身の心の癒しとして歌えるもの、歌われるもの」が増えた(96)。また堀内敬三によれば、放送協会でもそれまでつくっていた「国民歌謡」を軍歌のほうへ向け、レコード会社では歌謡曲の流布を狙うため、なるべく俗語風の歌詞に流行歌調の曲をつけたものを求めた。発売されるレコードは、軍歌にしても軟らかい軍歌、軍事流行歌に至っては享楽情緒、股旅情緒、感傷気分の横溢したものが多く、日清日露戦争時代の素朴な軍歌とは趣が変わってきた(97)。

第三期の直前、一九三四（昭和九）年には出版法が改正され、レコードの検閲にもこれが準用された。その後同法の施行規則により、同年八月一日から内務省警保局図書課にレコード検閲室が開設され、担当者は連日二、三時間レコードを聴いては検閲にあたった。当初の検閲は緩やかなものであったが、日中戦争を期に厳しさを増す。一九三七（昭和一二）年八月に内務省警保局長はレコード関係者や音楽家を集め、時局対策として商売第一主義から奉公主義に改め、検閲を強化することを伝えた。その後、流行歌の新譜は七月に六〇〇種であったのが八月以降激減し、一〇月には二一八種までに落ち込んだ。一方、同年九月発売された「露営の歌」は六カ月で六〇万枚売れ、「愛国行進曲」は、一九三七（昭和一二）年一二月二六日の発表演奏後、一〇〇万枚以上が売れた(98)。

また、日中戦争開始後、「流行歌どころではない」という主張がなされ、軍国歌謡が数多く生み出された。コロムビアレコードでは、事変勃発と同時に急遽企画会議を開催し、「此の重大時局に力強き音楽報国を期し、前線の士気を鼓舞すると共に、銃後国民の精神作興に資すべく国策戦に添つて勇往邁進する事とした。従つて其の後に製作せられたものは、軍歌時局歌はもちろん、浪花節、端唄小唄、童謡に至るまで、右の主旨を織り込み、しかもその主旨の普及と同時に娯楽レコードとしての本質も忘却せず、併せて会社業績の向上に腐心した」という。[99]一九三七（昭和一二）年の雑誌『月刊楽譜』には「時局に資すべくレコード界では今軍歌、愛国歌の白兵戦であります。も早幾十の軍歌が作られたでありませうか。又この中幾何か後世に歌ひ伝へられるのでありませうか[100]」との記述があるように、大量のレコードが発売されていった。

戦時下の音楽を中心的に研究している戸ノ下達也は、アジア・太平洋戦争期の音楽界の動向を、①音楽界の一元組織化、②大衆歌謡や軽音楽でのホンネとタテマエの交錯、③国やマスメディアによるクラシック音楽の活用、④演奏会への規制強化、⑤厚生音楽や移動音楽の強化・拡充、と整理する。[101]また、当時つくられた歌はラジオ番組「国民歌謡」でも放送されたが、その特徴について戸ノ下は、①芸術歌曲、ホームソング、②教化、動員、意識昂揚を狙いとした楽曲の二つの潮流に分類する。[102]前者は「椰子の実」などの、「誰にでも朗らかに歌える」という、放送開始当初の目的に沿ったものであったが、後者はさらに以下の五つに分類される。①女性（母、乙女）を歌ったもの（「愛国の花」など）、②軍事関係の国家イベントのための楽曲（「紀元二六〇〇年頌歌」など）、③皇国・皇軍賛美の楽曲（「愛国行進曲」「燃ゆる大空」など）、④国民精神総動員運動に呼応して制定された楽曲（「海行かば」など）、⑤戦時下の国民運動や国民生活に密着したテーマを題材にした楽曲や制作（「防空の歌」「出せ一億の底力」など）。そして、制定のプロセスは、①日本放送協会による公募、②政府機関、官製国民運動団体、メディアによる公募・委嘱、③政府機関、官製国民運動団体、メディアによる選定歌、制定歌、という三つの方法があった。なおこの戸ノ下の分類は、ラジオ放送された歌に対するものであり、当時の歌すべてを対象としたものではないが、おおむねほかにも該当しうるとみてよいだろう。

（４）新曲発表の場としての日比谷公会堂

昭和初期は、様々な流行歌のヒットの一方、陸海軍省、内閣情報部の官製軍歌、各新聞社の募集歌、各レコード会社競作の軍国歌謡が続出してきた。昭和期で初めての軍歌は一九二九（昭和四）年一一月の「進軍の歌」（東京日々新聞社、大阪毎日新聞社）で、その後一九三一（昭和六）年九月の満州事変ののち「討匪行」（一九三二（昭和六）年一二月、関東軍参謀部制定）、一九三二（昭和七）年の「満州行進曲」（朝日新聞社）、「肉弾三勇士の歌」（朝日新聞社）、「爆弾三勇士の歌」（毎日新聞社）などが相次いで発売される。

こうしたレコードは、マスメディア相互の「タイアップ」により売られていった。一九三二（昭和七）年一月四日の東京・大阪朝日新聞に企画が発表され、二月一五日にビクターから発売された「満州行進曲」は、朝日新聞社から作曲委嘱を受けた堀内敬三によれば、それまでの軍歌がすでに流布したものがレコードに吹き込まれたのに対し、「レコードを通じて世間に流布すること」を初めから条件として企画されていた。堀内は洋風音階を避け、日本の陽音階を用いて民族的な味を出すようにした[103]。大阪毎日、東京日日新聞社は、コロムビアレコードとタイアップして歌曲募集を行い、一九三七（昭和一二）年の「露営の歌」は大ヒットとなった。加太こうじは、ＳＰレコードの演奏時間にあわせて歌詞をつくる傾向が強くなったと指摘するが[104]、レコード産業の進展の中で流行歌のつくられ方や、以下にみるように聴かれ方も変容していったといいえよう。

そして、日比谷公会堂は新曲発表の格好の場であった。表４-３は、戦時期に募集された主な懸賞歌や、各種機関による選定歌などの一覧であるが、多くが日比谷公会堂で発表されている。資料の残存の問題などから、これらは一部にすぎないが、一九三二（昭和七）年の「満州の唄」「満州小唄」「肉弾三勇士の歌」「爆弾三勇士の歌」などから終戦直後に至るまで、非常に多くの新曲が発表されたことがわかる。

各発表会の当日のプログラムをみると、軍楽隊や発売元のレコード会社所属歌手らが出演し、実演と歌唱指導を行う形式が一般的であったことがわかる。図4-13は、新聞紙面に掲載された発表会の模様の一つで、日比谷公会堂ではないが、一九三二（昭和七）年三月一七日、東京朝日新聞社講堂における「肉弾三勇士の歌」発表演奏会で、聴衆の側を向き指揮する山田耕筰と、配布されたプログラムをみながら歌う来場者の様子である。二月二八日に懸賞募集を開始し、三月一五日の紙面で発表され、三月一七日に朝日講堂で発表演奏会が行われ、コロムビアから三月二五日に発売された。その他の新聞社各紙も、自社で募集発表した歌の報道やそれをめぐるイベントを盛んに行い、「軍神」はイベント・事業化されていった。[105] そして、多数の聴衆が皆で歌う模様を写真でも表現できる日比谷公会堂は、いわば格好の新曲プロモーションの場であった。なおこのことは、数多くの教化動員関係の催事にも同様にいえる。満場の聴衆、会場全体での万歳の光景など、多くの「群衆シーン」が、日比谷公会堂では撮影されていた。さらに、こうした催事はラジオ中継されたこともあり、日比谷公会堂で披露された新曲は、多様な集会と同様、新聞とあわせてラジオでも、来場者だけでなく全国に伝えられた。

永井良和は、「爆弾三勇士」などの、軍国美談が娯楽産業と関わっていった事例に即して、報道から歌が生まれ、脚色されて映画作品になり、テーマ曲はレコード化され、博覧会などの関連イベントが企画される、といった当時の一連の流れに、現代のメディア・ミックス的な状況の原型を見出している。[106] 日比谷公会堂でも、一九三二（昭和七）年三月二三日一八時半、東京日日新聞社（現・毎日新聞社）主催で「爆弾三勇士の歌発表会」が行われ、翌月ポリドールレコードから発売された。先にみた朝日新聞社による「肉弾三勇士の歌」（コロムビアレコード）と、競うように販売された。

表4-3　主な懸賞歌、選定歌および日比谷公会堂での発表状況（開館-昭和24年）

No	テーマ	応募数	日比谷公会堂での発表	発表日	募集期間	主催等
1	唱歌「満州の歌」 小唄「満州小唄」	62019	—	—	1932.1.19-2.10	報知
2	肉弾三勇士の歌	124561	—	1932.3	1932.2.28-3.10	朝日
3	爆弾三勇士の歌	84177	1932.3.23	1932.4	1932.2.28-3.10	毎日
4	オリンピック選手応援歌	48581	—	1932.5.6	1932.4.17-4.30	朝日
5	大東京市歌	14120	—	1932.9.19	1932.5.28-6.12	毎日
6	日本国民歌	57195	—	1932.10.18	1932.7.30-8.31	毎日
7	東京祭	15345	—	1933.7.2	1933.6.21-6.26	読売
8	健康児の歌	28563	—	1934.5.5	1934.3.12-4.5	朝日
9	満州国皇帝陛下奉迎歌	13650	—	1935.2.11	1935.1.10-1.31	読売
10	東北伸興歌	3420	—	1936.5.25	1936.4.27-5.20	河北
11	「女の階級」主題歌	7553	—	1936.9.25	1936.9.11-9.17	読売
12	「神風」声援歌	44495	—	1937.3.10	1937.2.17-3.5	朝日
13	北海博行進曲	1982	—	1937.3.28	1937.2.2-2.28	小樽
14	進軍の歌／露営の歌	25000	—	1937.8.12	1937.7.31-8.6	毎日
15	国家総動員の歌	軍歌 15300 少国民歌 11100 歌謡曲 12400	—	1937.9.11	1937.8.8-8.20	報知
16	皇軍大捷の歌	35991	1937.12.24	1937.12.19	1937.11.27-12.10	朝日
17	愛国行進曲	57578	1937.12.26	1938.1	1937.9.25-10.20	内閣情報部
18	日の丸行進曲	23805	—	1938.3.10	1938.2.11-2.28	毎日
19	日本万国博覧会行進曲	—	1938.4.22	—	—	キングレコードから発売
20	婦人愛国の歌	17828	—	1938.6月号	1938.4月号	主婦之友
21	大日本の歌	—	1938.10.11	1938.10	—	日本文化中央連盟選定、ビクターとコロムビアの両社から発売
22	大陸行進曲	21000	—	1938.10.15	1938.9.10-9.30	毎日
23	少年少女愛国の歌	17000	—	1938.11月号	1938.8月号	主婦之友
24	台湾行進曲	—	1938.12.4	—	—	台湾総督府国民精神総動員本部選定、コロムビアレコードより発売
25	愛馬進軍歌	39047	—	1938.12.24	1938.10.15-11.5	陸軍省
26	愛国勤労歌	9630	—	1938.12.25	1938.11.17-11.30	福岡日日
27	皇軍将士に感謝の歌（父よあなたは強かつた／兵隊さんよありがたう）	25753	1939.1.20	1938.12.3	1938.10.9-10.31	朝日
28	国民舞踊の歌	11453	—	1939.2.25	1939.1.16-2.5	都
29	花の亜細亜	—	1939.3.19	—	—	都新聞社懸賞入選歌
30	太平洋行進曲	28000	—	1939.3.27	1939.2.18-3.15	毎日
31	母を讃へる歌	21839	—	1939.5.13	1939.3.8-3.31	朝日
32	世界一周大飛行の歌	45203	—	1939.7.25	1939.7.14-7.20	毎日
33	出征兵士を送る歌	128592	—	1939.8.15	1939.7.7-7.31	講談社
34	空の勇士を讃へる歌	24873	—	1939.9.11	1939.7.26-8.31	読売

No	テーマ	応募数	日比谷公会堂での発表	発表日	募集期間	主催等
35	明治神宮国民体育大会の歌	—	—	1939.11	—	厚生省
36	紀元二千六百年奉祝国民歌	18000	1939.12.15	1939.10.15	1939.8.20-9.20	NHK ほか
37	勤労奉仕の歌	10412	1939.12.15	1939.12.3	1939.11.15-11.25	毎日
38	防空の歌	16000	1940.4.22	1940.4.8	1940.2.17-3.20	朝日
39	興亜行進曲	29521	—	1940.6.5	1940.3.22-4.30	朝日
40	国民進軍歌	22792	—	1940.7.1	1940.6.1-6.20	毎日
41	航空日本の歌	25161	—	1940.9.12	1940.8.7-8.25	朝日
42	燃ゆる大空	—	—	1940.9	—	陸軍省
43	靖国神社の歌	20000	1940.10.14	1940.10 月号	1940.6 月号	主婦之友
44	起てよ一億	—	1940.11.3	—	—	海軍省海軍軍事普及部推薦歌
45	大政翼賛の歌	18731	1941.3.15	1941.1.10	1940.12.12-12.25	大政翼賛会
46	産業戦士の歌	—	—	1941.1	—	産業報国会
47	出せ一億の底力	—	1941.2.7	1941.2	—	毎日
48	めんこい子馬	—	—	1941.2	—	陸軍省
49	国民学校の歌	18536	1941.3.15	1941.2.15	1941.1.2-1.31	朝日
50	海国魂の歌	4906	—	1941.4.9	1941.3.3-3.25	読売
51	国民総意の歌	5998	—	1941.5.11	1941.3.21-4.15	読売
52	護れ太平洋	—	—	1941.5	—	毎日
53	東亜共栄を讃ふる歌	—	1941.5.12	—	—	帝都日日新聞社募集、内閣情報局、帝都日日新聞社選定
54	さうだその意気	—	—	1941.7	—	読売（※懸賞募集で当選作がなかったため選定歌となる）
55	健康の歌	—	—	1941.10	—	東京市
56	なんだ空襲	—	—	1941.11	—	毎日ほか
57	興国決戦の歌	25000	—	12.15	1941.12.9-12.13	朝日
58	特別攻撃隊を讃へる歌	8973	—	1942.4.8	1942.3.7-3.20	読売
59	大東亜戦争海軍の歌	—	1942.5.26	—	—	海軍協会、朝日新聞社
60	七洋制覇の歌	多数	—	1942.5.27	1942.4.15-5.5	毎日ほか
61	村は土から／みたから音頭	—	1942.6.25	—	—	読売新聞社、農山漁村文化協会選定
62	隣組防空群の歌	—	1942.7.4	—	—	東京市選定
63	大東亜戦史	—	1942.7.13	—	—	社団法人同盟通信社、帝国蓄音機株式会社。純粋な歌のみではなく、ナレーションの入った記録レコード
64	勤労報国隊歌	15721	—	1942.8.20	1942.6.21-7.20	朝日
65	日本の母の歌	20000	—	1942.9 月号	1942.6 月号	主婦之友
66	少国民進軍歌	—	1942.10.6	—	—	軍事保護院、恩賜財団軍人援護会、社団法人日本少国民文化協会
67	躍進鉄道歌	4500	—	1942.11.5	1942.9.19-10.14	朝日
68	増産音頭	3300	—	1943.3.7	1943.1.13-2.5	朝日ほか
69	米英撃滅行進曲	不明	—	1943.7.1	1943.3.30-5 月末	大政翼賛会

No	テーマ	応募数	日比谷公会堂での発表	発表日	募集期間	主催等
70	日本の足音ほか	―	1943.4.10	―	―	朝日新聞社、財団法人日本音楽文化協会、日本少国民文化協会主催「ウタノヱホン・大東亜共栄唱歌発表演奏会」にて
71	愛国百人一首	―	1943.5.21	―	―	日本文学報国会、日本音楽文化協会、毎日新聞社、日本蓄音機レコード文化協会、大日本舞踊連盟主催の発表会が組まれ、ニッチク、テイチク、富士、大東亜、ビクター5社から発売
72	みたみわれ	―	1943.7.6	―	―	大政翼賛会
73	アッツ島血戦勇士顕彰国民歌	9683	1943.7.17	1943.7.10	1943.6.3-6.20	朝日
74	学徒空の進軍	1236	―	1943.9.20	1943.8.25-9.15	読売報知
75	印度国民軍行進歌	―	1943.11.14	―	―	大政翼賛会興亜総本部、大日本翼賛青年団、財団法人日印協会主催「スバス・チャンドラ・ボース閣下大講演会」で発表
76	国民徴用挺身隊	3000	―	1943.11.26	1943.10.22-11.10	朝日
77	勝利の生産	―	1943.12.11	―	―	朝日新聞社制定、応徴戦士の歌
78	輸送船行進歌	―	1944.1.31	―	―	運輸通信省海運総局選定
79	特幹の歌／兄は征く	―	1944.8.28	―	―	読売新聞社選定、陸軍省献納歌
80	海の若人	―	1944.9.15	―	―	運輸通信省選定
81	起て一億／決戦の秋は来れり	―	1944.10.3	―	―	社団法人大日本文学報国会、社団法人大日本芸能会、社団法人日本音楽文化協会主催「献納歌発表　起て一億の夕」
82	愛国子守歌	―	1944.11.20	―	―	日本少国民文化協会、大日本婦人会主催「愛国子守歌発表　母と子の必勝大会」
83	国民歌（必勝歌として発表）	作詞10984 作曲1500以上	1945.2.11	―	1944.11.8-1945.1.10	情報局
84	国民の軍歌	15206	―	未発表	1945.8.5-8.15	日本音楽文化協会ほか
85	赤き実／微笑む人生	―	1946.12.14	―	―	財団法人同胞援護婦人連盟主催「引揚孤児救済「同胞の会」基金募集　新流行歌発表会」
86	新日本の歌／明かるい光／われらの日本	―	1947.4.25	―	―	憲法普及会（「新日本の歌」「明かるい光」選定）、毎日新聞社（「われらの日本」選定）主催「新憲法施行記念国民歌発表会」
87	新女性黎明の歌	―	1947.4.30	―	―	日本女性友愛会発会記念「新憲法と女性」講演歌謡舞踊映画の会で発表。このほか新作舞踊「解放されたる女性」
88	憲法音頭（チヨンホイ音頭）	―	1947.5.3	―	―	憲法普及会制定。新憲法施行記念講演会で発表
89	あの音なあに	―	1947.9.10	―	―	厚生省、東京都、財団法人民生委員連盟、財団法人児童文化協会主催「新日本子供のうた発表会」入選作
90	貿易音頭	―	1948.12.13	―	―	日本貿易博覧会当選歌
91	ふるさとの土	―	1948.12.20	―	―	引揚援護「愛の運動」中央協議会、同東京協議会、朝日新聞厚生事業団、日本コロムビア株式会社主催

出典：倉田喜弘『日本レコード文化史』岩波書店、2006年および日比谷公会堂所蔵資料をもとに筆者作成

図4-13　指揮する山田耕筰と歌う来場者
出典：朝日新聞「新聞と戦争」取材班編『新聞と戦争』朝日新聞出版、2008年、551頁

新曲発表の場となった公会堂もまた、永井のいうメディア・ミックスを構成する重要な要素であった。日比谷公会堂のような大規模な空間は、新曲を共に歌い、耳に馴染ませるためには格好の場であったといえよう。日比谷公会堂は、メディア・イベントの拠点となっていた。

そして、歌は各種の催事を彩った。例えば一九三七（昭和一二）年四月二三日、「三〇〇〇余の女性を動員して[107]」開催された選挙粛正婦人大会（主催：愛国婦人会、大日本連合婦人会、財団法人婦人連合会、後援：東京府、東京市、選挙粛正中央連盟）では、連盟理事長田澤義鋪の挨拶などのほか、映画『輝け日本の憲政』とともに、合唱「選ばうよ、みんな」「選挙粛正の歌」が、会場で歌われた。当日のプログラムには歌詞が印刷されていた。

また、一九三七（昭和一二）年に発表され、放送により普及した「海行かば」（信時潔作曲）は、一九四三（昭和一八）年春から文部省および大政翼賛会で儀式に用いることが決められた。大日本青少年団ではそれ以前から儀式に用いており、陸海軍軍楽隊、放送協会でも、記念用として演奏されていた[108]。

このほか日比谷公会堂では、映画社による新作映画発表会の中での新曲発表なども行われていた。一九四四（昭和一九）年三月一〇日、陸軍記念日における『加藤隼戦闘隊』特別試写会や、一九四四（昭和一九）年一二月「雷撃隊出動　特別発表会」（主催：読売新聞社、東宝株式会社、後援：海軍省、協賛：社団法人映画配給社、映画発表と共に「雷撃隊出動」「男散るなら」発表）などである。

戸ノ下達也はこうした「国民歌」に注目し、社会的背景とともに受容のプロセスを論じているが(109)、以下では歌そのものよりも公会堂という場で歌が共有される現象に重点をおき、いくつかの事例に即して、新曲がどのように公会堂で発表され、歌われ、流布していったのかをみてみよう。

同一テーマによる各社販売競争――「さくら音頭」

一九三三（昭和八）年は、東京音頭など「音頭」が流行した年であったが、その流行は、各種マスメディアの力によるところが大きかった。翌一九三四（昭和九）年の「さくら音頭」は、ビクター、コロムビア、ポリドール、テイチク各社から発売された。このうちコロムビア版のレコード発売にあたっては（作詞：伊庭孝、作曲：佐々紅華、歌：赤坂小梅、柳橋歌丸、柳橋富勇）、発表と同時に松竹キネマおよび松竹少女歌劇と共催、読売新聞社、高島屋、京都都ホテルなどの後援で大宣伝を行った。二月一四日から一二日間高島屋屋上では「さくら音頭」講習会が、二月一六日、一七日の両日は「ミス・さくら」予選、三月八日には日比谷公会堂で決選大会が行われた。当日は八二名の予選通過者の踊りが行われ、三名の当選者が決定した。このほかにも、日比谷公会堂ではマスター、カルピス、クラブ、ミツワなどの化粧品、飲

図４−14　昭和９年３月８日「ミス・さくら決選大会」（コロムビア社）
出典：日比谷公会堂所蔵資料

料品店とのタイアップで関連の催事があった。日時不明「東京踊り五周年記念大会　マスター愛用者御招待」（主催：マスター化粧品尚美堂、後援：松竹少女歌劇団、日本コロムビア蓄音機株式会社）、三月一八日「柳家金語楼満州を語る夕」（後援：カルピス製造株式会社）、三月二四日「クラブ歯磨愛用者御招待　さくら音頭大会」（主催：松竹キネマ株式会社、日本コロムビア蓄音機株式会社、クラブ歯磨本舗中山太陽堂）などである。このほか、東京市主催によっても、上野公園、日比谷公園ほか市内各公園で、奉祝さくら音頭舞踊大会が行われた。松竹キネマでも、コロムビア社の「さくら音頭」吹き込みの実況からレコード製作過程が映画化され、東京大阪の両松竹歌劇団では、「さくら音頭」を主題歌としたレビューが上演される、という徹底ぶりであった。

　このほか、同じ日比谷公会堂で、ビクター社発売の「さくら音頭」も披露されていた。二月一六日「ビクターのさくら音頭の夕」（主催：時事新報社、後援：日本ビクター蓄音機株式会社、東京宝塚劇場、ＰＣＬ映画制作所）がそれである。

　さらに、ポリドール社も同様である。三月一一日「東都舞踊競演会」（主催：東都舞踊協会、後援：やまと新聞）、四月三日「函館罹災同情基金募集の為めの流行歌と映画の夕」（主催：日本ポリドール蓄音機商会、後援：日本活動写真株式会

図4-15　昭和9年2月16日「ビクターのさくら音頭の夕」（日本ビクター社）
出典：日比谷公会堂所蔵資料

図4-16　昭和9年4月3日「函館罹災同情基金募集の為めの流行歌と映画の夕」（ポリドール社）
出典：日比谷公会堂所蔵資料

図4-17　昭和12年12月26日「愛国行進曲発表演奏会」プログラム表紙と楽譜
出典：日比谷公会堂所蔵資料

社）、三月三一日「ウテナ愛用者御招待　実演と独唱の会」（主催：ウテナ化粧品本舗、後援：日本ポリドール蓄音機商会、東京朝日新聞社広告部）など、各催事でポリドール版「さくら音頭」が披露された。

なお、翌一九三五（昭和一〇）年春にも「さくら音頭」によるさくら物の宣伝が行われたが、音頭物がすでに飽きられ、気勢はあがらなかった[110]。このようにレコード会社各社が同類のテーマで競う例は、先にみた三勇士（一九三二（昭和七）年）、皇太子生誕（一九三三（昭和八）年）、そしてこの「さくら音頭」など、いくつもみることができる。また、多方面とのタイアップ活動によるレコード販売は、ほかにも「皇軍将士に感謝の歌」「父よあなたは強かった」（東京朝日、大阪朝日新聞社）、「愛染かつら」「続愛染かつら」「愛染かつら完結編」（松竹大船映画）などがあった（いずれも一九三九（昭和一四）年発表[111]）。

皆で歌って覚える場――愛国行進曲、隣組防空群の歌

一九三七（昭和一二）年一二月二六日一九時、日比谷公会堂で「愛国行進曲発表演奏会」が行われた。陸海軍軍楽隊合同演奏の、三部構成による大規模な催しであった。まず「君が代」、「陸軍行進曲」、「ナチスの歌」、「ファシストの歌」、「挙国の歓喜序曲」、「軍艦行進曲」の演奏。休憩を挟み、横溝光暉内閣情報部長による挨拶ののち、「愛国行進曲」演

奏（指揮：山口常光軍楽長）、同曲の独唱および斉唱（伴奏指揮：内藤清五軍楽長、歌：中村淑子、奥田良三）、同曲の指導（徳山璉、ピアノ伴奏：林良夫）。さらに休憩を挟み、連合合唱団により以下の曲が歌われた。「皇軍讃頌」「敵軍潰走」「海行かば」「大陸軍行進曲」（指揮：山口軍楽長）「「若人よ」行進曲」「連合艦隊行進曲」「愛国行進曲」（指揮：内藤軍楽長）。これらの各種演奏、内閣情報部長の挨拶ののちに「愛国行進曲」が、軍楽隊演奏、独唱および斉唱、歌唱指導など多様に演奏され、さらに休憩を挟んで数曲演奏し、最後も「愛国行進曲」で締めくくられた。当日配布されたプログラムには楽譜と歌詞が記されたが（図4-17）、新曲発表の場においては、このような楽譜付プログラムが配布され、歌唱指導が行われることがしばしばであった。来場者はプログラムを手に、歌唱指導を受けながら繰り返し歌ったことであろう。

一九四二（昭和一七）年七月一一日一三―一五時には、東京市と読売新聞社共同募集による「隣組防空群の歌」発表会が行われた（主催：東京市、読売新聞社、後援：東部軍司令部、警視庁）。国民儀礼ののち、東京市防衛局職員、読売新聞社社員、軍関係者の挨拶と講演がなされ、「隣組防空群の歌」発表が行われた。島田一郎作詞、秋本京静作曲のこの歌は、霧島昇、二葉あき子、佐々木章、コロムビア合唱団らにより歌われ、そののち作曲者の秋本京静による歌唱指導が行われた。その後「国民皆唱歌曲集」として、コロムビア専属歌手の渡邊はま子らも登場し、「花の隣組」「相呼ぶ歌」「支那むすめ」「村は土から」「我は再び銃執らん」「南へ南へ」「支那の夜」「なつかしの歌声」「仏印むすめ」「海の進軍」「誰か故郷を思はざる」が披露され、最後に「隣組防空群の歌」が全員で歌われた。主催者の読売新聞は、「忽ち覚えた聴衆の朗かな合唱は講堂の暑気も吹きとばし」と報じた。[112] このような報道は、当然レコード販売も兼ねて行われたであろう。公会堂は、皆で歌って覚えることもできる、格好の新曲プロモーションの場であった。

イメージの共有――「みたみわれ」、「アッツ島血戦勇士顕彰国民歌」

一九四三（昭和一八）年七月六日、大政翼賛会主催「みたみわれ」発表会では、出演の藤原義江はじめ合唱団、日本交響楽団の男女全員、そして客席にも防空服装が目立ち、「翼賛会と楽壇の気持ちが期せずして合致し、その夜実践された「決戦下音楽のあり方」であつた」と報道された(113)。なお、発表演奏会は、さらに福岡、香川、大阪、広島、宮城でも開催されたほか、大政翼賛会提唱、音楽文化協会協力、情報局後援で第二回国民皆唱運動「戦場精神昂揚国民歌「みたみわれ」を歌う会」として、農山漁村を対象とした移動文化運動の要素を取り入れた普及活動が行われた(114)。その一環であろう、八月二一日夕方、横浜公園音楽堂で行われた「「御民われ」発表市民音楽会」について、聴衆による記録が残されている。聴衆は大入り満員、保土ヶ谷国民校の吹奏楽演奏であった。

> ぢやんぢやん雨の降る中で、皇国に生きるこの喜び、真に「御民われ」の気持をこの歌を通して、聴衆は思い切り歌つた。私の側に居た四歳位の子を伴れて居た中年の婦人は、その子が濡れてゐるのにもあまり気を止めず声高らかに歌つて居た。私も大きな声で歌つた。（中略）この急迫せる決戦下に於いて、粋の芸道らしきものも当然必要でありませうが、この演奏会に於ける様な真の熱意――演奏者聴衆共に――を表明し、加ふるにこの様な一般人に対する指導的演奏会を数多くして戴きたいものである。

この情報をどう評価するかという問題はあるが、まずはこうした言論の空間が成り立っていたことに、注意を向ける必要がある。この会では、最後に横浜交響楽団の演奏で「みたみわれ」を全員合唱したが、翼賛会のメンバーがこの様子をみて非常に感激し、「音楽は兵器なり」という趣旨の講演を行ったという(115)。

同様に、楽曲制定や発表演奏会にとどまらず、新聞社により楽譜の無料頒布や歌唱指導隊の派遣などが幅広く行われた例が、「アッツ島血戦勇士顕彰国民歌」（朝日新聞社選定、山田耕筰作曲）である。[116] 東京朝日新聞社主催、陸軍省・情報局後援、日本放送協会協賛による「アッツ島血戦勇士顕彰国民歌」は、アッツ島での日本軍玉砕の報を受けて募集が開始された。一九四三（昭和一八）年七月九日にニッチクレコードで吹き込みが行われ、翌一〇日に新聞紙上で楽譜が発表された。入選作のほか佳作となった詞も山田により作曲され、少国民歌「みんなの誓」として発表された。

新聞紙上での発表に続き、日比谷公会堂で七月一七日に「アッツ島血戦勇士顕彰国民歌発表大演奏会」が開催された。国立音楽学校・玉川学園合唱団、陸海軍両軍楽隊、東京交響楽団などが出演し、全五部からなる大規模なものであった。第三部までに入選歌発表や演奏がなされたのち、第四部では歌唱指導、第五部「大東亜戦争陸軍の歌」「大東亜戦争海軍の歌」「アッツ島血戦勇士顕彰国民歌」「君が代」が全国に中継された。このほか、第一部での大本営陸軍報道部長の谷萩少将の挨拶も新聞報道された。玉砕した山崎部隊の戦果および士気高揚に果たした役割を述べた挨拶は、こう結ばれた。

生死を超越しただ一途に己の本分たる忠節を果しましたことは御勅諭そのままの奉公であります、葉隠れに「武士道とは死ぬることと見つけたり」とありますが慷慨死に就くは易い、生も死も超越してそして任務に邁進することは難しいのであります山崎部隊の武士道は立派に死ぬることが立派に生きることなりと申すべきでありませう。[117]

「アッツ島血戦勇士顕彰国民歌」の裏巽久信による歌詞は、「刃も凍る北海の／御楯と立ちて二〇〇〇余士／精鋭こぞるアッツ島／山崎大佐指揮を執る」と始まり、玉砕に至る戦局を伝え、「ああ皇軍の神髄に／久遠の大義生かしたる／忠魂のあとうけ継ぎて／撃ちてし止まむ醜の仇」と締めくくられる。曲はヘ短調で作曲され、楽譜には「行進の流れにのりて」との指示があり、悲壮感の溢れる曲調に仕上がっている。審査委員長の大本営陸軍報道部長の谷萩那華雄少将は、「よく山崎部隊勇士の真面目と皇軍精神を国民に伝えている」ことが軍当局の要請であり、「空疎虚飾の修辞よりも内容の戦況叙述に重きをおいて決定した」と述べた[118]。

永井は、美談に取材した時局歌には、戦場となった特定の地名が織り込まれる一方、戦意高揚を目的とした歌には、「亜細亜」「大陸」といった抽象的な文言が織り込まれ、そうした漠然としたイメージが反復され唄われることで、意味についての明確な理解ぬきに言葉を使わせる仕組みとなっている、と述べる[119]。この指摘は重要である。これまでにみた曲の歌詞のように、地名や戦局を織り込むことで時局情報を共有する手段にもなったであろうが、公会堂の中で歌う共同体験により、永井のいう「漠然としたイメージ」が来場者に共有され、マスメディアにより報道されることでさらに多くの人々に共有されていった。

（5）　軍国歌謡の評価をめぐって

ここまでみたように、歌謡曲レコードは戦時中大量に発売されたが、一方でそれらすべての作品が人々の嗜好に応えたわけではなかった。先に、クラシック音楽にレコード文化がもたらした古典の人気と現代曲の不人気という影響について述べたが、歌謡曲の領域では、レコードの氾濫の一方での質の問題が論じられていた。

レコードの大衆化に対して、塩入亀輔は一九三七（昭和一二）年八月の大阪朝日新聞で批判を行った。満州事変以降の軍歌の隆盛はレコード会社によるものであり、それが原因で「大衆の心に残る軍歌が出ない」という[120]。

音楽の氾濫の一方で、人々の心に残る歌がないという問題は、一九四二（昭和一七）年の『音楽公論』における座談会でも議論された[121]。園部三郎はこう述べる。

極端ないひ方かも知れないけれども、今日は可なり音楽の氾濫といふやうなことが一種の現象になつてゐるのぢやないかと思ふ。勿論、今日の事情でたくさん作られるといふ理由は当然あるのだけれども、多くの音楽がいまの国民の生活の心情といふものにどこまで食ひ入つてゐるのかといふ問題を考へてみると非常に表面的な現象的な隆盛さだけに終つてゐる。早い話が時局音楽とか一般流行歌といふものが、聴衆の心と一諸になつてゐるか聴衆といふものは或は国民といつてもいいが、さういふ人々の事変・戦争によつて受けたところのものは実は今与えられてゐる音楽そのものより非常に深いところにある。従つてその深さをえぐり取れない音楽が如何にあつても、これは音楽文化としての隆盛を意味してゐないと思ふ。

人々の心にどうしたら届くかという問題の打開策として、この座談会では、悲壮美の追求という方向が提示された。野村光一はこう述べる。

支那事変以後は日本の国策的見地からして、国民の士気を鼓舞するために、「愛国行進曲」とか「太平洋行進曲」とか、さういふたちの軍国的なものがどんどん出てきた。それが出てくると同時に一方で非常に頽廃的な流行歌が矢張り流行る。その一例をいへば、「愛染かつら」だ。「愛染かつら」はどういふメロディかといふと、これは股旅物なんで、流行歌のどうしても抜けきれない一つの根本的な様式（中略）、だが現下の文化的政策、国策的政策からいへばそれはあつちやならないことだ。

それに対して園部三郎はこう答えた。

僕達の国民生活といふものは一種の悲壮な状態にあると思ふ。概念的ないい方ですが、もつと深刻な人間性の深いところまできてゐる悲壮さだと思ふ。さういふものをえぐつて行くといふことが何か国民の力を喪失させるといふ悲観的な観方もあるさうだが音楽芸術はそんなものぢやない。そのドン底まで行つた時に、悲壮美に対して聴衆は人間的な明るさを持つ。

こうした「悲壮美」を追求した歌は、先にみた「アッツ島血戦勇士顕彰国民歌」なども含まれよう。このほか、戦時中軍歌を多く作曲した堀内敬三は、終戦直前の政府や陸海軍による「一億総進軍の歌」「必勝歌」「切込隊」「陸軍」「皇土死守の歌」などの歌を挙げ、「絶望的哀調は国民の心を暗くするばかりで、軍歌政策の破産を思わせた」と評した(122)。一方で、戦争末期に歌われた「異国の丘」「同期の桜」などは、「悲劇的」で「活気がなく、明日への希望なんぞは一とかけらもない。「守るも攻むるもくろがねの」とか「天に代わりて不義を討つ」とかいうような無知な咆哮や怒号もない代りに、若い者の元気も、将来への希望もこもってはいない。軍歌は暗澹たる絶望の中に落ち込んで行くのほかはなかった」と回想する(123)。

先にみた一九三二（昭和七）年の「肉弾三勇士」の発売当時、高等小学校でその歌を習った加太こうじは、「これから高等小学校を卒業して、おとなの仲間入りをして働こうとする少年たちには、死ぬ歌はすかれなかった」と回想する(124)。「愛国行進曲」も、一九三九（昭和一四）年六月の雑誌『教育音楽』の調査では、小学校、男子中、女子高女、男女専門学校の生徒の好きな歌の中では、高い割合が示されてはいなかった(125)。

当時の音楽の位置づけについては、海軍報道部長であった平出英夫による「音楽もまた軍需品なり(126)」という発言が端的に示している。しかし、古茂田らによれば、全体では、勇ましい歌よりも仄かな哀調をもち、センチメンタルな想いを湧かせ、あるいは悲壮なイメージを描かせる姿の歌曲が、たとえ戦時下であろうとも一般世人に好まれた。例えば、日中戦争後にヒットした「露営の歌」（一九三七（昭和一二）年、東京日日、大阪毎日新聞社募集）は、もともとレコードのB面であり、同時に募集しA面に収録された普通の行進曲「進軍の歌」よりもよく聴かれた[127]。また、山住正巳によれば、昼間に軍歌が歌われても、夜には「支那の夜」「愛染かつら」といった流行歌を歌い、軍隊の無礼講は、軍歌よりも民謡や古い流行歌が歌われ、一九四一（昭和一六）年秋の警視庁主催の産業厚生慰安音楽巡回指導会でも、二、三年前に国民歌として選定されたものがすでに歌われなくなっており、次々に国民歌をつくる必要があったという[128]。

野村光一は、流行歌としての軍歌を戦後こう回想した。

> 戦争中、街で之等の曲が人々の口から唱はれてゐるのを聴き乍ら、私は屢々軍歌とは名が付くが、あんな軽いフランスの流行歌みたいな物を唱つてどうして激しい戦意などが起るだらうかと思つたものであつたが、それと共に私自身は、斯ういふ安易な、のどかな歌を唱つて呉れてゐる故に、なんとなくのびのびした気持ちになつて、戦争の苦痛、圧迫を忘れることが出来たのであつた。さういふことからして私は之等の歌がとても好きであつたし、自分でも屢々唱ひ、或る時の如きは友人と一緒に、それをピアノで弾いて貰ひ乍ら、ダンスとも乱痴気騒ぎとも分らぬことをやり乍ら、警戒管制下の一夜を送り、挙句の果、余り騒ぎ過ぎて、巡視に来た警防団の団長からひどく怒られたことが、今でも想ひ出される。
>
> こんなことを考へると、之等の歌は単なる軍歌以上のものであつて、流行歌として持つあらゆる使命を最上に完遂してゐるものではなからうか[129]。

戦時期の音楽界や国民歌謡に関する回想や論考はほかにも数多く、例えば見田宗介は、『近代日本の心情の歴史

――流行歌の社会心理史』において、「怒り」「かなしみ」「よろこび」「慕情」「義俠」「未練」「おどけ」「孤独」「郷愁とあこがれ」「無常感と漂泊感」という視点から、流行歌の分析を行っている[130]。

歌の受容や評価という個人的かつ心情的な問題を、集団のレベルにおいて考察するのは容易なことではないが、ここでは、戦意高揚を歌う軍歌が大量に発表された現象と、戦局悪化の中、忌避された股旅物の「頽廃性」や、絶望的な「悲壮美」を歌うことで、戦争の苦痛や圧迫を紛らわせていた人々の心情との間に生じていた「ずれ」に、注目しておきたい。戸ノ下達也が、大衆歌謡や軽音楽における「ホンネとタテマエの交錯」として、①反米英感情の扇情、②「南方もの」の流行、③軍隊組織の反映、④国民教化の目的、⑤決死・玉砕思想の反映、⑥間隙をぬった情緒的歌謡の創作、などを挙げたように[131]、レコード産業の進展の中で、公会堂を発表の場として大量に発売された新曲の「タテマエ」と、人々の「ホンネ」との間には、埋めがたい「ずれ」が存在していたといえよう。この「ずれ」については、音楽以外の領域でも以下、考察を続けていく。

4　儀礼空間としての公会堂

集会施設として開場した日比谷公会堂は、のちに「興行場」としての認可を受けたことで制度的にも、そしてこれまでみたように集会施設としての役割を果たすために機能的にも、劇場空間としての意味を有していった。

さらに、個別の催事の積み重ねの中で、公会堂は儀礼空間としての機能も有していった。儀礼空間を形づくったのは、先に述べた歌のほか、様々な皇室関連行事や記念行事であり、それらの行事を彩った国民儀礼の諸要素であった。以下、それぞれの要素を検討していく。

図 4-18　昭和 15 年 11 月 10 日「紀元二六〇〇年市民奉祝会」における万歳の模様
出典：『読売新聞』昭和 15 年 11 月 11 日付朝刊 6 面

（1）皇室関連行事

日比谷公会堂では、各種の国民的な儀礼も行われていたが、その最たるものは皇室関連行事、あるいは皇室を意識した儀礼である。毎年、盛大かつ厳粛に催されていた。

皇室関係の催事には、ほかの催事と比較しても最大限の配慮がなされた。日比谷公会堂開場記念行事としても開催された一九二九（昭和四）年一〇月の万国工業会議開会式では、同会議の総裁であった秩父宮雍仁親王が臨場した。午前九時一五分来賓及会員着席（振鈴）、九時三〇分開会、「秩父宮雍仁親王殿下御臨場」で開始となるが、奏楽（君が代二回、一同起立）が二回行われるなど、極めて厳粛に行われた。来場者は「服装ハフロックコート、モーニングコート又ハ紋付羽織袴並ニ之ニ相応スル制服トシ、婦人ハヴィジティングドレス又ハ白襟紋付御着用相成度候　但シ履物ハ靴又ハ草履ニ限リ候」と注意書きが配布されていた。

一九三二（昭和七）年一〇月三〇日―一一月三日頃開催されたと推定される「祈禱会」では、首相以下主要閣僚が出席し、回向の際「今上天皇陛下ト御読ミ申上ゲルトキ参列者一

表4-4　日比谷公会堂で記念式典が実施された主な「記念日」

月日	内容	月日	内容
2月11日	紀元節	6月10日	時の記念日
3月1日	満州帝国建国記念日	6月17日	台湾始政記念日
3月3日	桃の節句	7月7日	七夕／盧溝橋事件
3月10日	陸軍記念日	9月1日	関東大震災
4月29日	天長節	9月18日	満州事変
5月5日	端午の節句	11月3日	明治節
5月27日	海軍記念日	12月14日	赤穂義士討ち入り

出典：日比谷公会堂所蔵資料に基づき筆者作成

同御立チノ上最敬礼」と記された。

一九三四（昭和九）年一二月二三日の「皇太子殿下第一回御誕生記念奉祝会」（主催：東京市。一八時からは同じく東京市主催、ビクター、コロムビア、ポリドール三社による記念演奏会）は、「広い会場も一杯になり非常な盛会」であった。宮城二重橋前、上野の自治会館、明治神宮でも、奉祝行事は行われていた(132)。

こうした祝祭行事の盛り上がりの頂点は、前章でみた通り一九四〇（昭和一五）年の紀元二六〇〇年奉祝関係行事である。この年、非常に多くの催事に「紀元二六〇〇年奉祝」が冠された。例えば、一一月一〇日の東京市および紀元二六〇〇年奉祝会主催「紀元二六〇〇年市民奉祝会」は、夕方六時から一〇時まで催された。会は、以下の次第で行われた。開式ののちに宮城遥拝／国歌斉唱（一回）／紀元二六〇〇年頌歌斉唱／紀元二六〇〇年奉祝紀元節に於て賜りたる詔書捧読（紀元二六〇〇年奉祝会副会長　男爵佐々木行忠）／祝辞（東京市長大久保留次郎）／奉祝国民歌紀元二六〇〇年斉唱／万歳三唱／閉式。会の後は、紀元二六〇〇年奉祝会制定浦安の舞（神社音楽協会）、奉祝演奏（海軍軍楽隊。行進曲紀元二六〇〇年、行進曲建国、行進曲進軍、奉祝円舞曲紀元二六〇〇年、行進曲軍艦）、映画上映（ベルリンオリンピックの記録映画『民族の祭典』）からなり、非常に儀礼的な色彩の強いものである。また、「斉唱」や「万歳」など、身体的な参加ももたらす内容であり、万歳三唱の模様は新聞でも報道された（図4-18）。このような身体的な参加と振る舞いの共有は、公会堂という大規模集会施設だからこそ可能な場であった、といえよう。

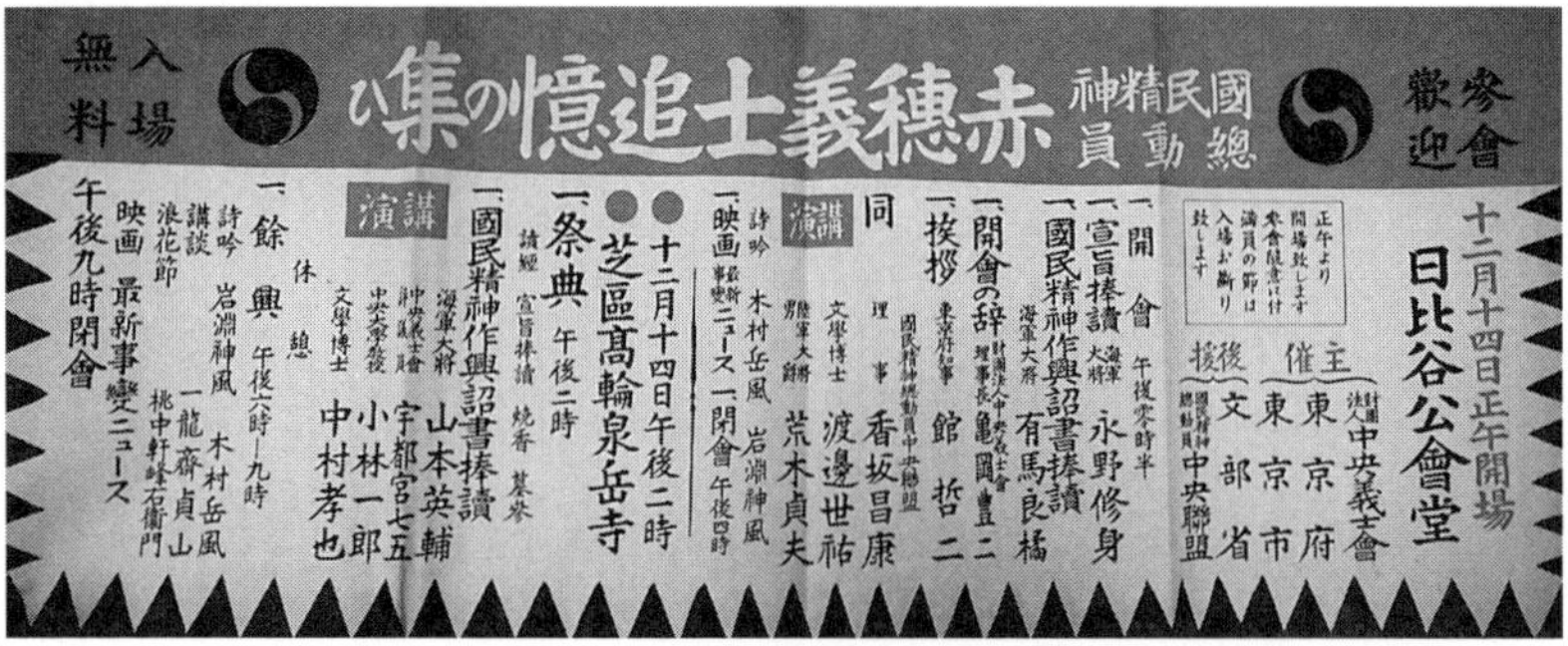

図 4-19　昭和 12 年 12 月 14 日「国民精神総動員　赤穂義士追憶の集ひ」
出典：日比谷公会堂所蔵資料

（2）記念日

表4-4は、日比谷公会堂で記念式典が実施された、各種の「記念日」である。こうした記念行事を積み重ねることは、過去の出来事の歴史的意味と正統性を確認し、共有することで、集団的なアイデンティティが創出されていく過程としてもとらえることができる。

三月一〇日の陸軍記念日は日露戦争における奉天城入場、五月二七日の海軍記念日は同じく日露戦争の日本海海戦勝利を祝して定められ、日比谷公会堂での恒例行事となっていた。ほかにも、一九三八（昭和一三）年三月一〇日の陸軍記念日では、それまで偕行社（陸軍将校の修養研鑽と親睦団結を目的に一八七七（明治一〇）年設立）が行っていた祝賀会を陸軍は遠慮し、ポスター絵葉書、小冊子の配布などを行う計画を立てた。当日には正午にラジオの合図で全国一斉に、戦没者および事変犠牲者追悼並びに戦勝祈願のための一分間の黙禱を捧げた。東京では午後二時から陸軍軍楽隊の大行進演奏が靖国神社から日比谷まで行われ、午後六時からは市主催の「祝賀の夕」が日比谷公会堂で行われた。市社会教育局長の挨拶に始まり、国歌斉唱の後、前年一二月に発表された「愛国行進曲」が早速歌われ、七時半からの松井石根陸軍大将の講演は全国に中継された[133]。

七月七日は七夕の集いも開かれていたが、一九三七（昭和一二）年に盧溝橋事件の起きた日でもあり、日中戦争開始以後は、すでに述べた「支那事変三周年記念講演会」（一九四〇（昭和一五）年）なども開かれていた。

一九四一（昭和一六）年九月一五日から、満州事変一〇周年の同年九月一八日に至る四日間には、全国的に祝典が行われた。一八日には各戸、市電、バスには国旗を掲揚し、事変の起こった八時二〇分にはサイレンを合図に全国一斉に黙禱を行い、そののち講話のラジオ放送がなされた。一五日夜には日比谷公会堂で満州国承認記念式典が開催され、一七日には陸軍軍楽隊の東京市中行進などの行事が展開された[134]。一五日の式典は、東京市ほか多数の団体による共催、大政翼賛会や各省の後援により実施され、満州国国歌も歌われた。

一二月一四日の赤穂義士討ち入りは、国民精神の作興に資することを目的に、その追憶の集いが開かれていた（一九三五（昭和一〇）年、一九三七（昭和一二）年、一九三九（昭和一四）年など）。例えば、一九三七（昭和一二）年一二月一四日「国民精神総動員　赤穂義士追憶の集ひ」（主催：財団法人中央義士会、東京府、東京市、後援：文部省、国民精神総動員中央連盟、図4-19）は、実態は赤穂義士に関するものというよりも、この年に始まった日中戦争や国民精神総動員運動にむしろ関わりが強く、国民精神作興詔書奉読や事変のニュース映画など、時局に関するものである。討ち入りの精神性と時局を重ねあわせることで、現在の状況に歴史的意味をもたせようとする試みであったことがうかがわれる。

このほか、楠正成は戦時中模範的人物とされ、恒例行事にはならなかったが日比谷公会堂で記念行事が行われている。一九四四（昭和一九）年四月二七日には「大楠公誕生六百五十年記念大祭」が大楠公奉賛会主催、大政翼賛会後援で実施され、各地に一億楠公誕生運動の展開が発表された。「われら大楠公の精神に帰一し七生報国の大儀に生きん」との宣誓が、主催団体の理事によってなされた[135]。

こうした各種記念日がどのように祝われてきたか、以下では毎年の資料残存が比較的良好である海軍記念日と時の記念日を採り上げ、時局の中で記念日がもった意味について考えてみよう。

海軍記念日（五月二七日）

一九〇五（明治三八）年の日本海海戦を祝して五月二七日に制定された海軍記念日は、主に海軍協会の主催により毎年式典が行われた。日比谷公会堂に資料が残るのは一九三三（昭和八）年からである。この年は、映画『此一戦』（発声）、『東郷元帥』、休憩を挟んで香坂昌康東京府知事の挨拶、齋藤首相・海軍協会会長、徳富猪一郎の講演。その後琵琶「東郷元帥」（高峰筑風）、海軍軍楽隊演奏「日本海海戦」「東郷元帥」「行軍の歌」、閉会の辞、海軍軍楽隊演奏による「君が代」、万歳三唱。

一九三四（昭和九）年からは、記念日の催事は急に豪華になる。映画『銀嶺の勇士』『輝く陸戦隊』、挨拶ののち、海軍中将布目満造「日本海海戦の思い出」、剣舞、漫談と漫芸、舞踊、独唱、男声合唱などがならび、コロムビアのレコード伴奏、オーケストラ演奏など音楽産業の関係者が協力した。また東京府、東京市、海軍省、東京商工会議所の後援を得た。

一九三五（昭和一〇）年は、日本海海戦三〇周年でもあった。映画『海国大日本』前半、合唱（東京海洋少年団）、挨拶（協会会長齋藤実、東京府知事横山助成、東京市長牛塚虎太郎）、講演「日本海海戦を回顧して」（安保清種海軍大将）、漫談「南洋土産」（西村楽天）、児童劇「海国日本」（第四日暮里尋常小学校児童）、映画『海国大日本』後半、海軍軍楽隊演奏：雅楽「越天楽」（近衛秀麿編曲）、軍歌「海軍記念日の歌」「護国の軍神東郷元帥」、小夜楽「芳春の幻」、万歳三唱。

一九三六（昭和一一）年は、ほぼ前年度と同様で、安保大将の講演、海軍軍楽隊の演奏のラジオ放送が行われた。行進曲「日本海海戦」「護国の軍神東郷元帥」の演奏のほか、歌謡曲として市丸、小野巡、渡邊はま子らが出演した。

一九三七（昭和一二）年は、海軍協会主催のほか、海軍省、東京府、東京市が後援についた。一九三六（昭和一一）年一月の日本のロンドン軍縮会議脱退宣言と一二月のワシントン海軍軍縮条約失効によって軍拡競争に突入し、当時は「無条約時代」と呼ばれたが、その第一年の記念日ということで、二日にわたって開催された。二七日正午には、東京連合婦人会、大日本飛行少年団主催、海軍省後援、ライオン歯磨協賛により、「海軍記念日記念母の会」が開催され、ここで確認しうる限り初めて「国歌合唱」が導入された。同日六時からは海軍協会主催、海軍省、東京府、東京市後援による「海軍記念日の夕」で、ここでも軍事講演、歌謡曲、漫談が披露された。第二夜は、軍楽隊演奏、海軍映画の上映などがなされた。海軍省の外郭団体である水交社では、正午から天皇の行幸のもと天覧相撲が行われ、この年の大相撲五月場所で横綱に昇進した双葉山は、横綱としての初土俵を踏んだ。なお、同じ五月二七日には、「海軍軍事思想の普及と海国精神の涵養」を目的に、財団法人海軍館により東京原宿に「海軍館」が開館した。艦船兵器などの模型を実際に動かすことのできる「現代部陳列室」、ペリー日本遠征記の実物、「敵艦見ゆ」を打電した当時の無線電信機などがみられる「歴史陳列室」からなるものだった(136)。二七日は、午前一〇時から陸戦隊装甲自動車隊が、軍楽隊の演奏の中、新橋、銀座、日本橋を行進し、靖国神社に参拝ののち宮城に行き、遥拝を行った。このほかにも海軍飛行機による空中分列も予定されていたが、雨で中止となった(137)。

一九三八（昭和一三）年五月二七日の「海軍記念日記念会」は、海軍協会のほかに東京府、東京市が主催となり、後援は東京商工会議所、逓信省、海軍省であった。「開会の辞」と「国歌奉唱」のあと、挨拶に入る前に初めて「皇軍将士の武運長久祈念」が挿入された。また、前年発表された「海ゆかば」が、海軍軍楽隊演奏の曲目に入れられ、東京音楽学校全校生徒が合唱に加わった。安保大将による講演は中継された。このほか同日正午には、事変犠牲者追悼および戦勝祈願の黙禱が一分間行われた。日比谷公会堂のほかにも、軍人会館はじめ市内各所で記念講演会軍楽映画会が開かれたほか、陸戦隊の行進、パンフレット・ポスター配布、支那事変展（海軍館）、海洋写真展（松屋）、海軍記念日を称ふる歌合唱（東京宝塚劇場）などが実施された。前年は雨天中止であった空中分列は、この年は燃料節約のため中止とされた[138]。

一九三九（昭和一四）年五月二七日の海軍記念日記念会（主催：海軍協会、東京府、東京市、後援：海軍省、逓信省）には開会の辞、国歌奉唱の後には「護国英霊に感謝、皇軍武運長久祈願」が行われた。翌二八日には、海軍記念日婦人子供大会も開かれた（主催：大日本飛行少年団、大日本航空婦人会、大日本海洋少年団、後援：海軍省、海軍協会、賛助：大日本連合婦人会、大日本女子少年団、日本童話連盟）。このほか、隅田川で実戦演習まで行われた[139]。

一九四〇（昭和一五）年五月二七日の会は、日比谷公会堂に当日のプログラムが残されておらず、報道資料も乏しいため詳細は不明であるが、「東京市主催日本海海戦三五周年記念演奏会」として、瀬戸口藤吉ら歴代軍楽隊楽長が揃った記念式典が開かれている。

一九四一（昭和一六）年の海軍記念日は、海軍館（日本海海軍回顧展覧会）、銀座松屋（海洋写真展覧会）、上野美術館（海洋美術展覧会）など各会場で祝われたが、日比谷公会堂における行事では朝日新聞社が海軍協会と並んで主催団体に名を連ねたことで、メディア・イベントの性格が強まる。日比谷公会堂を舞台に二日連続で行われ、初日の二六日に「海軍恤兵強化の夕」として六時半から行われた会は、五時半ですでに「超満員入場差止め」となった。「宮城遥拝」「黙禱」、講演や映画ののち、後半の浪曲と愛国歌謡集は全国放送された。翌二七日の「海軍記念日海軍講演会」では、平出英夫海軍大佐「現下の国際情勢と日本」、飯田久恒海軍中将「三笠船上の東郷元帥」、高橋三吉海軍大将「日本海軍の底力」の三者の講演と、映画から構成された。公会堂に残されたプログラムをみると、飯田久恒の当初の予定は「日本海大海戦の歴史的意義」であった。それが「三笠船上の東郷元帥」という、やや英雄譚にも近い内容に変えられていることがわかる。主催者である朝日新聞の報道では、「帝国海軍は昔から科学してゐる、東郷元帥の必勝の信念、負けない構へはわが伝統的精神だ、もはや言論の時代ではなく沈黙して各員は夫々の職域で闘争準備の

時だ」と結んだとされている。(140)

太平洋戦争開戦後、一九四二（昭和一七）年の海軍記念日には、五月二六日に海軍省、情報局後援、海軍協会と朝日新聞社主催で「「海軍の歌」発表会」が一二時半より日比谷公会堂で催された。当日は「国民儀礼」（内容は後述）で始まり、第一部の発表会では東京音楽学校合唱団による斉唱、城田又兵衛と酒井弘による歌唱指導、そして全員による合唱が行われた。プログラムには、歌詞と楽譜が記載された。第二部では海軍軍楽隊の演奏、第三部では藤山一郎らによる軍国歌謡、そして最後に海軍省提供の映画上映があり、第一部の発表と第二部の軍楽演奏は全国中継された。(141) 大本営海軍報道部により歌の制定の経過が話され、東京音楽学校の斉唱、合唱に続き、歌唱指導を行い、次の聴衆の合唱は、「艦首に逆巻く怒濤のごとく全世界に響き渡るかのやうであつた」と報道された。これらの模様は、会場から中継放送された。翌二七日夜の海軍記念日講演会には、朝日新聞社だけでなく、東京日日新聞社、読売新聞社も主催に加わる。冒頭の国民儀礼ののちに、各紙記者から従軍報告がなされ、大本営海軍報道部課長平出英夫が講演を行った。「海軍記念日はお祝ひすべき日ではなく、国民として将来に備へ自粛自戒すべき日である。近い将来に英米海軍は連合してやつて来ようが帝国海軍はこれを撃滅せんとしてゐる、国民もその決心で戦ひ抜いて貰ひたい」と、自粛を呼びかける内容であった。(142)

一九四三（昭和一八）年五月二七日の海軍記念日大講演会は、再び朝日新聞社と海軍協会の共催に戻る。冒頭は「国民儀礼」で始められ、挨拶、講演、軍楽隊演奏、映画によって構成された。海軍報道班員であった吉川英治は、「海軍生活と国民精神」と題した講演で、自身が一九三九（昭和一四）年まで朝日新聞に連載していた小説の人物である宮本武蔵を引き、「敵に勝ち抜くには、まず自らに勝つことだ、これが故山本元帥以下幾多の英魂に捧げる最も日本的な哀悼だ」と述べた。(143) この年は、東郷に加え四月に戦死した山本五十六が追悼の対象とされている。そこに宮本武蔵が重ねられ、先述の赤穂義士のように、過去の故人のイメージを現在に重ねる形で伝えられた。また、前章にみた通り「軍艦行進曲」の記念碑が、この年の海軍記念日にあわせて完成披露された。

一九四四（昭和一九）年の海軍記念日大講演会は、朝日新聞社のほか都内各新聞社が主催に加わった。海軍省矢倉少佐が米国の対日反攻の目標を述べ、各方面の戦況を説明した。栗原報道部長が「本土にもう火がついてゐる、火つけ犯人米英をやつつけよう、国民は戦争一本になり切ろう」と声を弾ませれば「万雷の拍手が沸いて、会場一杯に攘夷の血潮が沸る」と報道された(144)。

一九四五（昭和二〇）年に海軍記念日の式典が行われたかどうかは、公会堂に資料が残らず、報道もなされていないため、開催されたかどうかも含めて詳細は不明である。

時の記念日（六月一〇日）

六月一〇日の時の記念日は、生活改善運動の中で、生活の科学化を推進すべく一九二〇（大正九）年に制定され、各地で記念行事がもたれた中で(145)、日比谷公会堂でも祝われていた。日中戦争後初の時の記念日となった一九三八（昭和一三）年六月一〇日に日比谷公会堂で行われた「時の功労者表彰式」は、「正確な時計所持者に賞牌を授与する等、ポスター、パンフレットの配布と相俟って時の観念を市民に吹き込む」ことを目的に開催された。東京市社会教育課長の開会の辞で始まり、一三四名、三七団体が表彰された。そのうち表彰者の一人である櫻井勇吉氏は、「若い時分から夏冬を問はず毎朝四時には起きて家業を果し、その余の時間は公務に、会合の時間は厳守し」「お互いの時の浪費の防止に懸命に努力してきた力行家」として、また、市教育局社会教育課に勤務している田中氏は、三月までお昼のサイレンを鳴らしていた功労者として、表彰された。そこで作成されたポスターは、「時間の厳守銃後の固め」と標語が記された(146)。

一九三九（昭和一四）年六月一〇日一三時には生活改善中央会、東京府、東京市、東京商工会議所共催、文部省、

内務省、厚生省、国民精神総動員中央連盟後援で「第二〇回時の記念日の会」が開催された[147]。時計師協会の人たちが標準時計をもち、自転車で各会社、劇場、デパートを回り正しい時間を知らせたほか、街頭に「時の監視所」を設け、道行く人に正しい時間の観念を強調したという[148]。一九四〇（昭和一五）年六月一〇日にも、「生活刷新は時間の遵守から」のスローガンを掲げ、東京市内および日比谷公会堂で同様の催しが行われた[149]。一九四一（昭和一六）年にも、「一刻を争ふ戦時下にあって意義一入深い」として同様に開催され、「時の監視隊」が日比谷公会堂前の街頭で正しく時計をあわせることを促した[150]。日比谷公会堂での「時の記念日の夕」では、昭和舞踊研究所出演により「時の踊り」なども披露された。一九四二（昭和一七）年六月一〇日の「時の記念日の夕」には、後援に大政翼賛会も加わり、またそれまで「教育勅語奉読」であったのが、開戦を受け「詔書奉読」となった。一九四三（昭和一八）年には大政翼賛会東京府、東京市支部が主催に回り、また講演も「時と戦争」（大本営海軍報道部海軍中佐高瀬五郎）などと戦時色が強まった。一九四四（昭和一九）年および一九四五（昭和二〇）年は、資料がなく日比谷公会堂での開催は確認できていない。

近代日本における時間意識の形成に関してはすでに研究もみられるが[151]、公会堂という場所に集まることで、同じ時間に同じ振る舞いを共有することの意味にここでは注目したい。各種記念日に集い、過去を回顧し、振る舞いを共有することで共同体のアイデンティティを確認し、それを未来への力へとしていこうとする試みが行われていた。

（3）　国民儀礼

例えば、大政翼賛会は一九四〇（昭和一五）年一〇月一二日に発会式を迎えたが、九月に締結された日独伊三国同盟成立とあいまって、精動本部では、一〇月五日の理事会で、全国各地で「大政翼賛・三国結盟国民大会」を開催することとなった。各府県市と各精動支部共催で、「宮城遥拝、国歌斉唱、戦没将兵の慰霊並びに皇軍将士の武運長久祈念のほか必ず日独伊三国同盟条約締結に際し賜はりたる詔書の奉読を式次第に加ふる」ことが決められ、式典の中で様々な儀礼が繰り返されていった[152]。皇室関連行事や各種記念日のほか、日常的な催事の中にも、儀礼的要素は挿入されている。宮城遥拝、国歌斉唱、それらを定式化した「国民儀礼」と呼ばれるものなどがそれにあたる。

以下では、このように催事の儀礼的性格を形づくり、やがて定式化されていった要素について述べる。

宮城遥拝、国民儀礼

日中戦争以降は、しばしば催時の冒頭に「宮城遥拝」が実施された。号令のもと起立し、皇居に向けて礼をするものであった。そして、太平洋戦争開戦に伴い、多くの催事には「国民儀礼」の一行が挿入され、先述した「愛国行進曲」や「海行かば」などの歌も多く歌われた。戦時中日比谷公会堂の演奏会にも通った音楽評論家の佐々木光は、日比谷公会堂は国家的な「セレモニー[153]」の場であった、と回想する。

宮城遥拝はどのように行われたのか。一九四〇（昭和一五）年一一月四日の日比谷公会堂における「紀元二六〇〇年奉祝海外同胞東京大会開会式」では、宮城遥拝を「一同起立、廻レ右、最敬礼、終リテ再ビ正面ヲ向ク」としている。ピアニストの安川加寿子の協奏曲の演奏会の折には、「聴衆の全部が回れ右して、宮城に向って最敬礼してから演奏がはじまった」し、都電の日比谷から大手町への通行時、乗客は車掌の号令で、宮城前通過の時に一斉脱帽、最敬礼を要求された[154]。公園隅に建設された公会堂内の客席は、皇居と反対方向を向いている。そのため、公会堂内では回れ右がなされたのであろう。このような形でほかの催事も行われていたと考えられる。

「国民儀礼」とは、こうした一連の儀礼を組み合わせたものであった。日比谷公会堂における催事で、「国民儀礼」の語は、一九四一（昭和一六）年一一月頃から使われ始める。一一月一一日の東京市主催「紀元二六〇〇年祝典記念ノ夕」、一一月一六日東京市主催「菊祭　愛国小国民舞踊大会」ではまだ用いられていないが、一一月一八日「海外同胞激励の会」（主催：海外同胞中央会、後援：外務省、拓務省、情報局、東京市、大政翼賛会）では用いられている。翌一九四二（昭和一七）年一月五日の東京市主催「有栖川宮を偲び奉る夕」でも、用いられている。この頃から、「国民儀礼」は多くの催事で行われるようになっていく。

「国民儀礼」の内容は、「宮城並に明治神宮遥拝、戦没将兵に対し黙禱、皇軍の武運長久を祈る」[155]と説明されている資料もあるが、より具体的には、東京市職員であった村松竹太郎がその次第を残している。東京市の公式見解ととらえてよいだろうが、様々な集会の冒頭に行われていた一連の式次第が典型化、様式化されていったものと考えられる。村松が「正しい国民儀礼のかた」としてまとめた以下の文章は、帝国海軍軍楽隊奏楽（内藤清五隊長指揮）により、村松の司会、大東亜蓄音機会社で同社のレコードに吹き込み、隣組常会その他の集会儀礼用として用いられた。

只今より国民儀礼を行ひます。／気をつけ／一同敬礼／直れ／最初に宮城を遥拝致します。／宮城の方向にお向き下さい。／宮城に対し奉り謹んで遥拝致します。／直れ／次に国歌斉唱を致します。／前奏二小節、斉唱一回（奏楽）／次に靖国の神霊に対し感謝の謝を捧げ皇軍将士諸君の武運長久と大東亜戦争の必勝を祈念致します。／始め（海行かば奏楽）／祈念終り／元の位置にお直り下さい。／これにて国民儀礼を終了致します。[156]

こうした儀礼の実施について、音楽評論家の村田武雄は、「一シーズンの定期演奏会の数も少くなつてきた上に会費も高くなつて、戦艦献納のための演奏会だとか、演奏前に総員起立で「君が代」を歌わせられたりするようになつて、日響の定期に出かけるのがだんだんおつくうになってきた[157]」と後に語っている。

国歌の歌われ方

「君が代」は古く明治時代は、観物小屋や宴席で、市井の音楽隊や乞食の門付により演奏されること、広告行列で卑歌俗謡と同様に「無作法なる態度」で演奏されることなどが「国歌の神聖を汚す」と問題視されていた。[158] それが第二次大戦に至り、儀式として各所で歌われるようになると、その統一が問題とされた。当時国歌奉唱奏奏は、「一回」あり「二回」あり「前奏は一回」などと一定せず、一九四二（昭和一七）年の雑誌『音楽之友』では、「君が代」の「国家的統一」をめぐり、音楽関係者の間で議論がなされた。

それによれば、東京市関係の催事では前奏付一回が希望されていたが、根拠のあるものではなく、多くの人々は政府が決めるべきであると述べていた。二回続くと緊張が緩む（山田耕筰）、一回では物足りなく三回では重すぎるので二回が望ましい（国際文化振興会理事長黒田清）、など多様な意見であった。同記事で、『明治音楽史考』の著作のある遠藤宏が歴史をまとめている。軍楽では、一回（一九一〇（明治四三）年九月二一日交付「陸軍礼式」、一九一四（大正三）年二月二一日勅令一五号「海軍礼式」）と決められていたが、一八八七（明治二〇）年頃から久しく回数は決定していなかった。学校では、儀式での唱歌の場合は二回の慣習が五〇有余年続いていた。東京音楽学校では、一八九一（明治二四）年の卒業式より二回奉唱されていたが、二回というのは「君が代」が催馬楽形式であること、和歌であること、短いので二回、三回奉唱する国民の心持ちであることによったという。文部省公布、一九一一（明治四四）年八月「師範学校、中等学校作法教授要綱」には、二回との明示があった。また、国家奉唱、奉奏形式制定に関して毎年全国教育音楽大会決議として文部省に提出するも、制定はされていなかった。皇紀二六〇〇年大祝典の際には一回と決められたが、全国に徹底されてはいなかったという。[159] こうした議論や試行錯誤を経て、現在のような前奏付一回というスタイルが定着していったと考えられる。

図4-20　昭和17年12月7日「兵制発布七〇周年、大東亜戦一周年記念戦没者慰霊祭」。神式と仏式二様で行われた様子がわかる。
出典：『読売新聞』昭和17年12月8日付夕刊2面

慰霊空間としての公会堂／祝祭要素の排除という演出

公会堂は、祝祭的な劇場空間として機能した一方で、死者を悼む慰霊空間としての側面も有していた。

日比谷公会堂所蔵資料の掲載順から一九四一（昭和一六）年一二月二四―二七日頃と推定されるが、東京市総動員団体連盟、神道教派連合会、東京市神道教派時局奉仕会主催により「敵国降服大祈願祭」が行われた。一三時からは斎主らによる祝詞奏上があり、一四時からは宮城遥拝に始まる一連の式典が催された。

翌一九四二（昭和一七）年一月一六日一三時には、神祇院、皇典研究所、大日本神祇会主催、陸海軍省、情報局、東京府、東京市、大政翼賛会後援による「大東亜戦争完遂祈願祭並講演会」が実施された。祭典と講演の二部構成からなり、「君が代」斉唱、宮城遥拝、詔書奉読の後、東條首相、嶋田繁太郎海軍大臣らの挨拶や講演が続き、講演は全国に中継された[160]。

同年一二月六日一八時、東京仏教団報国隊は、東京市、東京市総動員団体連盟との共催で、「戦力強化貯蓄報国　大東亜戦争一周年記念大国禱会」を開催した。市内各宗派の僧侶一〇〇〇名、一般市民二〇〇〇〇名が集まり、皇室の安泰、皇軍の武運長久、必勝祈願に次いで、国禱が捧げられた。そののち第二部では、軍関係者による米英撃滅戦における国民の覚悟が強調され、東京市貯蓄奨励課長の貯蓄講話、映画『ハワイ・マレー沖海戦』が上映された[161]。

翌日の一二月七日一〇―一二時には、「兵制発布七〇周年、大東亜戦一周年記念戦没者慰霊祭」が行われた（主催：東京府、東京市、軍人援護会支部、銃後奉公会）。二〇〇〇の遺族のほか、東京府知事松村光麿、東京市長岸本綾夫、軍事保護院総裁本庄繁、軍人援護会、軍関係者の参加で、神式と仏式二様で行われた。本庄総裁の祭文、岸本市長の弔辞ののち、「我が赫々の兵制史を織りなし今も戦ふ戦没勇士の霊に呼びかけて遺族の感激を新たにし」と報じられた[162]。ここで特に興味深いのは、遺族を代表し玉串を捧げ、焼香を行ったのは、同年三月死亡した少将未亡人のほか、日清戦争で夫を亡くした女性、あわせて二名であったことである。過去の戦争と現在の戦争を歴史的につなげ、両者の霊を慰める、という歴史の連続性が確認され、一つの儀礼の中に共存していることが注目される。

なお、日比谷公会堂では、戦後、一九六三（昭和三八）年八月一五日に全国戦没者追悼式が行われている。それ以前にも行われていたが、一九六三（昭和三八）年は八月一五日に初めて追悼式を行った年であり、以後は靖国神社、日本武道館と場所を移して現在に至っている。

一九四三（昭和一八）年三月二七日、九時に宮城に集合した約五〇〇〇名の遺児たちは、宮城遥拝、万歳ののち、一〇時半、半数の遺児は日比谷公会堂での「皇后陛下御下賜品伝達式」（主催：財団法人軍人援護会）に参加した。小泉親彦厚相から御下賜の御紋菓を受け取り、一三時半からは、残り半数の遺児たちが引き続き伝達式に参加したほか、式を終えた遺児たちは靖国神社への昇殿参拝に向かった。国民学校五年生の男子生徒によってなされた挨拶は、以下のように報じられた。

このたび軍人援護会の御世話により、夢にも忘れることの出来ないお父さまの祀られてゐる靖国神社に参拝させて戴きますことは、ほんたうに嬉しくてたまりません、その上、畏くも　皇后陛下より御下賜品を戴きましたことは、この上もない光栄でございます。これから靖国神社に参拝して、亡き父の霊に、この慶びを真先にお告げして、私どもの覚悟をお誓ひする積りであります。只今、各大臣閣下や、軍事保護院総裁閣下の御話し下さいました御言葉を守り、楠正成七生報国の魂を心として、大御心を安んじ奉り、立派な日本人となって父の志をうけ継ぎ、皇恩の万分の一に報いたいと存じます[163]。

このようにして日比谷公会堂は儀礼の空間としての性格を強めていく一方で、劇場としての祝祭要素は排除されていった。すでに一九三九（昭和一四）年に、国民精神総動員中央連盟では服装の簡易化を叫んでおり、日比谷公会堂で七月七日に行われた事変二周年の記念講演会では、「すべてモーニング、フロックの着用をやめ近衛文麿公をはじめ松井石根大将、松平貴族院議長、小山衆議院議長など主催者側より来賓なども全部背広服で来場する」ことが決められた[164]。さらに一九四三（昭和一八）年になると、「あたかも劇場内が非交戦地域でもあるかのやうな印象を臆面もなくさらけ出してゐる」ことに対し、大政翼賛会は内務省、情報局、警視庁とも連絡の上、劇場内の「特異な雰囲気」を排すべく、一九四三（昭和一八）年九月八日の大詔奉戴日（太平洋戦争開戦を受け、一九四二（昭和一七）年一月から毎月八日に定められる）から、開演前に国民儀礼を行う、幕間を適当に利用して随時啓発宣伝を行う、廊下に壁新聞を掲出する、といったことが決められた[165]。劇場空間としての公会堂がもつ祝祭要素を排除することで、戦時体制の「雰囲

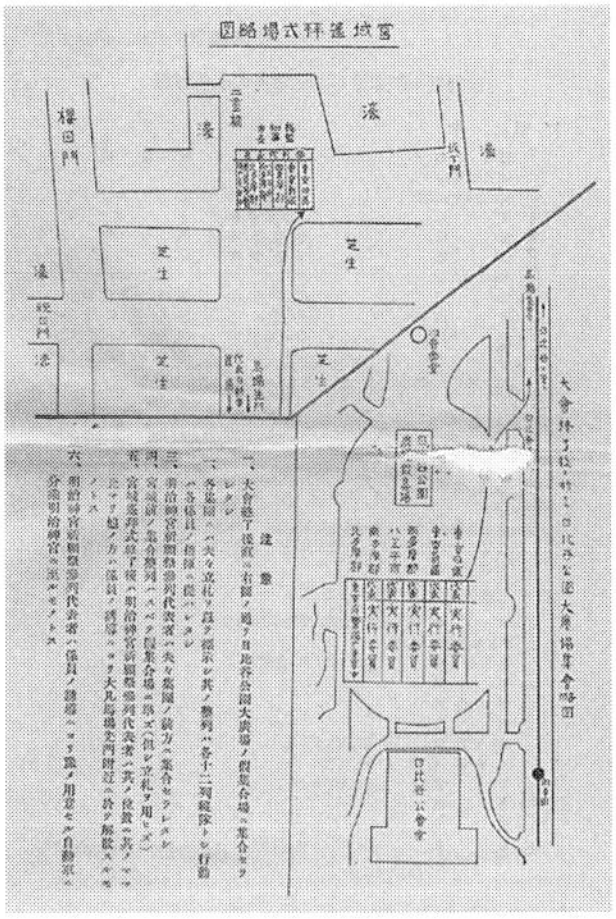

図４–21　昭和12年４月21日「選挙粛正実行委員会連合大会」における整列の略図。右下図が公会堂前の整列、上部の図が宮城遥拝の整列を示したもの。

図4-22 「紀元二六〇〇年奉祝海外同胞東京大会開会式」の模様。左奥に日比谷公会堂がみえる。
出典：『財団法人海外同胞中央会要覧　昭和17年9月現在』

気」を演出しようとしたのである。

公園全体での国民大会

儀礼の空間は公会堂内にとどまらず、日比谷公園、宮城前を含む日比谷地域全体に及んだ。公会堂のできる以前から日比谷公園は、日比谷焼打事件（一九〇五（明治三八）年）や米騒動（一九一八（大正七）年）など、事あるごとに民衆が集結する場であった。日比谷を含めた全国の公園は、民衆が集まる大会の場となり、特に大正期においては多様な民衆運動の拠点になっていた[166]。日比谷についていえば、大規模集会が可能になる日比谷公園という空間、そして皇居に隣接する日比谷公園という空間を、公会堂利用者は巧みに活用した。

一九三三（昭和八）年七月の満州産業建設学徒研究団発会式（同団主催）では、公会堂での催事終了後に宮城に移動し、最敬礼、「君が代」合唱、誓詞奉読、万歳三唱を行った。催事における宮城遥拝は以後増加していくが、これはその早い例である。

一九三七（昭和一二）年四月二一日の選挙粛正運動も好例である。東京府の選挙粛正実行委員会は、府下の委員三〇〇〇名を招集し、「選挙粛正実行委員会連合大会」を開催した。当日には府知事、警視総監、東京市長が挨拶を行い、河原田稼吉内相、塩野季彦法相、田澤義鋪貴族院議員が「選挙本然の理想」を説き、その要旨は新聞でも報道された。会場では「衆議院議員総選挙ニ際シ府民各位ニ告グ」という府知事名の声明が配布された。終了後には、日比谷公園広場に集合整列し、日比谷交差点、馬場先門から二重橋に至って宮城遥拝を行い、館哲二府知事の発声で万歳三唱を行い警視庁跡前で散会した。その後さらに市区町村長実行委員会らの代表二〇〇名は、自動車に分乗して明治神宮に至り、選粛祈願祭を行った(167)。当日のプログラムには、これら一連の流れが、整列方法や整列場所などに至るまで詳細に記されている（図4‒21）。

また、一九四〇（昭和一五）年四月六日の「南京国民政府成立阿部特命全権大使壮行国民大会」は、日比谷公園全体を使った大がかりな大会で、全国にも放送された。一九四〇（昭和一五）年一一月四日から八日まで開催された「紀元二六〇〇年奉祝海外同胞東京大会開会式」も、公園全体を使った大規模な式典であった（図4‒22）(168)。このように、日比谷公会堂も含めて公園全体を用いた式典が、数多く行われた。

5　メディアとしての公会堂

これまでも、マスメディアが使用することによるメディア・ミックスの一拠点としての公会堂に注目したが、ここではさらに以下の三つの観点から、「メディア」としての公会堂の機能に着目し、その意味を分析していく。①都市の象徴：公会堂の建造物そのものが都市空間の中で意味を付与され、人々に与える視覚的な作用、あるいは絵葉書などを通して伝えられる意味。②最新情報共有の場：公会堂で最新の時局情報や科学技術が伝えられることによる、ラジオや新聞などのほかのマスメディアの補完的な意味。③マスメディアの増幅装置として：公会堂で行われた催事が他のマスメディアにより誇張され報道されることで、そこで起きた事実が増幅されて伝わる意味。

（1）都市の象徴

メディアとしての公会堂への第一の視点として、公会堂が建造物として果たした都市の象徴という機能に注目しよう。

公会堂は、建造物そのものが都市空間の中で意味を付与され、来場者に直接的に、あるいは絵葉書などの公会堂をモチーフにしたほかのメディアを通して間接的に、人々に視覚的な作用を及ぼしていた。より具体的には、①設計の意図、②当時展開された都市美運動の中での位置づけ、③絵葉書に示された公会堂、という三つの観点から、都市の象徴としての公会堂の姿が浮き彫りにされてくる。

建築物としての日比谷公会堂――「仰ぎ見る」視線の操作

日比谷公会堂の設計者である佐藤功一は、日比谷公会堂のほかにも、全国各所で公会堂や庁舎の設計を手がけていた。早稲田大学大隈記念講堂（一九二七（昭和二）年）、岩手県公会堂（一九二七（昭和二）年）、群馬県庁舎（一九二八（昭和三）年）、米子市庁舎（一九三〇（昭和五）年）、群馬会館（一九三〇（昭和五）年）、栃木県庁舎（一九三八（昭和一三）年）、滋賀県庁舎（一九三九（昭和一四）年）など、非常に数多い。その理由について、日本建築家協会保存部会会長夏目勝也は、当時各地の県知事から「佐藤功一はたいへん質実剛健で、堅い設計をするということで定評があった」と、佐藤功一の愛弟子である佐藤武夫から聞いたという[169]。

建築史の観点から佐藤功一を研究した米山勇によれば、佐藤の設計は官公庁関連の建築はゴシック調、公会堂についてはルネサンス調を基調としたものが多い[170]。しかし、日比谷公会堂は、入選案はルネサンス調であったものが（図4-23）、実施段階ではゴシック調に変更されている（図4-24）。その理由について、米山は二点を挙げる。第一に、

図4-23　佐藤功一による一等当選時の公会堂図
出典：『東京市政調査会館競技設計図集』財団法人東京市政調査会、1923年

図4-24　完成後の姿。左側が日比谷公会堂、通りをはさんだ右側の建物が勧業銀行である。

市民に開かれた記念的施設としての「会堂」への視座の発露を求め、それにふさわしい造形として、垂直性を強調したゴシックが採用された可能性がある。特に日比谷公会堂の場合、単なる公会堂ではなく、欧米の「タウンホール」のような役割を目指した市政会館への期待があり、建築に求められた「記念性」の高さはほかの公会堂より高いものであったと述べる。

第二の点は、佐藤の都市美論である。日比谷公会堂の対面道路の突き当りに同年建設された勧業銀行がルネサンス様式であったことから、その視覚的関連性を意図したのではないか、と米山は分析する。「日比谷公園に巍然たる東京市公会堂と其付近の景観」として絵葉書にまでなっているが（図4-24）、公会堂と勧業銀行のコントラストがきわだっている。この都市美の問題は次項で述べるとして、ここでは第一の点に着目する。

建築物としての日比谷公会堂の意味については、設計者の佐藤自身が述べている。佐藤は日比谷公会堂開館翌年の一九三〇（昭和五）年に読売新聞の座談会の中で、日本銀行や伝統的な日本建築のような「クラシック」の建築と、日比谷公会堂のような「ゴシック」を対比させた。佐藤によれば、前者は横の線が多く、面を大きくみせる「水平」の傾向で、後者は「屹立的と云ふか、上昇的と云ふか、縦の線が多い」手法であるという。また、続けて以下のようにも述べる。

> 水平線式のものはどんなに広大なものでもそれを見るのに首を水平にまはすだけでよいが、上下に高いものはそれを見るのに首を上下に動かさなければならぬ、ために水平的のものは安静の感を与へるが垂直的なものは荘厳の感を与へる
>
> 東洋風の寺院は此の前者（筆者注：クラシック）に属し、これが釈迦が西の空が金色に輝く夕方に沙羅双樹の花

の下に横たはつて寂滅涅槃に入るといふ、あの光景がそれを象徴して居るに対して基督教の寺院の形を基督が雷鳴りはためく丘の上で磔刑に遭つたと云ふあの光景のどこ迄も垂直に屹立してゐるのとよい対照をなして居ります。[171]

佐藤は、「蓋しこれは一つの座談でせうが」と留保するものの、この発言は日比谷公会堂の設計に込められた思想としても読むことができる。

一九三八（昭和一三）年、父親に連れられ兄弟とともに日比谷公会堂に来た当時小学校二年生の田中幸子は、「建物の大きさはもちろんこの階段に魅せられた。ただ驚くばかりで言葉にならなかった。東京のすごさ、そして日本の国の偉大さを知り家に帰ったのを覚えている」と回想する。[172]

「建築史をひもとけば、それは必然的に権力の歴史になってしまう」と五十嵐太郎が端的に述べるように、建築の政治力学を分析する研究は数多い。またそうした空間の権力構造は、社会主義や全体主義に限ったことではなく、資本主義体制下においても、そしてあらゆる建築においても見出すことができる。[173]なかでも塔建築のもつ政治性や権威性を含めたモニュメンタルな意味は多くの研究で指摘されているが[174]、少なくとも日比谷公会堂という空間にこうした「仰ぎ見る」垂直の視線が導入されたことで、人々はそこに佐藤の想定した「荘厳の感」を見出したことであろう。

都市美運動の中の日比谷公会堂

関東大震災後、建築家だけでなく、音楽、美術など様々なジャンルの芸術家たちが、都市の芸術化を叫んでいた。ここでいう都市美とはcivic artであり、アメリカ・イギリスで一九二〇年代に再評価され、定着をみせつつあった都市づくりの理念であった。[175]一九二五（大正一四）年一〇月二三日、東京市政会館ができる以前、有楽ビルにあった東京市政調査会の一室で都市美研究会は発足し、しばらく事務局は調査会内におかれた。都市美研究会は設立から一年後の一九二六(大正一五)年に都市美協会と改称するが、その会長は東京市長阪谷芳郎、理事に佐藤功一の名前がある。また、公園課長井下清ものちに常務理事となった。[176]

佐藤はこうした動きの中で、都市美の重要性を説いていた論客であった。関東大震災直後の一九二三(大正一二)年一一月九日に佐藤は「帝都復興と建築問題に関する講演会」(主催:建築学会)の中で「都市の美観に就て」と題した講演を行った。[177] 市民に対しても、「都市生活と趣味」と題する講演を、都市美研究会主催で東京市内の小学校で開催した「市民の夕」で行っていた。[178] 都市美研究会は、日比谷公会堂開設直後の一九二九(昭和四)年一一月二八日には、桜田門外に建設中であった警視庁新庁舎に対し、大蔵省営繕局の設計による高さ九〇尺(約二七メートル)の望楼の撤廃を求めた。国会議事堂を中心とした官庁街の遠望景観の保全、桜田門付近の濠端に調和した建築郡風景の保全、宮城に対する畏怖の三点を理由に「新警視庁庁舎望楼撤廃に関する請願書」を提出した。佐藤のほか、井下も反対者に加わっていた。この請願は容れられ、建設途中の望楼は翌一九三〇(昭和五)年二月に解体された。[179]

また、佐藤は一九二四(大正一三)年に『中央公論』に発表した論考「都市美論」の中で、都市の中枢に求められる要素について以下のように述べている。

多くの封建都市は発生上所謂 The City crown で、中央に高く群を抜いて立てる宮城を核心として、其周囲に群がる聚楽から成立つてゐる。欧州の古いカセドラル・タウンに於ては最も早く発達した北欧の商業都市、ニーデルランド地方の是等の都市には、核心として市庁が高く聳えてゐる。これは中世期の都市の独立と殷富とを反映する。(中略)是等の市庁は都市の中心広場に面して建ち、広場の周りには取引所、銀行、商業会議所、各商業組合の建物が並らび、広場として用ゐられ、所謂シビツク・センターを形造るものである。東京丸の内付近を人はシビツク・センターといふが、東京にはシビツク・センターはないといつてよい。其処に宮城の周りに諸官庁が並んで居ても、それは帝都としての中枢区域であつて、東京市民のシビツク・センターではない。[180]

佐藤のこの論考は、公会堂にはふれられてはいないものの、公会堂に付与されようとしていた意味を示している。都市美運動の文脈からも、日比谷公会堂が日比谷という場所の中でもつ意味は注目されうる。都市、あるいは日本の中枢というパースペクティブの中で、周辺の景観にも配慮しながら、日比谷公会堂は「東京市民のシビツク・センター」の一要素となるべく具現化されていったといえよう。

なお、一九三五（昭和一〇）年六月八日には、都市美協会主催、内務省、警視庁、東京府、東京市、東京商工会議所後援で「大東京建築祭」が日比谷公会堂で開催された。当日資料によれば、佐藤功一の講演「街の美観」ほか、各区鳶頭らによる木遣、映画『建築の東京』、その他余興の舞踊や歌謡曲などが披露された。佐藤はこうして、都市の美観の問題を、設計だけでなく著述や講演も通して積極的に発信していた。

絵葉書の中の公会堂——近代都市の表象

公会堂の存在は、都市における近代を象徴する建築物の一つであった。そのイメージは、公会堂を訪れ直接目にした人にだけではなく、当時流通した絵葉書のモチーフにされることで、間接的にも伝えられた。

日露戦争を契機に、日本では絵葉書が大量に発行されるようになり、大正時代には地方でも発行が始まった。土産物や記念品という意味を超え、昭和初期までは身近で即効性のあるメディアとしても機能していた。[181] また、モノ自体の存在価値だけでなく、高価であった写真雑誌を補う機能、事件映像を伝えるメディアとしての性格も有していた。[182]

そうした中で、公会堂は頻繁に絵葉書のモチーフとされた。当時の絵葉書をみると、公会堂は「近代都市における

図4-25　絵葉書セット「大東京」。左上から時計回りに解説文を付す。両国国技館、（丸の内）帝国劇場、新装なれる帝国議事堂、（日本橋室町）三井銀行本店、東京駅、警視庁、日比谷公会堂、（四谷霞ヶ丘）日本青年館

名所」という文脈で紹介されることが最も多い。日比谷公会堂がモチーフとされた絵葉書をみると、例えば「大東京の表象東京市政会館・東京市公会堂」（英訳はThe Tokyo-shisei-kaikan & City Hall）と説明が書かれた絵葉書は、印刷年は明らかでないが、「東京市公会堂」という呼称から、一九二九（昭和四）年の開館からさほど後ではないものであろう。裏面には「東京市公会堂としては三〇〇〇人をゆつくり入れる大講堂の設備があり、展覧会、講演会、映画音楽等の催しに毎日利用され市民に寄与する処甚だ多い。帯黄色なるビルヂイングの雄姿は魏然として近隣を圧し無言の裡に大東京市の偉大さを物語つてゐる」と書かれている。また、日比谷公会堂を「昭和ノ大東京建築ノ偉観」（Buinding of line of beauty of great Tokyo）と紹介した絵葉書もある。

このほかにも、セットで販売され、東京駅、両国国技館、警視庁、日本青年館、帝国劇場、三井銀行、帝国議事堂などの巨大建築とともに日比谷公会堂がモチーフとされている絵葉書もある（図4-25）。前々項にみた、建築物が視覚的に与える印象は、絵葉書によってもこのようにして流通していった。

東京だけでなく、各地方都市においても公会堂は頻繁に地域の名所として紹介されていた。例えば名古屋市公会堂では、建設当初、「名古屋駅あたりで名所絵ハガキを買うと、どのセットにも熱田神宮と名古屋城と、それに名古屋市公会堂の三つは必ず組み入れられていた。郷土史名古屋の、古代と中世と近代をそれぞれに象徴するシンボルみたいに扱われたのだ」(183)と市元助役の浅井岈一は回想する。

図4-26　地域の一名所として紹介された久留米市公会堂（絵葉書中央部）

図4-27　奉天公会堂

なお、名古屋市公会堂開館から三年後に公会堂により出された小冊子『名古屋市公会堂』（一九三三（昭和八）年）は、装丁を凝らし、ライトアップされた公会堂の写真、観光案内や英語での紹介文まで掲載されており、公会堂が地域の観光の拠点、文化の拠点として積極的に情報発信していたことがわかる。

このほかにも、「地域の名所」としての公会堂を紹介する絵葉書は数多く作成された。新潟の柏崎公会堂では、建設後に寄付者の高橋忠平を顕彰すべく、西部青年団により絵葉書が発行された。内容は「柏崎公会堂」「故高橋忠平氏同夫人像」「公会堂大ホール」の三枚組であった。別府では、「別府八景」として、別府公会堂が、別府公園、浜脇公園、京大物理学研究所、陸軍療養所などとともに紹介されている。久留米では、「寛政の志士高山彦九郎之墓」、「昭和の爆弾三勇士銅像」、「久留米小唄」とともに久留米市公会堂が掲載された。「三勇士」たちは、久留米出身であった（図4-26）。愛媛では、「（道後名勝）枢要機関たる道後公会堂」として紹介された。

公会堂の絵葉書は、国内にとどまらず、満州、朝鮮や樺太などでもみられる。浜松市公会堂など、国内の公会堂も手がけた中村與資平により設計された奉天公会堂の絵葉書は、「万般の感激にひたる公会堂（THE MUKDEN PUBLIC HALL USED FOR SEVERAL MEETINGS）」の解説が付されている（図4-27）。このように、内外において名所、名勝、近代都市の威容を顕現し、発信するモチーフとして、公会堂は好んで採用された。第1章での検討とも関わって、公会堂は都市の近代化の表象として、絵葉書にのせて都市の内外に発信されていたのである。

（2）最新情報共有の場

時局情報共有の場

メディアとしての公会堂の第二の観点として、公会堂の内外で最新情報が共有された現象をみてみよう。

日比谷公会堂では、前述のように、国際連盟脱退、反英などをめぐって大規模な集会が行われたが、満州や台湾などの植民地のことについても、各種記念日など折にふれて大規模な催事が行われた。公会堂は、これら国内外の情報を共有し、発信する拠点ともなった。当時のプログラムからは、情報発信のされかたをうかがうことができる。

一九三二（昭和七）年三月一七日一九時開始の東京日日新聞社主催「満州新国家祝福の夕」は、ポリドールレコードの全面的な協力のもとに実施された。配布プログラムに記すことで時局レコードを宣伝し、休憩中にはレコードをかけ、さらに会の模様は満州に中継放送された。音楽産業、放送との関わりの中で、満州新国家という政治的出来事が可視化され、共有されるプロセスがみられる。

満州関連の催事は、その後も一九三二（昭和七）年七月九日の「満州国即時承認国民大会」（同大会主催）や、南京占領を祝した一九三七（昭和一二）年一二月一一日「櫻井肉弾少将大講演会」（主催：読売新聞社）など、数多い。新聞社やレコード会社主催だけでなく、一九四一（昭和一六）年三月二七日には、東京市満蒙開拓少年団壮行大会（主催：東京市、東京府、後援：文部省、拓務省、情報局）といった政府系の事業も行われている。

記念日の項目でもみたが、同種の催事が、時局と共にその様相を変えていく過程もみることができる。六月一七日の台湾始政記念日前後には、台湾文化普及会などが主催となり、毎年のように「台湾の夕」が行われていた。一九三二（昭和七）年の「台湾始政三七周年記念の催　麗はしき台湾の夕」（主催：台湾文化普及会、新聞合同通信社、後援：台湾総督府、時事新報社、婦人毎日新聞社）では、挨拶と講演に続き、アルト独唱、漫談「麗はしき台湾よ」、風刺喜劇「良人」（「台湾産業株式会社」の社長と写真が登場する）、ソプラノ独唱（台湾民謡「南の島」ほか）、落語（柳家金語楼）、歌劇『カバレリア・

図4–28　昭和7年7月9日「台湾始政三十七周年記念の催　麗はしき台湾の夕」
出典：日比谷公会堂所蔵資料

図4–29　昭和13年6月17日「台湾始政第四三周年記念　名流演芸と映画の集ひ　台湾の夕」
出典：日比谷公会堂所蔵資料

ルスチカーナ』、映画『憧れの島　台湾の旅』『台湾の砂糖』が披露された。それが一九三八（昭和一三）年六月一七日「台湾始政第四三周年記念　名流演芸と映画の集ひ　台湾の夕」（主催：台湾文化普及会、財界之日本社、後援：台湾総督府）になると、国民精神総動員の標語が入るほか、「支那事変・国民総動員の秋!!」「守れ台湾　再認識せよ　台湾!!」などの文言も書かれ、プログラムのデザインも戦闘機が描かれるなど戦時体制へと大きく変わった（図4–28、4–29）。

一九三七（昭和一二）年七月一二日に開催された「外地の夕」（主催：拓務新聞協会、後援：拓務省）は、当日配布資料によれば、満州との提携が課題とされている中、「重大なる国家的責任を有する外地の真の事情が母国の皆様に充分に認識して頂いて居ない」[184]という問題意識のもと、開催された。これは新聞でも、「国家総動員は音律から」、「内外の情勢は極めて重大で凡ゆる方面に於て国民の総動員を要する」とし、ラジオでは当日の模様が中継放送された。午後七時三〇分からの大谷尊由拓務大臣「躍進の外地を語る」に続き、八時からは宮城道雄出演により、彼の新日本音楽「高麗の春」「満州調」が放送された。なお、演奏終了後の八時半からは、京城からの中継で朝鮮音楽

「霊山会相」、八時四〇分からは台南から「天下楽」「萬仙歌」、八時五〇分からは新京から蒙古歌謡「おみやげ」「いやです」が放送された[185]。

一九四一（昭和一六）年七月二五日、一四時と一八時の二回行われた読売新聞社主催『泰国の全貌』試写会では、まず一四時の回は、官民有力者を招いて実施された。同日、首相官邸でも閣議終了後に上映し、近衛首相以下閣僚も観ることとなった。読売新聞本社映画撮影隊が外務、文部、拓務各省の後援を受け、「タイの社会、政治、軍事、産業、教育などあらゆる部門を収めた完璧の大作」とされ、宮城遥拝、皇軍将士の武運長久祈願並に戦没勇士に黙禱を捧げたのち、宮崎本社企画局長の開会の辞ののち上映がなされた。同日一八時からの回は、東京市町会、隣組代表を招待しての上映であった[186]。

また、交流事業も行われている。一九四二（昭和一七）年二月七日一三時、「大東亜少国民大会」が、情報局・東京市・大政翼賛会・大日本興亜同盟の主催で実施された。ここには市下六五〇校の国民学校代表、満、蒙、華、泰国留学生約三〇〇〇名が集まった。日本の児童代表で挨拶した国民学校四年生の男子児童は、「米英のわる者を東亜から追払つて下さる兵隊さんに感謝の心を忘れないで勉強しよう」と述べた。新聞報道では、「日の丸の旗、泰国の白象の旗、中華民国、満州国、蒙古の国旗を手にした大東亜のヨイコドモらが手をつなぎ、肩をたたきあひながら「仲良くして勉強しよう」オカツパの少女たちは「お姉さまと、妹よ」とみんなニコニコ顔だ」と書かれた[187]。

そして、これらの催事はラジオ中継放送も積極的に行われ、公会堂の外にも講演や音楽の情報は伝えられた。一九四三（昭和一八）年一月七日一八時半からの日本放送協会「前線に送る慰問放送の夕」は、満州の第五八七部隊、ジャワの天野部隊、支那派遣各部隊の希望によるお好み演芸が「酷寒の北辺から炎熱の南の果まで次々に送られれば、遺家族の楽しい爆笑と拍手もそのまま電波に乗つて前線は故国を、銃後は前線を偲び共に楽しく懐かしい一時を過ごした」と報道された[188]。

テクノロジー共有の場

日比谷公会堂は、これまでみたように種々の儀礼空間として機能することで、過去の歴史と現在をつなげる伝統回帰的・歴史主義的な認識を人々に与える役割を担ったといえよう。しかし一方で、様々な最新技術の発表も行われており、これらの催事を検討すると、精神主義や復古主義、反動性の部分が強調されがちな戦時期の教化動員政策の別の側面もみることができる。

一九三七（昭和一二）年に実施された選挙粛正運動では、日比谷公会堂で国民に訴えた内容と大同小異の演説を、林銑十郎首相は「国民諸君に告ぐ」の名で首相官邸二階貴賓室で録音し、レコード裏表三分三〇秒の演説を二、三回繰り返した。林首相は「普通の演説と違つてあまり力が入らないね、これによつて国民諸君に私の意思が良く諒解して貰ふ事が出来れば幸ひだ、時間が短いから十分意思を発表できなかつたのが物足らない」と述べた[189]。政治演説のレコード吹き込みは、すでに一九一五（大正四）年に尾崎行雄と大隈重信が行っていたが[190]、聴衆に向けた直接的な演説とは異なるメディアを用いた伝達の仕方に戸惑いながらも、それを活用していく政治活動のありかたを読み取ることができる。

第1章でもみたように、明治初期に導入された演説は、“speech”というそれまでの日本人が経験しなかったいわば新しいコミュニケーションのテクノロジーであり、三田演説館や明治会堂といった施設はその新しいテクノロジーのためにつくられた。ここに至って演説は、レコードやラジオといった新たなテクノロジーにのせて、公会堂内外で発信されたのである。

一九三二（昭和七）年一〇月一九日の「公園三〇年祭」（主催：東京市）は、一部がラジオ放送された。永田東京市長、林学博士本多静六の挨拶に、午後八時三〇分からピアノ伴奏による独唱が続く。新聞には歌われた歌の歌詞も掲載された。歌劇の邦訳、松島音頭、東京市歌など、九時半まで続いた[191]。

一九三四（昭和九）年三月二三日の「放送実演大会」（主催：東京放送中央局）では、ラジオ体操、子どもの時間、ラジオドラマなど、ラジオで放送されている番組の実演を行った。放送も公会堂も、出来事を伝える無色透明なメディアではなく、それ自体が出来事としての存在感をもっていた。

一九三六（昭和一一）年一一月九日「ヴェロシティ・マイクロフォン紹介の夕」（主催は東京電気無線株式会社であると考えられる）では、「ラヂオ　トーキー　蓄音機とマイクロフォン芸術は最近は頗る急速な発達をとげてゐる」中で当日は「国産優秀マイク」の「視聴実演」として、三曲、漫才、講談、歌謡曲など多様な実演がなされた。プログラムには新技術の説明も記され、新聞でもこの催事の告知がなされた[192]。

「ダゲレオタイプ発明一〇〇年祭」は一九三七（昭和一二）年七月一七日、全関東写真連盟とアサヒカメラ主催で行われた[193]。開催に関わった朝日新聞では、七月一二日付朝刊、一三日付朝刊、一七日付朝刊、一八日付朝刊で関連記事を掲載した。銀板写真を発明したダゲールの一生を特集し、さらに日本橋三越で七月一九日から二九日まで「ダゲレオタイプ発明記念写真文化展」を開催した。

一九三八（昭和一三）年一月の第一〇回JOAK新年子供大会は、コロムビア蓄音機株式会社の後援で、大電力放送所の宣伝を兼ねた恒例の新年子供大会であった。当日のプログラムには、「国の内外に力強く呼かくる国産技術の集粋／世界に誇る大電力放送の威力／ラヂオ国防の堅陣完成／聴けラヂオ!!」のコピーがみられる。

朝日新聞社と財団法人機械化国防協会主催による「機甲強化の夕」は、陸軍省と陸軍甲機本部の後援で一九四一（昭和一六）年七月六日に行われた。三笠宮はじめ六名の皇室関係者が台臨し、緒方竹虎主筆や東條首相の挨拶の後、吹奏楽、合唱、新作歌「機甲団の歌」「機甲軍備の歌」（ポリドール発売）の歌い方の指導、映画上映などがあり、途中から全国中継もされた[194]。

一九四一（昭和一六）年九月一四日「少年少女発明工夫大会」（主催：帝国発明協会、大日本雄弁会講談社）は、一一五

三名が受賞し、文部大臣が贈賞した。恩賜記念賞（懐中時計）、文部大臣賞（橋田文相揮毫の扁額）その他本箱、本立、記念メダルなどが贈られた[195]。

ほかにも、一九四〇（昭和一五）年一二月一九日「紀元二六〇〇年記念　照明の夕」（主催：社団法人照明学会、照明知識普及委員会）、一九四一（昭和一六）年二月九日もしくは一〇日の「時局向婦人服試案発表会附体育舞踊と健全音楽」（主催：東京市、後援：全国洋裁学校協会）、一九四一（昭和一六）年七月一〇日「機械化国防強化ノ集ヒ」（主催：科学動員協会、東京市教育局）など、最新のテクノロジーを共有することを意図した催事は数多くみられた。

当時最新のテクノロジーで建設された日比谷公会堂は、明治初期の演説会場がそうであったように、最新のテクノロジーを享受し、理解する場でもあった。公会堂では伝統回帰的な催事も開かれた一方で、この部分も看過されてはならない。

（3）マスメディアの増幅装置

新聞社主催のメディア・イベント

メディアとしての公会堂への第三の視点として、マスメディアに利用された点に注目する。序章で述べた通り、ここでは動員する政府およびマスメディアと動員される人々という二項対立的な観点よりも、アクター相互の増幅関係という観点から公会堂での催事に注目し、催事がほかのマスメディアにより誇張され報道されることで、事実が何重にも増幅され伝えられる現象を読み解いていきたい。

日露戦争前後から、政府や軍のマスメディアへの関心が高まった。さらに満州事変を機に、新聞界は、軍の介入を許さぬ雰囲気だったそれまでとは異なり、軍の強圧的な姿勢を許すようになり、朝日新聞などは、二・二六事件以後は軍部への抵抗を放棄することとなった[196]。こうなると、マスメディアは批判的機能を失い政府の方針の伝達機関とな

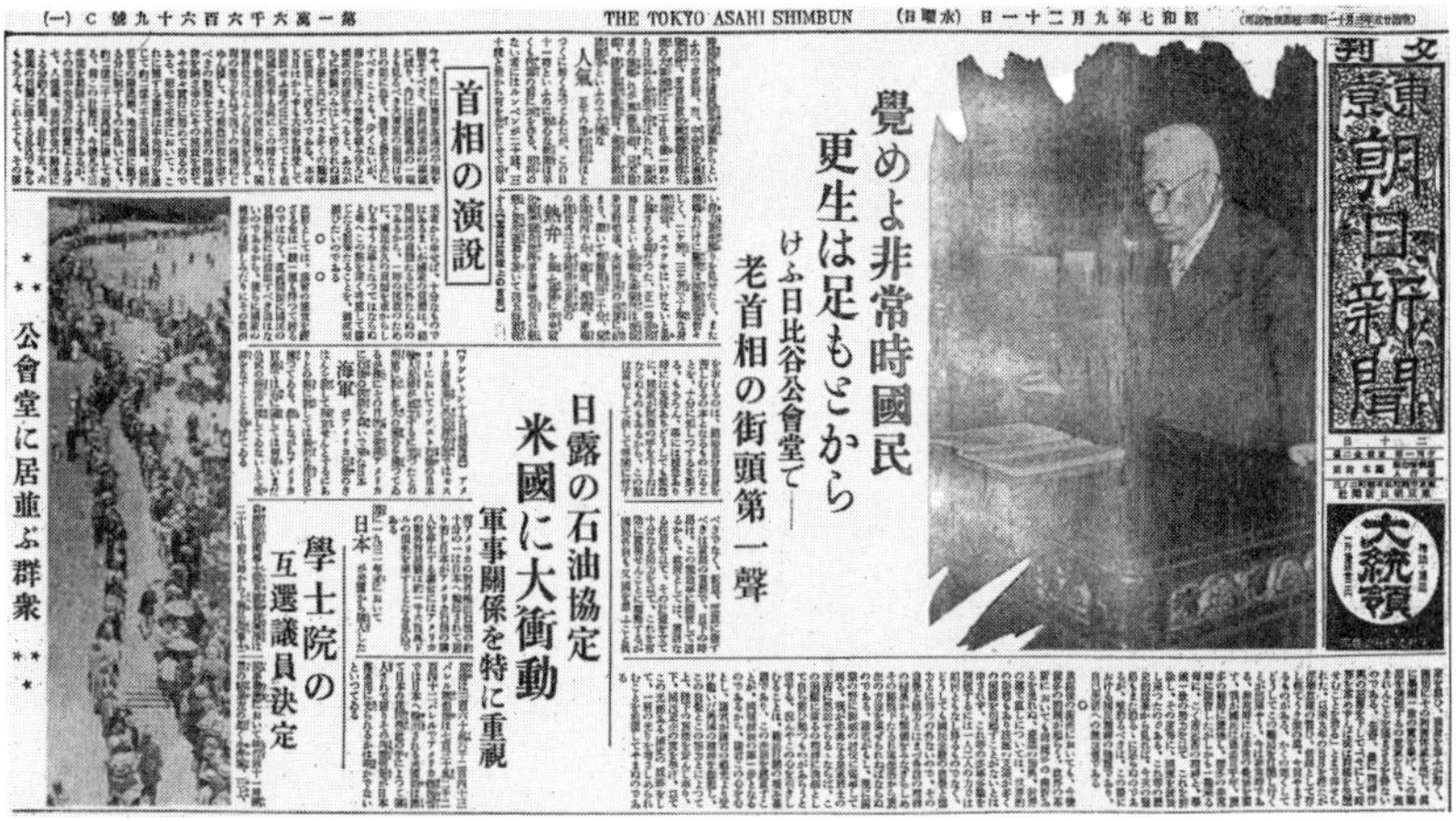
東京朝日新聞
THE TOKYO ASAHI SHIMBUN
昭和七年九月二十一日（水曜日）
覺めよ非常時國民
更生は足もとから
けふ日比谷公會堂で——
老首相の街頭第一聲
首相の演說
日露の石油協定
米國に大衝動
軍事關係を特に重視
學士院の互選議員決定
公會堂に居竝ぶ群衆

図4–30　昭和7年9月20日「東京府、東京市、中央教化団体連盟主催大講演会」壇上の齋藤実首相（写真右）と「公会堂に居並ぶ群衆」
出典：『東京朝日新聞』昭和7年9月21日付夕刊1面

ったただけでなく、種々のイベントを主体的かつ積極的に行うことで政府の方針の増幅機関になっていった。

そして、戦時期においては新聞社や日本放送協会主催による多様なメディア・イベントが行われていたが[197]、公会堂はそのための格好の舞台であった。日比谷公会堂でも、新聞社や出版社主催により、前述した懸賞歌募集のほかにも様々な講演会、慰安娯楽の会などのメディア・イベントが行われた。ここでは、主に新聞社主催の催事を取り上げ、催事そのものというよりも、マスメディアが公会堂の催事をどう報じたか、ということに注目する。

これまでもみた通り、公会堂は、舞台上の演者とそれをとりまく民衆という構造を報道写真で視覚的に示すのに適した空間であった。一九三二（昭和七）年九月二〇日一三時からの東京府、東京市、中央教化団体連盟主催大講演会は、齋藤首相、荒木陸相らが参加した。警戒は厳しく、二、三カ所で身体検査がなされ、ステッキなどは持ち込みが禁じられた。これを報じた東京朝日新聞は群衆と首相の写真を掲載した（図4–30）。

一九三九（昭和一四）年二月二三日には、読売新聞社主催「興亜日本大講演会」が開催された。紙面には、開場を待ち日比谷公園内に並ぶ人々、座席を埋め尽くす人々の写真とともに、会の委

図 4-31　昭和 14 年 2 月 23 日「興亜日本大講演会」開場を待つ人々
出典：『読売新聞』昭和 14 年 2 月 24 日付朝刊 7 面

図 4-32　同日の会場内。「この大聴衆！この熱意！きのふ本社主催興亜日本大講演会」の解説
出典：『読売新聞』昭和 14 年 2 月 24 日付朝刊 1 面

細が記されている（図4-31、4-32）。

会の冒頭、読売新聞本社小西事業部長より「興亜の大業成就を目指して今後なほ長期に渡る戦ひを必要とする折柄、本社は肉親を祖国に捧げし遺族の方々及び戦傷病の諸勇士に対し厚生資金を募集中であるがいまここに本講演会を開催銃後の護り強化の一助としたい」と趣旨が述べられた。続いて石渡荘太郎蔵相が「昔から江戸つ子は宵越しの銭は使はぬといひ伝えてきてゐるが、どうか宵越しの銭は貯金して欲しい……とクダけ万雷の拍手を浴び」、貯蓄を呼びかけた。続いて建長寺派管長菅原時保「脚下はどうだ」、商工大臣八田嘉明「長期建設下の我国の経済政策」の講演があった。大臣が「日常生活が窮屈のことと恐れ入る、然しながら次の飛躍発展のために忍んで貰ひたい」と懇へれば来会者は感謝の渦だ　大臣と民衆とがガッチリ心と心で握手をした頼もしい姿である」と報じられた。その後内閣参議海軍大将安保清種「銃後国民の覚悟」などが続き、午後一〇時四〇分に終了した。七時三〇分から八時まで、八田大臣の講演のみ、ラジオ中継が行われた。

このように、聴衆が集う場を活用し、情緒的言語や音楽なども交え、新聞やラジオも活用する形での催事開催の手法がとられた。公会堂は、一堂に会した人々を視覚的に表現し報道するのには格好の撮影場所であった。

一九四三（昭和一八）年六月九日一三―一五時、東京市・大政翼賛会・翼賛政治会主催、朝日・毎日・読売各新聞社後援で、「米英撃滅決戦国民大会」が行われた。国民儀礼の後、後藤文夫による詔書奉読、岸本東京市長の挨拶、翼賛政治会副総裁阿部信行陸軍大将を座長に推挙し、副会長松田竹千代による宣言・決議の朗読がなされ、会場から「万雷の如き拍手」。阿部大将の発声による万歳、「海ゆかば」斉唱が行われた。

続いて、講演となる。衆議院議長岡田忠彦、大政翼賛会総務下村宏の二名が、「現下未曽有の時局に当面して国民は飽くまで米英撃滅を期し必死奉公の決意を以つて各自の職域に挺身し以つて前線各将士並びに山本元帥、アッツ島守備隊の忠魂を継承せよ」という趣旨の講演を行った。宣言、決議及び二名の演説の内容はすべて新聞に掲載され、公会堂だけでなく全国にも発信された。

新聞社主催のメディア・イベントは繰り返されるが、各社合同の「国民総蹶起大会」が、一九四四（昭和一九）年三月七日正午に開催された。主催は大日本言論報国会、東京新聞社、同盟通信社、日本産業経済新聞社、日本新聞界、毎日新聞社、読売新聞社、朝日新聞社。当日は正力松太郎（読売新聞）「近代戦と銃後」、高石眞五郎（毎日新聞）「必勝戦列」、緒方竹虎（朝日新聞）「煩悩すること莫れ元寇の遺烈を想起す」、徳富猪一郎「日清日露及び大東亜戦」の講演ののち、遠藤東京新聞社社長の発声で万歳し、一六時半に散会した。本章第2節（1）でふれた、一九二八（昭和三）年に政府に反旗を翻した新聞各社の批判機能は、すでに失われていた。

さらに五月一四日午前八時には、大政翼賛会と翼賛政治会主催で「国民総決起運動発足総会」が日比谷公会堂で開催された。参集者は大政翼賛会、翼賛政治会関係者、官公吏（内閣および各省関係者）であり、総会後は地方会の発足が求められたほか、総決起の報道は前線にも打電されることが求められた[198]。それに先立ち、一三日午前一〇時より首相官邸で国民総決起運動中央連絡本部委員会が開催され、宣誓文が決定された[199]。当日東條首相は「時局に対する所信」として演説を行い、終了後は伊勢神宮、明治神宮、靖国神社に参拝がなされた。その模様を東京朝日新聞は一面を大きく使い報道し、社説でも「官民偕和の総決起」としてこの運動を後押しした[200]。

決起を促すこうした取組は、以後も続けられる。一九四四（昭和一九）年一〇月二〇日の「一億憤激米英撃滅国民大会」（主催：国民運動中央本部）は、会場外の参加者にも拡声器で中継された。小磯国昭首相がアングロサクソンを「凶暴なる野獣」と断じ、野獣を駆逐してこそ世界平和が得られると喝破するや、満場からは「さうだ」「やっつけろ」などの声が沸き上がる、首相の白熱の獅子吼は「さうだ」「やり抜かう」などの絶叫と拍手のうちに結ばれた、と報道された[201]。

一九四四（昭和一九）年一一月四日には、大政翼賛会興亜総本部および朝日新聞社主催、大東亜省、陸海軍省、情報局後援、日本放送協会、日本音楽文化協会協賛による「大東亜共同宣言一周年興亜大音楽会」が開催された。陸海軍軍楽隊による軍歌演奏のほか、古関裕而作曲「印度国民軍に贈る行進曲」「舞踊組曲ビルマ」、さらには日本音楽文化協会対外委員会選定「大東亜の歌」といった、「大東亜」を意識した内容であった[202]。その二日後、一一月六日には「大東亜共同宣言一周年記念国民大会」が開催された（主催：大政翼賛会興亜総本部）。

一九四五（昭和二〇）年一月一七日正午には大日本言論報国会主催で「一億総憤激大会」が開かれたが、戦局悪化の中で報道のトーンに変化がみられる。「敵をしてこのような蛮行を許した国内体制の不備、国民の努力の不足をこそ真に反省せねばならぬ」と強調する点で、登壇者の発言要旨は一致していた。一月一四日に伊勢神宮が空襲の被害にあったことへの報復を綴った決議文が採択されたが、神宮皇學館大学教授倉野憲司が、「戦局の不利は国民精神の弛緩に比例してもたらされたと思はざるを得ない、一切の私利私欲を断つて上御一人に仕へ奉る道を国民のすべてが実践してゐるといひ切れるか」と述べたように、戦局の不利が明言される一方で、その打開策は多分に精神主義的な内容であった。終了後は「断固報復」の旗を先頭に二重橋前に行進した(203)。

佐藤卓巳は、ラジオは発話内容（記号）のみならずそれに付随する個性（印象）を操作するため、印刷メディアよりも情緒的に機能した、と述べる。大衆社会では指導者が何を話したかよりもどう話したかが重要になり、ローズヴェルトの放送は「炉辺談話」と呼ばれ、ヒトラーの演説は「獅子吼」と形容された(204)。佐藤の指摘する常套句的な形容は、多くの情緒的表現に飾られた新聞紙面にもみられる。「満場の聴衆」「獅子吼する講演者」「万雷の拍手」といった常套句、それを示す写真とともに報じられる公会堂は、次項に述べるように、虚実ないまぜになりながら事実が増幅され、人々に伝えられる装置としての機能を有していた。

虚実の逆転、マスメディアの多重構造

こうした催事やその報道が重ねられていく中で、「実際には何が起きたか」ということは、限りなくわかりにくくなっていく。

一九三一（昭和六）年一〇月二四日「東京清和健児団の為め――日本ビクター実演の夕」（主催：日本ビクター蓄音機株式会社、後援：東京市）では、来場者にレコード演奏が聴かされた。一九三七（昭和一二）年四月二四日には読売新聞本社当選歌「浄婚記」主題歌「わたし浄婚よ」発表が「ミス・コロムビアの夕」の中でなされ、「発売前に肉声で」、「撮影中の新興トーキー上映に先立つてミス・コロムビアが高らかに唄ふナマの「わたし浄婚よ」はさぞかし春宵あんこーるの嵐を捲き起こすことと期待されてゐる(205)」と報じられた。ここでは、実演そのものではなく、「記録（レコ

ード)」の「実演(生演奏)」という現象が起き、実演のもつ意味が、レコードや映画といったメディアとの関係で記されている。

ラジオも、現地に足を運ばなくても情報を得ることができる、重要なメディアであった。一九二五(大正一四)年三月二二日に東京放送局が芝浦の仮放送所でラジオ放送を開始したが、東京放送局総裁後藤新平は、その使命を「文化の機会均等」「家庭生活の革新」「教育の社会化」「経済機能の敏活」と述べた。一九二六(大正一五)年八月には、東京放送局(JOAK)、大阪放送局(JOBK)、名古屋放送局(JOCK)が合併して日本放送協会(NHK)が誕生し、一九二八(昭和三)年一一月には、札幌、熊本、仙台、広島に新局が設立され、一一月の昭和天皇即位の大礼を契機に、全国中継システムが確立した。この大正末期から昭和初期にかけてのラジオ放送整備は、同時期に進んだ公会堂の全国整備と重なる。前章でもみたように、NHKにとって日比谷公会堂は「勝手知ったる他人の家」「殆んどスタジオの延長」であり、中継放送の拠点としても機能していた[206]。ラジオ放送開始から八年後の一九三三(昭和八)年、寺田寅彦は、「ラジオ雑感」という短文の中で、日比谷公会堂のことにもふれながらラジオの効用について述べた。

聞きたいと思う音楽放送がたまにあると、その時刻にちょうど来客があって聞かれないような場合がかなりに多い。来客がない時はまた何かに紛れて時刻をやり過ごし、結局聞かれない場合もかなりに多い。もしも、これが、どこかへ演奏会を聴きに行くのだと、来客は断れるし、仕事は繰合せて、そうして定刻前には何度も時計を見るであろう。しかしこれがラジオであるために、こういうことになるのである。つまりあまりに事柄が軽便すぎて事柄の重大さがなくなるのであろう。パチリと一つスウィッチを入れさえすれば、日比谷公会堂の演奏、歌舞伎座の演技が聞かれるからである。昔の山の手の住民が浅草の芝居を見に行くために前夜から徹夜で支度して夜のうちに出かけて行った話と比較してみるとあまりにも大きな時代の推移である。しかしそういう昔の人の感じた面白さと、今のラジオを聞く人の面白さとの比較はどうなるかそれは分からない。(207)

寺田は、「ラジオが出来たためにわれわれの音楽を聴くことの享楽をいくぶん破壊された」と批判的な意見をみせている一方で、劇場に足を運ぶという直接的な体験をせずとも音楽鑑賞が可能になるラジオの効用を述べている。こうしたマスメディアの批判と歓迎という両義的な見方は、あえていえばごく一般的な、保守的かつ穏健な意見であるといえよう。しかし、寺田のような意見に対し、マスメディアで伝えられる公会堂発の情報は、公会堂に集う直接的な体験の代替物というより、直接的な体験とは異なる独自の意味を帯びていた、といえるのではないだろうか。日中戦争開始後、歌人の中河幹子は、日比谷公会堂での「傷病兵慰問の夕」を聴き、こう詠んだ。

東海林太郎ゆたかにうたへり　白衣の勇士ききてゐるらむと思ふに泣かゆ
ラヂオは金語楼となり傷兵も笑ひ給へばなにかうれしき
国のため傷つき給ひしつはものに報いあつくなりしニユースありがたし
国交のいよよけはしき世となりて子を育てつつ覚悟を覚ゆ
自動車のわれら越しゆきましろくも散りしくさくら舞ひたりにけり(208)

歌にもある通り、これはラジオで聞いて詠んだものである。ラジオの発明により、催事を同時に共有するために公会堂に直接集う必要はなくなり、ラジオを聴くことで共通の体験は可能となっていた。

ジョシュア・メイロウィッツは、電子メディアの発達を「場所感の喪失」(No sense of place) として論じている。

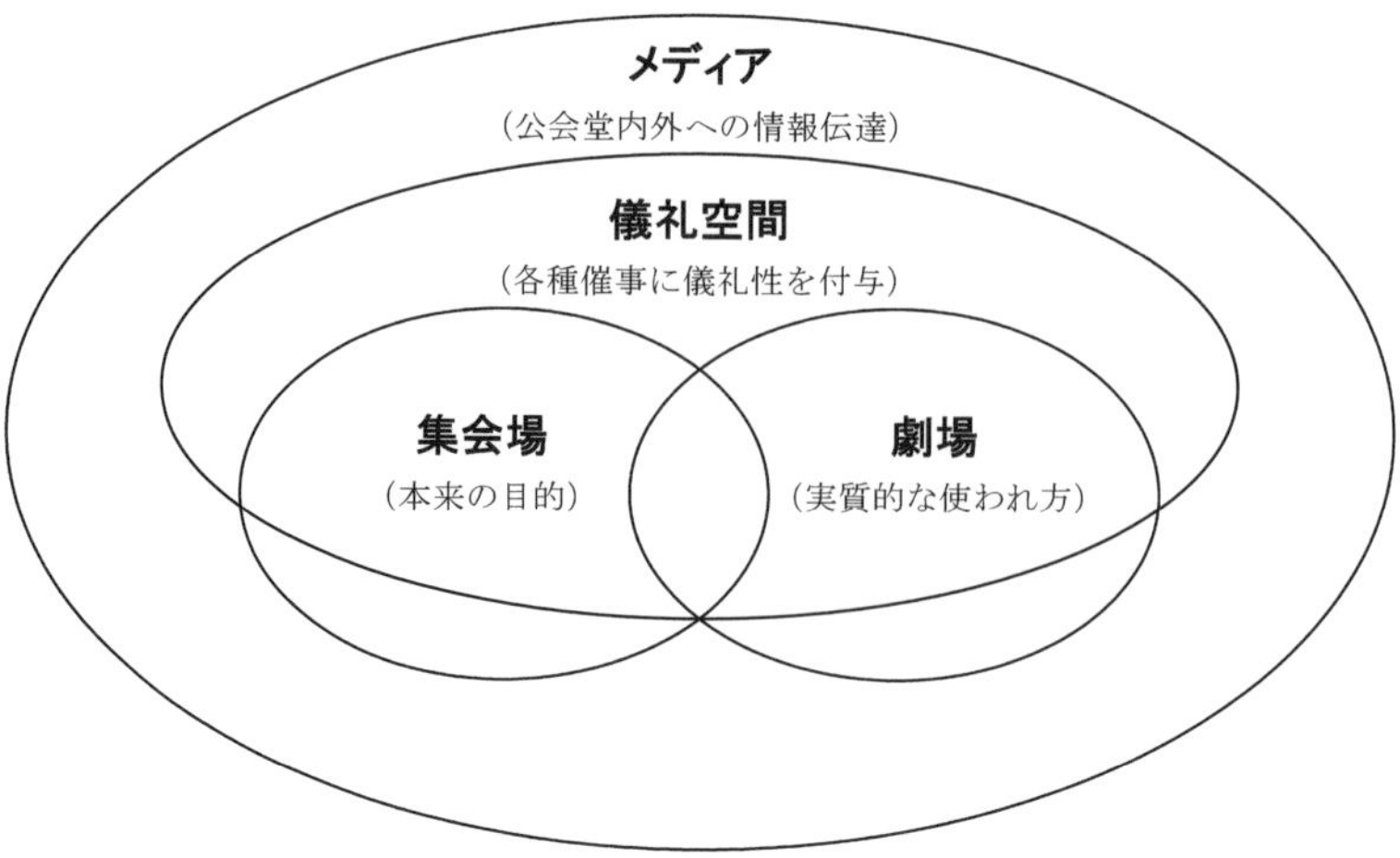

図4−33　公会堂の諸機能

メイロウィッツが対象とする電子メディアは主としてテレビだが、参加者が同じ場所に居合わせることで利用可能であった情報を、電子メディアは「場所」それ自体の意味をつくり直し始める、と述べる。すなわち、物理的場所と、社会的「場所」の分離が発生し、特定の集団行動に対するオーディエンスは、もはや物理的に居合わせることによっては決定されない、という[209]。

公会堂は、無色透明な知の伝達空間というよりも、新聞、ラジオ、レコードなど複数のマスメディアが結合して新たな意味や体験を生み出す、多重構造の一要素である。当然のことながら、マスメディアは、「本当に何が起きたか」はわからないブラックボックスである。公会堂という場所で知がどう媒介されたか、という視点から考えた時、生起した出来事が舞台と客席という施設空間の中で演出され伝えられ、民衆が歴史との接点をつくる、メディア空間としての公会堂の意味が浮かび上がってくる。

以上、本章では、公会堂が果たした機能について考察してきた。何らかの時局性を帯びた催事は、①講演のみで構成されるもの、②催事の目的に娯楽の内容を沿わせたもの、③催事の目的と娯楽の内容が一致しないものという、主に三種の形態に分かれている。さらに、形式面ではなく機能の部分に注目すると、①集会場（政治的討議を行う場）、②劇場（娯楽を享受する場）、③儀礼空間（国民的な儀礼を行う場）、④メディア（公会堂それ自体として、あるいは公会堂で行われる催事を通して、直接その場に居合わせない人にも情報をもたらす場）、という四つの機能を、日比谷公会堂の催事から浮き彫りにすることを試みた。それを整理したのが図4-33である。

日比谷公会堂は、本来集会場として建設されたが、実態はそこからずれて、来場者には劇場としての機能が歓迎された。この二つを公会堂の中心的なアイデンティティとするならば、両者を包み込む形で、さらに「儀礼空間」「メディア」という機能をみることができる。すなわち、個々の催事には各種の「儀礼」が挿入され、多様な主催者が儀礼を通して来場者に振る舞いの共有を求めていった。また、生起した出来事は、マスメディアの報道する内容とは乖離しつつも、公会堂に直接集うのとは異なる独自の意味をもって人々に伝達される。この意味で、公会堂はメディアの空間でもあった。

このような多重なアイデンティティを有したことは、公会堂運営者や催事主催者の意図からすりぬけていく形で公会堂が民衆に受容されていった要因ともいえるだろう。公会堂は、当初想定されたシンプルな機能から、人が集まることにより、しばしば相互に矛盾する多様な機能が折り重なる場所として、意味づけられていった。

注

（1）東京都編・発行『日比谷公会堂　その三〇年のあゆみ』一九五九年、一頁

（2）「賑かな復興祭の催し　公園課と社会教育課の計画　盛り沢山に決定す」『東京朝日新聞』一九三〇年二月二五日付夕刊一面

（3）村松竹太郎「日比谷公園奏楽三〇年記念演奏会について」『月刊楽譜』第二四巻第七号、松本楽器、一九三五年、三六頁

(4) 井下清『東京市の公園行政』東京市役所、一九三八年
(5) 井下清著、日本庭園協会編纂『公園の設計』雄山閣、一九二八年、二五九頁
(6) 同右、三頁
(7) 同右、七—八頁
(8) 同右、八頁
(9) 同右、九頁
(10) 前島康彦編『井下清著作集 都市と緑』東京都公園協会、一九七三年、五頁(初出:『庭園』大正一〇年一月、日本庭園協会)
(11) 井下清『東京市の公園其他の施設に就て』中央朝鮮協会、一九三六年、三頁
(12) 井下、日本庭園協会、前掲書、三九頁
(13) 同右、四二頁
(14) 井下、前掲書、一七頁
(15) 井下、日本庭園協会、前掲書、二五五—二五六頁
(16)「国産品愛用大会 けふ創立大会 日比谷公会堂に首相の講演」『東京朝日新聞』一九三〇年九月二八日付夕刊一面
(17) 井下、前掲書、一九—二〇頁
(18)「日比谷公会堂一〇周年回顧」『市政週報』第三一号、一九三九年一一月一四日、東京市、二二—二三頁
(19) 酒井隆史『通天閣——新・日本資本主義発達史』青土社、二〇一一年、三三八—三六八頁
(20)「神田代議士乱打さる」『東京朝日新聞』一九二七年一二月二日付朝刊一一面
(21) 北山亥四三「我国農村の特殊性と農民党の使命」大阪毎日新聞社編纂『各政党代表者大演説集』大阪毎日新聞社・東京毎日新聞社、一九二八年、一一四頁
(22) 大山郁夫「政治自由獲得への進出」大阪毎日新聞社、同右、一二一頁
(23)「弁士二〇名片つ端から検束 警官隊に包囲された労農党の選挙批判演説会」『東京朝日新聞』一九二八年二月二五日付朝刊七面

(24)前島裕美「香川県仲多度郡琴平町新地遊廓周辺の復原」『お茶の水地理』第四二巻、二〇〇一年、七八頁
(25)「出るもの出るもの中止で検束　大阪の労農党演説会に大山氏も一時検束」『東京朝日新聞』一九二八年三月四日付朝刊一一面
(26)「反対気勢ますます猛烈　今夜本所に民衆大会を開く」『東京朝日新聞』一九二八年三月六日付夕刊一面
(27)「江東に揚る倒閣の叫」『東京朝日新聞』一九二八年三月二六日付朝刊二面
(28)「この警察の暴行を如何」『東京朝日新聞』一九二八年五月一日付朝刊三面
(29)古屋哲夫「第五五回帝国議会　貴族院・衆議院解説」社会問題資料研究会編『帝国議会誌』第一期第一巻、東洋文化社、一九七五年
(30)「警官暴行事件を両院で緊急質問」『東京朝日新聞』一九二八年五月二日付夕刊一面
(31)「首相内相に対して警官暴行を詰責」『東京朝日新聞』一九二八年五月二日付朝刊二面
(32)「聴衆二〇〇余名あはや警察署へ　昨夜の出兵反対演説会解散から大混乱」『東京朝日新聞』一九二八年五月一八日付朝刊一一面
(33)「演説会で大乱闘　昨夜本所公会堂の騒ぎ　一三名検束せらる」『東京朝日新聞』一九二八年六月二三日付朝刊七面
(34)「開会三分で解散　六〇名検束さる　きのふ本所公会堂の全国単一労働の第一回大会」『東京朝日新聞』一九二八年七月三〇日付朝刊七面
(35)「果然新党準備会　結社を禁止さる」『東京朝日新聞』一九二八年一二月二五日付夕刊一面
(36)「内閣弾劾国民大会　本所公会堂で開催」『東京朝日新聞』一九三四年二月二三日付夕刊二面
(37)「入場拒絶の大群衆　警官隊と衝突す　暴露演説中止で会場混乱　殺気立つた区民大会」『東京朝日新聞』一九三四年二月二四日
(38)「若松市公会堂使用料条例」『昭和一〇年　会津若松市物産陳列館概覧』若松市物産陳列館、一九三五年、三五頁
(39)「天声人語」『朝日新聞』一九四八年二月一九日。山本武利編者代表『占領期雑誌資料大系　大衆文化編Ⅰ』岩波書店、二〇〇八年、一一四頁所収。ただしこの批評は、検閲時代の反動で戦後の歌謡曲の氾濫を嘆く論調である。
(40)芥川竜之介『河童　他二編』岩波文庫、二〇〇三年、二九―三〇頁

(41)小林多喜二『防雪林・不在地主』岩波文庫、二〇一〇年、三二〇―三二二頁
(42)「近くもの巣が取られる市政調査会館」『東京朝日新聞』一九二九年九月一八日付夕刊一面
(43)戸板康二「日比谷公会堂が見た昭和史」『文藝春秋』一九六九年九月特別号、文藝春秋、一七九頁
(44)「押し寄せた聴衆三万　けふ日比谷公会堂の濱口首相の第一声に吸ひ寄せられて」『東京朝日新聞』一九三〇年二月一三日付夕刊一面
(45)「犬養さんが帝都での第一声　きょう日比谷公会堂で政友会の大演説会」『読売新聞』一九三二年二月六日付夕刊二面
(46)「乱闘検束で散会　労大党演説会」『東京朝日新聞』一九三二年二月一六日付夕刊二面
(47)「のろひのビラ会場に散乱　けふ政友会演説会」『東京朝日新聞』一九三三年一〇月一〇日付夕刊二面
(48)「社大党関東大会にビラ」『東京朝日新聞』一九三七年四月一五日付夕刊二面
(49)日比谷公会堂所蔵当日資料、および「非常時日本を護る総意の現れ　連盟脱退の宣言けふ日比谷に国民大会」『読売新聞』一九三三年二月八日付夕刊一面
(50)「拡声器の熱語に場外の群集湧く　日比谷公会堂の国民大会」『読売新聞』一九三三年二月二二日付夕刊二面
(51)「対英国民大会開く」『東京朝日新聞』一九三七年一一月二三日付夕刊一面
(52)日比谷公会堂所蔵当日資料、および「日比谷・山王台に揚った反英の烽火」『読売新聞』一九三九年七月一五日付第二夕刊一面
(53)「愛国の熱血は燃えて　一万の聴衆殺到　日比谷の反英市民大会開く」『読売新聞』一九三九年七月一五日付第一夕刊一面
(54)「老獪英国を撃て！　再び燃え上る市民憤激の怒濤」『読売新聞』一九三九年八月一日付第一夕刊
(55)「反英市民大会参加方ノ件」一九三九年七月二九日
(56)「暴英を撃て　日比谷に国民大会」『東京朝日新聞』一九四〇年八月一三日付夕刊二面
(57)東京市告示第四六二号『東京市広報』一九四〇年八月一五日、東京市、一頁
(58)「大衆に呼かける選挙粛正の催し　凡ゆる方法で大宣伝」『東京朝日新聞』一九三五年七月六日付朝刊三面
(59)「選挙粛正帝都の第一声　満員の日比谷公会堂」『東京朝日新聞』一九三五年七月一四日付夕刊一面
(60)「首相の第一声　今夕日比谷に揚ぐ」『読売新聞』一九三七年九月一二日付第二夕刊二面

(61) 春日由三「NHKと日比谷公会堂」東京都、前掲書、二四頁
(62)「集まる代表三〇〇〇名　精神総動員、力強き結成式　きょう日比谷公会堂で」『読売新聞』一九三七年一〇月一三日付第二夕刊二面
(63)「首相、場外の群集にも呼びかく　きのう街頭第一声」『読売新聞』一九三九年二月六日付朝刊一面
(64)『日比谷公会堂　その三〇年のあゆみ』(東京都編・発行、一九五九年)には、クラシック音楽関係者だけでなく、藤蔭静樹(新舞踊)、高田せい子(洋舞)、藤田俊一(三曲)など各ジャンルの芸能関係者が回想を寄せている。
(65) ウィリアム・ウェーバー『音楽と中産階級――演奏会の社会史』城戸朋子訳、法政大学出版局、一九八三年
(66) 渡辺裕『聴衆の誕生――ポスト・モダン時代の音楽文化』春秋社、一九八九年(増補版、二〇〇四年)
(67) 和田博文「モダン都市とクラシック音楽」和田編『コレクション・モダン都市文化　第七三巻　クラシック音楽』ゆまに書房、二〇一一年、七四九―七六一頁
(68) 野村光一／中島健三／三善清達『日本洋楽外史』ラジオ技術社、一九七八年、一三二―一三三頁
(69) 塚谷晃弘「近代日本音楽の社会史的背景」日本音楽舞踊会議編『近代日本と音楽』あゆみ出版、一九七六年、一八八―二〇〇頁
(70) 秋山龍英「明治の洋楽」井上武士監修、秋山龍英編『日本の洋楽一〇〇年史』第一法規、一九六六年、一〇頁
(71) 前野堯「〝楽器〟としての奏楽堂」東京新聞出版局編『上野奏楽堂物語』東京新聞出版局、一九八七年、一二五―一三五頁
(72) 野村光一『音楽青春物語』音楽之友社、一九五三年、四二―四三頁
(73) 加川澄琴「大阪市の音楽」『音楽之友』第三巻第五号、楽友社、一九〇三年、二七頁
(74) あかざ生「明治音楽界総評」『東京朝日新聞』一九〇四年七月八日付
(75) 秋山龍英「明治の洋楽」井上、秋山、前掲書、一〇頁
(76) 太田黒元雄『新洋楽夜話』第一書房、一九三九年(戦時体制版)、三八八頁
(77) 堀内敬三『音楽五〇年史』鱒書房、一九四二年、三四五頁
(78) 山本久三郎(談)「帝劇時代」『昭和の音楽・舞踊』音楽新聞社、一九五六年、一〇三頁
(79) 潮留延子「聴衆のひとりとして音楽会に望む事ども」『月刊楽譜』一九二二年一〇月号、松本楽器、九―一〇頁

(80) 野村／中島／三善、前掲書、八七頁
(81) 園部三郎『音楽五〇年』時事通信社、一九五〇年、一一八―一二五頁
(82) 秋山龍英「大正の洋楽」井上、秋山、前掲書、二六五頁
(83) 倉田喜弘『日本レコード文化史』岩波現代文庫、二〇〇六年、一四五―一四六頁
(84) 中島健蔵「聴衆に就いて」『音楽研究』第一巻第二号、共益社書店、一九三六年、七八―八二頁
(85) 塩入亀輔「一九三一年からの覚え書」『音楽世界』第三巻第一二号、音楽世界社、一九三一年、一二一―一九頁
(86) 財団法人芸術研究振興財団／東京芸術大学一〇〇年史刊行委員会編『東京芸術大学一〇〇年史　東京音楽学校編　第二巻』音楽之友社、二〇〇三年、一二七七頁
(87) 橋本久美子「乗杉嘉壽校長時代の東京音楽学校　昭和三年―一二〇年――その建学の精神の具現化と社会教育論の実践（一）」『東京藝術大学音楽学部紀要』第三二集、二〇〇六年、一二八頁
(88) 財団法人芸術研究振興財団／東京芸術大学一〇〇年史刊行委員会、前掲書、一二一四―一二一八頁
(89) 同右、四八九頁
(90) 松尾要治「音楽聴衆論」『音楽倶楽部』第七巻第四号、管楽研究会、一九四〇年、一二―一八頁
(91) 塩入亀輔「レコード・ファンと音楽ファン」塩入『音楽の世界』日下部書店、一九四三年、一八八―一九三頁（初出：『報知新聞』一九三七年五月）
(92) 菅野裕和「日比谷定期公演の足跡」『シンフォニー』一二輯、東宝音楽協会、一九四八年一二月。山本武利編者代表『占領期雑誌資料大系　大衆文化編Ⅱ』岩波書店、二〇〇八年、二〇一―二〇二頁所収
(93) 大田黒、前掲書、三八九―三九〇頁
(94) 山住正巳「太平洋戦争開始当時の音楽と音楽教育」日本音楽舞踊会議編『近代日本と音楽』あゆみ出版、一九七六年、一五六頁
(95) 倉田、前掲書、一八〇頁
(96) 古茂田信男／島田芳文／矢沢保／横沢千秋『日本流行歌史』社会思想社、一九七〇年、九三―九五頁
(97) 堀内敬三『定本日本の軍歌』実業之日本社、一九六九年、二八〇―二八一頁

(98)山住、前掲論文、一四五―一四六頁
(99)川添利基編『日蓄（コロムビア）三〇年史』株式会社日本蓄音機商会、一九四〇年、一一七頁
(100)「編集後記」『月刊楽譜』第二六巻第一〇号、一九三七年、九二頁
(101)戸ノ下達也『音楽を動員せよ――統制と娯楽の一五年戦争』青弓社、二〇〇八年、一五四―一五六頁
(102)同右、一二四―一二七頁
(103)堀内、前掲書、二六六頁
(104)加太こうじ『軍歌と日本人』徳間書店、一九六五年、一三九頁
(105)前坂俊之『太平洋戦争と新聞』講談社学術文庫、二〇〇七年、八六―一〇二頁
(106)永井良和「大衆文化のなかの「満州」」津金澤聰廣／有山輝夫編『戦時期日本のメディア・イベント』世界思想社、一九九八年、四一頁
(107)「選挙粛正は妾達の手で　三〇〇〇の女性紅い叫び」『読売新聞』一九三七年四月二四日付夕刊二面
(108)堀内、前掲書、三〇四―三〇五頁
(109)戸ノ下達也『「国民歌」を唱和した時代――昭和の大衆歌謡』吉川弘文館、二〇一〇年
(110)川添利基編『日蓄（コロムビア）三〇年史』株式会社日本蓄音機商会、一九四〇年、一五四―一五七頁
(111)同右、一六六頁
(112)「暑気吹き飛ばす三千の合唱　「隣組防空群の歌」発表会」『読売新聞』一九四二年七月一二日付朝刊三面
(113)「防空服装で国民歌　昨夜「みたみわれ」の発表演奏」『朝日新聞』一九四三年七月七日付朝刊三面
(114)戸ノ下、前掲『音楽を動員せよ』、一六七頁
(115)伊奈正明「読者評論「御民われ」発表会」『音楽公論』第三巻第一〇号（終刊号）、音楽評論社、一九四三年、六八頁
(116)戸ノ下、前掲『「国民歌」を唱和した時代』一七一―一七二頁
(117)「アッツ島の忠魂　非戦闘員も玉砕　軍属に任じ最後の攻撃に参加　谷萩少将顕彰歌発表会で口演」『朝日新聞』一九四三年七月一八日付朝刊三面
(118)「アッツ島血戦勇士国民歌　入選決る」『朝日新聞』一九四三年七月九日付朝刊三面

(119)永井、前掲論文
(120)塩入亀輔「街頭の軍歌――商品性を追放せよ」塩入、前掲書、二三一―二三二頁所収
(121)片山敏彦／野村光一／園部三郎／山根銀二による座談会「聴衆論」『音楽公論』第二巻第一〇号、音楽評論社、一九四二年、二八―五四頁
(122)堀内敬三「戦時下の音楽」『昭和の音楽・舞踊』音楽新聞社、一九五六年、一〇九頁
(123)堀内、前掲『定本日本の軍歌』三三六頁
(124)加太、前掲書、二二頁
(125)古茂田／島田／矢沢／横沢、前掲書、一〇四頁
(126)海洋文化社編・発行『海軍軍歌集』一九四三年、一頁
(127)古茂田／島田／矢沢／横沢、前掲書、九三―九五頁
(128)山住、前掲論文
(129)野村、前掲書、一七〇―一七一頁
(130)見田宗介『近代日本の心情の歴史――流行歌の社会心理史』（見田宗介『定本　見田宗介著作集Ⅳ』岩波書店、二〇一二年所収。初出：講談社、一九六七年）。このほか近年では小村公次『徹底検証日本の軍歌――戦争の時代と音楽』学習の友社、二〇一一年など。
(131)戸ノ下、前掲『音楽を動員せよ』、一五四―一五六頁
(132)「祝へ我等の皇子様　万歳の叫びに大内山も揺ぐ　慶び溢る帝都の街」『読売新聞』一九三四年一二月二四日付夕刊三面
(133)「一斉足停めて黙禱　陸軍記念日の正午に」『東京朝日新聞』一九三八年三月四日付朝刊一一面、日比谷公会堂所蔵当日資料
(134)「全国一斉に黙禱　満州事変一〇周年記念の催し」『朝日新聞』一九四一年九月二日付朝刊五面
(135)「大楠公の精神に生きん　きのふ誕生六百五十年記念祭」『朝日新聞』一九四四年四月二八日付朝刊三面
(136)「無条約第一年の海軍記念日」『東京朝日新聞』一九三七年五月二五日付夕刊三面
(137)「雨の街を歩武堂々　無敵陸戦隊が行進　賑ふ日比谷・東郷邸」『東京朝日新聞』一九三七年五月二八日付夕刊三面

(138)日比谷公会堂所蔵当日資料、『東京朝日新聞』一九三八年五月一八日付朝刊一〇面、五月二七日付朝刊一〇面、夕刊二面
(139)「隅田川に〝敵前上陸〟」『東京朝日新聞』一九三九年五月二八日付夕刊二面
(140)『朝日新聞』一九四一年五月二〇日付朝刊七面、二五日付夕刊二面、二七日付朝刊七面、二八日付朝刊七面
(141)「海軍記念日飾る好箇の贈物　四〇〇〇名怒濤の合唱　本社選定献納「海軍の歌」発表会」『朝日新聞』一九四二年五月二七日付夕刊二面、日比谷公会堂所蔵当日資料より
(142)「讃ふ海の戦果　海軍記念日大講演会」『朝日新聞』一九四二年五月二八日付朝刊三面
(143)「闘魂会場を圧す　沸き立つ海軍記念日大講演会」『朝日新聞』一九四三年五月二八日付朝刊三面
(144)「攘夷の血沸く講演会」『朝日新聞』一九四四年五月二八日付朝刊三面
(145)椎名仙卓『日本博物館発達史』雄山閣、一九八八年、二〇一―二〇二頁
(146)「国民精神総動員は〝時〟の尊重から　けふ時の記念日の催し物」『東京朝日新聞』一九三八年六月一〇日付朝刊一〇面
(147)日比谷公会堂所蔵当日資料より
(148)「時の記念日」『東京朝日新聞』一九三九年六月一一日付夕刊二面
(149)「〝時間を守りませう〟賑かな街頭宣伝　けふ・時の記念日の催し」『東京朝日新聞』一九四〇年六月一一日付夕刊三面
(150)「〝正時〟によい子供も応援」『東京朝日新聞』一九四一年六月一一日付夕刊二面
(151)橋本毅彦／栗山茂久『遅刻の誕生――近代日本における時間意識の形成』三元社、二〇〇一年
(152)「「大政翼賛」街に初の叫び　一三日全国一斉に開催」『朝日新聞』一九四〇年一〇月六日付朝刊一面
(153)二〇〇九年九月二五日、音楽評論家の佐々木光氏への聞き取りによる
(154)佐々木光「音楽家と戦争責任」日本音楽舞踊会議編『近代日本と音楽』あゆみ出版、一九七六年、一七六―一七七頁
(155)ヘンリー倉田「日比谷公会堂「思い出エピソード」」日比谷公会堂開設八〇周年記念事業実行委員会編・発行『日比谷公会堂「開設八〇周年記念事業」想い出エピソード』二〇〇九年、七頁
(156)村松竹太郎（呉山人）『東京都政秘話』秀文閣書房、一九四三年、二八二頁
(157)村田武雄「楽しく若々しい記憶」『フィルハーモニー』第二八巻第八号、ＮＨＫ交響楽団、一九五六年、一八頁
(158)「国歌濫奏の取締」『音楽』第一二巻第五号、楽友社、一九〇七年、三三頁

(159)「国歌奉唱の回数に関する諸家の意見」『音楽之友』第二巻第六号、日本音楽雑誌、一九四二年、五六―五八頁
(160)「首相も登壇　祈願祭と講演」『朝日新聞』一九四二年一月一七日付夕刊二面、日比谷公会堂所蔵当日資料
(161)「三〇〇〇名の国禱」『読売新聞』一九四二年一二月七日付朝刊三面
(162)「英霊に誓ふ必勝　日比谷で厳粛な慰霊祭」『読売新聞』一九四二年一二月八日付夕刊二面
(163)「幼き胸を震はせて靖国へ」『朝日新聞』一九四三年三月二八日付夕刊二面
(164)「精動　事変記念日から服装を簡易化　日比谷の講演会にも背広」『大阪毎日新聞』一九三九年六月二九日付
(165)「劇場でも国民儀礼　〝特異な雰囲気〟は追出す」『朝日新聞』一九四三年九月七日付夕刊二面
(166)丸山宏『近代日本公園史の研究』思文閣出版、一九九四年、九三―一〇一頁
(167)日比谷公会堂所蔵当日資料、および「真剣な選粛の叫び　気勢日比谷に挙る」『読売新聞』一九三七年四月二二日付夕刊一面
(168)ケネス・ルオフ『紀元二六〇〇年――消費と観光のナショナリズム』木村剛久訳、朝日新聞出版、二〇一〇年、二四四―二五一頁
(169)夏目勝也「保存の現状とその意味」(一九九九年JIA岩手シンポジウム「岩手県公会堂を考える」―その一　基調講演)日本建築家協会(JIA)東北支部岩手地域会発行『岩手県公会堂を考える』二〇〇二年、四六―四七頁
(170)米山勇「東京市政調査会館及東京市公会堂の設計変更に関する考察　佐藤功一の「建築―都市」観に関する研究　二」『日本建築学会計画系論文集』第五六六号、二〇〇三年、一四七―一五二頁
(171)「復興帝都鑑賞批判座談会」『読売新聞』一九三〇年三月二三日付朝刊六面
(172)「日比谷公会堂と私」『日比谷公会堂「開設八〇周年記念事業」想い出エピソード』日比谷公会堂開設八〇周年記念事業実行委員会、二〇〇九年、一七頁
(173)五十嵐太郎「解説」ディヤン・スジック、五十嵐太郎監修『巨大建築という欲望――権力者と建築家の二〇世紀』東郷えりか訳、紀伊國屋書店、二〇〇七年、四九六頁
(174)河村英和『タワーの文化史』丸善出版、二〇一三年など。同書には日比谷公会堂も塔屋付きの公共建築の系譜の一として紹介されている。

(175) 中島直人『都市美運動――シヴィックアートの計画史』東京大学出版会、二〇〇九年、八八―八九、二四三頁
(176) 同右、一〇九―一一〇頁
(177) 同右、八二頁
(178) 一九二六年六月一九日、第一回「市民の夕」講演会。中島、同右、一〇七頁
(179) 同右、一六五―一六六頁
(180) 佐藤功一「都市美論」『中央公論』一九二四年一月号、中央公論社、一三四頁
(181) 橋爪紳也『絵はがき一〇〇年――近代日本のビジュアル・メディア』朝日新聞社、二〇〇六年。生田誠編『二〇〇五日本絵葉書カタログ』（里文出版、二〇〇四年）では、日本において発行された絵葉書を三八種に分類しており、当時の絵葉書の多様な機能を知ることができる。
(182) 東京都江戸東京博物館監修『江戸東京歴史探検　五　帝都の誕生を覗く』中央公論新社、二〇〇三年、八八頁
(183) 浅井峅一「東洋一の殿堂」名古屋市公会堂管理事務所編『半世紀のあゆみ』名古屋市市民局、一九八〇年、三〇頁
(184) 拓務新聞協会「「外地の夕」開催の主意」「外地の夕」プログラム、一九三七年七月一二日
(185) 「新日本音楽　宮城道雄氏の出演」『東京朝日新聞』一九三七年七月一二日付朝刊一六面
(186) 「「泰国の全貌」に閣僚も絶賛　人気は沸る日比谷の試写会」『読売新聞』一九四一年七月二六日付夕刊二面
(187) 「ヨイコドモ三〇〇〇　仲よく誓う枢軸少国民大会」『読売新聞』一九四二年二月八日付夕刊二面
(188) 「三〇〇〇の遺家族も一堂に　前線へ送る声の慰問袋」『読売新聞』一九四三年一月八日付朝刊三面
(189) 「国民諸君に告ぐ　林首相・レコード吹込み」『読売新聞』一九三七年四月一八日付朝刊二面
(190) 倉田、前掲書、九九―一〇三頁
(191) 「ラジオ／公園三〇年祭　意義深き東京市の催し　日比谷公会堂より中継」『東京朝日新聞』一九三二年一〇月一九日付朝刊九面
(192) 「国産優秀マイク」『東京朝日新聞』一九三六年一一月三日付朝刊一〇面
(193) 「ダゲレオタイプ　輝く発明一〇〇年祭　写真功労者を表彰」『東京朝日新聞』一九三七年七月一八日付朝刊一三面
(194) 「六殿下台臨　〝機甲強化の夕〟盛況」『朝日新聞』一九四一年七月七日付朝刊五面、当日配布プログラムより

(195)「発明少国民の表彰式」『読売新聞』一九四一年九月一五日付朝刊三面
(196)山本武利「日本軍のメディア戦術・戦略――中国戦線を中心に」山本武利責任編集『岩波講座「帝国」日本の学知　第四巻　メディアのなかの「帝国」』岩波書店、二〇〇六年
(197)井川充雄「戦時期マス・メディア・イベント年表」津金澤聰廣／有山輝夫編『戦時期日本のメディア・イベント』世界思想社、一九九八年
(198)日比谷公会堂所蔵当日資料
(199)「国民総決起運動総会けふ日比谷で中央総会」『朝日新聞』一九四四年五月一四日付朝刊一面
(200)『朝日新聞』一九四四年五月一五日付朝刊一面
(201)「憤激に揃ふ一億進軍の足並み」『朝日新聞』一九四四年一〇月二一日付朝刊二面
(202)日比谷公会堂所蔵当日資料より
(203)「示さん一億の赫怒　報復へ途は一つ〝必勝〟」『朝日新聞』一九四五年一月一八日付朝刊二面
(204)佐藤卓己『現代メディア史』岩波書店、一九九八年、一四六頁
(205)「〝わたし浄婚よ〟発売前に肉声でミスコロムビアが哀唱」『読売新聞』一九三七年四月二七日付
(206)春日由三「ＮＨＫと日比谷公会堂」東京都、前掲書、二四頁
(207)寺田寅彦「ラジオ雑感」日本放送協会『調査時報』一九三三年四月、『寺田寅彦全集　第三巻』岩波書店、一九九七年所収
(208)「近詠（日比谷公会堂よりの傷病兵慰問の夕をききて）中河幹子」『読売新聞』一九三八年四月三〇日付夕刊四面
(209)ジョシュア・メイロウィッツ『場所感覚の喪失（上）』安川一／高山啓子／上谷香陽訳、新曜社、二〇〇三年、二二九―二三〇、二九〇頁

第5章　戦後の公会堂――「公」会堂とは何であったか

前章で指摘した公会堂の四つの機能、すなわち①集会場（政治的討議を行う場）、②劇場（娯楽を享受する場）、③儀礼空間（国民的な儀礼を行う場）、④メディア（公会堂それ自体として、あるいは公会堂で行われる催事を通して、直接その場に居合わせない人にも情報をもたらす場）は、当初想定された集会場というシンプルな機能にとどまらない、矛盾やずれもはらみ多重に折り重なるものであった。その多重性について、主に戦後における公会堂の制度的位置づけに即して考察するのが本章の課題である。

考察の糸口として、①日比谷公会堂をはじめとする公会堂で媒介された知のありかたがいかなる矛盾をはらんでいたか、②公会堂が戦後の教育制度の中でどう制度化されたか、③公会堂はいかなる意味で「公」会堂であったか、すなわち公会堂において形成された「公」の実態はいかなるものであったか、という問いを据えた。

1　公会堂の矛盾

（1）集会場と劇場——二つの中心的アイデンティティ

主に集会が想定されたとはいえ、多目的空間としての公会堂をデザインすることは、設計者にとっては多くの困難が伴った。一九一三（大正二）年一月、大阪市中央公会堂の指名懸賞にあたり、設計指名競技者心得において「広堂」の用途は「奏楽用、演説用其他大集会」と記されたが、財団法人公会堂建設事務所の建築顧問でもあった辰野金吾はこう述べた。

当公会堂の如きは、所要者の希望頗る広く、時としては奏楽の用に供し、時としては演説の用に供し、或は大集会場に充て、或は大会食場に充てんとし、学理上性質目的の相反する用途に流用するものなるを以て、各方面の用途に適する如く、便宜に設計して好結果を収めんとするは到底予期すべからざる難問題に属すれば、設計者の苦心惨憺は如何ばかりならんかと想像するに余りありき(1)。

日比谷公会堂も、設計段階から主として行事、講演会などに供するための集会施設として想定され、舞台という呼称すら避けられたことは第3章でみた。しかし、実態は当初の意図とは乖離し、多くの娯楽行事が行われた。娯楽の会があまりに盛況だったことから、開館から二年後の一九三一（昭和六）年に、興行場としての認可を受けたことも、すでにみた通りである。利用者からも、「会場で何時も感じる事でございますが、日比谷公会堂にしても日本青年館にしても、何と無くガランとした感じで一寸も落着きません。まるで学校に行つて御講義でも聞いて居る様な気が致します。照明などの関係かも知れませんけど――。」と、講堂のような空間よりも居心地のよさを求める意見も出されていた。[2] 一方で、「この公会堂にはわが国の芸能人は勿論、世界各国から来朝する有名人は必らず出演しておりますので、日比谷公会堂の名は広く海外にまで知れ渡り日本文化の殿堂として、芸能日本の発展に貢献して来た業績もまた偉大なものと言えるでしょう[3]」という評価もある。日比谷公会堂自身も、三〇年史において、市中の商業劇場とは異なり誰でもが利用できる公営施設であるから、市中劇場が特定の芸能団体以外を上場させないのと違って、このステージではどんなものでも上場することができたのは、何といっても最大の強みであり誇りであった、として、商業劇場とは異なる「無偏無党の公共建物」であったこと、市中劇場に比して使用料が低廉であったこと、施設規模が広大であったこと、立地条件のよさなどから、「公器」あるいは「音楽民衆化のセンター」の機能を果たしてきた、と自己評価している。[4]

しかし、公会堂の「本来の」使命は、娯楽目的ではなく集会活動であったにもかかわらず、その意図からは乖離する方向で利用がなされていったのである。これについては井下清も評価を記していたが、三〇年史においても公会堂によるほぼ同様の見解が記述されている。

劇場に準じて建設されるのが常であるが、劇場と公会堂の異なる点は、建物が公共的なものであり、営利的でなく、外観や内部装飾なども総じて質実であることである。従って公会堂は、市民と最も関係の深い市庁や裁判所に附設されるのが、西欧における通例であった。今日の公会堂は、ただ単に聴衆や観衆を集めて集会目的や慰楽目的を果たすためにのみ第三者によって利用されるのが普通となっているが、本来は、市民自体が、自己の市民生活に必要なあらゆる集会活動……娯楽を含めて……をするために公共的に施設したホールを指しているのである。国立劇場も芸能文化政策も持たない過去の日本は、公会堂の利用の途を大幅に飛躍させて、半ば商業劇場的なものにすることに成功した。これも一つの方法である。（中略）しかし、公会堂の本当の使命目的は、集会活動にあることだけは論を待たないことである。（中略）集会活動が開設時代に近いほど活発であったことは、公会堂がやはり、当初はそういう向きの施設として在るべきものだという考え方を明白に示しているのである。(5)

純政治演説会とか厳粛な宗教行事などのごく稀な例をのぞいた大抵の集会には、余興として映画・落語・講談・歌謡・軽音楽などのいわゆる「客よせ」物が必ずといってよいほどついているのである。完備した公会堂の舞台施設がこの余興の効果を著しく盛りあげ、これが公会堂の利用率を高めたと同時に、商業劇場以外では芸能ホールとしてここが唯一無二の場所だという認識を、広く一般にうえつけてしまったのである。(6)

日比谷公会堂は、文化の殿堂として名を馳せた一方で、そうした劇場としての自己規定を拒み、あくまで市民自治の拠点としての集会場を自認しているのである。後藤新平や井下以来、集会活動を通して自治意識や教養を高める場としての機能が、公会堂の本来あるべき姿と認識されていたといえよう。

なお、こうした集会施設としての自己規定は、一九八〇年に出版された日比谷公会堂の五〇年史では放棄されている。「公会堂は首都東京におけるセントラル・ホールとして、広く音楽・芸能のみならず、都民による一般集会や都の行政活動の一環としての集会などに多く利用され、その存立意義を高めてきたのである(7)」と中立的な表現になっている。その後現在に至るまで、文化会館とは何のための場所か、という機能や目的についての議論は、さほど深められていないといえる。

（２）　提供される内容と来場者の受容の「ずれ」

以上にみたように、日比谷公会堂は、その内部においても当初から戦後に至るまで、主に集会施設と娯楽施設という二つのアイデンティティの間で、施設理念が揺れていたとみることができる。公会堂が「たんなる貸ホール」[8]になってしまっている、という、現在にもつながるジレンマがここにみられるのである。

日比谷公会堂は二つのアイデンティティを抱え、政治的イベントは多くは多様な企業、芸術団体の協力のもとに余興を挟むことで文化的に演出され、一方で前述の国民歌発表のような文化的イベントは、政治色を帯びて演出されて舞台にのぼった。

支配者層が与える慰安のありかたについて、山住正巳は戸坂潤の「娯楽論」（一九三七（昭和一二）年）に依拠しながら批判的に検討している[9]。戸坂は以下のように述べる。

> 娯楽はこうした社会生活に於ける健康と幸福との現実的な第一段階であって、ただの社会の隙間の穴埋めにあるのではない。勤労生活に於ける労作成就の怡びや生活満足感や生活の一般的享楽は、どれもまず娯楽というものを、平俗な併し確実な入口としている。民衆は娯楽を有たねばならぬ。だが娯楽は支配者の配慮によって外から与えられるものではない。支配者は高々慰安をしか与えることは出来ぬ。支配者は民衆の娯楽であるべきものをさえ、慰安の形に引き直してしか与えない。今日の娯楽はかくて、宗教的荘厳の有難さからスポーツの刺戟や性的蠱惑に至るまで、民衆の阿片とされて了うのである[10]。

戸坂がここで述べる「支配者の配慮によって外から与えられる」娯楽に対する息苦しさは、第１章で検討した一九四〇（昭和一五）年の朝日新聞中央調査会による調査にも、あらわれていた通りである。

公会堂は、集会活動や芸術鑑賞を通して市民意識を高めることが期待され、娯楽はあくまで余興であった。例えば福島県の若松市公会堂では、使用条例において「営利ヲ目的トスル遊芸興行又ハ之ニ類スルモノ」などの集会は認められなかったほか（第四条）、「公会堂ニ於テハ直接使用ノ目的外歌舞音曲ヲ禁ス　但集会ノ余興トシテ特ニ市長ノ承認ヲ受ケタルトキハ此限リニアラス」（第五条）と、あくまで「余興」として歌舞音曲を用いることが明記されていた(11)。

こうした、集会を主要な機能の根幹に据える公会堂の理念に注目すると、その限界はどこにみられたか。第一に、様々な催事で提供された知の内容がそのまま人々に伝達されたと考えるよりも、むしろ両者の間にあった「ずれ」に注目する必要がある。こうした「ずれ」をマスメディアの報道から読み解くのは難しいが、例えば一九四四（昭和一九）年に新潟市公会堂で時局講演会を聞いた当時小学五年生の笠原誠はこう証言する。

話す人は陸軍中佐か大佐くらいの偉そうな軍人、聞き手は公会堂周辺の小学生だった。座席は満パイで、私たち新潟小学校は通路や後ろに立って聞かされた。話は戦意昂揚のためのもので、やたら勇ましいものだった。しかし言葉が難しく、半分くらいしかわからなかった。その中で私が不思議に思ったのは、その軍人さんが「アメリカ人やイギリス人よりも、日本人の方が、背が高い」と、いい出したことである。よく聞いていると、その人のいい分は、「足は別にして、胴体と頭の部分を比べると外国人よりも日本人の方が高い。人間の体で重要なのは頭と胴体なので、そこを比べるのが正しい。だから日本人の方が背が高い」と、いうのだった。つまり坐高は日本人の方が高い、というのである。軍人さんは盛大な拍手を期待したらしかったが、私たち小学生はキョトンとしていて拍手をしなかった(12)。

こうした例にみられるように、公会堂における催事はしばしば送り手の意図が先行したものであった。視聴覚メディアや娯楽事業を人集めの手段として用いながらも、提供された知は必ずしもそのまま伝達されたとはいいがたい。ここに、公会堂に期待された集会施設としての機能が有していた一つの限界があったといえよう。

第二に、集会を通した民衆教化の意図と、娯楽を求める民衆の要求の乖離を指摘できる。日比谷公会堂では、早くも開館一年後に公会堂の理念と現状の乖離が問題視されてくる。市主催の行事の大半が音楽会で占められることに対し、「公会堂は娯楽集会場として賃貸する外にその本来の使命が存在する。市と市民を結ばしめる折角の公会堂である。その活用に関して、尚何等か考える余地はないであろうか」という意見が寄せられている(13)。この翌年、日比谷公会堂が興行場としての認可を受けたことはすでにみた。

大阪市中央公会堂でも、開館から四年後の一九二二（大正一一）年の時点ですでに芸術もしくは娯楽の会合が催事の六割を占め、聴衆も教化的会合・講演会が二割五部弱であるのに対し五割を占めていた。これに対し市側は、「公会堂の目的がしかく利用さるべきものであるが故にこの傾向は当然であらうが一般市民の意向が近来如何なる道を辿らんとしつつあるかを知る一助ともなるであらう」と述べる。さらに市民の愛市心の欠乏を憂い、「あの偉大なパブリックホールを利用して市民文化運動の促進に努め所謂大阪文化を築き上げると否とは懸つて市民の双肩にある」と、日比谷公会堂と同様実質的に娯楽施設となっていることに複雑な意向を示している(14)。

また、第1章でもふれた大阪市立市民館長志賀支那人は、同じ記事の中で、多数の動員と売名的野心や営利的希望をもって開かれる集会や、人と人の結合の希薄な大衆動員を安易に想定することを「中央公会堂式」として批判した。そしてそれらを統制することが市民教化には必要であり、「気分の焦燥と皮肉と興奮を避け、概念的な空疎な企図を捨て、静に自分の霊を見ることのできるやうな機会を市民の為に作るやうに力めたい、そして中央公会堂は其の道場でありたい」と述べた(15)。

集会活動を通した民衆的訓練の場、自治精神の涵養といった公会堂の理念は、多くの集会や講演会によって実現されたと解釈しうる一方で、そうした意図は市民の意識とはしばしば乖離し、娯楽の場として求められていた実態がみられるのである。集会・講演活動あるいは娯楽事業を通した知の伝達を求める送り手と、娯楽の場を求める人々の間の当初からの「ずれ」こそが、公会堂の理念をめぐる大きな矛盾であったといえるのではないだろうか。

(3)「国民運動」の限界――新憲法普及と憲法音頭

開設当初からにすでに現れていたこうした「ずれ」は、戦後においてさらに顕在化し、特に公会堂を舞台にした政府や企業主導の「国民運動」の試みは挫折していく。その顕著な例が、近年上田誠二も注目している一九四七（昭和二二）年の「憲法音頭」普及である(16)。

式典と記念歌を組み合わせて発表する形式は戦後も受け継がれ、日比谷公会堂の記録をみても、一九四八（昭和二三）年頃まで継続する。日本国憲法制定時には、新憲法の普及を目的として「憲法音頭（チョンホイ音頭）」が披露された。憲法普及会が委嘱制定し、中山晋平が作曲し、発売された（一九四七（昭和二二）年五月八日録音、唄：市丸／波岡惣一郎、管弦楽：日本ビクターオーケストラ、合唱：日本合唱団）。藤間勘十郎らにより振り付けられ、各地で盆踊りの時期にあてて普及が試みられた。

憲法普及会とは、芦田均を会長として帝国議会内にできた半官半民組織であり、一九四六（昭和二一）年一二月一日から翌年一一月末まで活動した。「新憲法の精神を普及徹底し、これを国民生活の実際に浸透するよう啓発運動を行うこと」を目的として設立された。設立の背景には、日本政府が自ら普及活動を行うことが対外的に重要と考えたGHQの強力な指導があったといわれる(17)。『新憲法講話』（五万部）、『新しい憲法明るい生活』（二〇〇〇万部）といった冊子の発行がなされたが、ほかにも講演、座談会、論文募集、絵本発行、文芸、芸能、民衆娯楽の活用など、利用可能なあらゆるメディアを動員した活動が展開された。紙芝居、放送劇、映画製作、かるたづくりのほか、東京新聞社との共催による民謡や流行歌の替え歌の募集などまであり、例えば「リンゴの唄」が以下のように歌われた。「赤い日の丸変わりはないが／神秘を捨てた新憲法／働くみんなの楽しい社会／主権在民よくわかる／民主嬉しや嬉しや民主」[18]。

一九四七（昭和二二）年五月三日、新憲法施行記念祝賀会が帝国劇場で行われた。芦田均憲法普及会会長の開会の辞に続き、橋本国彦作曲、東宝交響楽団「祝典交響曲（へ長調）」、諏訪根自子のヴァイオリン独奏、六代目尾上菊五郎による「娘道成寺」の上演などが行われた。憲法普及会の『事業概要報告書』によれば、招待者は皇族、衆・参両院議員、官庁、学校の代表者、連合軍各国代表などで、会場所有者である東宝株式会社が営利を度外視して、短時日のうちに準備を完了した。また会場には外国人賓客のために生花、書画が展示され、休憩時間には表千家による茶もふるまわれた[19]。

五月三日には、宮城前でも施行記念式典は行われた。式典の中に「君が代」はなく、天皇は閉会後車で式場に訪れ、そこで傘をさした群衆に「君が代」と万歳で迎えられていた。式典中に歌われたのは、東京・武蔵野・国立音楽学校の学生三五〇名による合唱「われらの日本」（土岐善麿作詞、信時潔作曲）であった。この歌は、「憲法音頭」のレコードのB面として発売されている。「われらの日本」は、宮城前での発表に先立ち、四月二五日に毎日新聞社との共催で発表され、ラジオでも歌唱指導が行われていた。

同じ五月三日、日比谷公会堂では記念の「憲法施行講演会」が実施された。参加者は三〇〇〇名で、そこで披露されたのが、「憲法音頭（チョンホイ音頭）」であった。歌は日暮千代子、舞踊は栗島すみ子社中、合唱は日本芸能公社合唱団、音楽は東京放送管弦楽団、編曲は岡村雅雄であった。プログラムには、それまで日比谷公会堂で多くの歌が発表されてきたのと同様に歌詞と楽譜が印刷されていた。当日の次第は以下の通りであった。開会の挨拶（憲法普及会事務局長永井浩）／第一部一、新憲法を活かす道（安倍能成）二、新憲法大観（金森徳次郎）／第二部一、新憲法施行記念「チョンホイ音頭」（踊り：栗島すみ子舞踊団、唄：日暮千代子外、合唱：日本芸能公社合唱団、伴奏：東京放送管弦楽団）二、新憲法施行記念映画『われらの議会』（日本映画株式会社提供）、閉会の挨拶。

また、憲法音頭は、「おどりおどろかチョンホイナあの子にこの子／月もまんまる笑い顔／いきな姿や自慢の手ぶり／誰にえんりょがいるものか／チョンホイナハチョンホイナ／うれしじゃないかないかチョンホイナ」「古いすげ笠チョンホイナさらりとすてて／平和日本の花の笠……」と歌われた。この憲法音頭について、一九四七（昭和二二）年一二月憲法普及会発行『事業概要報告書』からは、当時の力の入れようがうかがえる。

歌いながら、踊りながら或いはそれを鑑賞しながら、新憲法の精神に国民大衆をふれさせようという狙いで、最も大衆的な味をもつ作者に歌と曲を夫々委嘱し、又これが普及には日本芸能公社を当らしめた。即ち舞踊振付及び指導、レコード吹込、舞踊図譜並に楽譜印刷等の準備完了と共に「ぼん踊りは是非憲法音頭で！」という意気込で全国的にこれが普及運動をくりひろげた。

日比谷公会堂での発表の翌日五月四日からは、主催が憲法普及会から東京都、レクリエーション協会、日本芸能公社となり、後楽園で一万五〇〇〇名を集めた催事が開かれた。五月八日には、コロムビアで「憲法音頭」のレコード吹き込みが行われ、片面は国民歌「われらの日本」にあてられた。独唱は東京音楽学校助教授柴田睦陸、合唱は日本合唱団、管弦楽にビクターオーケストラ、編曲は飯田信夫であった。

しかし、「憲法音頭」は、作曲者の中山晋平によれば、あまり歌われることもなく、人々の記憶にも残ることなく、消えていった[20]。この現象について、上田誠二は、メディアを用いた理念普及の方法は、戦時中の「建国音頭」（一九四〇（昭和一五）年に同じ中山晋平により作曲）と同様、公権力の肝入りで大衆文化を「上から」教育化しても、大衆は乱舞しなかった、と分析する[21]。上田はこれを、戦後学校教育が大衆文化の教育性を排除していったことと関連づけて論じているが、次節にみる戦後社会教育の制度化のプロセスにおいても、大衆文化が矛盾をはらみながらも作り上げてきたものを制度化できなかったという意味では、同様のことがいえるのではないだろうか。

日比谷公会堂において発表された、人々の感情の動員を目指した多くの歌謡曲は、レコード産業が発達した大衆社会では、戦時下の粗製濫造の状況下ですでにその効果が発表者の意図とずれた方向に発現していた部分もあった。そして、戦後社会の中で、その啓蒙主義的な構造はさらなる矛盾となってあらわれたといえるのではないだろうか。この矛盾は、集会施設と娯楽施設という公会堂が抱えた二重のアイデンティティとも関わるものである。

ただし、戦後同様につくられたすべての歌に対してその動員的性格を取り上げて即断することは、妥当とはいえない。例えば、一九四四（昭和一九）年に日比谷公会堂でも映画と共に発表された「雷撃隊出動」の作曲者である古関裕而は、一九四八（昭和二三）年に「栄冠は君に輝く」を作曲している。朝日新聞社主催「全国高等学校野球選手権大会」が、戦前の「全国中等学校優勝野球大会」から改称して第三〇回大会を開催するにあたり、朝日新聞社が大会歌として歌詞を募集した。そして古関に作曲を依頼したのは、戦時中から交流のあった朝日新聞社学芸部の野呂進次郎であった。歌われたのは公会堂ではなく阪神甲子園球場であったが、その年の全国高等学校野球選手権大会開会式で歌われた[22]。このような、イベントにあわせた歌詞の募集と作曲家への委嘱という構造は、戦時中と変わりないものであったが、この歌は現在に至るまで夏の全国高等学校野球選手権大会で歌い続けられている。

2　戦後教育制度と公会堂

次に、こうした矛盾をはらんだ公会堂が第二次世界大戦後の制度改革の中でどう位置づけられていったかについて、教育制度整備過程における「文化施設」の位置づけに注目して検討する。公会堂に関する制度は、教育行政、なかでも社会教育行政の中で構想されたからである。

第一に、教育基本法（一九四七（昭和二二）年制定）第七条制定過程、第二に、公民館設置（一九四六（昭和二一）年）から社会教育法制定過程（一九四九（昭和二四）年）に注目しよう。

（1）　教育基本法第七条制定過程における「文化施設」の位置づけ

「文化施設」条項の削除

第二次世界大戦後、日本全体が「文化国家」への転換を掲げ、教育行政に関しても改革が進む過程で、文部省内では社会教育行政改革や[23]、第3章でみた芸術祭のような新たな文化事業が展開されていった。

戦後初期における一連の教育改革の中核となったのは、教育基本法の制定である。教育刷新委員会が制定にあたっての議論を活発に行い、前文および第一条との関連で「文化」の問題も盛んに論じられたが、ここでは「文化施設」の文言が成立過程に登場する、社会教育に関する条文（第七条）に注目する。

社会教育に関する条項設置は、審議開始当初は想定されていなかった。初期の教育基本法案である一九四六（昭和二一）年一一月一五日の「第一特別委員会案」には、社会教育に関する条項は存在しない。その後、社会教育に関する議論を行う拠点として、第七特別委員会の設置が審議途中の第一四回総会（一二月六日）で決定された。

初めて社会教育に関する条項が盛り込まれたのは、「第一特別委員会参考案　昭和二一年一一月一五日案・(社会教育)同一二月二七日複合案」である。以下にみるこの条文は、鈴木英一によれば、一九四六(昭和二一)年一一月二二日の第一二回総会での討議を受けて、一二月二七日の第一七回総会で報告のあった第七特別委員会(社会教育)の中間報告の第一項をそのまま追加したものである。(24)

一一　社会教育

国及び地方公共団体は、教育の目的を達成するため、家庭及び学校における教育活動の外あらゆる手段方法による教育の実施に努力しなければならないこと。

工場、事業場その他勤労の場においてなされる教育の施設は、国及び公共団体によつて奨励さるべきであること。

新聞、出版、放送、映画、演劇、音楽その他の文化施設は教育的考慮の下になされることが望まれること。

この条文をみると、第三項に「文化施設」に関する規定がなされ、民間も含め広い意味で「文化施設」に関する法整備が盛り込まれて、「施設」の意味も、営造物だけでなく「事業」に近い意味として幅広くとらえられている。しかし、一二月二九日の文部省調査局による「教育基本法要綱案」および翌一九四七(昭和二二)年一月一五日の文部省「教育基本法案」では、以下の通り第三項は削除された。この二案の文面はほぼ同一だが、以下一月一五日案を記す。

(六)　社会教育

国及び地方公共団体は、教育の目的を達成するため、家庭及び学校における教育活動の外、あらゆる手段方法による教育の実施に努力しなければならない。
工場、事業場、その他国民の勤労の場においてなされる教育の施設は、国又は地方公共団体によつて奨励されなければならない。

第三項削除の理由は議論の中で直接ふれられてはおらず、本条文を議論した第七特別委員会の速記録も現在見つかっていないが[25]、教育刷新委員会総会における第七特別委員会の第一回（第一七回総会、一二月二七日）および第二回（一九四七（昭和二二）年二月七日）の中間報告では、文化行政の独自の体系が必要であり、別途考察したいという趣旨の発言がなされている[26]。

第七特別委員会第二回中間報告（一九四七（昭和二二）年二月七日、教育刷新委員会第二二回総会）

第七特別委員会は、社会教育に関する事項を審議しているが、文部省では文化に関する事務を社会教育局の所管としている。文化芸術に関する事項は、社会教育的利用とともに文化それ自身としてその保存向上に努めなければならない。従って教育制度の刷新されるこの際純粋な学術、芸術等文化に関する事務の体系は、併せて考究する必要がある。

また、同会議で関口泰（社会教育条項の提唱者）はこう発言している[27]。

この中間報告と致しましては文化局案というものが文部省に存在して、それが非常に強力に主張されて居たものでありますからそれに対しまして、此の中間報告をしたのであります。そして、それの場合に、詰り文化局を作る必要があるとか、必要がないとかいうことを直接これでは申して居りませんけれども、唯、純粋な今の学術行政或は芸術行政、文化行政というものの体系が、今社会教育局の中にある為に、社会教育的なものに附属して、本当の文化、それ自身としての行政というか、文化行政それ自身としては曲げられる虞れがあるということから、別のものにした方が良いだろうという、これが中間報告の趣意であります。

確かにその後教育刷新委員会内では、「文化省」に関する構想が練られている。しかし、この構想は、文化統制への回帰やナチスドイツ的文化統制を想起させるなどの理由から、日の目を見ることなく立ち消えになった[28]。「文化施設」条項の除外は、ここにみるように、教育行政とは異なる文化行政の体系的構想を想定してのことであったと考えられる。しかし結果的にそれは実らず、戦後永らく、社会教育施設以外の「文化施設」に関しては、政策の対象とされないままとなった。

「施設」概念の変化

次に、「施設」の文言に注目してみたい。その後一九四七（昭和二二）年一月三〇日の「教育基本法案」では、法制局からの提案を受け以下のようにされた。

第六条　社会教育

家庭教育並びに勤労の場その他社会において行われる教育の施設は、国及び地方公共団体によつて奨励されなければならない。

国及び地方公共団体は、学校、図書館、博物館、公民館（、学校の施設）その他適当な施設と（削除）方法とによつて、教育の目的の実現に努めなければならない。
※括弧内は、田中二郎文書における書き込みである。辻田力文書では、同じように訂正されたものが、「二月三日」（案）とされている。

そして二月一二日の文部省「教育基本法案」では、以下のように変更され、第一項の「施設」が削除されている。

第七条　社会教育
家庭教育並びに勤労の場その他の社会において行われる教育は、国及び地方公共団体によつて奨励されなければならない。
国及び地方公共団体は、学校の施設の利用、図書館、博物館、公民館その他適当な施設と方法によつて、教育の目的の実現に努めなければならない。

その後数度にわたる修正を経て以下の文言になり、三月一二日に法案が帝国議会に提出され、一七日衆議院、二五日貴族院可決、三一日に制定された。

第七条　社会教育
家庭教育及び勤労の場その他社会において行われる教育は、国及び地方公共団体によつて奨励されなければならない。
国及び地方公共団体は、図書館、博物館、公民館等の施設の設置、学校の施設の利用その他適当な方法によつて教育の目的の実現に努めなければならない。

この過程の特徴について小林文人は、①公権力が社会教育の主体であることが否定されたこと、②家庭教育が広義の社会教育の中に含められたこと、③「勤労の場」における教育の奨励が消極的に成案化されたこととならび、④文化活動に関する規定が社会教育の条項から切り落とされ削除されたこと、⑤「施し設ける」教化活動の意味における施設概念が整理され、物的営造物の意味を基本として含む施設概念が明確化されたことを挙げる。[29] 当初第七特別委員会では社会教育の積極的な領域設定がなされたが、それが徐々に限定されていった、と考えることができよう。[30]

戦前における「施設」概念は、物的営造物のみを指すものではなく、官が民に対して、上から下に施し設ける精神的振作の活動、教化事業、団体活動などを指した。すなわち、建物などの設備も含むが、ある目的のため「こしらえ設ける」という、より一般的な意味であった。[31] それが教育基本法第七条の成立過程において、物的営造物という意味へと限定されていく。[32]

こうして成立した社会教育に関する条項は、『資料教育基本法五〇年史』によれば、当時以下のように説明された。[33]

Ⅰ　第七条に関するもの　三九、問　社会教育の意義

答　社会教育とは、社会人に対し、教育的意図を持って社会の凡ゆる施設を利用して行われる文化活動の総称であって、学校という特別の施設を利用し、特定の規定に基づき、特定の者を対象として行う学校教育に対し、学校教育以外において、国民の家庭生活及び社会生活を通じ、各種の施設及び機関を利用して行うすべての教育を社会教育と呼んでいる。

Ⅰ　第七条に関するもの　四五、問　公民館とは何か。

答　公民館とは、町村民の自主的な要望と協力とによって設置並びに運営されることを原則とする町村民のための文化教養の機関で、郷土に於ける公民学校、図書館、博物館、公会堂、町民集会所、産業指導所などの機能を併せ持つものである。

従来我が国に於いては、これらの文化機関の活動は、それぞれの沿革などからして、分離的傾向にあったのであるが、公民館は町村の必要とその振興の立場から、これらを一元的に綜合すると共に、つとめて図書、機械などの文化資材を備えつけて、之を町村民に開放して自由に利用せしめ、町村民の自発的な修養研鑽に便ならしめることを任務としている。

そのほか、文部省調査局長辻田力は、一九四七（昭和二二）年五月の教育基本法の趣旨に関する講習会の場で、次のように述べた。ここでは、「あらゆる機会に、あらゆる場所において」行われるべき教育の中に劇場なども含めており、法制化はされなかったとはいえ、理念的にも公会堂を含めた広い視野での教育の範囲が想定されていたことがわかる。

従来我が国におきましては、学校のみが教育の場と考えられて参りました。（中略）今後はこの点を十分反省いたしまして教育はあらゆる機会に、あらゆる場所において行われなければならないのであります。家庭は勿論、極端に申せば汽車、劇場の中をも教育の場と致さなければなりません。(34)

（２）　寺中作雄の公民館構想における「公会堂」

公民館は、各地方長官にあてられた文部次官通牒「公民館の設置運営について」（一九四六（昭和二一）年七月五日）により各自治体に設置が進められた社会教育施設である。ここで、構想の中心人物であった文部官僚寺中作雄の著作から、公会堂との関係を中心に公民館の特徴をみておきたい。一九三四（昭和九）年に内務省に採用された寺中は、日比谷公会堂も舞台になった選挙粛正運動に地方で取り組んでおり、紙芝居や浪花節、芝居の制作、選挙棄権防止運動などを行っていた。戦後は文部省公民教育課長となり、「自治教育というか、公民教育をやろうということを痛切に」[35]感じ、公民館を構想した。寺中が終戦直後に記した「公民教育の振興と公民館の構想」（『大日本教育』一九四六年一月号）に、それがあらわれている。

　要するに公民館は現在の図書館施設と青年学校とを統合したものを基軸とし、公会堂、各種団体本部にも活用してあらゆる成人町村民の精神的教育的中心として運営せられる。従つて公民館は図書館であり、博物館であり、社交場であり、公会場《ママ》であり、又教会堂であり、青年団、婦人団、壮年団等の溜りであり、青年学校でもあらしめたい。公民館には講堂図書室、陳列室、談話室等が施設せられ、映写機と舞台とを有し、又豊富に町村政に関する資料、郷土産業等に関する資料を備付し、娯楽器具等も出来るだけ整備せしめたい。（中略）

　公民館の設置は特に一般町村を対象に考へ、大都市で既に図書館を有し公会堂博物館美術館を持ち、娯楽機関や啓蒙宣伝機関を持つた所は、特に之らの機関の総合されたものとしての公民館を置く必要はないであらう。勿論特に市民の公民啓発機関として独立の公民館を持たしめる事についてては市の自治に任せて置いてよいと考へられる。[36]

上記のように、寺中はいまだ施設のゆきわたっていない「町村部」において公民館の建設を構想している。その後出された文部次官通牒「公民館の設置運営について」も、この思想を踏襲したものといえよう。以下に抜粋する同通牒では、公会堂についても言及されている。

一、公民館の趣旨及び目的
公民館は全国の各町村に設置せられ、此処に常時に町村民が打ち集つて談論し読書し、生活上産業上の指導を受けお互の交友を深める場所である。それは謂はゞ郷土に於ける公民学校、図書館、博物館、公会堂、町村民集会所、産業指導所などの機能を兼ねた文化教養の機関である。

三、公民館の設置及管理
公民館の為に新に建築を起すことは困難であるから成るべく町村中心地区に在る最も適当な既設建物例へば青年学校又は国民学校の校舎或は既存の道場、公会堂、寺院、工場宿舎、其の他適当な既設建物を選んで施設すること。学校以外に図書館、博物館、郷土館等があれば之を公民館に併合し、又は之を公民館の分館として活用すること。私立に係る各種の施設で協議の上公民館に併合し得るものは之を併合すること。

九、備考
町村以外の都市で市立図書館、博物館、公会堂等のある所は、極力之らの施設の固有機能を充実発揮せしめる様にし、特に別個の公民館の設置は必ずしも考へる必要がないと思はれるが図書館、博物館、公会堂等に於て其の付帯事業として図書資材の貸出を行ひ又各種の会合を開催し努めて公民館的な経営を行ふことについては、大いに考慮すること。[37]

公民館は、寺中によって「社会教育、社交娯楽、自治振興、産業振興、青年養成の目的を綜合して成立する郷土振興の中核機関[38]」であり、「総合的な文化施設」と位置づけられた。公民館では、施設そのものよりも事業内容に重点がおかれ、既存の施設の活用が構想されていた。「宏壮な石造建築物を空想する必要はなく、町村内にある既設建物を利用して充分町村民に愛される魂のこもつた公民館を作ることが出来るのである」とし、「学校、図書館、公会堂、道場、寺院、工場宿舎」のほか、「私立の会館や倶楽部の様な建物を協議の上公民館に併合する」ことも想定されていた。[39]

また、公民館は、既存施設である各地の「公会堂」と明確に異なるものとして位置づけられた。社会教育法制定後、第二二条（公民館の事業）の説明にあたって寺中は、公民館を第二二条に掲げる各種の事業を積極的に行う施設としたのに対し、公会堂は以下のように位置づけた。

公民館と公会堂とはその性格及び組織において左の様な点に本質的な差異がある。

（一）公民館は本条に掲げるような各種の事業を積極的に行う事業施設であり、公会堂は単なる営造物であって事業主体ではない。

（二）公民館には各種団体機関等の連絡調整のために各種団体機関等の事務所を置き、またそれら機関代表が公民館運営審議会の委員として、参加すること等によって一の有機的活動体としての役割を果すものであるが、公会堂はかかる機能をもつものではなく単にその地域の集会所と目すべきものである。

（三）公民館が事業主体であり、有機的活動体であることから必然的に公民館専任職員の常置ということが必要となるが、公会堂には普通の場合管理者以外に専任職員の必要はないものとされている。(40)（傍線筆者）

公会堂は戦前において自治精神を涵養する集会施設として期待され、矛盾をはらみながらも様々な機能を果たしていたにもかかわらず、戦後民主主義の理念が付与され制度化された公民館の一方で「単なる営造物」とされてしまい、その後も公会堂には何の理念も付与されることはなかった。戦後教育制度、そして公民館の歴史の出発は、そのまま公会堂、そしてのちの文化会館の不幸な歴史の出発と言い換えることもできる。

公民館の構想は、一九四六（昭和二一）年五月から文部省社会教育局とＣＩＥの間で検討され、同年七月五日の文部次官通牒に至る。(41)その間に作成された公民館構想に関するＧＨＱ文書は七種存在している。それぞれの文書で公民館の呼称は、"Civil Hall"（第一、二案）、"Public Civic House"（第三、四案）、"Citizen's Hall"（第五案）、そして第五案への加筆がなされ"Citizen's Public Hall"（C. P. H）へと落ち着いた。(42)これらの文中においては、「公会堂」は"public hall"と呼ばれている。

この公民館の訳語について、社会教育行政に携わっていた井内慶次郎は、公民館をめぐるＧＨＱとの交渉を以下のように回想する。

どうもCitizen's Public Hallだと公会堂しか頭に出てこないんですね、我々。公民館という熟語で表現しようとする豊かな内容が、果たしてCitizen's Public Hallという英語で通じているのかなと思いながら交渉するというふうな、そういうことでありました。(43)

井内は、Citizen's Public Hallと「公民館」の語感の間の「ずれ」を感じ、当時の呼称であったC. P. Hという略称を用いなかったと述べる。公会堂を小さい頃からみていた井内にとってCitizen's Public Hallとは「公会堂」を意味した。こうした新しい理念をもって誕生した「公民館」は、戦後社会教育行政によって「理念」を付与された特殊な"Public Hall"であった。

（3）戦後初期における各地の「公会堂」と「公民館」

すでにみたように、文部省が提示した公民館構想においては、公会堂は理念なき物的営造物として位置づけられた。一方、制度化され施設理念を付与された公民館は、ほかの施設の転用でも構わないという合理的な考え方が示された。一九四七（昭和二二）年当時、例えば福井県において公民館として用いられた施設をみると、新築三、転用五、学校六九、役場一二、公会堂五、農業会三、寺院二、農民道場一、図書館一という状況であった[44]。このように、戦前から続く地域集会施設や学校、役場などの転用・併設により、公民館の設置は促進された。併設場所は、青年学校、国民学校などの学校、役場が多く、公会堂・集会所は必ずしも多くなかったが、公会堂が、看板をつけかえ公民館となった事例もみられる。埼玉県の入間川公民館は戦時中に建てられた公会堂に看板を掲げての、いわゆる「看板公民館」としての開始であった[45]。

また、公会堂と公民館が異なる事例として、その商業目的への利用があった。岐阜市公会堂を改称し一九四七（昭和二二）年四月に成立した岐阜市公民館は、大講堂の営利目的利用のため、建築違反として問題とされた。また、仮設劇場の建物を転用した郡上八幡町公民館では、営利事業を行うことが厳しく取り締まられた[46]。一九三二（昭和七）年創設の大津市公会堂は、戦後市長を初代館長として大津公民館となった。その後軍政部の発注する備品のため赤字となり、軍政部の指示により全国で初めて「財団法人大津公民館」に委譲される。しかし、その後社会教育法制定により市の直営が大前提とされたため、もう一度市に移管された[47]。

このように、日比谷公会堂が興行場としての認可を受けたのとは違い、公民館は商業目的への利用はきびしく避けられた。

（4）文化会館の性質を規定した戦後教育改革

これまでみたように、教育基本法制定過程において「文化施設」に関する条項が削除され、「施設」の概念は事業内容から営造物の意味へと変化した。そして、新たな「町村の文化施設」として構想された公民館は、公民館設置（一九四六（昭和二一）年）から社会教育法制定（一九四九（昭和二四）年）過程において、それ以前に建設された公会堂と異なるものとして規定され、一方公会堂は「単なる営造物」として位置づけられるにとどまった。また、公会堂のような大規模集会・娯楽施設の制度による規定は、文化行政の枠組での構想こそあったものの、実現をみることはなかった。これら一連の改革は、以下の二つの意味で戦後の文化会館の性質を規定したと考えられる。

第一に、「単なる営造物」という消極的な位置づけに伴う、施設理念の不在である。後藤和子は、「公会堂の歴史は大正期に始まり現在の公共文化ホールへと続く一つの経路でもあり、現在の公共文化ホールの多目的性と非固有性、住民にとってのよそよそしさ、生活との乖離の原点を示している」と述べている[48]。本書でみてきたように、大正期から昭和初期において地方都市で公会堂が数多く建設されたが、戦後においては法的位置づけを与えられないまま、理念的には宙に浮いた状態となってしまった。こうした公会堂のありかた、すなわち、「単なる営造物」としての性格は、現在多くみられる、後藤のいう「住民にとってよそよそし」いイメージをもたれてしまった公共ホールの姿にほぼそのままあてはまるものである。それが法レベルで規定されていったプロセスが、戦後教育法制定過程には存在したのではないだろうか。

序章にもみたように、一九五五（昭和三〇）年には、公会堂はその機能を終え、公民館にところをゆずりつつあるという評価までなされた[49]。また、「公会堂の本当の使命目的は、集会活動にあることだけは論を待たない」[50]という日比谷公会堂の自己評価は一九五九（昭和三四）年のものであるが、本章第1節（1）にみたように、一九八〇（昭和五五）年に発行された五〇年史では、その部分の記述が削除されている。施設理念に関する矛盾とその評価は、五〇年史の時点では問題にされなくなっているのである。多目的ホールとしてあえて明確な理念を打ち出さないことで、施設の多目的利用を促進しようとするのは、戦後日本の文化会館の特徴でもあった。公会堂においてみられた施設理念の矛盾は、さほど問題にされなくなることでみえにくくなり、理念なき無色透明な多目的空間という認識へと移っていったのではないだろうか。

第二に、戦後の文化会館が歩んできた、①行政による占有的な運営、②事業内容への関心の薄さ、という施設運営のありかたをみることができる。「文化施設」条項の除外は、民間との協力関係の可能性が除外されたことで、結果的にではあるが、文化活動への干渉を行わない戦後文化行政の基本原則にもつながった、と考えることもできるだろう。また、「施設」概念が営造物の意味に限定されていくことで、法的には文化活動については施設建設という側面援助に徹し、そのような消極的規定がなされることで市民の自由な文化活動の発展に資したと評価することもできよう。これまでも、こうした消極的規定は、国民の自由な自己教育活動としての社会教育の内容には立ち入らない「環境の醸成」の原則を確立させたとして積極的にとらえられており[51]、その評価は極めて重要である。

しかし一方で、こうした法的規定は、佐藤一子も述べるように、施設運営が民間の力を除外する形で永らく行政の占有物とされ[52]、やや硬直した「公立文化」の姿を作り出すことにも関係していったのではないだろうか。本書で取り上げた公会堂は、その教化動員的性格や政治性は当然慎重に検討されるべきである一方、民間出資によるいわば「民設公営」で進められた設立経緯、そして事業内容の多様性は、今日的な検討の対象ともなりうるものである。すなわち、戦後の文化会館はその担い手になりえた多様な主体をある意味排除し、行政のみを主体とした「公立」文化の空間へと変質していった、と考えることも可能ではないだろうか。

ただし、このように戦前期の公会堂を積極的に評価し、戦後の公会堂や文化行政をめぐる教育制度改革を批判する、という議論に帰結させてしまうことには、慎重になる必要がある。「公立文化」会館の歴史的性格は、大正期から昭和初期の、公会堂設置段階ですでに形成されていた、と考えることもできるからである。すなわち公会堂は、設立および運営主体にとっては、集会施設として教育的な機能が期待されていた。しかし実態は娯楽に多く用いられ、その矛盾をはらんだ施設理念は当初から確かなものとはいいがたく、あいまいなまま運営がなされてきた。その結果、戦後公会堂は「単なる営造物」としてしか規定されることなく、その後矛盾を含む施設理念をあえて問うことも放棄され、理念を欠いたホール建設が進んでしまった、という評価もされうる。

このように、戦後の公立文化会館の「公立」の意味を考察するにあたり、公会堂の公共性、すなわち公会堂はいかなる意味で「公」会堂であったか、という次の問いが導きだされる。

3 「公」会堂の思想

(1) 日比谷という場所柄

公会堂の公共性、すなわち公会堂はいかなる意味で「公」会堂であったかについて、主に日比谷公会堂に即して考えるならば、「公会堂」という施設空間だけでなく、「日比谷」という場所柄、そして、日比谷も含め公会堂が多く立地していた「公園」のもつ場所としての意味が、重要になってくる。

ある上方浪曲界の雄が日比谷公会堂で独演会を催したところ、二日で八〇〇人しか入らなかった。しかし浅草の国際劇場で行ったところ、場所一杯の聴衆が連日つめかけたという。「浪花節のお客のつく小屋ではな」[53]いという、場所による性格の差異がここにはみられる。そして、すでにみた「上品な盛り場」としての日比谷の性格を指摘できる。一八七三（明治六）年一月一五日付の太政官布達に伴い指定された浅草や上野、芝、深川、飛鳥山といった日本最初期の公園は、神社・仏閣や江戸の景勝地・旧跡の地を引き継いだものであった。一方、日比谷は練兵場を跡地として、旧来の盛り場の伝統とはつながりのない場所に建設された、この意味では近代的な場所であった。その後、不体裁な容姿での入園ほかいくつかの禁止事項が定められ、諸芸人や行商の立ち入りも禁じられた。大正時代には、盛装して家族連れで日比谷公園に出かけ、開園と同年より営業していた松本楼で洋食を食べることが市民の憧れになっていた[54]。

音楽評論家の佐々木光は、日比谷公会堂は、帝国劇場、日本青年館、軍人会館などのほかのホールと比べ、東京の中の「中心」、「ティピカルな音楽会場」であったと述べる[55]。序章で論じた『大衆文化を超えて』の著者北田耕也は、戦時中を東京で過ごしたが、当時ほかの演芸場などの施設とは性格が違い、大学生やインテリの通う「やや高級」なイメージが日比谷公会堂にはあったという[56]。日比谷公会堂の近隣には歌舞伎座、帝国劇場、日本劇場、東京宝塚劇場があったほか、周辺でも浅草電気館、国際劇場、後楽園球場など、多様な施設で娯楽の催しが行われているし、盛り場としては浅草、上野などもある。日比谷公会堂は都市における多様な集会・娯楽の空間の中でみれば、一つの場所でしかない[57]。しかし、こうした中での日比谷公会堂の位置づけは、日比谷という場所柄、そして東京で随一の公共ホールとして、特異なものであったといえよう。

日比谷は、古くは日比谷焼打事件が起こり、日比谷公会堂建設過程においても、騒乱の場にならぬよう警戒された場所である。進士五十八や小野良平らの公園研究においては、日比谷公園は国民統合のための広場としてとらえられている。[58] 進士が、「国民広場」的な空間として、公園開設時の運動場と競走道エリア、一九二三（大正一二）年開設の大音楽堂とともに日比谷公会堂を挙げるように、都心の中枢部分で民衆が集まる象徴的なセントラル・パークとして、日比谷は政治的な意味の強い空間である。大正時代に流行した添田知道作詞「パイノパイノパイ（東京節）」においても、「東京の中枢は丸の内／日比谷公園両議院／粋な構えの帝劇に／いかめし館は警視庁……」と、東京の「中枢」として日比谷公園は歌われている。日比谷は浅草のような娯楽の空間とは異なり、皇居や国会や官庁といった国家の政治的中枢に空間的にも近い。こうした空間の性質は、政治性と娯楽性が混在した催事を作り出すのにも格好の場であったといえよう。また、これは日比谷だけに限らず、公会堂は都市の中心部におかれるべきであるという後述の議論にもみられるように、公会堂に課された「中枢」の機能を果たすため、場所の選択は重要な意味をもつことになる。

（2） 公会堂——舞台と客席という空間的特色

戦前期の公会堂における政治的・文化的な催事は、民衆が集まる場で、様々な余興を入れ込みながら政治的・文化的な知を媒介するメディア空間であったことは、前章でみた。では、こうした機能を果たしえた公会堂の空間的な特色は何であったか。

集会場でもあり劇場でもある公会堂においては、政治的イベントの多くは多様な企業や芸術団体の協力のもとに余興を挟むことで文化的に演出され、文化的イベントもまた政治色を帯びて演出された。公会堂は、いわば「政治の文化化」「文化の政治化」がなされて民衆に伝達される空間であった。

ここでは第一に、公会堂特有の構造である「舞台」の存在が重要になる。公会堂という施設空間は、舞台を有することで、政治的・文化的な知が舞台上で「演出」され、可視化されることを可能にする。第二に、人々が集うことで、多様な知や振る舞いを共有する「客席」の存在である。そこで共有される知や、儀礼や歌で繰り返される振る舞いが、公会堂に特有の公共的な空間を形成していったといえるのではないだろうか。

根本彰が図書館に即して述べている「場所」としての施設空間のもつ意味を検討する時[59]、こうした舞台と客席をもつ公会堂は、多様な主体により舞台の上で催事が積み重ねられる中で、政治的・文化的な情報が可視化される空間、という意味が浮き彫りになってくる。公会堂で催される様々な政治イベントは、文化的行事に彩られ、歴史的事実と民衆の接点となる具体的な「場所」である。その具体的な場所で開催されたイベントは、新聞、ラジオなどのマスメディアによって、時に常套句により彩られ、お決まりの群衆写真と共に、意見を集団的に共有するには格好の「同じ方を向き、同じ振る舞いを共有する群衆」のイメージを提供した。公会堂は、歴史的事実と、それを報道する新聞・ラジオなどのマスメディアの中間に位置し、歴史的事実をある彩りのもとに民衆が共有する場所となる。公会堂が存在することで、政治問題に対して意見を共有する群衆のイメージが、具現化され伝達される。

ある「場所」が作り上げてきた公共性の内実を探る試みは、ヨーロッパにおいてコーヒーハウスが形成した文芸的公共性に関するユルゲン・ハーバーマスの『公共性の構造転換』での考察がよく知られている。公会堂は、都市において見ず知らずの他者が隣同士に居合わせ、同じ方向を向き、振る舞いを共有する空間的な特色を有する。しかし、公会堂は、政治的問題が直接論じられる点で純粋な劇場とは異なり、皆が同じ方向を向くという点で、ハーバーマスが注目したコーヒーハウスとも異なる。見ず知らずの他者とともに集い、「客席」に腰掛け、皆で「舞台」を向き時間と空間を共有することで、催事主催者の意図に対峙する、という構造の中で、緩やかな共同意識の形成を促した場所として、公会堂はとらえることができる。

ハーバーマスが試みたのは、近代ヨーロッパの歴史上の各種の空間で、「公共性」がどのように創出され、構造転換がなされてきたか、という課題を明らかにすることであった。なかでも彼は、大衆社会の成立過程において、政党の関心は論議する公衆ではなく大衆的基盤の確保にむけられ、啓蒙と指導、情報と宣伝、教育と操作という両面を備えた組織的・近代的プロパガンダの成立もこれと軌を一にする、と述べる。[60] 新聞は商業化・大衆化し、世論形成の古典的装置である政党集会も宣伝用の催しとして役立つにすぎなくなってしまう。このような時代の変化を、「文化を論議する公衆」から「文化を消費する公衆」への変化として以下のように述べている。

演壇上の専門的対話、公開討論、ラウンド・テーブル・ショーなど、私人たちの論議はラジオやテレビのスター番組となり、入場券発行の対象になり、だれでも発言に「参加できる」場合でさえ、商品形態をとってくる。討論は「ビジネス」に引き入れられて、形式化する。賛否の両論は、はじめから演出のルールを守ることを約束させられている。[61]

彼の言葉を借りれば、公会堂は明治期からまさに「文芸的公共圏」の空間として構想されたが、一般民衆に開かれた施設として大正期以降普及していく過程で、マスメディアの中で商業化された討論の場へと変質していったととらえることもできる。公会堂はまさにその場所になったといえるだろう。

このほかにも、一九二〇年代においては、カール・シュミットが「新聞の論説、集会の演説、議会の討議から真実かつ正当な立法と政策が生まれるという信念」は失われたと述べ（『現代議会主義の精神史的地位』一九二三年）、ウォルター・リップマンが、公衆を「幻影」であるとして大衆社会における人々の関心の私事化を指摘し（『幻の公衆』一九二五年。『世論』は一九二二年）、ドイツにおいてもアメリカにおいても、公共性は流動性の高い大衆動員の空間になったことが指摘されていた。ハーバーマスもまた、公共性は「議論の空間」から「スペクタクルの空間」へと変質し、公共性は人々の間に形成されるものではなく、人々の前で繰り広げられるものに変容したと述べた。[62]

この「前で」という指摘は重要である。舞台と客席が明確に分かれた公会堂という施設空間の中で、例えば政治演説会において、演者と観客は明確に区分される。野次を飛ばすといった形で両者の間のコミュニケーションは存在したものの、戦時体制への移行につれて、徐々にそのコミュニケーションは表立った形ではみえにくくなっていく。このような大衆社会における公共性の変質を、佐藤卓己は「輿論」の「世論」化としてとらえている。普通選挙法成立に至る大衆の政治参加、新聞のマス化の過程で、公衆の社会的意識が組織化された責任ある公論としての「輿論」と、世上の雰囲気や空気としての「世論」の区別はあいまいになっていった。そして満州事変以後の戦時体制の中では、理性的「輿論」は感情的「世論」の中に組み込まれていった。市民社会から大衆社会への展開にみられる公共性の変化を、市民社会における「ブルジョア的公共性」あるいは「読書人的公共性」と、大衆社会における「ファシスト的公共性」あるいは「ラジオ人的公共性」と佐藤は呼んでいる。(63)そして、こうした現象は第一次世界大戦に始まる総力戦体制のグローバル化において、各国で同様の傾向がみられ、合理的で自由な民主主義国家と非合理的で専制的なファシズム国家、という旧式なイデオロギー図式はほとんど無意味であると述べる。(64)

こうした政治史研究などもふまえれば、公会堂はまさに、大衆社会における政治の、文字通りの「舞台」となっていた。ただし、これは第一次世界大戦以降に限ったことではない。例えば明治期の「演説」はパフォーマンスとしての側面を帯び、(65)さらに「演歌」も生まれ、演説の代用から流行歌へと変質していったことも知られている。(66)文芸的公共圏の構想の試みは、民衆の娯楽と常に表裏一体の部分がありながら展開されていったとみる方が妥当かもしれない。

（3）　公園――近代国家における人が集まる空間

井下清の公園観については第4章で述べたが、井下のもとで公園行政に尽力した前島康彦は、「公園」の語源についても注目している。前島によれば、近代日本で初めて「公園」の語があらわれるのは、一八七三（明治六）年一月一五日付太政官布達である。そして、英語の Park も、唐代中国にあらわれた「公園」の語も、いずれも私有地を意味し、当初は公共的な場所を意味する語ではなかった。このほか、Place／Plaza／Platzなどは、一般に「広場」と解され、市民が日常の買い物場や社交場として、また音楽を聴いたり演説を聞いたりするのに適した場所として歴史をもっている。

太政官布達に出てきた「公園」の語は、当時の役人、強いていえば太政官の書記官が、旧幕時代の条約文書などにある「公の遊園」などの語にヒントを得て咄嗟の間に考え出した新造語ではないか、と前島は述べる。

「公園」の語は、すでに一八三二（天保三）年に、津和野藩において八幡宮の境内を指して用いられていた。しかし明治以降の「公園」はそれとは関係なく、公論、公道、公選、公許、公益などの耳慣れない漢語が日常語や布達、布告の用語として通用されだした明治維新直後、自然にできあがった無理のない熟語と考えるべきであろう、と前島は指摘する。蛮書調所から一八六三（文久三）年出版された堀達之助編纂『袖珍対訳英和辞書』では、Parkは「獣ヲ放チ飼フ所。園囿」とされている。また、柴田昌吉／子安峻共編の『英和辞典』（日就社、一八七三（明治六）年）には、Parkの説明に「囿。遊園。遊猟場」とあり、Gardenは「庭。圃。遊園」としており、津和野で使われていた「公園」の語は一般的ではなかったことがわかる。

「公」の字には、民主的な道徳観に培われた自由平等の思想、公共利益の理念が含まれていることはもちろんであるが、ことさらに政策として民権尊重を標榜する明治新政府の感覚からすれば、中身はどうであれ表面的には「公園」の文字の方が「遊園」よりありがたかったに違いなく、当時の社会背景はまさにこの程度のものであったに違いない、と前島は述べている(67)。

また、丸山宏や小野良平らの公園史研究において、近代国家における啓蒙施設としての公園の姿が、近年明らかにされつつある(68)。小野は、公園を欧米近代市民社会の産物であるとみなし、日本における公園成立のありかたを、都市計画における位置づけと、国家的祝祭・催事における位置づけという観点の二つから考察する。第二の観点について小野は「国家的祝祭・催事とは国民の文化統合、シンボル統合、さらには世俗宗教とも呼ぶことのできる「国民」の精神的よりどころを編成しようとする儀礼的行為であり、その場としての公園はそうした象徴性を帯びた装置であるといえる」と述べる(69)。

ここでいう「公園」を、公園内に位置した「公会堂」に置き換えれば、本書の課題意識と直結したものとなる。序章にも述べた通り、公会堂をめぐる出来事をナショナリズムの文脈にすべて回収して論じることを避ける意図もあり、本書では「国民」という概念はあまり用いてこなかった。しかし、日比谷公会堂の催事をつぶさにみていくと、様々な儀礼の中で小野のいう「国民の文化統合」が、まさに官民挙げて試みられた過程がよみとれる。それは多数の人数が一堂に会し、政治（集会・講演事業）、文化（娯楽事業）の両面で行われるものであった。ただし、その試みがどこまで成功したかどうかということの評価は、すでにみたように別の問題である。

こうした研究をふまえて「公園」の公共性を公会堂と関わらせて考察する際、一九一六（大正五）年に福島市で出版された鷹野弥三郎編『都市経営上から観た市福島』（福島公論社）の、「公会堂と図書館と公園」という項目が注目される。ここには、公会堂の立地に関する興味深い記述がある。

> 図書館だとか、公会堂だとか称するものは、都市としての唯一の風教上の施設である。都市生活者が、動もすれば没趣味、没理想に陥るのを救治する処の最大の機関である。公園や、街苑が、都市民の体格を健全にし、又精神をも爽快にせしむるものとすれば、これは都市民に趣味を与へ、理想を抱かしめ、而して市民を教育する機関となるのである。公園―街苑のそれと、公会堂―図書館のそれとは、恰も精神と、肉体との関係の如きものである。都市民に取つては両者共に完備して居らなければならない。

著者はこのように述べ、都市に欠かせない空間、市民を教育する機関として公園、図書館、公会堂を位置づける。なかでも公会堂について、「智育、徳育、又は情育等凡ゆる方面に亘りて、市民を教育せんとする機関である公会堂は、当然最もよく市民の接触し易い場所に在らねばならない」とする。当時福島市においては、公会堂は計画途上であったが、公会堂が「中央公園敷地内たるべき稲荷神社付近」ではなく、別の場所におかれようとしていたことを、筆者は「福島市は都市経営上、市街をして総合的統一あるものとしようと思つてゐるのであらうか」と痛烈に批判する。そして以下のように述べ、中央公園を拡大し、そこに公会堂と図書館を集約的に建築することを提案している。いわゆる文教地区の構想としてみることができよう。

福島市、及び市民は、公会堂の位置に就いては、公会堂本来の性質から考へて、更らに熟慮すべきの要がある。中央公園内に公会堂を置いたならば、一は公園の意味をして偉大ならしめ、一は公会堂をして有効たらしめ、而して公園と、公会堂との権威を増大せしむるものである。斯くて、公会堂に附して、図書館を設立すべきである。

人々が集まる場としての「公園」、そして「公会堂」の意味をめぐる論点が、ここに示されている。現在では、各地の文化会館は敷地確保のためもあり、市街中心部から離れた場所にあることも多い。しかし、人々が集う場所という意味を考える際、その理念からしても、また当然利便性からしても、市街中心部にあることが理想的ではある。こうした指摘は現代においても重要である。

（4） 官民挙げての「公共文化」の形成

公会堂は、戦後「単なる営造物」として消極的に規定されるにとどまった。文化施設を教育法体系に位置づける構想は、初期の教育基本法構想にはあったものの、結果的には削除され、文化行政の体系化の構想も挫折し、公会堂の制度化は二〇一二（平成二四）年の劇場法に至るまでなされなかった。

戦前期の公会堂においては政府、企業、芸術家あるいは芸術団体といった多様な主体が政治的・文化的公共空間を作り出していた。しかし、戦後はそうした多様性、柔軟さが制度化されることなく、行政による施設建設が先行し、行政のみが担い手となったどこか硬直的な「公立」文化へと変質していった、という視点を本章では示した。戦前期における公会堂には、時として集団ヒステリーや教化動員の場にはなったが、「公立」文化会館と呼ばれることで現在の文化会館に失われてしまった「公共文化」の形が、公会堂には潜んでいたのではないだろうか。ここでいう「〝公共〟文化」は、プラスあるいはマイナスの価値を帯びて用いてはおらず、戦後、文化会館の整備という形で行政が主体となり制度的に形成される「〝公立〟文化」との対比で用いている。

齋藤純一は、公共性の概念について考察する中で、同概念を①国家に関係する公的な（official）もの、②特定の誰かにではなく、すべての人々に関係する共通のもの（common）、③誰に対しても開かれている（open）、という三種に大別している。(70) 齋藤のこの視点をふまえると、公会堂という建物の中で生起した事実を丹念に追うことで、「公共文化」をcommonあるいはopenな性質としてとらえるか、国家のみが担い手となったofficialな、いわば「公立」文化としてとらえるか、という視点も浮かび上がってくる。

戦前期の公会堂を、教化動員という図式のみに押し込めるのではなく、また論を裏返してその図式から解放するだけでもなく、公会堂という空間の中で人が集まることで形成されていた「公共文化」の姿が浮き彫りになってはこないだろうか。その視点は、現在の文化会館がもつ公共性がいかなる形をとっているか、その担い手は誰か、さらにいえば、行政だけが文化の担い手なのか、といった問題すらとらえかえしていく。

ただし、すでに述べたように戦前期の公会堂を積極的にとらえ、戦後の公立文化会館やそれをめぐる教育・文化行政のありかたを批判する、という単純な結論に帰結させることはできない。戦前期における公会堂の設立経緯をみても、公会堂を「市民本質」と考え、施設建設もだがその活用こそが重要であるという後藤新平のような人物もいた一方で、施設建設が自己目的化し、公会堂を建てればそれが地域のモニュメントになり、即教育や文化の振興につながるというどこか安易な考えも当時多くを占めていたからである。

日比谷公会堂は、「日比谷」という二重の意味での中枢（東京という都市の中枢であると同時に、皇居にも近い官庁街に位置することからくる国家の中枢）、舞台と客席を有する「公会堂」、人の集まる空間である「公園」というそれぞれの意味において、人が集まる場所としての公共的な意味を有していた。また、舞台が存在することで文化的催事は政治的に演出され、政治的催事は文化的に演出され、マスメディアも介在しながら人々に提示された。官民多様な主催者によって提供された催事の積み重ねにより、明治期の演説会場や倶楽部、戦後の公立文化会館とも異なる、官民を挙げた「公共文化」が形成されていた。その意味において、公会堂は「公」会堂たりえていたといえよう。

注

（1）辰野金吾「指名懸賞競技に就て」『大阪市公会堂新築設計指名懸賞競技応募図案』財団法人公会堂建設事務所、一九一三年、一二頁

（2）黒川いさ子「快い演奏会場を」『月刊楽譜』第二五巻第一号、松本楽器、一九三六年、五五—五六頁

（3）財団法人東京都公園協会『東京都日比谷公会堂案内』一九五七年

（4）「芸能界の檜舞台、音楽民衆化のセンター」東京都編・発行『日比谷公会堂　その三〇年のあゆみ』一九五九年

（5）「集会活動の場として」東京都、前掲書

（6）同右

（7）「集会の場としての公会堂の使命」東京都日比谷公会堂編・発行『日比谷公会堂　その五〇年のあゆみ』一九八〇年

(8)東京百年史編集委員会編『東京一〇〇年史』第六巻、ぎょうせい、一九七九年、六二七頁
(9)山住正巳「太平洋戦争開始当時の音楽と音楽教育」日本音楽舞踊会議編『近代日本と音楽』あゆみ出版、一九七六年
(10)戸坂潤「娯楽論」『戸坂潤全集　第四巻』勁草書房、一九六六年所収
(11)「若松市公会堂使用料条例」『昭和一〇年　会津若松市物産陳列館概覧』若松市物産陳列館、一九三五年、三五頁
(12)笠原誠「戦時中の時局講演会」新潟市編・発行『新潟市公会堂　文化を支えた五六年』一九九四年
(13)菅原忠次郎「活用される日比谷公会堂」『都市問題』第一〇巻第二号、東京市政調査会、一九三〇年、六八頁
(14)大阪市社会部調査課『余暇生活の研究』弘文堂書房、一九二三年、一四七―一五三頁
(15)志賀支那人「中央公会堂文化」山口正／志賀支那人『社会福祉古典叢書　八　山口正志賀支那人集』鳳書院、一九八一年、三六九―三七〇頁（初出：『大大阪』大正一五年六月号）
(16)上田誠二『音楽はいかに現代社会をデザインしたか――教育と音楽の大衆社会史』新曜社、二〇一〇年
(17)国立国会図書館ウェブサイト http://www.ndl.go.jp/constitution/shiryo/05/141shoshi.html（二〇一四年九月三〇日閲覧）
(18)和田登『踊りおどろか「憲法音頭」――その消えた謎の戦後』本の泉社、二〇〇六年、五二―五三頁
(19)国立国会図書館ウェブサイト http://www.ndl.go.jp/constitution/shiryo/05/140shoshi.html（二〇一四年九月三〇日閲覧）
(20)和田、前掲書、一三頁
(21)上田、前掲書、三二七頁
(22)古関裕而『古関裕而　鐘よ鳴り響け』日本図書センター、一九九七年、一九五―一九六頁
(23)新藤浩伸「占領初期における文化行政の基本構造――芸能文化振興構想と社会教育行政改革を中心に」静岡文化芸術大学大学院文化政策研究科『文化政策研究大会二〇〇五報告書・論文集』静岡文化芸術大学、二〇〇六年、一三九―一四七頁
(24)鈴木英一「教育基本法の成立事情」鈴木英一／平原春好編『資料教育基本法五〇年史』勁草書房、一九九八年、三九頁
(25)日本近代教育史料研究会編『教育刷新委員会教育刷新審議会会議録　第九巻　第七特別委員会、第八特別委員会』岩波書店、一九九七年において、第七特別委員会の速記録は第七回（昭和二二年一一月二八日）までが欠本とされており、同書にも収録されていない。
(26)「第七特別委員会中間報告」（昭和二三年二月七日）、横山宏／小林文人編『社会教育法成立過程資料集成』昭和出版、一九

八一年、一四六頁
(27)日本近代教育史料研究会編『教育刷新委員会教育刷新審議会会議録　第二巻』岩波書店、一九九七年、八五頁
(28)鈴木英一『戦後日本の教育改革　三　教育行政』東京大学出版会、一九七〇年、五七三—五七八頁
(29)小林文人「社会教育法制の成立過程」国立教育研究所編『日本近代教育一〇〇年史　第八巻　社会教育（二）』財団法人教育研究振興会、一九七四年、七〇〇—七〇一頁
(30)同右、六九八頁
(31)『日本国語大辞典』「施設」の項、小学館、一九七四年
(32)小林文人「社会教育施設をめぐる問題状況」小林文人編『講座現代社会教育Ⅵ　公民館・図書館・博物館』亜紀書房、一九七九年、三—五頁
(33)文部省調査局「第九二帝国議会に於ける予想質問答弁書」（「①教育基本法案」関係の部）昭和二二年三月一二日。鈴木／平原、前掲書、四一五—四一八頁
(34)辻田力「教育基本法各条解説」（一九四七年五月一五日、東京女子高等師範学校講堂「教育基本法の趣旨徹底指導者講習会」における講演原稿）鈴木／平原編、前掲書、五五七—五五八頁
(35)「公民館の起こり——寺中作雄氏に聞く」公民館史研究会編・発行『公民館史研究　二』一九九二年、三三頁
(36)寺中作雄「公民教育の振興と公民館の構想」『大日本教育』一九四六年一月号。横山宏／小林文人編『公民館史資料集成』エイデル研究所、一九八六年、八一—八五頁所収
(37)文部次官通牒「公民館の設置運営について」（一九四六（昭和二一）年七月五日）、横山／小林、前掲書、九六—一〇四頁所収
(38)寺中作雄『公民館の建設』公民館叢書、一九四六年、横山／小林、前掲書、一一六頁所収
(39)同右、一二五頁
(40)寺中作雄「社会教育法解説」（一九四九年）横山／小林、前掲書、三〇〇頁所収
(41)大田高輝「公民館構想とその制度化」小川利夫／新海英行編『日本占領と社会教育——資料と解説』大空社、一九九一年、一四頁

(42) 大田高輝「公民館構想の形成過程――英文公民館構想の変遷」小川／新海、同右、五―八頁
(43) 井内慶次郎「証言・社会教育法の制定の頃のことなど」小川利夫／新海英行編『ＧＨＱの社会教育政策――成立と展開』大空社、一九九〇年、二八八頁
(44) 朱膳寺春三『公民館の原点――その発想から創設まで』社団法人全国公民館連合会、一九八五年、一七五頁
(45) 太田政男／沖山劼／金田光正「都市型公民館への展開」佐藤一子／小林文人編『世界の社会教育施設と公民館』エイデル研究所、二〇〇一年、三九六頁
(46) 新海英行／大田高輝「占領下社会教育政策と初期公民館構想」日本社会教育学会特別年報編集委員会編『現代公民館の創造　公民館五〇年の歩みと展望』東洋館出版社、一九九九年、一四九―一五〇頁
(47) 山本健慈／井上英之「市民団体・グループとのネットワーク」日本社会教育学会特別年報編集委員会、同右、三六四頁
(48) 後藤和子『芸術文化の公共政策』勁草書房、一九九八年、五六頁
(49) 二宮徳馬「公会堂」『教育学事典』平凡社、一九五五年、三五三―三五四頁
(50) 「集会活動の場として」東京都、前掲書
(51) 碓井正久「戦後社会教育観の形成」碓井編『戦後日本の教育改革　一〇　社会教育』東京大学出版会、一九七一年、三―三二頁
(52) 佐藤一子『現代社会教育学――生涯学習社会への道程』東洋館出版、二〇〇六年、九二頁
(53) 「こぼればなし」東京都、前掲書
(54) 初田亨『繁華街の近代――都市・東京の消費空間』東京大学出版会、二〇〇四年、一九三頁
(55) 二〇〇九年九月二五日、佐々木光氏への聞き取りによる
(56) 二〇一四年二月一一日、北田耕也氏への聞き取りによる
(57) 青木宏一郎『軍国昭和――東京庶民の楽しみ』中央公論新社、二〇〇八年
(58) 小野良平『公園の誕生』吉川弘文館、二〇〇三年、進士五十八「日比谷公園からの発想（五）国民広場」『都市公園』第一七七号、東京都公園協会、二〇〇七年、九〇―九三頁
(59) 根本彰『理想の図書館とは何か――知の公共性をめぐって』ミネルヴァ書房、二〇一一年、五六―六七頁

(60) ユルゲン・ハーバーマス『公共性の構造転換――市民社会の一カテゴリーについての探究』細谷貞雄／山田正行訳、未來社、一九九四年(第二版、初版一九七三年)、二七一―二七二頁
(61) 同右、二三〇頁
(62) 齋藤純一『公共性』岩波書店、二〇〇〇年、二一―二四頁
(63) 佐藤卓己『輿論と世論――日本的民意の系譜学』新潮社、二〇〇八年、一三―三九頁
(64) 同右、四七―四八頁
(65) 稲田雅洋『自由民権の文化史』筑摩書房、二〇〇〇年、同『自由民権運動の系譜――近代日本の言論の力』吉川弘文館、二〇〇九年
(66) 添田知道『演歌の明治大正史』岩波新書、一九六三年など。ただし近年輪島裕介は、演説と演歌の間のこうした連続性には、留保すべき点もあることも示唆している(輪島裕介『創られた「日本の心」神話――「演歌」をめぐる戦後大衆音楽史』光文社新書、二〇一〇年、四九―五六頁)。
(67) 前島康彦「東京公園史話その九　用語の変遷と近代的公園発達の背景」前島『東京公園史話』東京都公園協会、一九八九年
(68) 丸山宏『近代日本公園史の研究』思文閣出版、一九九四年、小野、前掲書
(69) 小野、同右、六―七頁
(70) 齋藤、前掲書、viii―ix頁

終章　歴史が演出された舞台空間

1　せめぎ合う近代国家と公会堂

本書は、大正期から昭和初期を中心に都市部で整備された市民の集会・娯楽施設としての「公会堂」の、①設立経緯（多目的施設の形成過程）、②事業内容（多目的施設の実態）、③果たした役割（戦後社会における位置づけと「公」の実態）に関して考察を行ってきた。

明治期において公会堂は、①議事堂・演説会場、②倶楽部、③物産陳列場という文脈で、主として一部の政治的・経済的特権階級に限定される形で建設されていた。

大正期以降、公会堂は急増する。その背景には明治期とはやや異なる、①近代都市を象徴する市民の集会場への要望、②政治家・経済人の地域貢献、民衆教化のための施設、③皇室関連の記念事業、という三つの要素が互いに重なり合う形で存在していた。

大正期以降、性質を変容させながら急増した公会堂には、日比谷公会堂を中心的な手がかりに検討すると、以下の四つの機能が相互に交じり合い、矛盾を含みながらもあらわれていた。

第一に、政治的討議を行う場（集会場）としての機能である。公会堂は昭和初期には無産政党の集会などにも用いられ、新聞社もそれを弾圧する政府に対する批判において協力姿勢をみせたが、無産政党弾圧後は国際連盟脱退や反英市民大会、選挙粛正運動、国民精神総動員運動など、対外問題およびそれに伴う民衆の動員に関する催事が増加していった。

第二に、娯楽を享受する場（劇場）としての機能である。娯楽の会は、日比谷公会堂における催事の中でも最多数を占めるが、特に数の多かったクラシック音楽演奏会と、当時日比谷公会堂で多く新作発表され、さらに数多くの催事で歌われた歌謡曲の二点に注目した。日比谷公会堂では、同時代に発達したレコード産業を背景に、音楽の「聴衆」が形成され、現代音楽よりも古典音楽が好まれ、新聞やラジオとのタイアップ事業により時局関連の歌が数多く発表されていった。

第三に、国民的な儀礼を行う場（儀礼空間）としての機能である。皇室関連行事、各種記念日、「国民儀礼」（国歌斉唱、宮城遥拝、黙禱などで構成される一連の儀式）などが繰り返されることを指摘し、同じ振る舞いを共有する空間としての意味について述べた。

第四に、メディアとしての機能である。ここでいう「メディア」とは、①都市の象徴：公会堂それ自体が有する都市における象徴的な意味、②最新情報共有の場：公会堂で行われる催事を通して、直接その場に居合わせない人にも情報をもたらす、③マスメディアの増幅装置：公会堂の催事が「満場の聴衆」「獅子吼する演者」といった定型的表現でマスメディアにより報道されることで、事実そのものよりも伝えられる情報に独自の意味が付与される、という三つの意味で用いた。

公会堂という施設は、特に、集会場と劇場という二つのアイデンティティの間でゆれており、提供される内容と来場者の受容の間にしばしばずれも生じていた。催事提供者啓蒙主義的な意図と、大衆社会においてそれが機能しないというずれは、すでに公会堂設立当初からあらわれていた。

また、教育基本法、公民館、社会教育法といった戦後教育制度改革の過程において、従来の教育行政とは異なる文化行政の体系は、構想こそあったものの実現せず、公会堂は「単なる営造物」としての位置づけを与えられるにとどまった。

公会堂の果たしてきた「公」の実態に注目すると、第一に、「日比谷」「公園」「公会堂」それぞれが、近代国家において公共的な意味（政治的な討議の空間／文芸的な知や感性を共有する劇場空間／国民的な儀礼の空間／政治的・文化的知を媒介するメディア空間）を有していた。第二に、マスメディアの複合的な利用により特定の思想を普及させていく、という戦時中の方法は、すでに当時から矛盾があらわれ始めていたが、戦後においても踏襲されたその方法は、すでに機能し得なかった。第三に、舞台が存在することで文化的催事は政治的に演出され、政治的催事は文化的に演出され、客席の人々やマスメディアにふれる民衆に提示された。第四に、戦後行政主導で建設された行政主導の「公立文化」会館とは異なり、公会堂では官民挙げての「公共文化」が形成されていた。しかし、戦後教育法体系の中で制度化することはなく、また「憲法音頭」の失敗にもみられるように、戦後社会において有効に機能し得なかった部分も存在した。

戦前期における公会堂を、戦前日本の帝国主義下、および大衆消費社会における教化動員の空間であると位置づけるのはたやすく、またそのような機能を主催者たちが期待していたことは否定し得ない。しかし一方で、日比谷公会堂においては、政府、企業、芸術家あるいは芸術団体といった多様な主体によって催事が担われることで、戦後の文化会館にはみられないある種のにぎわいを有していた。その意味では、戦後においては「文化国家」を掲げたにもかかわらず、以前の公会堂にみられた多様性や柔軟さが制度化されることなく、行政の施設建設のみが目的とされ、行政のみが担い手となったどこか硬直的な「公立」文化へと変質していった、と考えることもできる。

もちろん、こうした分析は図式的になされてはならず、当時の時代状況と実態に即して極めて慎重に行われなければならない。また、官民多様な主体が文化会館を担いうるのだという本書の考察は、例えば現在進められている公共施設の民営化を無条件に支持するものでもない。しかし、戦前期の日比谷公会堂を、教化動員という図式のみに押し込めるのではなく、また単にそこから解放するだけでもなく、公会堂で生起した出来事を丹念に追うことで、公会堂という空間の中で人が集まることで形成されていた、そして戦後はどこか硬直化していった「公共文化」の姿を、本書では浮き彫りにすることを試みてきた。

公会堂では、政治的集会は人が集まらないため娯楽を交えて文化的に演出され、一方文化的な催事も時局情報を織り交ぜ政治的に演出され、マスメディアも公会堂を大いに利用した。講堂として想定された当初の理念は裏切られ、集う民衆は劇場としての機能、すなわち楽しい「演出」を公会堂に求めた。また、当時若いマスメディアだったラジオやレコードの実験的な場でもあった。公会堂は、歴史の中で起きた出来事、あるいは起こそうとしていた出来事を、舞台上で演出して民衆に伝えるメディア空間、すなわち歴史が演出された舞台空間であった。

行政、企業、そして芸術家や各種団体の連携により、教育や娯楽、その他多様な機能が矛盾しながら縦横に交錯し、民衆がそれをある意味したたかに楽しみながら活用していた舞台空間こそ、公会堂の機能の根幹部分であったといえよう。そうしたダイナミズムは戦後制度化されることはなく、永らく忘却されることとなったが、公会堂はそれらの総体としての「公共文化」が舞台と客席の空間の中に、またマスメディアを通じて外部にもたちあらわれて来る場所であった。近代国家の中で建設された公会堂の内外においては、いくつもの要素がせめぎあいながら、近代の枠にはおさまりきらない「人が集まる」という行為のもつ多様な意味がたちあらわれていた。

2　人が集まる場所の再創造にむけて

(1)　国際比較の視座——近代国家が求めた空間

本書では、いくつかの課題も積み残してきた。第一に、戦前期における日本の公会堂を、日本固有の、そして教化動員の文脈のみに関連づけて論じることは、ともすると日本的ナショナリズムの探求へとある意味視点を限定することにもなりかねない。序章に述べた通り、多目的ホールという形態は日本に独特の部分はあるとはいえ、当然ながら日本だけに固有のものではない。人が集まる空間を近代国家が求めたことは、ある程度共通性をもつ問題として問われる必要がある。

イギリスで一八七一年に開館したロイヤル・アルバートホールは、芸術と科学の理解、認識を推進し、ミュージアムや教育機関の立ち並ぶロンドン、サウスケンジントンの中心に立つ「セントラル・ホール」としてのアルバート公のヴィジョンを実現するために建設された。現在は、国や自治体の財政援助を受けることなく、運営を行っている。また、アーカイブ部門を有し、その一四〇年以上の歴史がまとめられ[1]、現在も一般にも呼びかける形で資料収集が続けられている[2]。

ロイヤル・アルバートホールと日比谷公会堂は、いくつかの類似点を有する。第一に、帝国や帝都を象徴するという、ホールに課された機能の点である。日比谷公会堂は、東京市の公会堂であったと同時に、日本を代表する公会堂であった。ロイヤル・アルバートホール入口のアルバート公の像の台座には、『旧約聖書』イザヤ書第四三章第九節「Let all the nations be gathered together, and let the people be assembled（新共同訳：国々を一堂に集わせ、すべての民を集めよ)」が刻まれている。日本の公会堂の多くは皇室の権威をかりて建設されていったが、ここでは王権に加えて聖書の権威をかりているのである。

第二に、起業家によって出資がなされた点である。日比谷公会堂は安田善次郎、ロイヤル・アルバートホールは実業家ヘンリー・コール(一八〇八—八二)の存在がなければ、その建設はなされなかった。一八五一年のロンドン万国博覧会もコールの構想と出資によるところが大きく、万博を象徴したクリスタル・パレスは、のちにホールが建設される場所の近くのハイドパークに建設された。さらに、殖産興業やデザインの質を高め発展させるための啓蒙機関として建設された近隣のヴィクトリア&アルバート美術館も、万博の収益金でできたものである。現在その一帯は、アルバートポリスと呼ばれている。

第三に、スポーツや科学といった、劇場の範疇を超えた多目的機能を果たした点である。ロイヤル・アルバートホールの呼称は、The Royal Albert Hall of Arts and Sciences であり、単なる集会施設や舞台芸術の上演空間にとどまらない広がりを有している。一八七一年の開館以来、クラシック音楽、ポピュラー音楽の演奏会や、政治演説が数多く行われたほか、様々なスポーツ、モーターショーといった産業振興の会、講演会、映画上映、一九四一年から現在まで続くプロムナードコンサート(プロムス)などが開催されている。

第四に、戦時中の用いられ方も類似している。第二次世界大戦中、アルバートホールで首相ウィンストン・チャーチルはしばしば演説会を行った。一九四四年一一月二三日の感謝祭では、リンカーンの写真を背に、アメリカ軍の強力さと参戦について述べた。同年一二月三日には国防市民兵の慰問演奏会が開かれるなど、大戦中も空爆の被害を受けたわずかな時期を除き開館が続けられ、軍隊と市民のモラルを高めるために用いられていた。(3) プロパガンダ映画も上映されていた。

こうした使われ方は、帝国主義、あるいはファナティックな精神主義として特殊視されることもしばしばであるが、近代国家においてある程度の共通性を有する問題としてとらえる必要がある。為政者および伸長した資本家層の啓蒙思想と寄付の文化を背景に、帝国主義的近代国家の象徴として、こうした多目的集会・娯楽施設が建設されたこと。そこで多様な催事が民衆に提供されることで、一定の機能を果たしてきたことは、国際比較の観点からも検証されてよい課題である。日本の研究においても、国内における公会堂の多様性を検証するだけでなく、植民地に建設した公会堂の存在も無視することはできない。

（2）近代国家における教育と宣伝、メディア、娯楽

本書の第二の課題として、近代国家、大衆社会における「教育と宣伝」、「教育とメディア」という視点からの掘り下げもまた、十分にはできなかった。さらにこれに関連して、後藤新平の教育思想・自治思想、また戦前期教育行政や都市計画、公園行政などにおける「文化」の位置づけなども、掘り下げられてよい課題である。

佐藤卓己は、大衆社会において「教育」と「宣伝」の境界はあいまいになる、と指摘する。佐藤の述べる「宣伝」の定義は、「特定の目的をもって個人あるいは集団の態度と思考に影響を与え、意図した方向に行動を誘う説得コミュニケーション活動の総称」とされる。さらに、宣伝は以下の三つに分類される。①共同体の原理に基づく政治宣伝の「宣伝 propaganda／扇動 agitation」（論理的内容をエリートに教育する／一般大衆向けに情緒的なスローガンを叩き込む）、②市場の原理に基づく商業宣伝の「広告 advertisement」、③公共宣伝の「広報（ＰＲ）」（集団が構成員の共通認識を形成するために行う非営利行為）[4]。

娯楽によって大衆を善導・教化するという考え方は、矛盾をはらんだ問題として、近代国家に現れる現象である。例えばイギリスでは、産業革命以降拡大した都市労働者層に対し、「合理的レクリエイション」を労働者の間に普及させようとする運動が、様々なアソシエイションの間で起きてくる。一八二〇年代末頃から、禁酒・節酒運動、職工

学校運動、有用知識普及運動などの形で展開され、多くの「クラブ」が設立された。パブで飲酒を伴う楽しみに代わる、有用な余暇の過ごし方を目指すものであったが、初期の運動にみられた禁酒を伴う「まじめ」一辺倒な方向性は、労働者に受け入れられるものではなかった。そうした運動の方針は反省され、ある程度の娯楽も含み教育活動を行う「合理的レクリエイション」の方向性が目指された。しかし、一八六二年六月に設立されたクラブの中央組織である労働者クラブ・インスティテュート同盟（Working Men's Club and Institute Union, CIU）でも、娯楽と教育のバランスをとりながら労働者を引き上げる（elevate）ことが課題となっていた。しかし、一八九〇年代には毎週末にメンバー向けのヴァラエティ・ショーが展開されるなど、禁酒原則のもとで講演会や勉強会に力点をおいた初期のクラブのありかたは変容し、「軽い社交娯楽」が好まれ、創設者の意図とは完全に乖離してしまっていた。(5) また、一九世紀末には、ミュージックホールのような、プロの芸人が活動する場に見劣りしない娯楽を提供し、人を集めるため、コマーシャリズムへの依存が高まってくる。そうなると、娯楽産業との差異化が求められ、人間関係の構築を目的とするクラブの意義が希薄化する、という現象も起きてきた。(6)

こうした議論は、日本の戦後社会教育・生涯学習の現場においてもなされる。芸術文化活動は学習活動へと導く「刺身のツマ」(7)か、さらにはもしそうであるならば公教育ではなく民間に任せればよいのではないか、といった議論は今も続けられているし、文化活動は行政の押し付けではなく市民の自由な活動であるべきだ、といった議論も、ごく一般的に存在している。

集会場であり劇場であるという、公会堂の二重のアイデンティティは、啓蒙主義的要求と大衆社会の進展という、近代国家にみられる二つの要素をそのまま体現するものでもあったともいえよう。ジョージ・L・モッセはこの両者の関係を「大衆の国民化」と呼んだが、(8) 公会堂はこの「大衆の国民化」が、すでにみたように「国民化」の実態の検証は別問題であるにせよ、矛盾をはらみながらも実施された場所として、位置づけることができるのではないだろうか。そしてその二重のアイデンティティは、近代国家という共同体を成立し存続させる様々な儀礼にも彩られつつ、公会堂内外の民衆に発信され、民衆はそれをしたたかに受けとめ活用していたのである。

（3）人が集まる場所の再創造

第三の課題は、都市における人が集まる場所を、文化的拠点としてどう位置づけていくか、という、実践的な問いも含む課題である。

本書は主として日比谷公会堂を検討してきたが、植民地も含む数多くの公会堂で、民衆が集い、政治的・文化的な営みが積み重ねられてきた。本書が依拠した各地の公会堂に関する資料の多くは、そうした営みの記録である。日比谷公会堂に注目することで、「帝都」の象徴としての公会堂の意味が浮き彫りにされてきたが、各地で「名所」として位置づけられたように、公会堂は各都市における象徴的な存在でもあった。

現代に視点を移せば、文化施設の建て直しや地域再生の際、古い施設を取り壊し新しいものをすぐに建設するのではなく、すでに地元に建てられていた建築物を再評価する動きがいくつかの地域で現れ始めている。また、近代建築の保存だけにとどまらず、それを有効活用することにより地域の歴史を掘り起こし、地域の歴史・文化の記憶と活用を行う、歴史的なまちづくりの拠点として古い施設が構想されている。

日比谷公会堂は二〇〇九（平成二一）年で八〇周年を、野外音楽堂は二〇一三（平成二五）年に九〇周年を迎え、各種記念事業が展開された。現在日比谷公会堂には指定管理者制度が導入され、公会堂運営も新たな局面を迎えている。公会堂の八〇周年記念事業として、八〇年史の編集や記念演奏会の開催のほか、過去の催事資料を展示した「アーカイブカフェ」の開設など、ユニークな取り組みが行われている。

岩手県公会堂は、建築の専門家も入りその歴史的価値が丁寧に議論され、指定管理者であるいわてＮＰＯセンターが現代アートの展覧会を開くなど、新たな活用の方策を模索している。同じく岩手県の旧種市町公会堂では、使用されていない公会堂を、町の活性化とあわせどう活用していくかが同町商工会によって議論されており、その過程で公会堂の歴史調査や利用者への聞き取り調査を行っている[9]。福島県福島市飯野町では、テレビの登場と共に衰退した明治期の娯楽施設「共楽座」を、地元商工会青年部を中心に、再び文化的拠点として再生しようとする試みがなされている[10]。

他地域の文化会館に目を移すと、序章にも述べたように資料が簡単に廃棄されてしまい、歴史がみえてこない文化会館が非常に多い。自治体財政の逼迫、指定管理者制度による競争原理・市場原理の導入、施設の老朽化などにより、文化会館の運営は厳しさを増し、資料保存業務の優先順位はさらに低くなると考えられる。しかし、文化会館は、催事を右から左へ流すだけのイベント会場ではなく、様々な人々が集う、地域文化の創造と蓄積のための公共空間である。メディア環境が変容を続ける中、都市において人が集まり文化が蓄積する場所としての意味や、そのような場所を再創造していくことは、改めて問い直されてよいだろう[11]。一九四九年に宮原誠一は、民主主義（デモクラシー）の発達と通信・交通手段（テクノロジー）の発達のわかちがたい関係を述べたが[12]、新聞やラジオ、レコード、そして戦後はテレビ、近年ではインターネットといったテクノロジーの高度化と変容の中で、意味は少しずつ変わりつつも、人が集まる公共的な場所とその論理は今も求め続けられている。

本書では「近代」という枠組みを設定し、時代と対象を限定して論じてきたが、その限界も最後に指摘されねばならない。近代に限定せずとも、人が集まる場所は共同体が存在する限り求められつくられ続けるだろう。公会堂を通して、人が集まる場所の意味、さらには人が集まることの意味も探究されてよい課題である。

おわりに

本書を閉じるにあたり、筆者が検討対象としてこなかった時代の日比谷公会堂での、おそらく最もよく知られた事件にふれておこう。一九六〇（昭和三五）年一〇月一二日に日比谷公会堂で開催された自民・社会・民社三党首立会演説会で、浅沼稲次郎は右翼少年の山口二矢に壇上で刺殺された。当日朝、自宅に届けられた新聞でこの催事を知り、浅沼の名前をみた山口は日比谷に向かうことを決めた。一〇月一三日の新宿生活館での共産党演説会で野坂参三の殺害も考えていたが[13]、「日比谷の演説会は一般の者が自由に入場出来、決行しやすい[14]」という判断も働いた。

浅沼稲次郎と山口二矢は、第2章で述べた安田善次郎と朝日平吾のほかに、公会堂に関わって命を落とした人物である。浅沼の死から八日後の一〇月二〇日、日比谷公会堂で社会党による党葬が行われるが、同年一二月一五日には、山口を支持する人々により山口の追悼会も日比谷公会堂で行われていた（「烈士山口二矢君国民慰霊祭」主催：同祭事務局）。公会堂は、多様な催事が行われる中で、天皇制、デモクラシー、社会貢献、社会主義、排外思想、超国家主義、戦後民主主義など、近代日本と民衆の中に生まれた多様な思想が交錯した空間でもあった。

また、一〇月一二日の演説会の模様はラジオ中継され、事件直後に刺殺の映像はテレビでも報道された。本書の検討からは離れ、またいささか牽強付会かもしれないが、このことは、翌年東京文化会館が開館することによる日比谷公会堂の黄金時代の終焉であると同時に、集会型の政治講演会の変質（＝テレビへの移行）をも意味した、公会堂、そして人が集まることの意味の転換期の始まりではなかっただろうか。一九二九（昭和四）年の開館から、一九六一（昭和三六）年に東京文化会館が完成するまでの日比谷公会堂の黄金時代は、一九二〇年代後半からのラジオ全盛期と、一九六〇年代以降のテレビ全盛期の時代の間、そしてラジオ、レコードや映画といったマスメディアの黄金時代とまさに重なる。日比谷公会堂においても、これらのマスメディアを駆使しながらも、多様な催事が展開されたことはすでにみた通りである。しかし、テレビが登場し、政治的討議のためにある場所に集まることの意味は、六〇年代の政治の季節、七〇年安保、テレビ中継された浅間山荘事件を経て、次第に変容していったように思われる。

一方で公会堂は、歴史を超えて民衆の政治的熱狂と文化的熱狂が渾然一体となってうみだされ、織りなされた舞台空間でもあった。そこにおいては、人が集まるということの意味がむきだしの状態で現れる。これも本書が対象としてこなかった時代であるが、一九六八（昭和四三）年一一月一〇日の日比谷公会堂で、バンド「オックス」のコンサートにおいて、観客三〇人が失神し公演中止となる事件が発生した。おりしも政治の季節、日比谷公園と公会堂、音楽堂は、安保闘争を始めとする様々な政治問題の舞台にもなった。日比谷公会堂ではこの失神事件の記事をスクラップして保存しているが、公会堂開館直後の一九三〇（昭和五）年の選挙演説会で舞台そばにおしかけた人々の記録も、第4章でみたように公会堂では丁寧に保存してある（図4-3）。政治家をとりまいた民衆と、グループサウンズに熱狂した若者たち。政治への熱狂と文化への熱狂は、公会堂にしてみれば同じ事態なのである。木村俊道は近年、人間の政治的身体の中のある種の文化性について歴史的な考察を行っているが[15]、人が集まる場としての公会堂には、そうした人間の政治的な側面と文化的な側面の両方を垣間見ることができる面白さがある。

本書は、公会堂の建設過程、そして公会堂の舞台上で行われた催事を検討する、という視点から記述を進めてきた。しかし、その視点はごく限られたものである。中心的に検討した事例は、日比谷公会堂の開館から二一年間で七五〇〇以上ある催事のほんの一部である。特に集会活動、西洋クラシック音楽、歌謡曲の発表などに注目したが、ほかにも多様なジャンルの集会や舞台芸術活動の発表の場となっている。また、本書では十分採り上げることのできなかった各地域の公会堂も多様な活動をしており、日比谷公会堂はそれらのうちの一つにすぎない。今も各地に立つ公会堂、そして文化会館は、人が集まることの意味を私たちに投げかけ続けている。

付記
本書は科研費（20820047、23720081）およびサントリー文化財団の助成を受けたものである。

注
（1）Stone, Jonathan ed., *The Royal Albert Hall: A Victorian Masterpiece for the 21st Century*, Art Books International, 2003
（2）http://www.royalalberthall.com/about/history-and-archives/default.aspx（二〇一四年九月三〇日閲覧）
（3）http://www.royalalberthall.com/about/history-and-archives/timeline-detail.aspx（二〇一四年九月三〇日閲覧）
（4）佐藤卓己『現代メディア史』岩波書店、一九九八年、一一七―一一八頁
（5）小関隆『世界史リブレット　一一九　近代都市とアソシエイション』山川出版社、二〇〇八年、七―三六頁
（6）同右、六二―六三頁
（7）「座談会　芸術・文化活動はサシミのツマか――芸術文化活動の可能性をもとめて」社会教育推進全国協議会編『月刊社会教育』一九七七年一一月号、国土社、六四―八一頁
（8）ジョージ・L・モッセ『大衆の国民化』佐藤卓己／佐藤八寿子訳、パルマケイア叢書、一九九四年
（9）種市町商工会編・発行『旧公会堂（公民館）物語』二〇〇〇年
（10）新藤浩伸「地域でつなぐ文化の記憶」社会教育推進全国協議会編『月刊社会教育』二〇一一年一月号、国土社、五四―五五頁
（11）新藤浩伸「公共ホールにおけるアーカイブ活動の意義と課題」『文化政策研究』第七号、日本文化政策学会、二〇一四年、四一―五七頁
（12）宮原誠一「社会教育の本質」一九四九年、同『社会教育論』国土社、一九九〇年、二四―二五頁所収
（13）沢木耕太郎『テロルの決算』文春文庫、二〇〇八年、二五〇―二五一頁
（14）山口二矢顕彰会編『山口二矢供述調書』展転社、二〇一〇年、六二―六三頁

(15) 木村俊道『文明と教養の〈政治〉――近代デモクラシー以前の政治思想』講談社、二〇一三年

あとがき

本書は、東京大学大学院教育学研究科より博士（教育学）の学位を授与されるに至った論文『大正～占領期における公会堂の設立経緯、事業内容および機能に関する研究』をもとに加筆修正を行ったものである。

本研究遂行にあたり、主査である東京大学大学院教育学研究科の根本彰教授には大変お世話になった。根本先生は、施設研究の枠組みをご示唆くださり、筆者の怠慢と日々の業務で滞りがちな執筆を、「着手すればみえてくる」と辛抱強く励まして下さった。牧野篤教授には、本書『公会堂と民衆の近代』の名づけ親になっていただいたほか、近代国家と民衆の複雑な関係を考察するヒントをいただいた。今井康雄教授（現・日本女子大学教授）には、メディアや美という観点から、対象に取り組む上で貴重な指導を賜った。影浦峡教授、大桃敏行教授には、それぞれの専門のお立場から審査で貴重なコメントをいただいた。そして、筆者を社会教育研究へと導いて下さった恩師の佐藤一子先生（現・法政大学教授）に、心から御礼申し上げる。本研究を通して、多くの方々、先行研究、一次資料から何度も感じたことは、「研究は一人ではできない」という、佐藤先生が折りにふれて仰っていた故宮原誠一教授の言葉である。また、研究を含めた日々の歩みを励まして下さった佐藤学学習院大学教授、歴代の東京大学大学院教育学研究科長である武藤芳照教授、市川伸一教授、南風原朝和教授にも感謝申し上げる。

ほかにも、本研究は非常に多くの方に支えていただいた。全国各地の公会堂や文化会館、自治体職員の方々には、多忙な業務の中貴重な資料を提供していただいた。とりわけ、日比谷公会堂の貴重な資料閲覧を許して下さった坂井誠治副館長、今野利治前副館長の御厚意なしには、本書は成立しえなかった。両氏のような、文字通り「舞台裏」で前職の東京音楽大学では、音楽教育専攻の先生方をはじめ、多くの教職員の方々にお世話になった。公会堂を客席だいた知見を本書に活かしきれていないのは、筆者の非力の所以である。
スや資料をご提供いただいた。訪れた各図書館、資料室の職員の方々にも感謝したい。こうした多くの方々からいただいた。このほかお名前をすべて挙げることはできないが、所属学会、研究会の方々からは、研究遂行上貴重なアドバイム大学の故デヴィッド・ジョーンズ氏は、成人教育研究における文化の意義や、比較の視野の重要性を教えて下さった。の面白さを教えて下さっている東京大学大学院人文社会系研究科の渡辺裕教授にも感謝申し上げる。元ノッティンガする様々な研究交流ができたことも、大きな助けとなった。大学学部時代より、芸術を社会的な観点から考えること組みに関して貴重なご指導をいただいた。サントリー文化財団の助成を受け、小林先生を中心に文化政策の歴史に関を励まして下さった。東京大学大学院人文社会系研究科の小林真理准教授には、文化政策研究、公共ホール研究の枠北田耕也明治大学名誉教授には、教育学における文化研究の先駆者として多くの示唆をいただいたほか、終始研究
クラップ帳の記録も不確かなものになる。本書では検討し得なかったが、記録の不在もまた、意味を有する。ブの思想をもった稀有な公会堂であった。しかし、淡々と続けられていた記録が、昭和一九年末から空白になり、スった催事、終戦前後の手書きの進行表などの一次資料は、舞台裏の空気を伝えてくれる。日比谷公会堂は、アーカイ会堂職員の方々に、敬意を表したい。国民精神総動員運動に関する催事の人員配分表、警戒警報により実現されなかを切り盛りする職員の姿が、資料から浮かびあがってきた。いかなる時代においても、誠実に仕事をしてこられた公よりそこに集った人の歴史の貴重な記録である。一日二回、時には三回、特に戦時中は内容も趣旨も全く異なる催事非常に丁寧に貼り付けてある。それは公会堂の歴史であると同時に、東京という都市や近代日本の政治・文化史、何たスクラップ帳には、通常ならば――現在でも多くの施設はそうである――催事の終了後廃棄されてしまう資料が、各地のホールを支える方々の姿を記したい、という思いも、課題意識の底には流れている。日比谷公会堂に保存され

からだけでなく舞台の側からも多少なりとも考察することができたのは、専任教員としての最初の職場である昭和音楽大学も含め、音楽大学で出会った方々のおかげである。そして、全国の文化会館を一緒に廻って演奏し、本書にもつながる関心を育んでくれた音楽仲間たちにも感謝したい。

本書の初発の関心は、筆者の郷里の農村地帯の、田んぼの中に突如巨大な文化会館が建設されたことにあった。筆者にはそのホールが異形のもので、文化の振興というよりも文化の破壊のように思えたのである。文化の名の下に行政が地域の文化を破壊しているのではないか、だとしたらそれは許し難いことである――。今からすればあまりに素朴な「ハコモノ行政」批判だが、そのような関心を抱きつつ文学部で美学芸術学を学んでいた筆者は、当初の関心であった芸術そのものの研究から、芸術活動を行う人、芸術を支えるシステムへと関心を移し、本書に至る試行錯誤を続けてきた。

しかし、本書は意外な結論に至ることになった。各地の公会堂の調査を続けるうち、日本の文化会館が非常にユニークな歴史を歩んできたことに気づき、さらには、ハコモノをつくりだした近代国家への素朴な批判意識や、その中で抑圧された民衆というイメージも、徐々に変更を迫られた。人が集まるという行為や場所には、近代という時代を超え出てしまう面白さがあったのである。ハコモノを批判するどころか、ハコモノの面白さに魅せられてしまった。

本書は歴史的視点から文化会館を研究対象にしたが、筆者の関心は、文化会館だけでなく、博物館や公民館などの地域の施設を生涯学習社会の基盤としてどう活かしていくか、という現代的課題にある。筆者が最も望むのは、本書を契機に各地域の公会堂の歴史、さらには地域文化の歴史が、各地域の人々の手によって編まれていくことである。各地で編まれ発行された地域資料を本書も数多く参照したが、地域の歴史の掘り起こしの営みは単なる懐古趣味を超えて、歴史に根ざしながらも都市や地域の未来を住民みずからが構想することにつながると考えている。

最後に私事にわたるが、本書の基層には、郷里の祖父から聞いた戦争体験が込められている。町工場での勤めや野良仕事を終え、酒に酔って毎晩のように語る内容はもっぱら太平洋戦争での従軍経験であった。密かにノートに書き残していた自作の詩はほとんどが軍歌調の内容で、戦争と軍歌が祖父の心情形成に果たした役割は間違いなく大きなものであった。否応なく時局に呑み込まれていったその過程には、国や政府、知識人のみを登場人物にした支配と抵抗、あるいは民衆の動員と被動員といった図式だけでは描ききれない、情けなさや空しさ、やるせなさ、家族や友人を喪う悲しみ、一方でそんな環境でも生きていくしたたかさ、明るさといった心情がつきまとう。連日各地の公会堂を賑わせた人々や舞台裏を支えた人々の中に、そういった心情の一端を見出すことは、推定の域を出ない部分もあるにせよ、本書においてある程度なしえたのではと考える。

戦争の時代を間接的にだが知りえた世代として、当時を生きた人々、あるいは死んでいった人々の心情や姿を何とか書き残したい、という筆者の素朴な歴史意識に、少なからず引きずられたことも自覚している。そのことからくる拙さへの批判は甘受したい。亡き祖父も含め支えてくれている家族、研究の大切な仲間たち、また様々に関わりをもって下さった方々への感謝として、本書は捧げられる。

本書刊行にあたり、東京大学出版会の木村素明さん、丹内利香さんには多大なお骨折りをいただいた。初めての単著で右も左もわからない不安と、専門であるべき教育学研究からずいぶんとはみだしてしまったことへの不安で一杯の筆者を励まし、辛抱強く付き添って下さったことは、何より心強かった。ご丁寧な伴走に、心から感謝申し上げる。

二〇一四年九月

新藤浩伸

初出一覧

本書全体は「大正期～占領期における公会堂の設立経緯、事業内容および機能に関する研究」（東京大学大学院教育学研究科課程博士学位論文、二〇一〇年）をもとにしているが、各章の初出は以下の通りである。いずれも大幅な加筆と訂正をおこなっている。

序　章

・「公立文化会館をめぐる教育学研究の現状と課題――歴史研究の可能性に注目して」『研究紀要』第二八号、昭和音楽大学、二〇〇八年、五四―六二頁

第1章

・「都市部における公会堂の設立経緯および事業内容に関する考察――大正～昭和初期を中心に」『日本社会教育学会紀要』第四三号、二〇〇七年、三一―四〇頁

第2章―第4章

・「戦前期における公会堂の機能に関する考察――日比谷公会堂を対象に」『文化経済学』第七巻第一号、文化経済学会〈日本〉、二〇一〇年、四一―五〇頁

・「近代日本における音楽演奏会場の位置づけに関する考察――日比谷公会堂を中心に」『研究紀要』第三四号、東京音楽大学、二〇一〇年、四九―七一頁

第5章

・「占領期社会教育政策としての芸術文化事業の展開――芸術祭を中心に」『生涯学習・社会教育学研究』第二九号、東京大学大学院教育学研究科生涯教育計画講座社会教育学研究室、二〇〇四年、九五―一〇一頁

・「占領初期における文化行政の基本構造――芸能文化振興構想と社会教育行政改革を中心に」『文化政策研究大会二〇〇五報告書・論文集』静岡文化芸術大学、二〇〇六年、一三九―一四七頁

都市の戦後 雑踏のなかの都市計画と建築	初田香成	A5判／7200円
繁華街の近代 都市・東京の消費空間	初田　亨	A5判／3200円
都市美運動 シヴィックアートの都市計画史	中島直人	A5判／8400円
庭師　小川治兵衛とその時代	鈴木博之	四六判／2800円
都市保全計画 歴史・文化・自然を活かしたまちづくり	西村幸夫	A5判／15000円
江戸・東京の都市史 近代移行期の都市・建築・社会	松山　恵	A5判／7400円
日本型大衆消費社会への胎動 戦前期日本の通信販売と月賦販売	満薗　勇	A5判／6800円

ここに表示された価格は本体価格です．ご購入の
際には消費税が加算されますのでご了承ください．

著者紹介
1978年　山梨県生まれ
2001年　東京大学文学部卒業
2007年　昭和音楽大学舞台芸術センター特任助教
2009年　東京音楽大学音楽学部専任講師
2010年　東京大学大学院教育学研究科博士課程修了
現　在　東京大学大学院教育学研究科講師

主要著作
『生涯学習がつくる公共空間』(分担執筆，柏書房，2003年)
『表現・文化活動の社会教育学』(分担執筆，学文社，2007年)
『社会教育・生涯学習辞典』(分担執筆，朝倉書店，2012年)
『地域学習の創造』(分担執筆，東京大学出版会，2015年)

公会堂と民衆の近代
歴史が演出された舞台空間

2014年11月14日　初　版
2015年12月10日　第2刷

[検印廃止]

著　者　新藤浩伸《しんどうひろのぶ》

発行所　一般財団法人　東京大学出版会
代表者　古田元夫
153-0041　東京都目黒区駒場4-5-29
http://www.utp.or.jp/
電話 03-6407-1069　Fax 03-6407-1991
振替 00160-6-59964

印刷所　株式会社平文社
製本所　誠製本株式会社

©2014 Hironobu SHINDO
ISBN 978-4-13-020153-7　Printed in Japan

JCOPY 〈㈳出版者著作権管理機構 委託出版物〉
本書の無断複写は著作権法上での例外を除き禁じられています．複写される場合は，そのつど事前に，㈳出版者著作権管理機構（電話03-3513-6969，FAX 03-3513-6979，e-mail: info@jcopy.or.jp）の許諾を得てください．

人名索引

事項索引

さ　行

た　行

な　行

は　行